Est classique le livre qu'une nation ou un groupe de nations ou les siècles ont décidé de lire comme si tout dans ses pages était délibéré, fatal, profond comme le cosmos et susceptible d'interprétation sans fin.

N'est pas classique (je le répète) un livre qui nécessairement possède tel ou tel mérite, mais un livre que les générations humaines, pressées par des raisons différentes, lisent avec une ferveur préalable et une mystérieuse loyauté.

Jorge Luis Borges

PHILOSOPHIE ET RELIGION

DANS LA MÊME COLLECTION

H. CHERNISS : *L'Énigme de l'ancienne Académie*, suivie en Appendice de E. N. TIGERSTEDT : *Le Système caché*. Introduction et traduction de L. Boulakia, Avant-propos de L. Brisson, 232 p., 1993.

M. DIXSAUT : *Le Naturel philosophe. Essai sur les Dialogues de Platon*, 424 p., 1985, 2e éd. 1994, 1998, 3e éd. corrigée, 2001.

– (dirigé par) : *Contre Platon I. Le Platonisme dévoilé*, 464 p., 1993 ; *II. Renverser le platonisme*, 322 p., 1995.

– (dirigé par) : *La Fêlure du plaisir. Études sur le* Philèbe *de Platon* (avec la collaboration de F. Teisserenc) : *1. Commentaires*, 1999 ; *2. Contextes*, 1999.

– (dirigé par) : *La Connaissance de soi. Études sur le* Traité 49 *de Plotin,* (avec la collaboration de P.-M. Morel et K. Tordo-Rombaut), 320 p., 2002.

La Folie humaine et ses remèdes. Platon, Charmide *ou* De la modération, traduction, commentaire et notes de M.-F. HAZEBROUCQ, 360 p., 1997.

A. GIGANDET : *Fama deum. Lucrèce et les raisons du mythe*, 448 p., 1997.

V. GOLDSCHMIDT : *Platonisme et pensée contemporaine*, 272 p., 1990.

H. JOLY : *Le Renversement platonicien. Logos, epistèmè, polis*, 408 p., 3e éd., 1994.

NIETZSCHE, RITSCHL, ROHDE, WILAMOWITZ, WAGNER : *Querelle autour de* La Naissance de la tragédie. Introduction et traduction de M. Cohen-Halimi, M. Marcuzzi, H. Poitevin, 304 p., 1995.

Ontologie et dialogue. Hommage à Pierre Aubenque, textes réunis par N. L. CORDERO, 324 p., 2000.

A. PIGLER : *Plotin, une métaphysique de l'amour. L'amour comme structure du monde intelligible*, 304 p., 2002.

Platon 1990-1995 : bibliographie, par L. BRISSON (avec la collaboration de F. Plin), 416 p., 1999.

Platon 1995-2000 : bibliographie, par L. BRISSON (avec la collaboration de B. Castelnérac), 384 p., 2004.

La Rhétorique *d'Aristote. Traditions et commentaires de l'Antiquité au XVIIe siècle,* textes réunis par G. DAHAN, I. ROSIER-CATACH, 360 p., 1997.

S. ROSEN : *Le* Politique *de Platon. Tisser la cité*, préface de l'auteur à la traduction française, traduction d'É. Helmer, 256 p., 2004.

S. ROUX : *La Recherche du principe chez Platon, Aristote et Plotin*, 380 p., 2004.

Leo Strauss : art d'écrire, politique, philosophie – texte de 1941 et études, dirigé par L. JAFFRO, B. FRYDMAN, E. CATTIN, A. PETIT, 320 p., 2001.

D.P. TAORMINA : *Jamblique, critique de Plotin et de Porphyre. Quatre études*, 192 p., 1999.

K. THEIN : *Le Lien intraitable. Enquête sur le temps dans la* République *et le* Timée *de Platon*, 352 p., 2001.

THÉMISTIUS : *Paraphrase de la* Métaphysique *d'Aristote (livre lambda)*, traduit de l'hébreu et de l'arabe. Introduction, notes et *indices* par Rémi BRAGUE, 176 p., 1999.

La Vérité pratique. Aristote, Éthique à Nicomaque, *livre VI*, textes réunis par J.-Y. CHATEAU, 376 p., 1997.

A.G. WERSINGER : *Platon et la dysharmonie. Recherches sur la forme musicale*, 336 p., 2001.

TRADITION DE LA PENSÉE CLASSIQUE

Directeur : Monique DIXSAUT

PHILOSOPHIE ET RELIGION

PLATON

EUTHYPHRON

Traduction et commentaire

par

Jean-Yves CHATEAU

PARIS

LIBRAIRIE PHILOSOPHIQUE J. VRIN

6, Place de la Sorbonne, Ve

—

2005

La citation de Borges présentée en exergue est extraite de *Enquêtes,* trad. Paul et Sylvia Benichou, coll. Folio / Essais, Gallimard, Paris, 1967, p. 251-252

ISBN 2-7116-1767-X
Imprimé en France

www.vrin.fr

AVERTISSEMENT
À LA SECONDE ÉDITION

Le commentaire[1] de l'*Euthyphron*, que je publie aujourd'hui, n'a que peu de différences avec sa première édition en 1979. En dehors de quelques corrections et allégements, j'ai préféré ne pas le remettre en chantier, malgré la publication de nombreux ouvrages et articles qui, depuis vingt-cinq ans, ont attesté de l'intérêt suscité par ce petit Dialogue et de sa puissance à provoquer la réflexion et la discussion[2]. Non pas, loin de là, que, sur de nombreux points qui ont fait l'objet de débat, je n'aie été tenté d'intervenir. Mais cela aurait conduit à réécrire entièrement l'ensemble et surtout à en changer la nature, car ce livre était à l'origine la rédaction d'un cours destiné, d'abord, à faire découvrir et comprendre le texte de Platon à des élèves et des étudiants dans une perspective de formation philosophique générale et non pas prioritairement de connaissance de l'histoire de la philosophie[3]: en particulier, il ne procédait pas explicitement, la plupart du temps, à l'examen des interprétations diverses et contraires,

1. Pour ce qui est de la traduction, j'ai procédé, dans l'ensemble, à un nombre limité de modifications, en espérant l'améliorer, la rendre plus lisible, plus parlante, plus exacte, mais il est difficile de tout obtenir à la fois et j'ai conscience que chaque tentative de rendre différemment tel mot ou telle tournure risque surtout de déplacer les avantages et les inconvénients; les uns et les autres ne peuvent pas varier de façon uniforme pour tous les lecteurs. En revanche, pour ce qui est du passage 10a-11b, qui est, de l'avis de tous, si difficile à rendre dans les langues européennes actuelles, et que je commente en appendice, je propose un essai de traduction un peu différente dans ses principes.

2. J'ai ajouté en fin de volume une bibliographie plus étendue que celle de la première édition (bien qu'elle demeure encore très partielle), qui signale un certain nombre des publications concernant les débats, dont les origines se trouvent à vrai dire parfois dès les commentaires du début du 20e siècle. Pour un aperçu plus ample (mais encore sans exhaustivité), on pourra consulter Louis-André Dorion, qui, dans son édition de l'*Euthyphron* (introductions et traductions inédites, Paris, GF-Flammarion, 1997), donne une bonne idée de la variété et de l'étendue des débats suscités.

3. Cela ne signifie pas, au demeurant, que l'on puisse séparer « philosophie » et « histoire de la philosophie », quelle que soit celle des deux qui définisse la perspective fondamentale et ultime d'une recherche ou d'un enseignement; mais, bien sûr, leur rapport (de moyen à fin) doit changer en même temps que l'on passe d'une perspective à l'autre.

même s'il en tenait compte en général. Il s'efforçait de présenter de façon aussi simple que possible le contenu et le commentaire du texte et de fournir des explications et des précisions qui peuvent paraître parfois élémentaires; d'autre part, en raison de l'objectif de formation philosophique générale initiale, qui était le sien, le commentaire s'éloigne parfois de l'examen de la lettre du texte, que ce soit quand il donne des renseignements d'histoire générale ou bien qu'il ouvre des perspectives tirées de l'histoire des problèmes philosophiques rencontrés.

Sur un point, cependant, il m'a paru impossible de ne pas ajouter un appendice : il s'agit d'un des passages qui continue à faire couler beaucoup d'encre, 10a-11b. De nombreux commentateurs rendent compte de ce passage, qu'ils jugent impossible à traduire littéralement, comme d'un raisonnement à la fois obscur, voire incompréhensible dans certaines de ses parties, et invalide logiquement dans son ensemble. « Ce débat est presque exclusivement anglo-américain et la plupart des études sur ce passage s'inscrivent, de par leur méthode, dans le sillage de la philosophie analytique », écrit L.-A. Dorion[1]. Lui-même, bien qu'il annonce dans le même paragraphe que « tout le monde s'entend sur la finalité » du passage, et qu'il reproche à la « philosophie analytique » et « aux études qui s'en réclament ou s'en inspirent, [...] d'isoler, plus ou moins artificiellement, certains passages de leur contexte immédiat et de perdre ainsi de vue l'ensemble de l'argumentation », reconnaît pour finir que sa propre analyse « conclut donc à l'invalidité de l'ensemble de l'argumentation qui est déployée dans ce passage »[2]. Il n'est pas fréquent que le traducteur et le commentateur d'un aussi grand auteur fasse une présentation aussi sévère. Cela incite à y regarder de près.

Je n'ai évidemment rien contre l'entreprise de ceux qui s'occupent de vérifier dans le détail si Platon pense et écrit en tout lieu de façon rigoureuse. Nul ne peut, fût-il Platon, échapper à ce sans quoi il n'y a pas de lecture véritable, du moins en philosophie : l'épreuve des objections de toutes sortes qu'il est possible de lui opposer. Mais la validité que l'on reconnait ou que l'on refuse à telle suite d'énoncés dépend d'abord du sens que l'on est capable de lui donner; et ce qui doit être vérifié, c'est, d'abord et finalement, si le sens qu'on lui attribue est bien celui qui s'impose. On peut en effet se demander si ce n'est pas la compréhension qu'en a le commentateur qui pourrait correspondre à un raisonnement invalide, tandis que ce que Platon a précisément écrit, une fois compris, ne paraît plus manquer de rigueur. Dans ces conditions, il m'a semblé utile de réexaminer avant tout si le texte de Platon est compréhensible, s'il est bien compris par

1. L.-A. Dorion, 1997, p. 323.

2. *Ibid.*, p. 333.

ceux qui le jugent obscur et inutile, s'il est cohérent (et dans quelle mesure) avec ce qu'il a écrit dans le reste de son œuvre. Car décider de la validité logique d'un raisonnement sans qu'il soit sûr que ce soit un raisonnement, ni quelle serait sa nature, ni sur quels principes il se fonderait, ni ce qu'il chercherait à établir, est une opération dont la validité logique peut sembler elle-même incertaine.

On ferait ces réflexions pour l'étude de n'importe quel texte. Mais il se trouve, de plus, que ce passage a une importance décisive pour la compréhension de « l'intention », de l'organisation, de la signification de l'ensemble du Dialogue, et, conséquemment, de la valeur philosophique de ce qu'il permet de penser. Il n'est pas besoin d'insister, dans cette justification préliminaire, sur l'importance exceptionnelle de ce qui se trouve introduit, pour ne pas dire établi, ici pour la première fois dans l'œuvre de Platon et dans l'histoire de la pensée : ce que c'est qu'une Essence – une Idée – une Forme. Il m'a donc paru utile d'y revenir. J'avais déjà envisagé, en 1979, les principales difficultés que pose ce passage, mais, contrairement à certains commentateurs, elles ne m'avaient pas semblé correspondre à des faiblesses logiques du texte. Sans reprendre dans son entier l'analyse du passage, ma compréhension n'en ayant pas sensiblement changé depuis mon premier commentaire, je l'examine à nouveau, dans l'appendice final, du point de vue des principales de ces difficultés (non de toutes !). Cela me donnera l'occasion de fournir des explications et des précisions sur quelques points du texte qui, comme un texte écrit (depuis longtemps), n'a plus son père pour répondre de lui [1], et demeure aux bons soins de ceux qui s'en reconnaissent les enfants, pour le meilleur et pour le pire, dans l'humble mesure de leurs forces.

Palaiseau, Juillet 2005.

1. *Phèdre*, 275d-e.

PLATON

EUTHYPHRON
ou
De la piété

EUTHYPHRON ou De la piété*

[*Prologue*]

(2a) EUTHYPHRON – Que se passe-t-il donc, Socrate, pour que tu abandonnes tes habitudes au Lycée, et qu'on te trouve ici, maintenant, près du Portique Royal ? Car tu n'as tout de même pas, je pense, un procès en cours devant l'Archonte-Roi !

[*L'affaire de Socrate*]

SOCRATE – Non, je ne suis pas à proprement parler en procès, mais c'est ce qu'on appelle à Athènes une assignation à comparaître pour raison d'État.

EUTHYPHRON – (b) Qu'est-ce que tu dis ? Cela veut dire qu'il y a quelqu'un pour t'accuser ? Car je ne peux croire que, toi, tu accuses personne !

SOCRATE – Non, en effet.

EUTHYPHRON – Alors c'est toi qu'on accuse ?

SOCRATE – Absolument.

EUTHYPHRON – Qui donc ?

SOCRATE – Je ne le connais pas bien moi-même, ce monsieur, mon cher Euthyphron ; il a l'air jeune et sans notoriété ; il s'appelle, je crois, Mélètos,

* J'ai mis entre parenthèses le terme grec que je traduis par « piété » ou par un mot proche par l'étymologie ou le sens, car il ne m'a pas paru possible de rendre de manière satisfaisante la différence subtile de sens entre les deux familles de mots liées, l'une à *hosion*, l'autre à *eusebes*, et qui se rapporte au problème même qui est posé dans notre Dialogue. J'ai cessé de mettre le terme grec entre parenthèses entre [6a] et [12d], parce que c'est uniformément *hosion* ou un terme de la même famille qui est employé. On pourrait traduire le sous-titre par : « sur le Pieux », ou encore : « sur l'essence de la piété ». Cela n'a pas beaucoup d'importance dans la mesure où il n'est pas de Platon lui-même mais de ses premiers éditeurs.

et il est du dème Pitthos. Tu ne connais pas par hasard un Mélètos de ce dème, le cheveu long et plat, la barbe pas bien généreuse et le nez crochu?

EUTHYPHRON – Je ne vois pas, Socrate; mais de quoi (c) t'accuse-til?

SOCRATE – De quoi? Oh! cela ne manque pas de race! Car ce n'est pas commun, à son âge, une opinion dans une telle affaire : ce monsieur dit qu'il sait comment on corrompt la jeunesse, et quels sont les corrupteurs; faut-il qu'il soit savant! Il a découvert mon ignorance, et pour cela il vient m'accuser, devant l'État comme devant une mère, de corrompre ses frères de son âge. Et il semble qu'il soit le seul à avoir des principes justes en politique: car il est juste de s'occuper d'abord des plus jeunes (d) pour les rendre aussi valeureux que possible – comme un bon cultivateur doit s'occuper d'abord des jeunes pousses, et ensuite des autres; et Mélètos fait sans doute comme cela (3a): il fait le nettoyage en commençant par nous qui corrompons les jeunes pousses, comme il dit; après cela, il est clair qu'il s'occupera des plus âgés et qu'il sera la cause des plus grands bienfaits pour l'État – il faut s'y attendre d'un homme qui a si bien débuté!

EUTHYPHRON – Je le voudrais bien, Socrate, mais j'ai peur que cela n'arrive pas. Il me semble tout bonnement que c'est par son cœur qu'il attaque l'État, en cherchant à te faire du mal. Mais dis-moi: que fais-tu, d'après lui, pour corrompre la jeunesse?

(b) SOCRATE – Ah! des choses pas ordinaires, mon admirable ami, tu vas entendre cela: je suis un créateur de dieux, et comme je crée de nouveaux dieux je ne crois pas aux anciens; tel est le motif de son accusation, à ce qu'il dit.

EUTHYPHRON – Je vois, Socrate; c'est à cause de cette espèce de démon dont tu parles, qui se manifeste à toi chaque fois qu'il faut. C'est donc d'être novateur en matière de divinité qu'il t'accuse, et il vient te calomnier au tribunal, parce qu'il sait que ce genre de calomnie passe bien auprès de la foule. Même moi, (c) quand je fais des discours religieux, à l'Assemblée du peuple, en prédisant ce qui arrivera, ils rient comme si j'étais fou; et pourtant rien de ce que j'ai prédit qui ne soit vrai! Mais on est jaloux de tous les hommes de notre sorte. Tant pis! Il ne faut pas se laisser toucher par cela, mais faire front.

SOCRATE – Mon cher Euthyphron, faire rire, ce n'est pas une affaire; car les Athéniens, je crois, ne se soucient pas qu'un homme ait du talent, pourvu qu'il n'enseigne pas son savoir; mais s'ils pensent qu'il veuille rendre les autres semblables à lui, ils se fâchent, peut-être bien par jalousie, comme tu dis (d), peut être, pour quelque chose d'autre.

EUTHYPHRON – En tout cas, quelle que soit leur disposition à mon égard à ce sujet, je n'ai pas trop envie d'en faire l'expérience.

SOCRATE – Tu ne leur donnes, en effet, sans doute pas le sentiment de te donner toi-même ni de vouloir enseigner ton savoir personnel; mais moi j'ai bien peur, à cause de mon goût pour la communication avec tous les hommes (*philanthrôpia*), de passer pour quelqu'un qui prodigue à chacun tout ce qu'il a à dire, non seulement sans salaire, mais encore en étant prêt volontiers à payer qui voudrait bien m'écouter. S'il s'agissait, donc de rire de moi, aujourd'hui, comme (e) tu dis qu'on rit de toi, il ne serait pas désagréable de passer un moment au tribunal à niaiser et à faire rire; mais, s'ils prennent l'affaire au sérieux, personne ne peut savoir comment cela se terminera – sauf vous, bien sûr, les devins!

EUTHYPHRON – Eh bien! Socrate, cela ne sera peut-être rien: tu mèneras ton procès à ta guise, comme moi, le mien, je pense.

[*L'affaire d'Euthyphron*]

SOCRATE – Mais toi, Euthyphron, qu'en est-il justement de ton procès? Tu es poursuivi ou tu poursuis?

EUTHYPHRON – Je poursuis.

SOCRATE – Qui donc?

EUTHYPHRON – (4a) Oh! Je vais encore passer pour un fou de le poursuivre!

SOCRATE – Pourquoi? C'est un oiseau que tu poursuis?

EUTHYPHRON – Non! Il est bien loin de voler: c'est un homme d'un grand âge.

SOCRATE – Qui donc?

EUTHYPHRON – Mon propre père.

SOCRATE – Le tien, excellent homme?

EUTHYPHRON – Mais oui.

SOCRATE – Pour quel grief? De quoi l'accuses-tu?

EUTHYPHRON – De meurtre, Socrate.

SOCRATE – Diable! J'ai bien l'impression, Euthyphron, que la majorité des gens ne sauraient pas ce qu'il faut faire dans un tel cas pour agir correctement! Je ne pense pas que ce soit à la portée du (b) premier venu mais qu'il faut un homme qui ait déjà une longue science.

EUTHYPHRON – Oh! Pardieu oui! bien longue, Socrate.

SOCRATE – Mais il faut que la victime de ton père soit de ta famille, n'est-ce pas? c'est évident, tu ne poursuivrais pas ton père pour meurtre à cause d'un étranger!

EUTHYPHRON – Tu me fais rire, Socrate, à penser que cela fasse une différence que celui qui est mort soit un étranger ou un parent. Il n'y a qu'une chose à examiner avec précision: est-ce en demeurant dans le cadre du droit que celui qui a tué a tué, ou bien non? Si c'était dans le cadre du droit, c'est bon : relaxe ! Mais, s'il n'était pas dans son droit, alors il faut le poursuivre; et cela, même si le meurtrier (c) vit et mange avec toi; car la souillure est autant pour toi, si tu vis avec lui en le sachant, sans procéder à une purification *(ap-hosioun)* pour toi et pour lui en le poursuivant en justice. En fait, celui qui est mort était un serviteur à moi : nous faisons de la culture à Naxos; il y était journalier. Un jour qu'il s'était mis en colère, parce qu'il était ivre, contre quelqu'un de la maison, il l'égorge. Mon père le fait donc jeter pieds et poings liés dans une fosse, et il envoie quelqu'un pour demander à l'Exégète du droit ce qu'il fallait (d) faire. Et, durant tout ce temps, il ne s'en est plus soucié : c'était un assassin et ce ne serait pas une affaire s'il mourait aussi ! Or c'est bien ce qui arriva. La faim, le froid et les liens le firent mourir avant que l'envoyé ne revint de chez l'Exégète. Voilà donc l'affaire à propos de laquelle mon père et les gens de ma famille s'indignent de ce que moi, au nom d'un meurtrier, je poursuive mon père pour meurtre; ils disent qu'il ne l'a pas tué, et que, même s'il l'avait vraiment tué, la victime ayant elle-même commis un homicide, il n'y aurait pas à s'embarrasser l'esprit du cas d'un tel homme; car il est, en tout cas, impie *(anhosion)* pour un fils de poursuivre pour meurtre son propre père. Faut-il qu'ils s'y connaissent mal (e), mon cher Socrate, du point de vue religieux, sur ce qu'il en est du pieux *(hosion)* et de l'impie *(anhosion)* !

[*Position du problème*]

SOCRATE – Et alors, toi, Euthyphron, par Zeus, tu penses savoir de manière assez précise ce qu'il en est du divin, ainsi que du pieux et de l'impie (*hosion* et *anhosion*) – assez, en tout cas, pour ne pas avoir peur, en supposant que tout se soit passé comme tu dis, de te trouver à ton tour en train de faire quelque chose d'impie (*anhosion*) en poursuivant ton père en justice ?

EUTHYPHRON – Je ne serais, en effet, bon à rien, Socrate, et (5a) Euthyphron ne serait pas différent du commun des hommes, s'il ne savait cela de manière précise.

SOCRATE – Mais alors, étonnant Euthyphron, le mieux pour moi est de devenir ton élève, et de faire appel de l'accusation de Mélètos en lui opposant ce que tu me dis : je lui dirai que, déjà auparavant, je désirais vivement connaître ce qui touche à la divinité, mais que, maintenant, comme il m'accuse d'improviser et d'innover à la légère sur ce qui touche le divin, je me suis fait ton élève : « Donc, Mélètos, lui dirai-je, si tu reconnais qu'Euthyphron (b) est un savant sur ces questions-là, admets alors que mes positions à moi aussi sont correctes et renonce à ton procès; sinon attaque-le lui-même d'abord, puisque c'est mon maître, comme corrupteur de la vieillesse : il me corrompt moi par son enseignement, et son propre père par ses remontrances et le châtiment qu'il réclame contre lui ! » Et si cela ne le convainc pas, s'il ne renonce pas à son procès, ou s'il ne t'accuse pas toi à ma place, je dirai au tribunal ce que j'aurais voulu lui dire en faisant appel.

EUTHYPHRON – Ah! oui, par Zeus, Socrate, s'il s'avisait (c) de m'attaquer publiquement, je trouverais bien, je crois, sa faille, et ce serait sur ce monsieur que viendrait le débat, au tribunal avant que sur moi !

SOCRATE – C'est ce que je crois aussi, mon cher ami, et c'est pour cela que je voudrais devenir ton élève : car je vois bien que personne, pas même Mélètos, ne se sent de t'examiner, tandis que moi, il m'a percé avec tant d'acuité et de facilité qu'il m'a accusé d'impiété (*asebeia*). Dis-moi donc, maintenant, au nom de Zeus, puisque tu te fais fort de le savoir clairement : qu'est-ce que le pieux et l'impie (*eusebes* et *asebes*) (d), aussi bien en fait de meurtre qu'en toute autre matière ? Ou bien le pieux (*hosion*) n'est-il pas, dans tous les actes qui le sont, identique à soi ? et encore l'impie (*anhosion*) n'est-il pas le contraire de tout ce qui est pieux (*hosion*) ? et tout ce qui doit être tenu pour impie (*anhosion*) n'est-il pas semblable à soi, et possédant une idée unique caractéristique (*echon mian tina idean*) du point de vue de son *impiété* (*anhosiotès*) ?

EUTHYPHRON – Absolument Socrate !

SOCRATE – Bien, dis-moi donc ce que tu déclares être le pieux et l'impie (*hosion* et *anhosion*).

[*Premier essai de définition*]

EUTHYPHRON – Eh bien ! Je dis que le pieux (*hosion*), c'est exactement ce que je suis en train de faire : poursuivre en justice celui qui s'est rendu coupable de meurtre, de vol sacrilège, ou de quoi que ce soit du même genre, qu'il s'agisse de son père, (e) de sa mère ou de n'importe qui d'autre ; ne pas le poursuivre, voilà ce qui est impie (*anhosion*). Et maintenant, Socrate, admire la puissance de la preuve, que j'ai déjà donnée à d'autres, que c'est cela qui est conforme à la loi et que la seule conduite droite consiste à ne pas avoir d'indulgence pour l'impie (*asebôn*), quel qu'il puisse être : on voit que les mêmes hommes croient que Zeus est le meilleur et le plus juste (6a) des dieux et reconnaissent aussi qu'il a enchaîné son père parce qu'il dévorait ses enfants, ce qui est injuste ; et, d'ailleurs, celui-ci avait lui aussi mutilé le sien pour d'autres raisons du même genre. Eh bien ! ces mêmes gens m'en veulent parce que je poursuis mon père, coupable d'une injustice : tu vois comme ils tiennent des discours contradictoires, selon qu'il s'agit des dieux ou de moi-même !

SOCRATE – Mais c'est peut-être pour cela, Euthyphron, qu'on m'accuse : quand j'entends dire des choses comme celles-là sur les dieux, j'ai du mal à le supporter ; j'ai l'impression que c'est cela qu'on me reproche. Eh bien, donc ! si, même toi, tu partages leur sentiment (b) sur ces sujets que tu connais bien, il faut que nous aussi nous nous soumettions. Car que pourrions-nous dire, nous qui reconnaissons ne rien savoir sur eux ? Mais, dis-moi, au nom du dieu de l'Amitié, toi-même, est-ce que tu crois vraiment que les choses se sont passées ainsi ?

EUTHYPHRON – Mais oui ! et bien d'autres, plus étonnantes encore, Socrate, que la plupart des hommes ne connaît pas.

SOCRATE – Tu penses qu'il y a réellement, entre les dieux, et des guerres, et de terribles haines, et des batailles et mille autres choses, telles que nous les racontent les poètes, et (c) dont nos bons artistes peintres remplissent tous les lieux sacrés, comme encore le voile plein de telles enluminures, qu'on porte, à la fête des grandes Panathénées, à l'Acropole ? Faut-il dire que tout cela est vrai, Euthyphron ?

EUTHYPHRON – Et pas seulement cela, Socrate, mais beaucoup d'autres choses, comme je te le disais à l'instant, que je pourrai te raconter sur les affaires des dieux, si tu veux, et qui sont stupéfiantes à entendre.

SOCRATE – Oh ! cela ne m'étonnerait pas ; mais tu me les raconteras une autre fois, quand nous aurons du temps ! Pour le moment, ce que je t'ai demandé tout à l'heure, essaie (d) de le dire plus clairement. Car tu ne m'as pas instruit suffisamment quand je t'ai demandé ce que c'était que le pieux ; mais tu m'as dit seulement que ce que tu faisais en ce moment, en poursuivant ton père pour meurtre, cela précisément, il se trouvait que c'était pieux.

EUTHYPHRON – Et ce que j'ai dit est vrai, Socrate.

SOCRATE – Soit, mais il y a beaucoup d'autres choses, Euthyphron, dont tu dis qu'elles sont pieuses.

EUTHYPHRON – Mais c'est qu'elles le sont aussi.

SOCRATE – Mais rappelle-toi : je ne t'ai pas demandé de m'enseigner une ou deux choses parmi toutes celles qui sont pieuses, mais cette forme elle-même (*ekeino auto to eidos*), par le fait de laquelle toutes les choses qui sont pieuses, le sont ; car tu disais bien que c'est, de quelque manière, du fait d'une idée unique (*mia idea*) caractéristique (e), que ce qui est impie est impie et que ce qui est pieux est pieux ; ou alors, tu ne te souviens pas ?

EUTHYPHRON – Si, si !

SOCRATE – Eh bien, donc ! c'est elle que je veux que tu m'enseignes, cette idée (*tèn idean tis pote estin*) : qu'est-ce que c'est ? Je veux pouvoir tourner mon regard vers elle, et m'en servir comme d'un modèle (*paradeigmati*), pour déclarer que tout ce qui lui est semblable (que ce soit toi ou quelqu'un d'autre qui agisse) est pieux, et que tout ce qui en diffère ne l'est pas.

EUTHYPHRON – Mais, si c'est cela que tu désires, Socrate, je vais te le dire.

SOCRATE – Mais oui, c'est cela que je désire.

[*Deuxième essai de définition*]

EUTHYPHRON – Eh bien ! ce qui, pour les dieux, est amical est pieux (7a) et ce qui n'est pas amical est impie.

SOCRATE – Très bien répondu, Euthyphron, c'est une réponse comme celle-là que j'attendais de toi. Mais est-ce qu'elle est vraie ? Je n'en sais rien encore ; mais tu vas, bien sûr, me montrer, en m'instruisant à fond, que ta définition est vraie.

EUTHYPHRON – Tout à fait !

SOCRATE – Allons, examinons donc bien ce que nous disons : ce qui est aimé-des-dieux et l'homme aimé-des-dieux sont pieux, tandis que ce qui est haï-des-dieux et celui qui est haï-des-dieux sont impies : le pieux et l'impie ne sont pas la même chose, mais absolument le contraire l'un de l'autre ; c'est cela ?

EUTHYPHRON – C'est comme cela.

SOCRATE – Et cette formulation te paraît satisfaisante ?

EUTHYPHRON – (b) Il me semble, Socrate ; c'est bien ce qu'on a dit.

SOCRATE – Bon ; mais que les dieux se battent entre eux, aient des différends et des haines, cela aussi, on l'a dit ?

EUTHYPHRON – Mais oui, on l'a dit.

SOCRATE – Ces haines et ces colères, mon très cher ami, ce sont des différends sur quels sujets, qui les provoquent ? Réfléchissons : est-ce que, si toi et moi nous avions un avis différent sur une question numérique (laquelle de deux quantités est la plus grande ?), ce différend nous rendrait-il haineux, et nous mettrions-nous en colère l'un contre l'autre ? Ou bien est-ce qu'en recourant au calcul (c) nous ne serions pas vite d'accord sur ce genre de sujet ?

EUTHYPHRON – Si ! tout à fait.

SOCRATE – Et de même, sur une question de longueurs plus ou moins grandes, si nous n'étions pas d'accord, n'y aurait-il pas qu'à mesurer pour faire cesser notre désaccord ?

EUTHYPHRON – C'est cela.

SOCRATE – Et il me semble que c'est en recourant à la pesée, s'il s'agissait de distinguer ce qui est plus lourd et ce qui est plus léger ?

EUTHYPHRON – Comment le nier ?

SOCRATE – Mais alors, sur quels sujets de dispute, faute de disposer d'un critère de décision, serions-nous gagnés par la haine et la colère ? Cela ne te paraît peut-être pas immédiat, mais (d) réfléchis à ce que je dis : est-ce que ce n'est pas sur le juste et l'injuste, le beau et le laid, le bien et le mal? Est-ce que, quand on devient haineux, toi, moi, et tous les hommes, ce n'est pas sur ces sujets de dispute, où l'on ne peut recourir à aucun critère de décision suffisant?

EUTHYPHRON – Mais oui, Socrate, voilà bien nos disputes et leurs sujets!

SOCRATE – Et, donc, les dieux, Euthyphron, s'il est vrai qu'ils ont des différends, n'est-ce pas pour ces mêmes raisons?

EUTHYPHRON – C'est nécessaire.

SOCRATE – (e) Par conséquent, mon brave Euthyphron, les dieux aussi ont des avis différents, d'après ce que tu dis, sur ce qui est juste, beau, laid, bien, mal: car jamais ils ne se disputeraient, si ce n'était sur ces sujets – n'est-ce pas?

EUTHYPHRON – C'est juste.

SOCRATE – Et ce que chacun juge bon et juste, c'est aussi ce qu'il aime, et le contraire, ce qu'il hait?

EUTHYPHRON – Tout à fait.

SOCRATE – Mais, d'après ce que tu dis, ce sont les mêmes choses que les uns trouvent justes (8a) et les autres injustes: c'est à propos des choses sur lesquelles ils ne sont pas d'accord qu'ils se font la guerre entre eux, n'est-ce pas?

EUTHYPHRON – C'est cela.

SOCRATE – Il semble, donc, que ce sont les mêmes choses qui sont haïes et aimées par les dieux; les mêmes choses seraient, à la fois, haïes-des-dieux et aimées-des-dieux.

EUTHYPHRON – Il me semble.

SOCRATE – Par conséquent, Euthyphron, ce sont les mêmes choses qui seraient pieuses et impies, selon cette définition.

EUTHYPHRON – Il y a toute chance.

SOCRATE – Mais alors, étonnant ami, tu n'as pas donné une réponse distincte à ma question: je ne demandais pas ce qui se trouve être aussi bien pieux qu'impie; or ce que tu dis aimé-des-dieux est aussi haï-des-dieux, semble-t-il! Auquel cas, (b) Euthyphron, ce que tu fais maintenant en punissant ton père, il ne serait pas étonnant que Zeus le trouve aimable, mais Cronos et Ouranos détestable, et Héphaistos bon, mais Héra odieux – et ainsi de suite pour les autres dieux, selon leurs divergences là-dessus.

EUTHYPHRON – Mais à mon avis, Socrate, précisément sur ce sujet, il n'y a pas de désaccord entre les dieux: tous pensent que celui qui a tué injustement doit payer le prix de la justice.

SOCRATE – Et alors ? Chez les hommes, Euthyphron, as-tu entendu (c) contester que celui qui a tué injustement, ou qui a commis quelque autre action injuste, doive payer le prix de la justice ?

EUTHYPHRON – Ah çà ! ils ne cessent, plutôt, de le contester au tribunal ou partout ailleurs : ils commettent des injustices de toutes sortes, et puis après ils disent et font tout ce qu'ils peuvent pour fuir la correction de la justice.

SOCRATE – Oui, mais reconnaissent-ils aussi avoir commis une injustice ? Est-ce que c'est en reconnaissant qu'ils en ont commis, qu'ils prétendent ne pas avoir à en payer le prix ?

EUTHYPHRON – Ah ! çà non !

SOCRATE – Ils ne disent et ne font donc pas vraiment tout ce qu'ils peuvent : je suppose qu'ils n'osent pas contester que (d) lorsqu'ils ont commis une injustice il faille la réparer ; mais je suppose qu'ils prétendent n'en pas commettre, n'est-ce pas ?

EUTHYPHRON – C'est vrai.

SOCRATE – Ils ne contestent donc pas que le coupable doive payer ; mais ils discutent, je pense, sur qui a été le coupable, de quoi, et à quel moment.

EUTHYPHRON – C'est vrai.

SOCRATE – Alors c'est précisément la même chose qui se passe se passe chez les dieux, si vraiment ils se disputent sur ce qui est juste et injuste, comme tu le dis dans tes histoires : les uns prétendent que les autres leur ont fait du tort ; et eux ils le nient ; mais il y a un point sur lequel, étonnant ami, personne, ni dieu, ni (e) homme, n'ose ouvrir la bouche : c'est pour nier que l'injuste doive réparer son injustice.

EUTHYPHRON – Oui, c'est vrai, Socrate, en tout cas pour l'essentiel.

SOCRATE – Mais il me semble alors que c'est sur chaque acte particulier que portent les discussions, chez les dieux aussi bien que chez les hommes, si vraiment les dieux se disputent : c'est sur un acte déterminé qu'on peut se disputer, les uns soutenant qu'il est juste, les autres qu'il ne l'est pas ; n'est-ce pas ?

EUTHYPHRON – Exactement.

SOCRATE – (9a) Essaye donc, après cela, mon cher Euthyphron, de m'enseigner, à moi aussi (tu m'en apprendras !) quelle preuve il y a que les dieux trouvent tous injuste la mort de ton homme, ce journalier meurtrier, ligoté par le maître de sa victime, et qui en est mort avant que celui-ci ait pu apprendre des exégètes ce qu'il fallait faire ! Et ils trouvent tous juste que, pour un tel homme, un fils poursuive son père en justice pour meurtre ? Allez ! Essaye de me prouver cela (b) avec clarté que tous les dieux sans exception trouvent cet acte juste. Si tu peux m'en donner une preuve suffisante, je ne tarirai plus jamais d'éloge sur ta science !

EUTHYPHRON – Ce n'est sans doute pas une mince affaire, Socrate, mais je pourrais te le prouver tout à fait clairement.

SOCRATE – Je vois : tu trouves que j'ai la tête plus dure que les juges ; parce que, évidemment, à eux, tu leur montreras ce qui est injuste et ce que tous les dieux haïssent.

EUTHYPHRON – Je le leur montrerai, très clairement, Socrate, pourvu seulement qu'ils m'écoutent.

[*Rectification de la deuxième définition*]

SOCRATE – (c) Oh ! Ils t'écouteront, pourvu qu'ils trouvent que tu parles bien. Mais, pendant que tu parlais, j'ai pensé quelque chose, et voici ce que je me dis : « supposons qu'Euthyphron m'ait enseigné aussi bien que possible que tous les dieux trouvent injuste ce meurtre ; qu'est-ce que j'aurai appris de plus, par lui, sur ce que c'est au juste que le pieux et l'impie ? Haï-des-dieux, serait donc cet acte ; soit ; mais ce n'est pas cela définir le pieux et l'impie, nous venons de le voir : puisque ce qui est haï-des-dieux paraît aussi aimé des dieux ». Je ne te demande donc plus de me démontrer cela, Euthyphron. Admettons, si tu veux, que tous (d) les dieux pensent que cet acte est injuste, et qu'ils le haissent tous. Mais ce que nous disons donc maintenant, en rectifiant ainsi notre propos, à savoir que ce que *tous* les dieux, le cas échéant, haïssent est impie et ce que *tous*, le cas échéant, aiment est pieux, et que ce que, le cas échéant, les uns aiment et les autres haïssent n'est ni l'un ni l'autre ou les deux à la fois, veux-tu que cela soit maintenant notre définition du pieux et de l'impie ?

EUTHYPHRON – Qu'est-ce qui pourrait s'y opposer, Socrate ?

SOCRATE – Ah ! mais rien, de mon côté, Euthyphron ; cependant, regarde maintenant la chose de ton point de vue et vois si, en acceptant cela, tu vas m'apprendre plus facilement ce que tu m'as promis.

EUTHYPHRON – (e) Mais oui, quant à moi, je dirais volontiers que c'est cela : le pieux, c'est ce que tous les dieux aiment et ce qu'au contraire tous les dieux haïssent, voilà l'impie.

SOCRATE – Bon. Et alors, que faisons-nous ? Est-ce que nous examinons si notre proposition est bien formulée, ou bien en restons-nous là, comme si nous prenions en l'état ce qui est dit, que ce soit par nous-mêmes ou les autres, et qu'il suffise que n'importe qui parle sur un sujet en disant sa manière de voir, pour que nous soyons d'accord ? Ou bien faut-il examiner ce que dit celui qui parle ?

EUTHYPHRON – Il faut examiner ; je pense, au demeurant, que ce que nous disons maintenant est bien formulé.

SOCRATE – (10a) Nous allons très vite mieux le savoir, mon bon ami. Concentre-toi sur ceci : le pieux, est-ce parce qu'il est pieux, qu'il est aimé par les dieux, ou bien est-ce parce qu'il est aimé, qu'il est pieux ?

EUTHYPHRON – Je ne vois pas ce que tu veux dire, Socrate.

SOCRATE – Je vais alors essayer de m'exprimer plus clairement. Nous disons communément : quelque chose qui est porté et quelque chose qui porte, quelque chose qui est conduit et quelque chose qui conduit, quelque chose qui voit et quelque chose qui est vu ; et ainsi de suite : tu vois qu'il y a de la différence entre toutes ces choses et en quoi elles diffèrent.

EUTHYPHRON – Mais oui, il me semble bien que je vois cela.

SOCRATE – Et donc, également, ce qui est aimé est une chose et ce qui aime en est une autre ?

EUTHYPHRON – Certes ! Comment le nier ?

SOCRATE – (b) Mais dis-moi maintenant : ce qui est *porté*, c'est bien parce qu'il *est porté*, qu'il est *porté*, ou bien verrais-tu une autre raison ?

EUTHYPHRON – Mais non, il n'y en a pas d'autre que celle-là.

SOCRATE – Et ce qui est *conduit*, c'est bien parce qu'il *est conduit*, et ce qui est *vu*, c'est bien parce qu'il *est vu* ?

EUTHYPHRON – Tout à fait.

SOCRATE – Ce n'est donc pas précisément parce qu'une chose est *vue*, qu'à cause de cela elle *est vue*, mais, au contraire, si elle est *vue*, c'est bien parce qu'elle *est vue* ; ce n'est pas parce qu'elle est *conduite*, qu'à cause de cela elle *est conduite*, mais, si elle est *conduite*, c'est bien parce qu'elle *est conduite* ; et ce pas parce qu'elle est *portée*, qu'elle *est portée*, mais elle est *portée* précisément parce qu'elle *est portée*. N'est-ce pas limpide, Euthyphron, ce que (c) je veux dire ? Je veux dire que, si quelque chose arrive ou vous affecte, ce qui est en train de se passer n'est pas la cause de son arrivée, mais c'est parce que cela arrive que c'est en train de se passer ; ce n'est pas parce que vous êtes affecté, qu'il y a quelque chose qui vous arrive, mais c'est parce qu'il y a quelque chose qui vous arrive, que vous êtes affecté. N'es-tu pas d'accord que c'est ainsi ?

EUTHYPHRON – Moi, Oui.

SOCRATE – Dans ces conditions, ce qui est *aimé* est également quelque chose qui arrive ou à qui il arrive quelque chose[1].

EUTHYPHRON – Tout à fait.

SOCRATE – Il en va donc de même ici que dans les cas précédents : ce n'est pas parce qu'une chose est actuellement *aimée*, qu'elle *est aimée* par ceux par qui elle l'est, mais, si elle est en train d'être *aimée*, c'est bien parce qu'elle *est aimée*, n'est-ce pas ?

1. Variante, qui conserve rigoureusement le même sens : « ou qui est affecté par quelque chose ».

EUTHYPHRON – C'est une nécessité.

SOCRATE – (d) Et maintenant, dans ces conditions, que disons-nous en ce qui concerne le pieux, Euthyphron? Rien d'autre si ce n'est qu'il est aimé par tous les dieux? C'est bien ce que tu dis?

EUTHYPHRON – Oui.

SOCRATE – Mais est-ce précisément parce qu'il est pieux, ou pour une autre raison?

EUTHYPHRON – Non, mais pour cette raison même.

SOCRATE – Donc, c'est parce qu'il est pieux qu'il est aimé, mais non pas parce qu'il est aimé, pour cette raison précisément, qu'il est pieux?

EUTHYPHRON – Il semble.

SOCRATE – Oui mais, maintenant, d'un autre côté, du simple fait qu'il soit aimé par les dieux, cela ne le rend-il pas *aimé* et aimé-des-dieux?

EUTHYPHRON – Comment le nier?

SOCRATE – Donc, ce qui est aimé-des-dieux n'est pas pieux, Euthyphron, et le pieux n'est pas aimé-des-dieux, contrairement à ce que tu dis, ils sont différents l'un de l'autre.

EUTHYPHRON – (e) Comment cela, Socrate?

SOCRATE – Parce que nous venons de convenir que c'est pour une raison précise que le pieux est aimé : c'est qu'il est pieux; mais ce n'est pas parce qu'il est aimé, qu'il est pieux. N'est-ce pas?

EUTHYPHRON – Si.

SOCRATE – Et qu'en revanche, en ce qui concerne ce qui est aimé-des-dieux, c'est parce qu'il est aimé par des dieux, c'est du fait même de cet être aimé, qu'il est aimé-des-dieux, mais qu'il soit aimé-des-dieux, ce n'est pour cela qu'il est aimé.

EUTHYPHRON – Tu dis vrai.

SOCRATE – Mais si c'était précisément la même chose, mon Euthyphron, ce qui est aimé-des-dieux et le pieux, dans ce cas, d'un côté, du fait que c'est à cause de son être pieux que le pieux est aimé, (11a) alors ce serait aussi à cause de son être aimé-des-dieux, que ce qui est aimé-des-dieux serait aimé; et, si, de l'autre côté, c'était du fait d'être aimé par des dieux que ce qui est aimé-des-dieux est aimé-des-dieux, il faudrait aussi, pour le pieux, que ce soit du fait d'être aimé, qu'il soit pieux. Mais maintenant tu vois qu'ils se comportent de façon contraire l'un de l'autre, comme deux réalités différentes du tout au tout l'une de l'autre. Le premier, en effet, est aimé parce qu'il est possible qu'il soit aimé; l'autre, c'est bien parce qu'il est de nature à être aimé[1], précisément, qu'il est aimé. Et j'ai bien peur, Euthyphron, alors que je t'avais demandé, au sujet du pieux, ce qu'il est au juste, que ce ne soit pas son essence (*ousia*), que tu acceptes de

1. Ou encore : « digne d'être aimé ».

me révéler, mais que tu indiques seulement quelque chose qui peut lui arriver (*pathos*)[1], quelque chose dont il arrive que soit affecté (*ho ti peponthe*) ce qui est pieux : être aimé de tous (b) les dieux. En revanche, de son être même, tu n'as pas encore parlé. S'il te plaît, donc, ne me cache pas ce qu'il en est; mais reprends les choses depuis l'origine et dis-moi ce que peut bien être le pieux, peu importe qu'il soit aimé des dieux ou quoi qu'il lui arrive (*hotidè paskhei*) : ce n'est pas cela la question; mais parle maintenant avec détermination : qu'est-ce que c'est que le pieux et l'impie?

EUTHYPHRON – Mais, Socrate, je n'arrive plus à dire ce que je pense : nos propositions ne cessent, je ne sais comment, de tourner en rond, et nos positions ne veulent pas rester stables !

SOCRATE – Oui ! Elles semblent l'*œuvre* de notre ancêtre (c) Dédale, Euthyphron, ces propositions qui sont de toi ! Si elles étaient de moi, et si je les avais mises sur pied, tu te moquerais sans doute de moi, à cause de ma parenté avec lui, parce que mes *œuvre*s faites avec des mots s'enfuiraient sans vouloir rester là où je les aurais dressées; mais comme ces propositions sont de toi, il faut trouver une autre plaisanterie; car c'est avec toi qu'elles ne veulent pas rester, c'est toi-même qui le dis.

EUTHYPHRON – Eh bien ! moi je trouve que la plaisanterie s'applique très bien à tes propos, Socrate ! Car cette manière de tourner en rond et cette bougeotte, ce n'est pas moi qui les ai mises en eux; (d) mais toi, tu me parais un fameux Dédale ! Car s'il ne tenait qu'à moi ils resteraient en place.

SOCRATE – Alors, cher ami, j'ai bien peur d'être plus habile que cet artiste, puisqu'il faisait bouger ses seules œuvres, tandis que moi, les miennes et celles des autres, dirait-on. Et le fin du fin, dans mon art, c'est que j'ai ce pouvoir à mon insu; car, pour moi, je voudrais bien que les discours soient inébranlables et fondés, plutôt que d'ajouter en moi, (e) au savoir-faire de Dédale, les richesses de Tantale ! Mais en voilà assez là-dessus : puisque tu sembles te laisser aller, je vais joindre mes efforts et mon courage aux tiens pour que tu m'instruises au sujet du pieux. Et pas de découragement à l'avance ! Vois s'il ne te semble pas nécessaire que ce qui est pieux soit toujours juste.

[*Troisième essai de définition : le pieux et le juste*]

EUTHYPHRON – C'est ce qui me semble.

SOCRATE – Cela signifie-t-il, en conséquence, aussi que tout ce qui est juste soit pieux ? Ou bien tout ce qui est pieux (12a) est-il juste, sans que le juste soit pieux dans sa totalité (une partie du juste l'étant, l'autre non) ?

1. Ou encore : « un accident », comme traduisent certains. Voir, dans l'appendice final, les problèmes que pose cette traduction de *pathos*.

EUTHYPHRON – Je ne suis pas tes paroles, Socrate.

SOCRATE – Tu as beau être plus jeune que moi, tu es bien plus savant que moi; mais, je te le redis, tu te laisses aller parce que tu es trop plein de savoir. Allons, tu as de la chance! Concentre-toi un peu! Car ce que je dis n'est pas difficile à comprendre; c'est le contraire de ce que dit le poète: «Zeus, qui en est l'auteur et qui fait vivre toute chose, (b) tu ne veux en parler: c'est que là où est la crainte, il y a aussi le respect». Mais moi, je ne suis pas d'accord avec ce poète; veux-tu savoir pourquoi?

EUTHYPHRON – Tout à fait.

SOCRATE – Il ne me semble pas que là où est la crainte, il y ait aussi le respect; car il y a beaucoup de gens, me semble-t-il, qui craignent les maladies, la pauvreté et les autres malheurs de cette sorte: ils en ont de la crainte, mais aucun respect. Ce n'est pas ton avis?

EUTHYPHRON – Si.

SOCRATE – En revanche, là où il y a du respect, il y a aussi de la crainte: car quelqu'un qui est retenu par le respect et la honte devant une action, n'est-il pas retenu (c) en même temps par la crainte de la mauvaise réputation?

EUTHYPHRON – Oui, il y a cette crainte.

SOCRATE – Il est donc juste de dire non pas: « là où il y a de la crainte, il y a aussi du respect», mais: «là où il y a du respect, il y a aussi de la crainte», car il n'y a pas toujours de respect là où il y a de la crainte; la crainte a plus d'extension, il me semble, que le respect: le respect est une partie de la crainte, comme le nombre impair est une partie du nombre: il n'y a pas impair partout où il y a nombre, mais il y a nombre partout où il y a impair. Tu me suis, maintenant?

EUTHYPHRON – Tout à fait.

SOCRATE – Eh bien! C'est comme pour ce que je te demandais tout à l'heure: est-ce que là où est (d) le juste il y a aussi le pieux! Ou bien là où est le pieux, y a-t-il aussi le juste, sans que le pieux ne soit partout où il y a le juste? Le pieux serait alors une partie du juste. C'est cela qu'il faut dire? Ou bien n'es-tu pas d'accord?

EUTHYPHRON – Si! C'est bien cela qu'il faut dire. C'est correct.

SOCRATE – Tu en vois les conséquences: si le pieux est une partie du juste, il nous faut trouver, n'est-ce pas, laquelle. Si tu m'avais demandé à propos de l'exemple précédent, quelle est la partie du nombre qui est le pair, et qu'est-ce que ce nombre là, j'aurais dit que c'était celui qui peut se diviser en parties égales, et non pas celui dont les parties sont toujours inégales. D'accord?

EUTHYPHRON – Tout à fait.

SOCRATE – (e) Essaie donc de m'enseigner de la même manière quelle est la partie du juste qui est pieuse (*hosion*), je veux pouvoir dire à Mélètos qu'il renonce à me chercher querelle injustement, et à m'assigner pour impiété (*asebeia*), puisque j'aurai été complètement instruit par toi de ce qui est dévot (*eusebè*) et pieux (*hosia*), et de ce qui ne l'est pas.

EUTHYPHRON – Eh bien ! Voici, Socrate, ce qui me semble : la part du juste qui est dévote (*eusebes*) et pieuse (*hosion*) est celle des soins qui concernent les dieux ; les soins qui concernent les hommes est l'autre partie du juste.

SOCRATE – Voilà qui est très bien dit, à mon avis, Euthyphron, mais (13a) il manque encore un petit quelque chose pour que je puisse te suivre : je ne vois pas encore de quels soins tu parles : tu n'entends pas, je pense, n'importe quels soins, comme à l'égard des autres êtres, quand tu parles des soins à l'égard des dieux ? On dit, par exemple, dans le langage courant : tout le monde ne sait pas soigner les chevaux, c'est le rôle des palefreniers ; n'est-ce pas ?

EUTHYPHRON – Tout à fait.

SOCRATE – C'est que c'est leur savoir-faire que les soins des chevaux.

EUTHYPHRON – Oui.

SOCRATE – De même, tout le monde ne sait pas soigner les chiens, mais c'est l'art de l'éleveur de chiens.

EUTHYPHRON – Oui.

SOCRATE – Parce que son savoir-faire est le soin des chiens.

EUTHYPHRON – (b) Oui.

SOCRATE – Et le savoir-faire du bouvier est de soigner les bœufs.

EUTHYPHRON – Exactement.

SOCRATE – Et la piété (*hosiotès*) et la dévotion (*eusebeia*) seraient le soin des dieux, Euthyphron ? C'est bien ce que tu dis ?

EUTHYPHRON – Oui, c'est mon avis.

SOCRATE – Or, toutes ces sortes de soins produisent toujours le même effet : un bien et une utilité pour celui qu'ils soignent. Par exemple, les chevaux soignés par le palefrenier y trouvent du profit et sont améliorés n'est-ce pas ?

EUTHYPHRON – Mais oui.

SOCRATE – Et c'est la même chose pour les chiens, du fait des soins de l'éleveur, et pour les (c) bœufs, du fait des soins du bouvier, et ainsi de suite ? À moins que les soins ne te semblent nuisibles pour ceux qui les reçoivent ?

EUTHYPHRON – Bien sûr que non.

SOCRATE – Ils sont utiles, donc ?

EUTHYPHRON – Évidemment !

SOCRATE – Est-ce que, dans le même sens, alors, puisque la piété (*hosiotès*) est le soin des dieux, elle est utile aux dieux, et elle les rend meilleurs ? Est-ce que tu es d'accord que, quand tu fais quelque chose de pieux, tu œuvres à rendre meilleur un des dieux ?

EUTHYPHRON – Mais pas du tout, mon dieu !

SOCRATE – Moi non plus, Euthyphron; je pense que tu voulais dire autre chose de bien différent; mais si je t'ai demandé ce (d) que tu entendais par « soin des dieux », c'est parce que je pensais bien que tu ne parlais pas de cela.

EUTHYPHRON – Tu as raison, Socrate, ce n'est pas cela que je veux dire.

SOCRATE – Soit. Mais alors que peuvent bien être ces soins concernant les dieux, qu'est la piété (*hosiotès*) ?

EUTHYPHRON – C'est exactement ceux que les esclaves rendent à leurs maîtres.

SOCRATE – Je vois : c'est une sorte de service des dieux.

EUTHYPHRON – Tout à fait.

SOCRATE – Alors peux-tu me dire : le service d'un médecin, quel résultat aide-t-il à produire, comme service ? la guérison, non ?

EUTHYPHRON – Mais oui.

SOCRATE – (e) Continuons : quand on est au service d'un constructeur de bateau, qu'est-ce qu'on l'aide à produire ?

EUTHYPHRON – Des bateaux, évidemment !

SOCRATE – Et quand on est au service d'un architecte, à quoi lui sert-on ? À construire des maisons, non ?

EUTHYPHRON – Mais oui.

SOCRATE – Eh bien ! alors, mon cher ami, le service des dieux, lui, quelle œuvre aide-t-il et sert-il à produire ? Tu le sais, bien sûr, puisqu'il n'y a personne qui s'y connaisse mieux que toi, tu le dis toi-même, sur ce qui touche au divin.

EUTHYPHRON – C'est bien vrai, Socrate.

SOCRATE – Dis-moi, pardieu, quel est ce grand œuvre magnifique que les dieux réalisent en usant de nous comme d'aides à leur service ?

EUTHYPHRON – Oh ! plein de belles choses, Socrate.

SOCRATE – (14a) Mais les généraux aussi en réalisent, cher ami; et, cependant, on peut facilement les résumer en disant que c'est la victoire à la guerre qui en est le résultat final. N'est-ce pas ?

EUTHYPHRON – Pourquoi pas ?

SOCRATE – De même, pour les cultivateurs, leurs œuvres sont nombreuses et belles, mais on peut les résumer en disant que c'est notre subsistance qu'ils produisent en cultivant la terre.

EUTHYPHRON – Exactement.

SOCRATE – Alors ! Toutes ces œuvres nombreuses et belles, que les dieux réalisent ainsi, comment peut-on les résumer ?

EUTHYPHRON – Je te l'ai dit tout à l'heure, Socrate, (b) ce n'est pas une petite affaire que d'apprendre tout cela précisément ; mais pour être simple, je te dirai que savoir dire et faire aux dieux, par les prières et les sacrifices, des choses agréables, voilà quelles sont les choses pieuses (*hosia*) et qui assurent le salut des familles et des États, tandis que le contraire des choses qui leur sont agréables sont impies (*asébè*), et entraînent bouleversements et ruines.

SOCRATE – Tu aurais bien pu me dire plus brièvement, si tu avais voulu, le résumé que je te demandais ; mais tu ne mets pas (c) d'ardeur à m'instruire, c'est clair. Car au moment où tu étais sur le point de le faire, tu t'es dérobé ; si tu avais répondu à ma demande, j'aurais appris vraiment de toi ce qu'est la piété (*hosiotès*). Allez, maintenant je te le redemande (puisqu'il faut bien que l'amant suive celui dont il est amoureux), que dis-moi ce que c'est que le pieux (*hosion*) et la piété (*hosiotès*) ? Ce serait une certaine science des sacrifices et des prières ?

EUTHYPHRON – Oui.

SOCRATE – Mais sacrifier consiste à offrir des présents aux dieux, et prier à leur, faire des demandes ?

EUTHYPHRON – Exactement.

SOCRATE – (d) La piété (*hosiotès*) serait donc la science des demandes et des offrandes, d'après ta proposition ?

EUTHYPHRON – Mais oui, tu m'as très bien compris.

SOCRATE – C'est que j'ai un grand désir de ton savoir, très cher ami, et je fais bien attention pour ne pas perdre une miette de ce que tu dis. Mais explique-moi quel est ce service des dieux : tu dis qu'il consiste à leur adresser des demandes et leur offrir des présents ?

EUTHYPHRON – Oui.

SOCRATE – Mais alors, pour que la demande soit correcte, il faudrait leur demander ce dont nous avons besoin qu'ils nous le donnent ?

EUTHYPHRON – Que veux-tu demander d'autre ?

SOCRATE – (e) Et aussi, pour que l'offrande soit correcte, il faut leur offrir en retour ce dont ils ont besoin que nous le leur donnions ; ce ne serait pas très malin de leur offrir ce dont ils n'ont pas besoin.

EUTHYPHRON – C'est vrai.

SOCRATE – Mais alors, la piété (*hosiotès*) serait une technique commerciale d'échange entre les dieux et les hommes.

EUTHYPHRON – Oui, un commerce, si cela te fait plaisir de l'appeler ainsi.

SOCRATE – Ah ! Mais cela ne me fait aucun plaisir si ce n'est pas vrai. Mais dis-moi quelle utilité peuvent trouver les dieux à nos présents ; en effet, ce qu'ils donnent, (15a) tout le monde peut le voir : nous n'avons aucun bien qu'ils ne nous aient donné. Mais de quelle utilité peut leur être ce qu'ils reçoivent de nous ? Est-ce que nous leur serions supérieurs dans l'art du commerce au point de recevoir d'eux tout ce qui est bon, et qu'ils ne reçoivent rien, en échange, de nous ?

EUTHYPHRON – Mais, Socrate, crois-tu que les dieux trouvent un avantage à ce qu'ils reçoivent de nous ?

SOCRATE – Sinon, que pourraient bien être les présents que nous leur offrons ?

EUTHYPHRON – Rien d'autre que des marques de respect et d'honneur, et, comme je le disais tout à l'heure, ce qui peut leur être agréable.

SOCRATE – (b) Alors, Euthyphron, le pieux c'est ce qui est agréable aux dieux, et ce n'est ni ce qui leur est utile ni ce qu'ils aiment ?

EUTHYPHRON – Mais il me semble, à moi, que c'est précisément cela qu'ils aiment plus que tout.

SOCRATE – Ainsi, le pieux est, encore une fois, me semble-t-il, ce qui est aimé par les dieux.

EUTHYPHRON – Mais absolument.

SOCRATE – Tu t'étonneras, alors, en parlant comme cela, que tes propos aient l'air de ne pas tenir en place et d'errer de ci de là ! Et c'est moi, que tu tiendras pour responsable, comme un Dédale, de leur errance ! Mais tu es bien plus habile que Dédale : tu les fais tourner en cercle ! Ne vois-tu pas que notre conversation a tourné en rond et que c'est sur les mêmes choses (c) que nous revenons ? Tu te souviens que tout à l'heure nous avons reconnu que le pieux et ce qui est aimé-des-dieux ne sont pas identiques, mais différents l'un de l'autre ? ou bien est-ce que tu ne t'en souviens plus ?

EUTHYPHRON – Je confirme.

SOCRATE – Et maintenant, ne te rends-tu pas compte que tu affirmes que ce qui est aimé par les dieux est pieux ? Mais ce qui est aimé-des-dieux n'est rien d'autre que ce qu'ils aiment, non ?

EUTHYPHRON – Absolument.

SOCRATE – Donc, ou bien tout à l'heure nous avons eu tort d'être d'accord ; ou bien ta proposition actuelle n'est pas correcte.

EUTHYPHRON – J'en ai l'impression.

[*Épilogue*]

SOCRATE – Il faut donc reprendre à nouveau, depuis l'origine, l'examen de ce qu'est le pieux (*hosion*) ; pour moi, tant que je ne le saurai pas, j'aurai le courage de ne pas y renoncer. (d) Mais toi, ne dédaigne pas ma prière, et concentre-toi autant que tu peux pour me dire maintenant la vérité; car si quelqu'un la connaît, c'est bien toi : il ne faut pas te lâcher – comme Protée ! – avant que tu n'aies parlé. Car si tu ne savais pas clairement ce qu'est le pieux (*hosion*) et l'impie (*anhosion*), tu ne te serais pas lancé, au nom d'un ouvrier, dans un procès pour meurtre contre ton vieux père : tu aurais craint la colère des dieux et le mépris des hommes au cas où tu aurais mal agi. Mais je sais bien que (e) tu es sûr de savoir clairement ce qu'est le pieux (*hosion*) et ce qui ne l'est pas; dis-le moi, très cher Euthyphron, et ne me cache pas ce que tu en penses.

EUTHYPRHON – Une autre fois, Socrate; maintenant j'ai à faire et il faut que j'y aille.

SOCRATE – Que fais-tu, camarade? Tu t'en vas en me faisant retomber de mon grand espoir? Moi qui croyais apprendre de toi ce qui est pieux (*hosia*) et ce qui ne l'est pas, et me débarrasser ainsi de l'accusation de Mélètos (16a) en lui montrant que, grâce à Euthyphron, j'étais devenu expert en matières religieuses, que je n'improviserais et n'innoverais plus là-dessus par ignorance, et que je mènerais donc une vie nouvelle meilleure à l'avenir!

COMMENTAIRE

INTRODUCTION

Les premiers mots de l'*Euthyphron* situent la scène que Platon imagine entre Socrate et Euthyphron peu de temps avant le procès où Socrate fut condamné à mort (en 399 avant Jésus-Christ, début du IVe siècle). On peut penser[1] que Platon l'a écrit autour de l'année 395 (il a trente-deux ans à l'époque), c'est-à-dire que ce Dialogue fait sans doute partie des quatre ou cinq premiers écrits de Platon.

On dit que la condamnation à mort de son maître, le plus juste et le meilleur des hommes, fut une telle douleur pour Platon, qu'il ne put rester à Athènes, et qu'il alla vivre et méditer avec quelques amis et disciples de Socrate (comme par exemple Euclide) à Mégare, puis à Héliopolis (en Égypte) et à Cyrène, avant de rentrer à Athènes, sans doute vers 396-395 (contraint, peut-être, par la guerre dite de Corinthe, où le roi de basse Égypte s'était allié à Sparte contre Athènes). C'est vraisemblablement autour de l'époque de son retour à Athènes que Platon se met à écrire ses *Dialogues* et son *Apologie de Socrate*, inscrivant ainsi dans l'aide-mémoire de l'écriture la pensée parlante de son maître, qui n'avait jamais fait de livre : comme si, en rentrant à Athènes, Platon voulait y faire rentrer pour toujours (du moins pour aussi longtemps que dureront les livres) sa plaie la plus célèbre. Socrate avait été accusé d'être impie et de corrompre la jeunesse[2] : le sentiment de révolte immédiate apaisé, celui de l'étonnement devant le scandale objectif pousse à méditer[3]. Platon, dès ses premiers ouvrages, redonne vie et parole à Socrate, dans des épisodes de son existence liés à cette mort exemplaire, impensable, et à penser (l'*Apologie*, le *Criton*, aussi bien que l'*Euthyphron*, comme plus tard le *Phédon*), et, ce

1. Voir A. Croiset, 1920, Notice, p. 177.

2. *Apologie*, 24 b-e.

3. Platon fera dire plus tard à Socrate dans le *Théétète* (155d) : « C'est le sentiment philosophique par excellence que l'étonnement : il n'y a pas d'autre commencement à la philosophie que celui-ci. » Cette idée de l'origine de la philosophie qui sera plusieurs fois reprise dans son histoire occidentale. Voir, par exemple, Aristote (*Métaphysique*, A, 2, 982b12-13) ; ou Hegel (*Esthétique*, II, chap. 1, Intro. 4) ; ou encore Schopenhauer (*Le Monde comme volonté et représentation*, suppl. au livre I, chap. 17, p. 851 *sq.*).

faisant, interroge et s'interroge, sur ce qui fait que l'on accuse d'injustice et d'impiété l'homme le plus soucieux de vraie justice et de vraie sainteté (la vraie piété).

L'INSUFFISANCE DU DISCOURS JUDICIAIRE

Si aucune plaidoirie ne peut sauver le juste quand on l'accuse, c'est qu'elle est de même nature que ce qui l'accuse : c'est la situation judiciaire qui interdit la vérité et la véritable justice. Le discours rhétorique vise à plaire et à convaincre : il se fonde donc sur la passion et la flatterie, non sur la vérité et l'objectivité. En ce sens, il ressemble à la poésie, ou aussi bien au maquillage[1] : toute la réussite y tient, précisément, à l'art de farder la réalité. Celui qui cherche à dire la vérité toute simple est sûr d'être condamné au palais de justice, comme un médecin diététicien traduit devant un tribunal d'enfants par un cuisinier pâtissier[2] : la rhétorique flatte et ne vise qu'à séduire. C'est pourquoi, si le philosophe fait piètre figure dans un procès, ce n'est pas par hasard : « ceux qui ont passé de longues heures de leur vie à faire des recherches philosophiques, quand ils viendront au tribunal, y feront figure d'orateurs risibles[3]. »

Cependant, ce n'est pas seulement en raison du but que poursuit le philosophe, qu'il est mauvais orateur, mais de la forme de son discours : tandis que la rhétorique apprend à parler joliment, en évitant les longueurs, en illustrant d'exemples vivants et amusants, en construisant de façon équilibrée les développements, en sorte de traiter toute la question mais seulement la question constituée par la plainte que le juge a entre les mains, la philosophie apprend, en revanche, à accorder la forme et la méthode aux vraies difficultés de fond du sujet, et l'ordonnancement de son discours est moins régulier et joli : « peu importe la longueur ou la brièveté de l'argument pourvu qu'il atteigne le vrai[4]. » Pour répondre *vraiment* à certaines accusations, il faudrait faire des digressions où l'on abandonnerait la question « qui a tort, de toi ou de moi ? qui est le plus fort ? », pour chercher quelle est la nature de ce que l'on reproche (qu'est-ce qu'être pieux ou impie? qu'est-ce qu'une injustice? etc.): dans toutes ces réflexions le philosophe serait rappelé à l'ordre par le président du tribunal pour excursion hors du sujet, et on en déduirait qu'il n'a rien à répondre à l'accusation. C'est donc bien la situation judiciaire qui impose un type de discours dont le but, le style et la forme, interdisent de procéder avec le souci de vérité qui

1. *Gorgias* 463b.
2. *Gorgias* 521c-522c.
3. *Théétète* 172c-173b, notamment.
4. *Théétète*, *ibid.*

est celui de la philosophie. Le philosophe au tribunal ne pourra être philosophe, et il ne saurait être rhéteur.

Cette analyse dévalorisante de la rhétorique judiciaire, à laquelle procède Platon dans ses ouvrages postérieurs, mais dont on peut à bon droit penser qu'elle trouve sa source notamment dans la condamnation de Socrate, en montrant la nécessité de la philosophie pour la vérité et la justice, éclaire le rapport entre l'*Apologie de Socrate* et l'*Euthyphron*.

UN COMPLÉMENT NÉCESSAIRE DE L'*APOLOGIE DE SOCRATE*

La défense du juste ne peut être que la philosophie : quand il est attaqué, aucun discours rhétorique, fût-il du plus habile des avocats, ne peut le justifier[1]. Ce devant quoi il est juste, c'est la vérité : c'est pourquoi justifier vraiment Socrate, contre les accusations d'impiété, ne peut se faire au palais de justice, mais dans une réflexion philosophique qui se demande ce qu'est la piété en elle-même. Ainsi s'éclaire le rapport de l'*Euthyphron* à l'*Apologie de Socrate*, tel que Croiset le montre dans la notice de l'édition Budé. Dans l'*Apologie de Socrate*, Platon a écrit la défense que Socrate aurait pu prononcer – et a sans doute prononcée en substance – à son procès. Cette défense, malgré le refus de la faire convaincante plutôt que vraie[2], doit être soumise aux règles du genre judiciaire d'une réponse à l'accusation, sans digression, même si elle eût été utile pour s'expliquer vraiment, et avec encore la nécessité d'énoncer des raisons que l'auditoire (le peuple athénien) soit, au moins en droit, capable de comprendre[3]. C'est la raison pour laquelle, tout en montrant l'inanité des accusations, Socrate ne peut pas expliquer profondément, dans l'*Apologie*, pourquoi et en quel sens il n'est pas irréligieux[4]. Il peut réaliser cela, en revanche, dans l'*Euthyphron*,

1. « Peut-être pensez-vous, Athéniens, que j'ai été condamné faute d'habiles discours de ceux qui vous auraient persuadés, si j'avais cru qu'il fallait tout dire et faire pour échapper à votre sentence », *Apologie de Socrate*, 38 d.

2. « Moi, je ne vous dirai que la vérité. Ce ne sera pas un langage exquis, orné avec élégance et savamment composé. Je parlerai tant bien que mal, comme ça me viendra. Tout ce que j'ai à dire est ce qui est juste, je crois. N'attendez pas de moi autre chose… C'est la première fois que je comparais devant un tribunal, … je suis donc étranger au langage d'ici… La seule chose qu'il faille considérer, c'est si je dis vrai ou non », *Apologie* (17b-18a).

3. Les juges étaient tirés au sort parmi les citoyens athéniens de plus de 30 ans, et formaient le tribunal de l'Héliée (leur nombre pouvait aller de 501 à 1 500; pour le procès de Socrate, il y eut, semble-t-il, 502 juges qui siégèrent). C'est donc le tout venant du peuple athénien qui rendait la justice, sans aucune qualification précise, ni juridique, ni intellectuelle d'aucune sorte, selon les principes de la constitution démocratique d'Athènes (*cf.* Aristote, la *Constitution d'Athènes*, 63 et 68).

4. « Cela dit, me voici obligé de commencer à plaider. Il me faut essayer de détruire dans vos esprits une vieille calomnie qui y est enracinée; et je n'ai, pour y réussir, que peu de

ouvrage que Platon écrit sans doute à peu près en même temps que l'*Apologie*, dont il est ainsi le complément indispensable philosophiquement. Dans l'*Apologie*, Socrate ne répond jamais sur le fond à l'accusation de ne pas croire aux anciens dieux et d'en introduire de nouveaux : pour ce qui est des anciens dieux qu'il prend comme exemples (le soleil, la lune), il ne dit pas strictement qu'il y croit (pour le dire sérieusement il faudrait expliquer ce que cela veut dire), il s'étonne que Mélètos puisse dire qu'il n'y « croit pas comme tout le monde » et il rappelle que c'est Anaxagore, et non lui-même, qui a professé que ce n'étaient pas des dieux (26d-e). Il dit donc que le problème ne se pose pas pour lui : il n'a jamais rien dit là-dessus. Quant à l'accusation d'introduire de nouveaux dieux, il ne l'envisage même pas explicitement : tout ce qu'il s'efforce de montrer est qu'il n'est pas « athée » (26c), c'est-à-dire ne croyant à aucun dieu du tout (26b-28a). On peut bien soupçonner que ce n'est pas par hasard que Platon fait prononcer à Socrate une telle défense (ou que Socrate l'a prononcée ainsi) : la conception religieuse qui est la sienne est sans doute trop complexe pour être exposée comme cela, et elle n'aurait sans doute pas paru très pieuse au peuple athénien tant elle est difficile à comprendre, surtout, peut-être, pour son temps – mais peut-être bien de tout temps. L'*Euthyphron* va permettre d'expliquer ce que signifie exactement sa relation à la divinité, qu'il appelle dans l'*Apologie*, rapidement et métaphoriquement, « la voix de son démon », ou plus évasivement « un quelque chose de divin et de démonique » (31c-d). Il va pouvoir montrer, dans la recherche philosophique de l'*Euthyphron*, où l'on a tout son temps pour expliquer et penser ce qui est difficile, ce que l'on peut dire de la piété et de la divinité, et ce que l'on ne peut pas en dire.

C'est donc symboliquement que l'entretien de Socrate et d'Euthyphron se passe sur les marches du Portique Royal[1] peu de temps avant le procès :

temps… j'en sens bien la difficulté et je vois les choses telles qu'elles sont. Enfin, qu'elles tournent comme cela plaira à la divinité ; il faut obéir à la loi et plaider », *Apologie* (18c-19a).

1. Le *Portique Royal* était le siège de l'Archonte-roi (il y avait son greffe), dont dépendaient les affaires criminelles publiques, celles, en particulier, qui étaient liées à la religion. Euthyphron, dans sa première phrase (2a), s'étonne que Socrate se trouve en cet endroit : c'est dire que Socrate n'a pas la réputation de tenir le mode judiciaire et la rhétorique pour une façon valable de parler ou de penser la solution du problème. On le voit plus souvent au « Lycée », continue Euthyphron : c'est, à cette époque, un gymnase des plus importants d'Athènes, sorte de vaste lieu où les Grecs, (grands amateurs de la culture du corps, mais dans son intégration à la culture générale et à la vie sociale), se réunissent nombreux pour s'exercer et admirer les autres, avec toutes les rêveries, les amours, les discussions et les réflexions que cela entraîne. L'ancien « bois des Loups », le *Lycée* (« *Lukeion* » vient du mot *lukos*, qui veut dire « loup ») est alors un endroit où l'humanité athénienne vit sa vie communautaire de goût pour la beauté corporelle et la parole, et c'est là que Socrate se sent à l'aise : c'est un lieu de rencontre et de dialogue.

cette situation rappelle que la question débattue est le fond de l'affaire de la mort de Socrate, mais souligne aussi que l'on est hors de la situation judiciaire (aux marches du Portique Royal) et que l'on va donc pouvoir essayer de penser vraiment et de chercher la vérité sur la piété. L'*Euthyphron* constitue, ainsi, symboliquement, une des premières manifestations de la philosophie au sens strict du terme : par sa relation à l'*Apologie*, sa nécessité se fonde sur l'insuffisance radicale de tout discours apologétique, tel que ceux que l'on fait dans le monde judiciaire (image du monde de la politique, de la puissance et de l'utilité). À la fausse justification des plaidoiries, la philosophie s'oppose comme une justification authentique, méthodique, cherchant à définir selon la vérité ce dont elle parle et généralement tout ce qu'elle dit (il ne peut y avoir d'autre justification véritable de piété ou d'impiété que la réponse à la question : « qu'est-ce que la piété ? »). C'est comme telle aussi que la philosophie prend comme ici (par opposition à l'*Apologie*, où Socrate parle seul) la *forme du dialogue*, genre qui permet à un interlocuteur, capable d'apporter la contradiction à tout moment, de contrôler la validité de ce qui est dit – contrairement au discours judiciaire, qui est un monologue où le talent rhétorique permet de faire passer, dans le flou des omissions ou des fioritures langagières, les difficultés de la thèse. Mais la *situation* du Dialogue suggère aussi la pensée : voilà ce que, pour déclarer Socrate impie ou non, les juges auraient dû savoir (qu'est-ce que véritablement la piété ?) ; voilà ce qu'en un palais de justice on ne cherche pas à savoir vraiment, même quand on se prononce en la matière ; l'issue du Dialogue (où Euthyphron, dépassé par les propos de Socrate, s'enfuit) justifie que Socrate n'essaie pas devant ses juges, quelques jours après, d'expliquer en profondeur ce qu'un prêtre lui-même (car telle est à peu près la profession d'Euthyphron) n'a pas compris : il y a bien là de quoi fonder une inquiétude sérieuse sur la « justice » des tribunaux : on y juge sans savoir vraiment ce que l'on fait. Non seulement la forme de l'affrontement judiciaire implique que c'est le plus convaincant qui gagne et non le plus véridique ou le plus juste ; mais encore on prétend juger dans les matières (la piété) où mêmes les spécialistes (les prêtres) ne sont pas capables d'avoir un avis justifiable.

LA RELIGION GRECQUE COMME RELIGION D'ÉTAT

La question à laquelle renvoie donc l'*Euthyphron* est de savoir si la piété peut être l'objet d'un jugement judiciaire : c'est la question des rapports entre la religion et l'autorité de l'État. Bien sûr, Platon ne peut poser ouvertement cette question, parce qu'elle est beaucoup trop dangereuse, précisément : pour les Grecs de cette époque, la religion est liée à la vie sociale dans la Cité, d'une manière absolument évidente. Pour saisir la portée exacte de l'*Euthyphron*, en son temps, et, d'autre part, pour nous, il faut faire un peu d'histoire en sorte d'essayer d'y démêler ce qui est révolutionnaire et ce qui est conservateur voire archaïsant[1].

La religion grecque est sociale, d'abord, parce que *chaque Grec individuellement* a un sentiment religieux très vif : tous les états d'âme violents, ou simplement peu ordinaires qu'il éprouve, il a tendance à les rapporter à l'influence de la Divinité. Le sentiment de la toute-puissance divine est un trait qui n'a cessé de prendre de l'importance dans la religion grecque à partir de l'époque archaïque. De plus, la divinité n'est pas seulement toute-puissante, elle a à l'égard des hommes une sorte de « jalousie » (*photonos*) : seuls les dieux ont la puissance de satisfaire leurs propres désirs, c'est-à-dire d'être heureux ; c'est pourquoi le mortel qui paraît vivre dans le bonheur et la réussite semble d'une arrogance sans mesure (*hubris*) à l'égard de la divinité, et attirera sur lui sa « juste colère » (*nemesis*). Mais la crainte et le tremblement sacrés ne sont pas des sentiments individualistes dans l'âme grecque : ils ont un sens collectif.

Le *caractère collectif* de cette religiosité, qui s'est moralisée considérablement à partir de l'époque archaïque (c'est-à-dire au VIIIe siècle av. J.-C.), est lié à l'importance de la croyance au « miasme sacré » (*miasma* : souillure, pollution) : celui qui s'est souillé en commettant un acte réprouvé par les dieux, souille, à son tour, ceux qui vivent à son contact, c'est-à-dire avec lui, chez lui. Le miasme se propage comme une maladie contagieuse ou héréditaire, automatiquement[2] : dans cette religiosité archaïque la faute ne tient pas à l'intention, mais à la matérialité de l'acte commis. On voit, de la sorte, comment le groupe social tout entier (les familles d'abord, puis, surtout, lorsqu'à partir du VIIe siècle elles se sont développées, les Cités elles-mêmes) est intéressé passionnément et directement à la rectitude religieuse de chacun de ses membres. La Cité est fondée à demander à chacun de ses membres des comptes de ses relations avec les dieux, car il y va de son salut collectif : la croyance au caractère contagieux du miasme en fait une affaire d'État, car les dieux punissent parfois toute une Cité pour la faute d'un seul.

La religion est donc avant tout utilitaire. La pratique religieuse vise la prospérité sociale et nationale. C'est pourquoi il y a unité absolue de l'État et de la religion. C'est pourquoi tous les actes de la vie sociale et politique sont accompagnés de religiosité et de la consultation des hommes de la religion (exégètes, devins, chresmologues[3]). On comprend, encore, que la

1. Voir H. Joly, 1974, en particulier, p. 15-17.

2. Dodds, 1977, p. 45-47.

3. La divination est le cœur de la religion grecque (Cicéron : *de divinatione*, début) : elle est non seulement la révélation de l'avenir, mais encore de tout œ qui dans le présent ou le

religiosité de la gestion de l'État ait un sens essentiellement conservateur : pour les Grecs, c'est le maintien de la tradition qui fait le salut de la Cité [1] (toute nouveauté est soupçonnée d'apporter la décadence et la ruine). Pourtant la logique même de l'utilité amène la nécessité d'une certaine innovation religieuse.

C'est que, dans la Grèce, la religion n'est pas seulement sociale, mais *nationale* (liée à la spécificité d'un État, par opposition aux autres) : le souci de ne pas attirer la colère jalouse des divinités, pousse chaque État à accueillir dans son culte les dieux des États voisins, tout en privilégiant un, sur lequel il compte particulièrement pour être protégé (c'est *la Poliade, dieu* de la *polis*, mot qui signifie État, Cité). Ainsi la religion grecque est polythéiste mais pas de façon originaire [2] : ce serait la mythologie rationaliste qui aurait transformé peu à peu cette polyvalence (d'un dieu qui faisait tout pour la Cité) en un polythéisme qui présente un Panthéon structuré et hiérarchisé, où chaque dieu a des spécialités dominantes [3]. Il y

passé échappe à une connaissance ordinaire, avec en particulier l'indication de ce qu'il faut faire pour se *purifier, sacrifier, prier* (voir Flacelière, 1972, p. 79). Mais plus que les devins, qui rendaient des oracles dans les sanctuaires, étaient importants socialement les *chresmologues*, qui collectionnaient et commentaient des recueils d'aphorismes sacrés et de prophéties sensés s'appliquer à toute sorte de situations possibles ; « ils étaient un puissant élément d'influence sur l'opinion publique, quand il s'agissait de prendre une décision importante… ils jouaient dans l'agitation politique, un rôle analogue à celui de nos journaux et de nos libelles politiques actuels » (Nilsson : *La religion populaire dans la Grèce antique*, Paris, Plon, 1954, p. 218-219). Les devins de toute sorte sont consultés pour toutes les affaires publiques et le débat politique est un échange d'oracles contradictoires, même et surtout pour les décisions les plus graves pour la Cité, et qui pourraient paraître techniques, comme la Défense militaire – voir là-dessus Fustel de Coulanges (*La Cité antique*) dans le résumé qu'il fait de la biographie du général athénien Nicias, qu'a tracée Plutarque : « le peuple athénien délibère sur l'expédition de Sicile. Nicias monte à la tribune et déclare que ses prêtres et son devin annoncent des présages qui s'opposent à l'expédition. Il est vrai qu'Alcibiade a d'autres devins qui débitent des oracles contraires. Le peuple est indécis. Surviennent les hommes qui arrivent d'Égypte ; ils ont consulté le dieu Ammon qui commence à être fort en vogue, et ils rapportent cet oracle : "les Athéniens prendront tous les Syracusains". Le peuple se décide aussitôt pour la guerre. Nicias, bien malgré lui, commande l'expédition. » Suit le récit de la campagne militaire où Nicias n'ose jamais donner le signal de l'attaque, jusqu'à la défaite finale, parce que son devin lui dit qu'un présage contraire impose d'attendre, en sacrifiant, trois fois neuf jours -pendant lesquels les Syracusains viennent détruire sa flotte au port… On ne peut pas blâmer le général d'avoir suivi les arrêts de la religion, mais seulement d'avoir emmené un devin peu habile (Flacelière, 1972, p. 9-11).

1. *Cf.* Lysias : « Nos ancêtres, en accomplissant les sacrifices prescrits, nous laissèrent une cité, la plus grande et la plus prospère de Grèce : assurément nous devrions offrir les mêmes sacrifices qu'eux, ne serait-ce que pour la fortune qui résulta de ce culte. »

2. Chamoux, 1965, p. 248.

3. Le « Panthéon », cet ensemble de tous les dieux vivant en société sur le sommet de la Grèce, le mont Olympe, est posé dans des mythes qui en racontent la genèse (*Théogonie*). Or cette genèse, qui est celle de l'établissement du pouvoir « paternel » et « royal » de Zeus sur les

aurait une tension, à l'intérieur d'une logique de prudence, entre la fidélité exclusive à une divinité nationale (Poliade) et l'admission d'autres dieux : le problème est d'évaluer la possibilité d'intégrer un nouveau dieu[1] au Panthéon (par équivalence avec une divinité existante, par exemple).

On voit donc que *l'innovation religieuse* n'est pas impossible[2], mais précisément en tant qu'elle est liée à une évaluation sociale et politique de son utilité. Or, en face de la passion populaire avec laquelle sont demandés des comptes à un citoyen soupçonné d'avoir offensé les dieux de la Cité (en n'y croyant pas, ou en *introduisant de la nouveauté* dans le culte), on ne dispose d'aucune règle claire, d'aucun texte objectif de référence, pour juger avec certitude. Car la religion grecque ne possède pas de *dogme* (proposition théorique qui prétend énoncer une vérité générale) mais des *mythes* (histoires dont tout le monde sent plus ou moins le caractère légendaire sans qu'il soit besoin ni opportun d'en rien dire) : ce sont des poètes (Homère et Hésiode), qui en ont donné les grands traits avec déjà des différences entre eux; et leur interprétation est le fait de générations de nouveaux poètes, d'exégètes, d'oracles, de chresmologues inspirés, tous facteurs de déformation. Il est de l'essence même du mythe de fonder une tradition sans rigueur ni objectivité : on ne peut que l'interpréter, même si l'on ne vise qu'à le répéter. C'est parce qu'il y a en lui un sens, mais non explicite (que seules la rêverie et la méditation peuvent révéler), que sa tradition risque toujours d'en être une progressive trahison, au moins une traduction déformante[3].

dieux, raconte les combats qu'il dut mener contre les autres divinités pour obtenir cette royauté. Ce Panthéon serait ainsi le modèle divin de l'unité que les États grecs doivent atteindre, au-delà de leurs rivalités, pour que la Grèce dans son ensemble trouve sa sauvegarde. Le polythéisme grec serait ainsi d'abord le reflet de la multiplicité des États grecs, et les rivalités entre les dieux, celui des rivalités entre les États (que l'on songe par exemple à la division des dieux pour ou contre Troie, dans *l'Iliade*, allant jusqu'à prendre part eux-mêmes aux combats).

1. Chamoux, 1965, p. 249-52. Ainsi les élévations d'un souverain au titre de dieu, d'un athlète à celui de héros, d'une allégorie au statut de divinité, d'une abstraction à celui de « démon », sont possibles dans la mesure où, ce faisant, on respecte la nature, la structure et le fonctionnement les plus anciens de la religion.

2. Saint Paul essaiera de se fonder là-dessus pour introduire le Dieu chrétien, mais précisément, le caractère exclusif de ce Dieu constituera un obstacle à son admission par les Grecs. Voir Des Places, 1969, p. 333-337.

3. Detienne et Vernant montrent (dans les *Ruses de l'intelligence – La Métis grecque*, Paris, GF-Flammarion, 1974) par exemple, comment Apollodore, en prétendant faire un résumé simplifié de la *Théogonie* d'Hésiode, en change le sens sur les relations entre Ouranos, Chronos et Zeus (p. 66-78). *Cf.* encore, par exemple, l'analyse des divergences et des ressemblances entre les traditions d'Hésiode et d'Eschyle, à propos du rôle et du sens de Métis dans la guerre des Titans (p. 62-63). Raconter un mythe c'est le renouveler en poussant à réfléchir dessus.

Au mythe aussi, on peut appliquer la formule par laquelle Héraclite caractérise cette autre forme de discours religieux qu'est l'*oracle* d'Apollon (le dieu de la forme) : « le seigneur dont l'oracle est à Delphes ne dit rien, ne cache rien, il donne un signe. » Le signe est ce qui renvoie au sens sans le formuler explicitement; il le donne « obliquement », selon le surnom d'Apollon (*loxios*, l'oblique), sur un mode tel qu'il exige une activité de méditation et d'interprétation : il est fait pour faire rêver. Les agents de la religion grecque sont essentiellement des poètes, mythologues des origines, aussi bien qu'interprètes de la tradition. L'effort ou le désir de rappeler la tradition pour la conserver, en vue de maintenir les pratiques qui plaisent aux dieux protecteurs, ne peut, dans sa réalisation au cours des temps, que rater son but.

Ainsi le caractère poétique et mythologique[1] de la religion d'État est ce qui interdit toute objectivité, quand il s'agit de juger l'impiété d'un comportement ou d'une opinion. L'enthousiasme poétique et l'intérêt politique en est le vrai fond. La religion d'État n'a donc pas, à la limite, de domaine ni de contenu propres; elle est seulement l'ordre de l'examen des conflits d'intérêts et des affrontements politiques *sur un mode et avec une tonalité émotionnels particuliers d'intransigeance et de passion*. La religion est ce qui assure et habille le fanatisme de la vie politique. Les conflits religieux sont des conflits sociaux et politiques; la religiosité constitue une *rhétorique de la politique* : elle détermine les manières (*lieux communs*) de critiquer et de se défendre dans les conflits sociaux; pour avoir raison d'un adversaire, il faut montrer, en citant des oracles, qu'il n'est pas soutenu par la religion, à la limite qu'il est impie. La religiosité des relations sociales et politiques montre surtout l'importance et la violence des questions sociales pour les Grecs, en même temps qu'elle essaie de les déguiser en tendant à leur donner un air de moralité plus qu'humaine (divinement garantie).

Voilà sur quel fond doit se saisir l'accusation, contre Socrate, de « ne pas croire aux dieux de la Cité, et d'en inventer de nouveaux ». Quel débat judiciaire digne de ce nom peut-il y avoir sur une telle question ? Qu'est-ce qui fonde les chresmologues, comme Diopeithès (instigateur, selon Plutarque (*Périclès*), de la loi contre l'impiété en 432, ou peut-être en 430, époque de la peste à Athènes), à prétendre que l'on peut décider qu'un homme est impie ?

1. Pour ne rien dire de tous les cas rapportés par Thucydide ou Hérodote, où les chresmologues falsifient cyniquement et ouvertement les textes traditionnels qu'ils prétendent reprendre et interpréter – comme Onomacrite, « chresmologue et compilateur des oracles de Musée qui fut chassé d'Athènes par Hipparque, quand il fut pris en flagrant délit d'intercaler dans le recueil de Musée un oracle disant que les îles voisines de Lemnos disparaîtraient dans la mer » (Hérodote, *Historiè*, VII, 6).

Euthyphron, qui est aussi un chresmologue, par sa présence dans le Dialogue, lui donne son sens : voilà un des spécialistes, dont la fonction sociale est de fonder la possibilité d'une accusation telle que celle contre Socrate, et pour laquelle on demande au peuple de trancher, selon la justice, au tribunal : or ce *spécialiste* ne saura pas *justifier* sa définition de la piété !

UN MODÈLE DES RELATIONS ENTRE PHILOSOPHIE ET RELIGION

La présence d'Euthyphron dans ce Dialogue en fait aussi un modèle des relations entre le philosophe et le prêtre, entre la philosophie et la religion. D'abord, l'*Euthyphron*, par lui-même, suggère qu'entre le philosophe et le prêtre « il y a dialogue » de façon naturelle : c'est avec bonhommie qu'Euthyphron aborde Socrate, que beaucoup d'Athéniens détestent. Il semble éprouver à son égard un sentiment de proximité on dirait confraternelle [1] ; il reconnaît sa valeur [2]. N'y aurait-il pas, chez le prêtre et le philosophe, le sentiment, en même temps que d'être, l'un et l'autre, socialement étranges et à part, de s'intéresser fondamentalement aux mêmes choses, même si c'est de manière différente – caractère religieux de la philosophie et philosophique de la religion ?

Mais l'incapacité du Dialogue à conclure et l'opposition des comportements d'Euthyphron (dogmatique, traditionaliste, dépourvu de sens logique et critique, fuyant le débat à la fin) et de Socrate (toujours soucieux de raison et de justification à l'extrême, parfois obscur et agaçant par son questionnement implacable), ne correspondent-elles pas à ce que chacun, du prêtre et du philosophe, reproche à l'autre ? Fraternité et rivalité : ne sont-ils pas trop proches pour que leur conflit ne puisse être que violent en même temps qu'essentiel ? Si les philosophes prétendent avoir des oracles et des démons privés, que deviendront les devins officiels, leur compétence et leur pouvoir ? Or qu'est-ce, précisément, que cette « voix intérieure » qui parle à Socrate ? Dodds rappelle [3] que les procès pour impiété qui furent intentés, dans le dernier tiers du Ve siècle (av. J.-C.), contre les intellectuels, et dont celui de Socrate n'est qu'un cas, furent pour une bonne part « provoqués par l'action des devins professionnels », qui voyaient dans les progrès de la philosophie rationaliste « une menace à leur prestige et à leur subsistance ». Que peut signifier, alors, après l'effort de dialogue, la fuite

1. « Même moi, quand je fais des discours religieux à l'Assemblée du peuple, en prédisant ce qui arrivera, ils rient, comme si j'étais un fou ; et pourtant rien de ce que j'ai prédit qui ne soit vrai ! Mais on est jaloux de tous les hommes de notre sorte » (3b-c).

2. « Il me semble que c'est tout bonnement par son cœur qu'il attaque l'État, en cherchant à te faire du mal » (3a).

3. Dodds, 1977, p. 190.

d'Euthyphron? Ne se sent-il pas, tout de même, plus près du peuple que Socrate agace, et surtout des poètes qui, comme Mélètos, mettent leur plume au service des hommes politiques pour tenter de déguiser la vérité et de donner de grands airs à la calomnie? La proximité équivoque du philosophe et du prêtre risque de paraître peu de chose à côté de la ressemblance du prêtre et du poète dans une religion ouvertement mythologique.

La figure du poète ennemi des philosophes

En tout cas, le conflit entre le poète et le philosophe est-il clair. Ce sera une constante dans l'œuvre de Platon que la condamnation de la poésie : dans une Cité où l'on veut faire régner la justice, il y a d'autant moins de place pour un poète qu'il est bon poète[1]; c'est que la nature même de la poésie est le mensonge, la déformation de la vérité, et donc l'injustice[2]. D'autre part, le poète est un homme du passé, dont la fonction est de maintenir la tradition; la valeur intemporelle de son œuvre est ce qui obtient cet effet : on est soumis au charme d'Homère et d'Hésiode, des siècles après qu'ils aient écrit, et ils continuent de nous séduire pour le compte des valeurs de leur temps. C'est pourquoi la poésie est une composante essentielle du traditionalisme et du conservatisme religieux : les prêtres sont poètes, et ce n'est pas un hasard si, historiquement, c'est un poète qui intente un procès pour impiété à Socrate; il est bien le digne représentant des prêtres de cette religion; du moins Platon donne-t-il à cet événement une valeur exemplaire. Dans son dernier ouvrage, les *Lois*, cinquante ans après l'*Euthyphron*, Platon fera dire, par celui qui veut une politique philosophique, qu'il est « le rival et le concurrent » des poètes les plus sérieux[3]. La poésie et la tragédie sont une atteinte à la philosophie et à une vie civique rationnelle.

Au moment où Platon écrit l'*Euthyphron*, il n'a pas encore produit ces analyses, mais il en a visiblement déjà en tête l'essentiel, comme le montre le passage de l'*Apologie* (22b-22c) où Socrate parle de son enquête auprès des poètes : ils ne savent pas ce qu'ils font; ils ne peuvent même pas expliquer eux-mêmes ce qu'ils écrivent; ils produisent donc leurs œuvres

1. *République*, III, 398a, *Lois*, VII, 817a-c

2. La poésie donne une illusion de savoir universel : quand on lit Homère ou Hésiode, on a l'impression de tout savoir des techniques, des sciences, des mœurs et des dieux (*République*, X, 598c-e et 599c); mais cet art n'est que simulacre et faux semblant (598e-599c) qui s'opposent aux vraies sciences et aux vraies techniques (600a), ainsi qu'au gouvernement d'une cité par des lois rationnelles (599d-e). C'est une condamnation, non pas esthétique, mais morale de la poésie.

3. *Lois*, VI, 817b.

dans un état d'enthousiasme physiologique et divin. Et cette dévalorisation des poètes pour cause de subjectivité et d'aliénation est donnée comme la marque de leur identité avec les devins et les prophètes (comme le rediront le *Phèdre* 244a *sq.* et l'*Ion* 533d *sq.*). Cependant, ici, dans *l'Euthyphron*, la poésie n'est pas condamnée explicitement, à la suite d'une analyse; elle n'est présente que par l'évocation de Mélètos, qui représente, comme dit Socrate dans l'*Apologie* toute la haine des poètes, alliée naturelle de celle des hommes de la politique et de la rhétorique (23e) contre la philosophie.

On a souvent dit que la sévérité de Platon pour les poètes remontait à l'épisode de l'accusation de Socrate par ce plumitif peu connu, jeune et arriviste, acheté certainement par Anytos – homme politique très influent, et qui en voulait à Socrate d'avoir cherché à attirer à la philosophie son fils, qu'il destinait à l'industrie, selon ce qu'affirme Xénophon dans son *Apologie de Socrate* (§ 29). Mélètos risque ainsi de n'être pas seulement le modèle du poète qui, jouant du langage comme d'un vulgaire instrument de l'utilité, fait le pire mal au langage, c'est-à-dire aussi à l'âme[1]; il risque encore d'être l'origine de cette dévaluation. Du moins ce personnage réel devient-il symbolique de ce que l'homme de lettre médiocre, vendu à la politique, peut représenter à lui seul de mal. Platon l'a enfermé ici (après l'*Apologie*) dans l'enfer de l'immortalité du livre, où il permet à l'ironie de Socrate, la vengeance de faire des cheveux plats, de la barbe rare, et du nez crochu de son mesquin visage, pour toujours, les traits de sa figure morale.

1. *Phédon*, 115e.

PREMIÈRE PARTIE

LE PROLOGUE (2a-5d)

CHAPITRE PREMIER

L'AFFAIRE DE SOCRATE (2a-3e)

LA SITUATION HISTORIQUE DE LA SCÈNE (2a)

Les deux premières répliques du Dialogue ont pour fonction d'en exposer la situation. Le « Portique royal » (2a) devant lequel Euthyphron rencontre Socrate est le siège du « roi » (*Basileus* [1]), qui s'occupe des procès criminels religieux, c'est le lieu du greffe et de l'instruction : le roi y reçoit la « plainte » (*graphè*) d'un accusateur (ou de plusieurs), qui détermine une assignation à comparaître devant lui pour l'accusé, en vue de lui signifier le motif d'accusation (le « crime »), et préparer le « procès » proprement dit (*dikè*). Mais *graphè*, par opposition à *dikè*, signifie aussi, par extension, dans le droit attique (à Athènes), le procès criminel (affaire qui concerne l'ordre public en général) déclenché par la plainte, par opposition au procès civil (conflit entre simples particuliers).

Aussi, ce premier échange entre Socrate et Euthyphron est-il très riche (et donc difficile à traduire en français) : on y apprend, d'une part, que Socrate est poursuivi pour une « affaire criminelle » (son impiété est considérée comme une affaire d'État : *graphè* par opposition à *dikè*) ; d'autre

1. Le *Basileus*, c'est-à-dire le « Roi », est un des neufs archontes d'Athènes. Les archontes sont des magistrats dont le pouvoir est de nature à la fois judiciaire et exécutif : le pouvoir législatif est de la compétence de l'Ecclésia (Assemblée des citoyens) qui vote les lois, et ce sont les archontes (pour les questions non militaires) qui veillent à leur application, en particulier les six archontes « thémothètes », qui président les tribunaux ; l'archonte « Roi » s'occupe plus particulièrement des affaires religieuses. C'est donc du *Basileus* que dépend spécialement la justice criminelle religieuse. Par opposition à la « justice civile », qui détermine la réparation qu'une partie doit à l'autre quand elle lui a causé un préjudice, la « justice criminelle » examine la responsabilité personnelle des individus, en tant qu'ils ont transgressé la loi, même s'ils n'ont pas déterminé un préjudice à un particulier ; comme le montre Socrate, dans le *Criton* de Platon, on peut considérer, dans ce cas-là, que ce sont les lois elles-mêmes, c'est-à-dire l'État, qui ont subi le préjudice. Voir sur ces questions : Aristote, *La Constitution d'Athènes* (55 *sq.*), et Chamoux (1965, p. 287-288, 375).

part, on apprend que Socrate n'a pas son « procès en cours » (*dikè tis ousa*) mais qu'il est proche, puisqu'il se rend déjà à l'assignation à comparaître (*graphè*).

De la sorte, se trouve située très précisément, dans le temps, l'action de notre Dialogue; nous avons vu le sens de cette situation par rapport à l'*Apologie de Socrate*. Mais on peut, de plus, noter qu'elle est explicitement donnée comme la condition du déroulement du Dialogue : Socrate, pour encourager Euthyphron à lui dire ce qu'est la piété, lui expliquera plus loin que, s'il l'apprend de lui, il pourra « faire appel de l'acte d'accusation de Mélètos en lui opposant ce (qu'il lui) dit » (5a). Or, cette procédure n'est possible qu'avant l'ouverture du procès lui-même (*dikè*) : l'accusé peut, dans la période entre le dépôt de la *graphè* et l'ouverture de la *dikè*, assigner l'accusateur lui-même devant l'archonte, pour lui montrer qu'il a tort d'engager le procès. En revanche, une fois le procès engagé, si l'accusé est acquitté par un nombre insuffisant de voix, l'accusateur est condamné lui-même automatiquement pour « calomnie » (*sukophantia* ou *diabolè*, comme dit Euthyphron en 3b). Un procès en impiété étant une chose où l'on perd souvent, comme le reconnaît Euthyphron (3b), il vaudrait mieux pouvoir, avant son ouverture, faire assigner Mélètos en appel d'accusation pour lui montrer que Socrate suit l'enseignement autorisé du spécialiste Euthyphron. On voit comment cet argument, qui motive et rend plausible l'entretien approfondi sur le sujet du Dialogue (qu'est-ce véritablement que la piété ?), repose sur la découverte, par Euthyphron, de la situation précise de Socrate : entre le dépôt de la *graphè* et son procès proprement dit.

L'accusation de Mélètos (2b-3b)

À partir de là est caractérisé le procès intenté à Socrate par la nature de l'accusateur et celle de l'accusation. Ce texte est une charge pleine de saveur contre l'obscur littérateur Mélètos, une sorte de démonstration ironique d'art littéraire effectif; il se développe librement, mais en cachant, sous une faconde redondante et moqueuse, une argumentation sérieuse : telle est bien la véritable ironie socratique, une manière de faire peser l'attention sur un fait ou une idée, par leur simple répétition, interrogative ou amusée, mais qui fait réfléchir longuement sur ce qu'ils ont de plus piquant, de plus difficile à comprendre, ou de plus difficile à refuser.

Deux thèmes, ainsi développés, sont essentiels, correspondant aux deux chefs de l'accusation de Mélètos, qu'ils ramènent, dans la lumière subtile et impitoyable de l'ironie, à leurs sens définitif : celui de la *jeunesse* et celui de la *poésie* (invention de dieux).

Mélètos accuse Socrate de « corrompre les jeunes gens ». C'est l'expression même de l'acte d'accusation, tel que nous le livrent aussi bien l'*Apologie de Socrate* de Platon (23b-c) que les *Mémorables* de Xénophon (*Apologie*, 10). Socrate ironise, alors sur l'âge de Mélètos : quand on est jeune, où a-t-on eu le temps d'apprendre ce que c'est que corrompre la jeunesse ? Ce sont d'habitude les gens âgés qui sont savants, plus que les jeunes : le savoir de Mélètos est alors d'autant plus ridicule, qu'il attaque Socrate, qui prétend ne rien savoir, lui, malgré son grand âge. Le ridicule de Mélètos est donc de « jouer au grand » : ce n'est qu'un petit garçon qui pleurniche contre Socrate des niaiseries auprès de sa maman. Mais sous l'ironie de l'argument *ad hominem* (qui « vise l'homme » dans sa personne plutôt ses idées), il y a en a un, autrement plus sérieux, et qui, *incognito*, reprend celui de *l'Apologie*[1] : en faisant comme s'il trouvait que la jeunesse n'est plus ce qu'elle était, depuis Socrate, Mélètos parle de ce qu'il ne peut pas connaître ; il colporte donc des ragots.

Socrate nous apprend que Mélètos l'accuse ensuite « d'inventer de nouveaux dieux et de ne pas croire aux anciens » (3b). Ce deuxième grief est énoncé comme le fondement véritable du premier (Socrate corrompait la jeunesse par son impiété), conformément au texte de l'*Apologie* (26b) – ce qui montre que le problème que pose le procès de Socrate (horizon du problème principal de l'*Euthyphron*), est bien celui de l'union de la religion et de la politique.

Ici, l'art de l'ironie socratique est suprême ; les mots qu'il emploie pour énoncer cette accusation, tout en étant absolument fidèles à l'idée de Mélètos, la ridiculisent : « il dit que je suis un *créateur* de dieux » ; le mot que nous traduisons par « créateur »est le mot grec *poiètès*, qui veut dire, et a donné en français, *poète* (celui qui crée, invente, produit quelque chose). Mélètos qui se dit poète, accuse donc Socrate d'être « poète » – poète de la divinité ! Socrate, rien qu'en rapportant l'accusation, met l'accusateur en contradiction avec soi-même : grand art judiciaire de la réfutation. Mais son ironie renvoie, avec profondeur, à l'organisation caractéristique de la religion grecque d'État, où un poète peut, paradoxalement, représenter la revendication du traditionalisme.

Le démon de Socrate

Cependant Mélètos n'est pas seulement dans la contradiction ; il ment – ou il est sot. Car Socrate critique toujours l'imagination créatrice en matière religieuse (voir *Euthyphron*, 6a-c), et son *invention* (poésie), tous les Athéniens la connaissent (*Apologie*, 26b), comme le montre la réplique

1. Socrate : « Beaucoup m'ont accusé de manière calomnieuse, il y a longtemps déjà... Ils vous ont prévenus depuis votre enfance contre moi... Leurs paroles vous atteignaient à l'âge où l'on est le plus crédule, l'enfance ou l'adolescence... Il faut donc remonter à l'origine de cette calomnie dont le crédule Mélètos a tiré son accusation », *Apologie de Socrate*, 18a-19b.

d'Euthyphron (3b) : c'est son « démon » (*daimonion*[1]). Or qu'est-ce que ce démon ? Est-ce un dieu ou un être divin ?

Le terme semble d'un usage aussi vieux que ce que l'on sait de la civilisation et de la religion grecques. Certes, à l'origine, le mot est presque synonyme de *theos* (dieu)[2] ; mais, dès Homère, le démon n'a plus le caractère personnel d'un dieu (et on ne lui rend donc pas de culte particulier) : on évoque l'action d'un « démon » pour rendre compte d'un phénomène que l'on ne peut s'expliquer en termes seulement humains, mais dont on ne voit pas plus à quelle divinité le rapporter. Quand le Grec fait quelque chose de si inhabituel qu'il a le sentiment qu'il ne s'y reconnaît pas (« ce n'est pas moi ! »), il en parle comme du résultat de l'intervention d'un « démon »[3]. Sans doute, le mot, employé au pluriel, aura une évolution qui en fera le signifiant d'une « classe particulière d'êtres divins, intermédiaires entre les *theoi* (dieux) et les hommes », mais au singulier le mot subit une évolution inverse : « il perd de plus en plus la valeur d'une personne pour se rapprocher du neutre »[4], c'est-à-dire de ce qui est caractéristique, abstraitement, de la divinité, en tant que c'est ce qui dépasse l'humain commun. Il peut signifier en ce sens le « destin », ou « ce que l'on a en partage » (conformément à son étymologie, *daiein*, *daiesthai*, signifiant « diviser », « partager », « recevoir en partage »[5]). En ce sens, la formule d'Héraclite[6], autant qu'une thèse antireligieuse sur le destin, détermine un usage du mot *daimon*. C'est aussi à cet usage du terme qu'on peut rapporter la conception pythagoricienne, où les notions de *daimon* et de *psuchè* (âme) sont proches[7]. Il convient donc, à l'égard de Socrate, de retenir avant tout, le *caractère singulier et personnel* de son démon[8]. Il n'est pas un dieu, ni un être semi-

1. *Daimonion* est, grammaticalement, l'adjectif neutre substantivé formé sur le substantif *daimôn*. On risque, en français, de le rendre trop relatif en le traduisant comme un adjectif, et trop substantiel en le traduisant comme un substantif. Il convient avant tout de comprendre que cette difficulté de traduction correspond à l'ambiguïté essentielle du terme tel que Socrate se l'attribue chez Platon.

2. Voir Nilsson, 1955, I, p. 216-222.

3. Voir Nilsson, *ibid.*, et Dodds, 1977, p. 21-23, qui cite un exemple de *l'Odyssée* où Ulysse déjà, utilise la référence du *démon* comme une simple manière de parler, et sans s'attendre à être pris au mot (p. 21).

4. Voir Festugière, 1936, p. 270.

5. Comme *Moira*, mais avec une évolution différente et symétrique pour ce qui est du caractère personnel ou impersonnel. Voir Dodds, 1977, p. 33, note 65.

6. Héraclite, fragment 119 D.K. : « Son caractère est pour l'homme son démon (ou son destin). »

7. Voir M. Detienne, *La notion de daimon dans le Pythagorisme ancien*, p. 62-65.

8. Même si Platon utilise également dans son œuvre *démon* au pluriel, au sens de classe d'êtres intermédiaires entre les dieux et les hommes. Par exemple *République*, III, 392a, ou les *Lois*, IV, 717b, etc.

divin, ni une personne lui-même, mais une sorte de trait de la personnalité de Socrate; il est ce que Socrate a proprement en partage, sa « part », son destin; pourrait-on dire que c'est son « caractère » ? C'est en tout cas ce qui le détermine dans son action. Mais ce qui est particulier, note Socrate dans le passage de l'*Apologie* où il considère, comme Euthyphron, que c'est ce « démon » que Mélètos vise dans son accusation d'impiété (31c-d), c'est qu'il ne le pousse jamais à agir positivement; il le retient seulement : cette influence négative et seulement inhibitrice dans l'action a un sens moral, comme le précise le deuxième passage de l'*Apologie* qui en parle (40a) : c'est quand ce que s'apprête à faire Socrate n'est pas « droit » que le démon se manifeste. Ainsi, non seulement ce démon n'est pas un être divin, mais il n'est pas « l'oracle » d'un être divin, comme certains commentateurs[1] le pensent avec Euthyphron, Mélètos, et, sans doute, quelques autres Grecs. Car les oracles donnaient des prévisions, des renseignements, des ordres ou des motivations, aussi bien positifs que négatifs (comme les démons dans Homère, par exemple); d'autre part, ils étaient souvent énigmatiques, tandis que le démon de Socrate est parfaitement clair. Mais alors, n'y a-t-il absolument rien de divin dans ce démon? Si, bien sûr : c'est « quelque chose de divin et de démonique » selon l'expression de l'*Apologie* (31c-d), expression très vague, au demeurant : la divinité du démon caractérise ce en quoi il semble une détermination de l'action, qui est *différente* de celle que l'on rencontre chez les hommes d'habitude : il n'est pas avant tout un mobile positif, mais une retenue; il n'est pas souple et variable, mais inflexible et permanent; il ne se confond pas facilement avec des intérêts et des désirs évidents, mais il se donne comme un impératif immédiat, qui ne se discute pas, qui dit ce qui, d'évidence, *ne peut pas* être fait, sans indiquer d'autre raison. Ne s'expliquant pas comme un phénomène humain ordinaire, il peut bien être caractérisé comme divin, ce qui constitue le sens originaire de *daimon*. On peut dire, ainsi, que, lorsque Socrate parle de son « démon » et de sa « voix », c'est en quelque sorte une manière de parler, une image intellectualiste et personnifiante, à la fois, destinée à rendre compte du caractère plus qu'humain de la détermination vraiment morale de l'action. Cela signifie le caractère « sacré », « religieux », de son respect pour ce qui lui paraît *bien*, s'interdisant ce qui lui semble *mal*; il serait tellement incapable de faire le mal, que c'est *comme si* un autre que lui l'en empêchait, *comme si* un dieu l'en détournait. Mais, si cette « voix » mérite ainsi d'être appelée « démonique » parce qu'elle semble advenir de façon transcendante, comme « quelque chose de divin » (ce qui correspond au

1. Par exemple, Dodds, 1977, p. 190. Sans doute le mot *mantikè* que Socrate utilise (*Apologie*, 40a) est-il celui des devins; mais ce peut être une manière de parler simplement et par image, comme l'emploi même du *terme* de *daimonion* en est une.

premier des sens traditionnels du *démon* et du *démonique*), elle se caractérise aussi essentiellement, pour Socrate, par le fait que c'est une voix *intérieure*, qui parle à peine, et qui tend à se confondre avec la raison et l'examen rationnel[1], et pour cela elle mérite aussi d'être dite *démon* ou *démonique*, dans la mesure où, comme nous l'avons indiqué, ces termes caractérisent également, selon un sens de haute tradition, un sens étymologique (*daiesthai*), ce que l'on a « en partage », comme « caractère propre » (Héraclite), voire l'âme elle-même (Pythagoriciens). Le terme de *daimonion* exprime l'ambiguité et le statut complexe de ce qui est moral, de ce qui est divin, de ce qui est raison, en l'homme, en tout cas, en Socrate.

On voit, alors, que Socrate n'invente pas *des* dieux, pas même un seul, ni un être d'une nature seulement supérieure à l'homme; son « démon », d'une part, n'est pas un *être* mais une *qualité*, qui, d'autre part, est *humaine*, au sens où elle fonde un humanisme (sinon un rationalisme), puisqu'elle fait du sentiment humain moral un absolu (qui ayant une valeur divine en soi, dispense de tout autre fondement, en particulier des dieux). C'est donc un contresens de dire de Socrate qu'il « crée des dieux » comparables aux dieux de la Cité. Ce qu'on pourrait se demander, c'est s'il n'en dispense pas plutôt; or, montrer en quel sens ce rationalisme humaniste reste religieux, c'est précisément ce que l'*Euthyphron* essaie de rendre pensable. Mélètos, d'ailleurs, doit bien le savoir, car le procès intenté à Socrate n'est pas vraiment le procès d'un « faiseur de dieux », mais celui d'un rationaliste athée : c'est bien comme cela que Socrate l'a pensé (en tout cas Platon) puisque, dans l'*Apologie*, il ne prend pas la peine de réfuter qu'il « invente des dieux », il montre seulement qu'il n'est pas « athée » (26c); c'est bien comme cela aussi que beaucoup d'historiens ont tendance à le penser aujourd'hui[2]. Mélètos agit ainsi, en hypocrite faiseur de faux, quand il accuse Socrate d'inventer de nouveaux dieux.

1. Voir *Criton* (46b) : « Quant à moi, et cela ne date pas d'aujourd'hui mais de toujours, je suis homme à ne me laisser persuader par nul motif en moi autre que la raison qui, après que je l'ai examinée rationnellement, me paraît la meilleure. »

2. C'est certainement, historiquement, comme rationaliste que Socrate fut attaqué et condamné à mort : comme faisant partie de ce vaste mouvement (qui commença dès le VIe siècle, dans la province d'Ionie, avec des penseurs comme Hécatée, Xénophane et Héraclite, puis se poursuivit, au siècle suivant, avec Anaxagore et Démocrite, mais prit toute son ampleur avec les Sophistes comme Protagoras ou Diagoras), où fut critiquée la représentation mythologique polythéiste grecque, et dont plusieurs participants subirent des attaques et des procès pour impiété. Ces penseurs, autant qu'on le sache, étaient, comme Socrate, des hommes qui ne visaient pas la destruction de la religion mais le redressement de sa dignité : si Hécatée est le premier Grec à trouver ouvertement « comique » la mythologie, c'est pour montrer qu'il faut la rationaliser par une exégèse interprétative; si Xénophane critique l'immoralisme des mythologies homériques et hésiodiques, nie la possibilité de la divination et se moque des représentations des dieux (« si un bœuf savait peindre, son dieu ressemblerait

LE VRAI MOTIF DU PROCÈS DE SOCRATE (3c-3e)

Mais Euthyphron, quant à lui, tout devin qu'il soit, n'ayant pas saisi cela, semble considérer que Socrate est une sorte de collègue, possesseur d'un oracle privé. Faisant cause commune avec Socrate, il se plaint de la manière dont on se moque d'eux, par jalousie, dit-il. Ce thème va être repris par Socrate, pour conclure l'exposition de son affaire (3c-3e) de manière là encore ironique. Socrate met en doute l'interprétation qu'Euthyphron lui donne de son procès : il ne serait que l'équivalent d'une moquerie de la part des Athéniens, le motif en serait la jalousie pour le savoir de Socrate.

Ce motif ne peut être pris au sérieux : Socrate, lui-même, dit partout « qu'il ne sait rien » – ce à quoi il a fait allusion précédemment, en disant ironiquement que Mélètos « aura remarqué son ignorance » (2c).

Et puis, s'il s'agissait vraiment de moquerie, Socrate ne risquerait pas grand chose, car il aime rire, aussi bien des autres – ironie – que de lui-même – humour –, comme il le montre dans la chute de sa réplique (3d-e), où il envisage en plaisantant que sa fin tragique viendra du manque de sens de la plaisanterie de ses juges.

« Il y a peut-être une autre cause » à ce procès, dit Socrate : c'est que, s'il n'enseigne pas une doctrine, il ressemble cependant à un maître qui instruit; Socrate peut susciter, sinon la jalousie, du moins l'irritation des gens, car il ne se contente pas de savoir qu'il ne sait rien, il montre aux autres qu'ils n'en savent pas plus mais que, quant à eux, ils ne le savent même pas. Cependant, c'est surtout la référence à sa *philanthrôpia* (3d), qui permet de comprendre la cause véritable qu'il suggère être celle de son procès.

La *philanthrôpia* est « l'amour de tous les hommes », le caractère de celui qui est sociable, aime à se lier et à échanger avec autrui. C'est cette *philanthrôpia*, qui fait de Socrate un homme de dialogue, et donc aussi un homme irritant, qui va discuter tout, avec tout le monde, dans le détail et sans retenue : c'est une « insociable sociabilité ». Les orateurs politiques ne peuvent plus persuader par de longs discours mystifiants, si l'on examine tout et si l'on dialogue; mais cela n'est pas plus favorable au prosélytisme des sectes, qui s'efforcent de garder secrètes leurs opinions plus ou moins déviantes. Ce terme de *philanthrôpia* qualifie ainsi *politiquement* l'attitude philosophique et religieuse de Socrate : c'est sa manière d'envisager, en les fondant sur la réflexion critique, les relations entre les hommes, la vie

à un bœuf »), c'est par l'effet d'une religiosité très exigeante qui croit que « la Divinité ne ressemble pas aux hommes, ni à leur apparence, ni à leur esprit ». Voir Dodds, 1977, p. 179-195, et Wilhem Nestle, *Vom Mythos zum Logos* (2e éd., Stuttgart, 1942), qui montre « la substitution progressive de la pensée rationnelle à la pensée mythique chez les Grecs ».

sociale et politique, à quoi renvoie cette *philanthrôpia*, son « humanisme » ; et tel serait le motif le plus profond de son accusation et de son procès. Mais à cette interprétation très vraisemblable, il donne une formulation ironique par ce terme de *philanthrôpia* : ce sera son *amour* des hommes et de l'homme, qui le feront *haïr* des hommes, au point de le tuer !

Nous voyons donc comment ce passage (2b-3e), qui constitue l'exposition de l'affaire de Socrate est en relation directe avec l'*Apologie* : il est une sorte de plaidoirie, brève grâce à l'art de l'ellipse ironique ; mais l'ironie lui permet également de situer le conflit avec plus de profondeur que dans l'*Apologie*. Ce faisant elle manifeste les deux ordres de questions que laisse ouvertes l'*Apologie* : d'une part, l'humanisme rationaliste de Socrate est-il compatible avec une religiosité ? Comment peut-on déterminer positivement la religiosité de Socrate ? D'autre part, la position religieuse de Socrate est-elle compatible avec un sentiment civique tel que le monde grec antique l'exige, ou bien signifie-t-elle une attitude politique ruineuse pour la Cité ?

Le *Criton* montre comment Socrate ne met pas en question le sentiment fondamental d'être entièrement « politique », c'est-à-dire fait par la Cité : ce qu'il met en question c'est l'application des lois, non les lois elles-mêmes, même quand elles ont été appliquées injustement. C'est précisément ce sens de la valeur indépassable de la Cité et de ses lois, qui fonde cet examen critique permanent et rigoureux que Socrate fait subir à tout ce qui se passe dans la Cité. Mais si l'*Euthyphron* ne répond pas explicitement à la question de la compatibilité de la religion de Socrate et de l'ordre politique, il avance la solution, en montrant la relation de la piété et de la justice (dans la troisième partie du Dialogue).

CHAPITRE II

L'AFFAIRE D'EUTHYPHRON (3e-4e)

PIÉTÉ RELIGIEUSE ET PIÉTÉ FILIALE

« Quant à toi, Euthyphron, quelle est ton affaire ? » (3e). Ce qui caractérise l'affaire d'Euthyphron, c'est, d'abord, qu'elle paraît étonnante et même rocambolesque : 1) Euthyphron fait à son propre père un procès ; 2) presque au nom d'un serviteur [1], puisque c'est parce que ce serviteur a été tué ; 3) alors que ce dernier était, lui, un ivrogne et un meurtrier ; 4) et alors que son père ne l'a pas tué volontairement, mais l'a fait attacher dans une fosse à la suite de son crime, le temps d'aller consulter l'exégète [2] sur ce qu'il fallait en faire (temps pendant lequel le criminel est décédé). Tout dans l'acte de son père, qu'Euthyphron attaque en justice, semble circonstance atténuante pour l'accusé, et devrait détourner d'en faire une affaire publique et judiciaire. Le plus important est que ce soit son père qu'il vise. Dans la conscience grecque de l'époque, plus encore que de nos jours, l'affaire semble terrible, monstrueuse (*deinos*).

D'abord, chercher à faire du mal à son père, ou ne pas suffisamment le respecter et l'aimer, est contre nature. Le père a sur le fils, dans les temps les plus reculés, un pouvoir absolu [3], qui se fonde d'abord sur l'idée que celui-

1. Ce n'est pas vraiment un *esclave*, ce qui lui assurerait une certaine valeur par son appartenance à la « famille » (au sens large), mais un *pelatès*, un *employé de passage, payé à la journée*. En revanche, l'homme qu'il a tué, sous l'emprise du vin et de la colère, était « de la maison », « de la famille », lui « appartenant », comme tous les esclaves (« il était des nôtres »).

2. Un des trois magistrats officiels du droit religieux à Athènes.

3. Il y eut une décroissance certaine de cette autorité absolue : que Solon ait édicté, au VIe siècle, des lois sévères contre l'irrespect filial, semble être l'indice qu'il y avait des confits ouverts, dès cette époque entre père et fils, suffisamment violents et nombreux, et qu'on ne pouvait plus compter sur la spontanéité du sentiment pour faire régner l'ordre génétique dans les familles (Dodds, 1977, p. 55). Mais Platon définit encore, dans les *Lois* (701b), la situation de fils comme un « esclavage » (« du père, de la mère et de ses ancêtres »).

ci est son prolongement naturel (il est le père, comme dédoublé). L'autorité de l'âge n'a qu'à se rajouter au sentiment naturel d'être le *philos* du père : *philos* veut dire à la fois « aimé » et « mien » (ou tien ou sien, etc.) ; il a la valeur de possessif. Ainsi la *philia* (substantif de même racine que *philos*) veut dire « affection », « amitié », et aussi bien le sentiment d'appartenir à un groupe naturel formé par les proches parents (père, mère, frères, sœurs) : la *philia* est cette affection particulière, qui est caractérisée par le sentiment de la « familiarité » (*oikeiotès*), d'une proximité spéciale, « d'une sorte d'identité entre tous les membres de la famille restreinte » (et qui proscrit, en principe, l'éros, amour sexuel)[1]. Celui qui va contre ce sentiment naturel est donc dénaturé, détraqué : c'est d'abord un malade ; il est anormal, pourrait-on dire : il va contre les lois du « sang ».

Mais, du fait d'une association de normes qui se rencontre fréquemment, cette anormalité n'est pas pensée seulement comme médicale et psychologique, mais aussi comme morale et religieuse : on n'est pas seulement fou, quand on déteste son père ou qu'on ne le respecte pas pleinement, on est immoral et irréligieux ; le sentiment de *philia* à l'égard du père est tellement naturel qu'il est obligatoire ! Y manquer est mal et pas seulement maladif. Ce sentiment naturel est sacré. Euthyphron contrevient ainsi à ce qu'on appelle la *piété filiale*. Les sentiments que l'on éprouve, selon la nature, pour son père, ont un caractère religieux. Bien avant, en effet, que la religion chrétienne fasse de Dieu une figure de père (« Dieu le Père »), donnant, par réciproque, à tout père quelque chose de divin, il existe, dans la tradition indo-européenne la plus reculée, la conscience d'une équivalence entre divinité et paternité : *Zeus pater* appartient à l'héritage indo-européen, comme l'indiquent ses équivalents latin et sanskrit[2].

Reprenant l'analyse de Calhoun[3], Dodds rappelle que la position et la conduite du Zeus homérique sont modelées sur celles du *pater familias* (père de famille) homérique, l'*oikoio anax* : dans cette expression, où *oikoio* veut dire « domestique », « de la famille », *anax* signifie « prince », « roi », « chef », si bien qu'elle réunit les figures du dieu, du roi et du père, en une seule[4]. Zeus est un chef de famille parmi les dieux ; et c'est notre père à tous : c'est « le père des dieux et des hommes », selon son qualificatif homérique. Le dieu suprême montre ainsi qu'être suprêmement dieu, c'est être père. Le culte s'adresse à Zeus en tant qu'il est *Patroos*, *Herkeios*, *Ktesios* :

1. J.-P. Vernant et P. Vidal-Naquet, 1972, p. 89. *Cf.* aussi J.-P. Vernant, 1962, p. 55

2. Dodds, 1977, p. 57.

3. G.M. Calhoun, *Zeus the Father in Homer*, 1935.

4. Cette caractérisation de la place du père comme celle d'un « roi » (*Basileus*) et d'une royauté, d'un règne, se retrouve chez Aristote (exemple : *Politique* 1, 2, 1252b20; *Éthique à Nicomaque*, VIII, 1161a, 18).

« protecteur de la famille, de la demeure, de la propriété ». Mais, si en ce sens, être dieu, c'est être un père, réciproquement être père c'est être un dieu[1].

Ainsi, toute action qui est tournée vers le père, est comme tournée vers le Père et le Maître des dieux ; toute mauvaise action[2] contre le père est une atteinte à Zeus. On retrouvera chez Platon, dans son dernier ouvrage (*Lois*, XI), cette même position et un effort pour la justifier : la piété filiale et celle pour les dieux sont explicitement liées l'une à l'autre et même confondues : « quand on honore ses vieux parents, la divinité s'en réjouit » (931d) ; les dieux ont l'oreille des parents : si ces derniers sont contents de leurs enfants et prient les dieux pour eux, les dieux les écoutent ; il en est de même si les parents, maltraités ou seulement pas assez choyés, les maudissent, pour peu qu'il y ait de l'ordre dans le monde (931b-d).

Mais les parents ne sont pas seulement des intermédiaires privilégiés entre nous et la divinité : ils sont les « représentants » (la représentation) des dieux ; ils sont la présence des dieux pour nous ; les dieux visibles pour nous : « les statues vivantes » des dieux, supérieurs aux statues inanimées faites par les sculpteurs (931d-e). « Aussi, quand on traite, comme on le doit son père, ou grand-père, et tous ses ancêtres, on possède en eux les plus puissantes de toutes les statues pour avoir part aux biens distribués par les dieux » (931e). Ce texte, en développant l'utilité du culte des parents, semble, par la référence à la chaîne des ancêtres, suggérer une proximité de ceux-ci avec les dieux : comme si les dieux étaient les ancêtres les plus reculés ; les parents ne seraient pas seulement des *instruments* privilégiés du contact avec les dieux, ni même des images remarquables des dieux ; ils en seraient proches ontologiquement (dans leur être même, dans leur nature).

Mais, si Platon ne va pas au bout de cette identification pure et simple du point de vue ontologique[3], il la réalise, si l'on prend *le point de vue pratique du culte* : dans le culte, tout se passe et doit se passer, comme si les dieux et nos ancêtres étaient assimilables. En effet, « ne pas avoir souci de ses

1. Dodds cite (1977, p. 69, note 107) des textes de Dikaeogenès et Ménandre, qui disent qu'il est raisonnable et juste de traiter son géniteur « comme un dieu » et même « le plus grand des dieux ». C'est l'expression qu'emploie également Homère dans l'*Odyssée* (XVI), quand Télémaque, retrouvant son père, se trouve « au face à face avec lui » : il le trouve « semblable à un dieu ».

2. Sans qu'il soit besoin de songer à ce que les mythologies, concernant les dieux ou les héros, nous apprennent sur la honte profonde et l'angoisse horrifiée, qu'il y a à *tuer* son père. *Cf.* Œdipe, Carcabos, Althaéménès, Cithaéron, Télégonos, etc. (voir leurs aventures dans le *Dictionnaire de mythologie grecque et romaine* de P. Grimal, Paris, PUF, 1963).

3. Qui correspondrait à ce que les ethnologies et les histoires des religions nous apprennent sur la nature et l'origine de la divinité dans beaucoup de religions « primitives » : la possibilité d'identifier l'objet du culte religieux comme un ancêtre.

parents, aucun dieu ni aucun homme ayant son esprit n'en donnerait le conseil, et il faut bien comprendre que tout ce que nous avons donné comme explication préliminaire sur le culte des dieux, s'applique également bien au respect ou au manque de respect pour les parents » (930e) [1]. Nous voyons donc que la piété filiale et la piété religieuse sont « égales », ou, mieux, que la piété religieuse est aussi filiale, que la piété filiale est par elle-même religieuse : la piété s'adresse aussi bien aux dieux qu'aux parents. Dans cette tardive philosophie, Platon explicite seulement, à peu de chose près, les contenus de la conscience collective grecque la plus traditionnelle : « l'horreur particulière avec laquelle les Grecs considéraient les offenses contre un père, et les sanctions religieuses spéciales auxquelles, croyait-on, s'exposait le coupable » [2].

Le paradoxe d'Euthyphron

Euthyphron semble fou ; la foule et sa famille le traitent ainsi (3a-4a) – il est vrai que dans *mantikos*, le devin, on entend *mania*, la folie [3]. Mais ce comportement, que les autres jugent fou, cette anesthésie, en lui, du sens de la naturelle *philia*, Euthyphron les assume explicitement et comme quelque

1. « Les lois concernant les dieux, les plus anciennes et chez tous les peuples, sont établies dans une double perspective : il y a, en effet, des dieux que nous honorons, parce que nous les voyons de nos yeux ; il y en a d'autres, dont nous ne voyons que les images et les statues que nous leur avons dressées. En les honorant, bien qu'elles soient inanimées, nous croyons que les dieux animés en conçoivent, pour nous, beaucoup de bienveillance et nous en savent gré. C'est pourquoi, si quelqu'un a chez lui un père, une mère, des grands parents au bout de leur âge, qu'il se garde bien de croire, quand il possède un tel trésor, dans sa maison et à son foyer, qu'aucune statue puisse avoir plus d'influence sur sa destinée, s'il l'honore comme il le doit », *Lois*, 930e-931a. Ce texte est ambigu : 1) Il peut signifier qu'il y a des dieux que l'on voit, comme le soleil ou la lune, par opposition aux dieux de l'Olympe, dont nous ne pouvons voir que des statues : mais alors, nos parents en sont des statues animées, et, comme telles, bien plus ressemblantes et proches ontologiquement des dieux eux-mêmes (et l'on est alors dans la problématique de la *République* X : toute imitation dégrade la réalité qu'elle imite, mais plus ou moins). 2) Ou bien, ce texte signifie que la relation aux dieux peut prendre deux voies : soit s'adresser aux dieux qui ne se voient qu'à travers leurs statues (inanimées) ce qui est, certes, bien imparfait ; soit, s'adresser à ces dieux que nous pouvons voir de nos propres yeux, qui sont vivants comme nous, et qui sont nos ancêtres : c'est pourquoi, en honorant ces dieux vivants, nous soignons notre destin mieux qu'en honorant aucune statue (inanimée). Ici, la problématique serait plus proche de celle de la similitude et de l'identification des dieux et des ancêtres. Dans les deux cas, la conclusion minimale peut être tirée : du *point de vue du culte*, il y a « égalité » entre piété filiale et religieuse.

2. Dodds, 1977, p. 55.

3. Voir R. Flacelière, 1972, p. 7 et 33. Également, Cicéron, *Traité de la divination* (début) : « nous avons donné à cette faculté supérieure un nom tiré de la "divinité" : *divinatio* – tandis que les Grecs, selon Platon, lui en ont trouvé un dans celui de folie (*furor-mania*) ». *Cf.* en effet, Platon, *Phèdre* (244b *sq.*).

chose relevant d'une réflexion et d'une science sûres : Socrate, qui essaie de concevoir la seule manière dont le devin ne soit pas complètement atypique, suppose que la victime, pour laquelle il prend fait et cause, est un parent (*oikeios*, familier) : alors, son acte serait étonnant, pris dans une contradiction peut être tragique, entre deux expressions de la *philia*, mais n'en transgresserait pas l'ordre. Or, à cette supposition, Euthyphron répond avec véhémence en niant la valeur de cette distinction fondamentale de la culture grecque entre les « parents » (les êtres liés par la *philia*) et les « étrangers » : lui, c'est cela qu'il trouve « risible », ridicule, fou (4b). Le ton prétend signifier déjà qu'il n'est pas fou, mais que c'est lui qui possède le vrai savoir, thème dont la reprise explicite, dans le dernier moment du prologue, permettra de poser la question à laquelle répond le Dialogue.

Euthyphron semble immoral et injuste, mais c'est comme spécialiste et champion du droit et de la *justice* (*dikè*, mot répété trois fois en quelques lignes en 4b-4d), qu'il s'oppose au sens commun : c'est sur cet horizon, que la distinction du cercle de la *philia* et du monde des étrangers s'effondre selon lui ; « en droit » (*en dikè*, selon la justice) parent ou étranger sont égaux (*isoi*), et ce qui compte seul, c'est l'acte commis. Il parle sur le ton de celui qui annonce la loi ; son problème est la détermination de « ce qu'il faut faire » (4d), question éthique et juridique.

Euthyphron semble impie ; mais c'est en religieux intransigeant qu'il prétend agir : il expose l'égalité entre parent et étranger aux yeux de la justice dans des termes originairement religieux : l'acte mauvais est appelé « miasme » (*miasma*), c'est-à-dire une souillure ou une pollution qui a une valeur d'abord de sacrilège. Pour y échapper, il faut une purification (*katharsis*), et Euthyphron emploie dans notre texte le verbe *aphosioun qui* veut dire « rendre pur », où l'on voit clairement la racine du terme *hosios* qui veut dire « pur » ou « pieux ».

Or, ce qui caractérise le « miasme », dans la conscience religieuse grecque à partir de la haute époque archaïque[1], c'est qu'il est contagieux et héréditaire : il est infectieux, écologiquement et génétiquement ; vivre avec, toucher, parler à quelqu'un, ou être de la famille de quelqu'un qui est souillé, souille[2]. C'est cette croyance qui permet à Euthyphron de montrer (4c) qu'il n'y a pas de différence entre un étranger ou un père, si on vit avec

1. Dodds (1977, p. 45) rappelle qu'on ne trouve pas cette notion de contagion et d'hérédité du miasme chez Homère. C'est chez Hésiode qu'elle apparaît pour la première fois (*Erga* 240). Sur la notion de miasme dans la pensée grecque, voir encore Schuhl, 1949, p. 29-35.

2. On trouve encore chez Platon, dans les *Lois* (881d-e), l'interdiction de toute activité religieuse ou civique pour quiconque aurait eu un contact, si minime soit-il, avec une personne souillée, si ce contact a été volontaire et tant qu'il ne s'est pas purifié.

lui[1]; ne vivrait-on pas avec son père, d'ailleurs, la souillure serait contractée par hérédité. Pour y échapper, il faut purifier son père (et donc, soi-même en même temps). On pourrait s'étonner qu'Euthyphron fasse un procès à son père qui semble manifester un souci de justice comparable au sien: car il a envoyé consulter l'exégète, spécialiste officiel de ce qui est religieusement juste. Comment, au nom de ce même principe, peut-il l'attaquer[2]? La réponse se trouve très clairement, si on se réfère à la tradition culturelle: dans le miasme sacré, peu importe l'intention, c'est l'acte qui compte; la souillure sacrée se propage «avec la même impitoyable indifférence, quant aux intentions, que le microbe du typhus» (Dodds, 1977, p. 46); ce n'est pas l'intention de faire du mal (par exemple en tuant), qui souille, c'est l'acte lui-même, intentionnel ou non, qui est sacrilège ou non: or l'homicide fait partie des actes objectivement sacrilèges: ce qui compte donc, du point de vue du miasme, c'est que, lors même, qu'il voulait faire ce qu'il fallait, et qu'il avait fait ce qu'il fallait faire pour l'apprendre (du moins le croyait-il dans son manque de confiance en la science de son fils!), le père ait fait mourir le meurtrier[3]. On voit que l'indifférence mécanique, avec laquelle Euthyphron exige la «purification» de son père, est le miroir de l'indifférence mécanique du processus de la souillure; il peut se fonder sur la tradition de la conception de la purification pieuse du miasme, pour justifier sa transgression de la piété traditionnelle.

Dira-t-on qu'Euthyphron est étonnant du fait de son respect de la «lettre» de la religion? Non, car en même temps qu'il semble prendre à la lettre la notion de miasme, il nie la *philia*, notion qui en est solidiaire! Pour purifier son père, Euthyphron lui fait un procès; or, les rites de purification se font en général avec l'eau (d'un fleuve ou d'une source), du sang et du

1. Or, dans la culture grecque, les enfants, qui sont, tant que vit leur père, d'éternels mineurs, vivent en principe dans leur famille toute leur vie (sauf les filles qui se marient).

2. On pourrait, du point de vue de la «psychologie» du personnage, supposer que c'est précisément cela le mobile actuel de l'hostilité d'Euthyphron pour son père: l'exégète est un peu un collègue et donc un concurrent. Comment peut-on aller consulter l'exégète, quand on a un Euthyphron à la maison? Mais on n'avait peut-être pas une excellente opinion de ce fils dans la famille, avant même cette affaire, et surtout on respecte publiquement le droit coutumier. Il est possible que ce conflit judiciaire ait sa cause dans le dépit qu'Euthyphron aurait éprouvé (une fois de plus?) à ne pas pouvoir se faire reconnaître par son père, dans ses compétences revendiquées: conflit de génération, difficultés œdipiennes.

3. C'est ce que ne se permet pas même la loi, à Athènes, encore à l'époque, à l'égard des condamnés à mort: *il n'y a pas de bourreau*, parce que, même sur la personne d'un coupable reconnu, tuer est tuer, et souille qui tue. Aussi préférait-on condamner à l'exil, à l'exclusion de la Cité, un coupable; s'il était condamné à mort, on espérait qu'il s'échapperait: et s'il ne le faisait pas, la loi stipulait qu'il devait *s'administrer lui-même* un poison (la ciguë), pour que personne n'en soit souillé – ce qui aurait contaminé toute la Cité.

feu (on saigne un animal et on le brûle, comme Oreste à Eleusis sacrifie un porcelet) ou du soufre (comme Ulysse dans le Mégaron de son palais après le massacre des prétendants de Pénélope – *Odyssée*, XXII, 481*sq.*)[1]. Ainsi, au lieu de lui faire un procès, pour se conformer à la tradition, Euthyphron devrait l'encourager plutôt à réaliser un de ces rites sacrificiels et expiatoires répertoriés. La doctrine d'Euthyphron se révèle donc plus paradoxale qu'il n'y paraissait jusqu'alors : sur la tradition religieuse, c'est par le recours à quelque chose d'originairement étranger à elle, qu'il prétend fonder, pour se justifier religieusement : le droit et l'ordre judiciaire. Or, ce n'est pas secondaire, car ce n'est pas qu'il veuille un père purifié, qui choque, c'est qu'il lui fasse un procès.

Une contradiction historique

En réussissant à revendiquer la justice au nom d'une conception du miasme sacré, Euthyphron associe deux éléments historiquement hétérogènes dans la culture grecque. La conception religeuse du miasme date sans doute de la haute époque archaïque, tandis que l'ordre judiciaire et la constitution du droit s'organisent à partir de la fin du VIIe siècle et du début du VIe. Cette organisation est lente et s'achève à peu près avec le VIe siècle (c'est-à-dire au moment où se déroule l'*Euthyphron*, daté du procès de Socrate), si l'on reconnaît dans le règne de la tragédie (de la deuxième moitié du VIe siècle, à la fin du Ve) la marque des conflits entre les forces et les valeurs familiales et religieuses de l'ancien ordre social, et celles, judiciaires et juridico-politiques, du nouvel ordre social[2].

Jusqu'à la fin du VIIe siècle, la civilisation grecque est dominée par le règne des *genè* (grandes familles) : c'est la tyrannie absolue des *liens familiaux* et de la religiosité, dans l'unité que nous avons décrite plus haut. Le pouvoir familial est religieux et la religion est familiale : la société est génocratique et théocratique.

À partir de la fin du VIIe siècle et du début du VIe (avec Dracon et Solon), l'influence des grandes familles décroît un peu au profit de la constitution de la Cité, unité des citoyens, entité juridique (par opposition au caractère naturel de la famille) : l'autorité du père diminue un peu ; il cesse d'avoir tout pouvoir sur ses enfants, ceux-ci relevant du tribunal des citoyens, où ils répondent de leurs actes selon un code de lois établi à l'avance (ce qui fait échapper à l'arbitraire de la décision paternelle), et identique pour tous (ce qui fait échapper au règne de la préférence, de la relativité et de la variation

1. Voir E. des Places, 1969, p. 145. Voir aussi Th. Wächter, *Reinheitsnorchriffen im griechischen Kult, Religions geschichtliche Versuche und Vorarbeiten*, IX, 1, Giessen, 1910.

2. Voir J.-P. Vernant et P. Vidal-Naquet, 1972, « Le moment historique de la tragédie en Grèce ».

individuelles). L'institution des lois publiques et d'un tribunal où les citoyens sont les juges, émancipe ceux-ci du pouvoir des familles, car c'est chaque individu qui, dans le peuple, « par l'effet du vote dont il dispose au tribunal, du même coup dispose du pouvoir gouvernemental » (Aristote, *Constitution d'Athènes*, 41). On voit donc qu'il ne faut pas distinguer le pouvoir judiciaire et le pouvoir exécutif dans la Grèce de cette époque : le tribunal est le lieu institutionnel où les individus prennent et exercent le pouvoir que détenaient jusqu'alors les chefs de famille ; le tribunal institue le pouvoir *politique et civique*. Il institue le pouvoir de la Cité (c'est-à-dire l'ensemble des citoyens). Il institue la Cité comme le lieu du pouvoir.

Or, la question la plus importante de toute vie en société, et donc de toute justice, est celle de l'homicide. Tant qu'existe la société génocratique et théocratique, le meurtre d'un membre du *genos* (famille) est une atteinte au pouvoir sacré du père et constitue un mal que le père (ou son successeur, si c'est lui que l'on a tué) est qualifié pour punir, en tuant (ou faisant tuer) le coupable : le meurtre est un miasme religieux et sa réparation relève de l'arbitraire sacré du père.

Avec l'avènement de la société juridique (la Cité, l'État), la vengeance privée est interdite, et le meurtre relève des tribunaux d'État. C'est le fait des lois de Dracon (au début du dernier quart du VIIe siècle), et que renforceront celles de Solon (au début du VIe siècle) : l'homicide est aussi prohibé qu'avant, et même davantage, puisque, même pour venger un meurtre, on n'a pas le droit d'en exécuter un autre : mais c'est désormais comme un interdit juridique (relevant de la justice de l'État) que ce droit est proscrit, et non plus comme un interdit religieux (relevant de l'autorité sacrée de la famille).

Le nouvel interdit, bien sûr, ne s'impose pas, comme tel, d'emblée à la conscience grecque, mais progressivement. D'autre part, il ne s'impose pas en supprimant l'interdit religieux. C'est par agglomération plutôt que par substitution qu'évoluent, (dans l'ensemble et avec des exceptions) les structures culturelles de représentations entre l'époque mycénienne (homérique) et le VIe siècle. Pour rendre compte de cette évolution, G. Murray [1] utilise l'expression de « *inherited conglomerate* » : il y a héritage, et, en même temps, agglomération d'éléments nouveaux. Ce que Dodds [2] commente ainsi : « ou bien l'ancien survit comme un élément dans le nouveau – un élément parfois inavoué et quasi inconscient – ou bien les deux subsistent côte à côte, logiquement incompatibles, mais acceptés néanmoins à la même époque par des individus différents, et parfois le même individu. »

1. G. Murray, *The inherited conglomerate*, dans ses *Greek Studies*, p. 66 *sq.*
2. Dodds, 1977, p. 179.

L'introduction progressive, à partir de la fin du VIIe siècle, d'un ordre de règlement politique et judiciaire des problèmes de la société grecque, s'est réalisée par rapport à la structure traditionnelle des croyances religieuses selon la variété des trois possibilités que décrit Dodds :

1) Il peut y avoir *juxtaposition incohérente dans une même conscience*, et c'est le déchirement tragique, le conflit, en une même personne, des valeurs de l'ordre ancien religieux et familial, et de celles de l'ordre nouveau politique et judiciaire[1] : le sujet de toutes les tragédies, d'Eschyle à Sophocle et Euripide, c'est-à-dire, précisément, de la fin du VIe siècle au début du IVe.

2) Ou bien, il peut y avoir *juxtaposition dans la même Cité*, et c'est le conflit social et politique entre les intérêts liés à l'ancien ordre et ceux du nouveau. Par exemple, dans l'*Antigone*[2] de Sophocle, le personnage d'Antigone représente l'attachement aux valeurs religieuses de la sépulture et du respect de la relation de *philia* à l'égard de son frère ; en face d'elle, le personnage de Créon représente l'ordre politique et la justice de l'État. Plus généralement, la forme originaire de la tragédie[3] rend compte du conflit entre ces deux ordres de valeurs : d'un côté le chœur, ensemble d'individus exprimant en commun des sentiments et des interrogations qui reflètent celles des citoyens qui assistent au spectacle, et représentant la communauté civique égalitaire ; de l'autre côté, le personnage du héros, qui est une figure des mythes d'autrefois, et souvent d'une condition sociale seigneuriale (chef de *genos*)[4].

3) Il peut y avoir encore une *juxtaposition des deux ordres de valeurs, sans conscience claire de l'incohérence* ; et c'est ce dont la fin de l'intérêt pour la tragédie semble être le signe de l'avènement social : pour la grande majorité des citoyens, l'ordre politique d'une justice démocratique s'est imposé ; les valeurs religieuses traditionnelles ne sont pas oubliées, elles ont cessé d'être dominantes, c'est-à-dire d'animer prioritairement les

1. Voir J.-P. Vernant et P. Vidal-Naquet, 1972, p. 13-40.

2. Antigone est fille d'Œdipe. Ses deux frères Etéocle et Polynice se sont donné la mort en se battant sous les murs de Thèbes. Créon, le nouveau roi de Thèbes, interdit qu'on rende les honneurs funèbres à Polynice, qui se battait contre sa patrie. Mais Antigone transgresse cet interdit, et enterre son frère, au nom de la *loi naturelle du sang*, qui est divine et au-dessus de la *loi, toute humaine et politique, de la Cité*.

3. La tragédie semble être sortie du dithyrambe archaïque, poème choral en l'honneur de Dionysos, lorsque du chœur s'est détaché un acteur qui a chanté d'abord en solo, puis dialogué avec le chœur, puis enfin, avec un autre soliste.

4. Le chœur était composé par les *citoyens* eux-mêmes, formant un collège officiel, tandis que le héros était joué par un acteur professionnel – ce qui soulignait encore l'opposition entre les valeurs sociales qu'ils représentaient. Voir Aristote, *Problemata*, 19, 48 : « Sur la scène, les acteurs jouent des rôles de héros, parce que, chez les anciens, il n'y avait que les héros qui fussent des chefs et des rois ; le peuple était le vulgaire des hommes qui composent le chœur. »

consciences. On conserve d'elles ce qui n'est pas ressenti comme conflictuel avec les valeurs nouvelles; mais si les comportements normaux sont conformes aux anciennes valeurs autant qu'aux nouvelles (ne pas tuer par exemple, même celui qui a tué), cependant ce sont les nouvelles qui les déterminent réellement : tuer est devenu un acte *avant tout* interdit par la loi ; et il se trouve que cela reprend une interdiction familiale et religieuse – ce qui est la condition pour que cette évolution n'ait pas eu l'apparence historique d'une rupture et d'une révolution. Solon a établi des lois sévères pour ceux qui ne respectent pas leur père, l'offensent ou le maltraitent d'une quelconque manière; mais cette loi, qui ordonne et interdit la même chose que la loi familiale religieuse, le fait dans un autre esprit, à partir d'un autre principe : puisqu'elle pose, par exemple, la valeur du père, mais en le soumettant à la loi commune, ce qui détruit la valeur qu'il possède, dans la tradition de la religion familiale, d'être au-dessus des lois.

De même, la sévérité « draconienne » des lois du premier grand législateur athénien, si elle reprend fondamentalement l'interdiction religieuse de tuer, le fait dans un autre esprit, et en se fondant sur d'autres principes : sa rigueur dans l'égalité du traitement judiciaire implique une rigueur dans la détermination de l'identité de la faute, et, à cet égard, donner la mort involontairement n'est pas identique à la donner volontairement et cela appelle une sanction bien moins grave. Cette prise en compte de l'*intention* dans l'acte comme élément déterminant s'oppose ainsi d'une manière inconciliable au caractère automatique et objectif du miasme sacré, où la conscience et l'intention ne comptent pour rien.

C'est donc en *homme de son temps* (début du IVe siècle) qu'Euthyphron se fait le promoteur de la justice et des lois de la Cité, qu'il manifeste un individualisme qui prétend échapper à l'autorité paternelle, qu'il traite son père comme son égal, et l'égal de n'importe qui d'autre, devant la loi politique (contre la loi naturelle et pieuse de la *philia*). Mais ce qui est étrange, c'est qu'il cherche à fonder l'esprit de justice et de respect de la loi civique et démocratique sur une argumentation religieuse archaïsante; il prétend penser l'unité des deux systèmes de valeurs concurrents : *l'esprit religieux traditionnel*, qui pense en terme de miasme et de transmission du miasme par contact familier et hérédité (ce qui se fonde sur l'idée de *philia* et l'idée d'objectivité du miasme), et *l'esprit judiciaire et civique moderne*, qui pense en terme d'égalité de tous devant la loi (c'est-à-dire la négation du caractère objectif de la faute qui est le cœur de la notion de miasme, et celle des relations privilégiées de la *philia*).

On pourrait alors penser qu'Euthyphron, revendiquant explicitement les valeurs traditionnelles et les valeurs modernes à la fois, est non pas un personnage de tragédie attaché à l'un des deux ordres de valeur, comme

Antigone ou Créon, mais une tragédie à lui seul, *un personnage « tragique »* au sens fort du terme (qui implique que des exigences contradictoires qui le déchirent, soient assumées par un même être[1]).

Ce qui fait qu'Euthyphron n'est pas un personnage tragique, c'est qu'il n'a pas conscience de la contradiction qui est la sienne. De la distinction entre le cercle de la *philia* et celui des étrangers, qui pouvait fonder en lui une inquiétude et un déchirement, il rit (4b), du rire qui ignore la mauvaise conscience. Ainsi, en tant qu'il est dans la contradiction, sans s'en apercevoir, mais en affichant au contraire le ton grand seigneur de celui qui sait ce qu'il dit, *Euthyphron est comique*; car, tandis que le tragique caractérise une contradiction dont la prise de conscience est une menace pour la vie, le comique vient d'une contradiction, vue de l'extérieur, mais qui laisse la vie, aveugle sur elle-même, poursuivre avec la sérénité de l'inconscience, son cours sans dérèglement[2].

Comment Euthyphron peut-il identifier la pratique judiciaire du procès et la pratique rituelle et sacrée de la purification? En quoi, la poursuite judiciaire et la condamnation de son père, peuvent-elles purifier le père et le fils[3]? Supposer que l'on « paye » une dette en souffrant une condamnation et une peine, c'est faire intervenir une idée anachronique, car la souffrance

1. Comme le rappellent J.-P. Vernant et P. Vidal-Naquet (1972, p. 27), l'opposition entre le héros et le chœur, comme représentants de valeurs conflictuelles (respectivement nobles et antiques, populaires et démocratiques), se double d'une opposition entre les styles de langue qu'ils emploient : mais, tandis que le chœur, qui représente le peuple des citoyens dans l'unité moderne de la Cité, parle une langue lyrique qui prolonge la tradition du dithyrambe religieux originaire, le héros, en revanche, qui représente le pouvoir aristocratique du passé, parle une langue voisine de la prose, celle de l'homme moderne dans sa vie ordinaire : au lieu de parler en vers au rythme large et majestueux (l'hexamètre ou tétramètre), il s'exprime en « iambes » (rythme sautillant composé d'une brève et d'une longue). Or, Aristote nous apprend que « l'iambe est le langage du peuple : plus que tout autre, c'est le rythme de la conversation courante » (*Rhétorique* III, 8, 1408b33-35); et, dit-il « les auteurs de tragédies sont passés du tétramètre à l'iambe, parce que ce rythme est celui qui est le plus proche de la prose » (*Rhétorique* III, 1, 1404a30-32). On voit donc comment c'est dans chaque personnage (le chœur et le protagoniste) que se manifestent la tension et l'ambiguïté des valeurs, caractéristiques du tragique, et pas seulement dans l'action.

2. Le comique est « du mécanique plaqué sur du vivant », selon la formule de Bergson dans *Le Rire* : ne pas être capable de penser la nouveauté d'une vie aussi essentiellement évolutive que la vie culturelle autrement qu'avec des pensées anciennes non révisables, c'est nier la vitalité même de la vie individuelle et collective, et manifester la rigidité et le caractère répétitif du fonctionnement d'une machine : être privé de la conscience, caractère définitif de la vie humaine. Le tragique et le comique sont très proches l'un de l'autre, il suffit que le point de vue de la conscience de soi disparaisse pour qu'on passe de l'un à l'autre : le tragique est lié à un point de vue intérieur sur la contradiction, tandis que le comique n'existe que d'un point de vue extérieur sur la contradiction.

3. « La souillure est égale pour toi, si tu vis avec lui en le sachant, sans procéder à une purification pour toi et pour lui en le poursuivant en justice » (4c).

n'a pas de valeur rédemptrice pour les Grecs. L'idée de faute sacrée ne prend pas en compte les intentions : ce n'est pas l'idée d'une faute morale. Il faut donc comprendre la représentation complexe que les Grecs se faisaient de la « pureté », pour risquer de saisir comment Euthyphron peut opérer cette identification des rites de purification archaïques et de la poursuite judiciaire (termes entre lesquels il y a bien eu, historiquement, déplacement).

Pureté et sacré chez les Grecs

La « pureté » est l'idée du non-mélange[1] : *les choses sacrées* (*hiera*) sont celles qui sont par nature au-delà de nous, hors de notre portée et de notre contact[2]. L'homme reste « pur » tant qu'il ne transgresse pas ces barrières vers le tout autre (c'est-à-dire se meut dans les limites du profane). Mais, s'il y a touché, il cesse d'être pur, non-mêlé à ce qui est Autre, et il rend impures (c'est-à-dire profanes) ces choses sacrées, puisque, dès lors, elles sont mêlées. C'est pourquoi la souillure (l'impureté) est contagieuse : elle est essentiellement mélange, contact. On comprend alors ce qui peut paraître paradoxal (si l'on prend la pureté pour une chose et non pour une qualité d'une chose) : le contact de quelque chose de pur par un être d'une autre nature rend impur celui qui réalise ce contact, ainsi que la chose pure elle-même, même si le contacteur était pur *en son genre* auparavant.

Les rites purificatoires se font ainsi avec l'eau, le feu, le soufre, parce que ce sont des agents qui ont pour caractéristique « d'enlever quelque chose de collé » (laver, brûler) de rendre « propre » (au sens strict du mot, c'est-à-dire rendre « soi-même »). Dans le sacrifice expiatoire d'un animal, il n'est pas question, à l'origine, de se priver de quelque chose pour racheter *moralement* une faute, ou pour payer une dette (comme dans un troc matériel). Mais en *brûlant* quelque chose que l'on possède (un coq ou une

1. Toute l'analyse qui suit, de la pureté sacrée dans la religion grecque, manifeste une grande ressemblance avec la nature du sacré dans les religions polynésiennes, et « primitives » en général, mais aussi avec la problématique du sacré et du profane dans le christianisme. Le *sacré* est une notion plus générale que celle de *divinité*, car elle peut exister dans des cultures où la notion de divinité n'existe pas (voir Durkheim, *Les formes élémentaires de la vie religieuse*). C'est une notion qui n'a de sens que par opposition au *profane*, qui est ce avec quoi le sacré ne doit pas entrer en *contact* : le sacré est ce qui est « interdit et séparé », Durkheim, p. 65. Dans les religions où existe la notion de divinité, le sacré est donc le divin en tant qu'il est essentiellement séparé et inatteignable.

2. Comme, par exemple, les astres, les principes de l'ordre du monde, les parties du monde inaccessibles, le sommet olympien où vivent les dieux inatteignables ou les profondeurs infernales de la terre, le monde d'avant la vie et d'après la mort, et à côté de notre monde, celui du rêve, les sanctuaires (*temenos*, vient du verbe qui veut dire « couper ») et, dans le sanctuaire, le « saint des saints », l'*adyton* (« l'impénétrable ») et l'*abaton* (« l'inviolable »), les prêtresses qui ne doivent pas avoir de contact sexuel, etc.

hécatombe bovine), ou encore en *répandant* eau, miel, lait, sang, etc., on le perd, on s'en sépare, on reconnaît symboliquement que l'on avait quelque chose en trop, et que, le rendant autre (par la brûlure, voire la consumation totale), on « rend à l'Autre » ce que l'on attribue à la Divinité. Originairement, sacrifier n'est pas donner, au sens où ce serait attendre en retour quelque chose (établir un « commerce » *emporikè*, *Euthyphron*, 14e) c'est, d'abord, au contraire remettre l'Autre à sa place, couper les ponts avec la Divinité.

La grande distinction classique[1] entre les deux types de sacrifices, « chtoniens » et « olympiens », quel que soit l'intérêt des explications par traditions lentement déformées[2], ou des efforts de justification explicite[3], manifeste clairement, dans la différence même des procédures pour atteindre ce but, que c'est la séparation d'avec le *sacré*, qu'ils visent à restaurer.

Dans les sacrifices « chtoniens », on vise des puissances divines liées aux profondeurs inaccessibles de la terre : la bête y est égorgée, le museau vers le sol (en sorte que le sang s'y perde tout de suite), et on la « calcine entièrement » (mot à mot : *holokautein*, faire un « holocauste »), si bien que la bête, sacrifiée au fond d'une fosse, va disparaître entièrement en poussière dans la terre. On voit aisément, ici, comment le renoncement à quelque chose (le « sacrifice ») est la reconnaissance d'un autre ordre (celui de la Terre), auquel l'homme n'a point de part, puisqu'il est invivable pour lui (c'est le séjour des morts), qu'il engloutit tout et fait tout disparaître (même le feu qui consume tout).

Dans le sacrifice « ouranien » (céleste) olympien (du nom de la montagne élevée où vivent les dieux), en revanche, qui vise des puissances aériennes et élevées, le museau de la bête est tourné vers le ciel, et on sépare certains morceaux, qui seront pour les dieux, du reste (la majeure partie), qui sera mangé dans un banquet : les morceaux destinés aux dieux sont entièrement calcinés et partent en fumée vers le ciel ; ainsi, tandis qu'est, ici encore, rendue à un état étranger au nôtre la part du dieu, le banquet, manifestation de l'essentielle socialité des hommes, met le dieu à sa vraie place, où il n'a pas de rapport avec des hommes. Dire que le dieu prend part au banquet n'est possible qu'à cause de l'ambiguïté qui est comprise dans l'expression « prendre part » ; c'est une demi-vérité, qui cache l'essentiel, qui, à vrai dire, est le contraire même : le dieu est mis à part, hors du

1. Voir des Places, 1969, p. 136, 139, et Chamoux, 1965, p. 202-203.

2. K. Meuli, *Griechische Opferbräuche*, dans *Phyllobolia*, P. von der Mühl, Bâle, 1946, p. 185-288.

3. Hésiode, *Théogonie*, v. 533 *sq.*

banquet, avec d'autres morceaux, soumis à une autre cuisson – et même à autre chose qu'une humaine cuisson[1].

Dans un tel sacrifice, l'*hosiè kreaôn*[2], « la partie pure de la viande », désigne « la portion qui, dans une victime... revient normalement à la consommation humaine »[3]. Ceux qui traduisent *hosiè* (*hosios*) par « sacré », sont gênés, et traduisent alors ici par « désacralisé » (« la viande désacralisée, profane »). Mais si on traduit *hosios* par « pur », et qu'on se souvient que « pur » veut dire « sans mélange », tout devient cohérent dans l'ambiguïté même du sacré : la partie pour les hommes est pure, de même que celle pour les dieux, dans la mesure où elles sont séparées. Est purificateur et sacral l'acte du sacrifice qui, prenant en compte cette séparation, comme une barrière qu'on ne peut transgresser, consacrant une part et désacralisant l'autre du même geste, les institue l'une et l'autre dans l'ordre du sacré (c'est-à-dire de la distinction absolue) : tout est pur et sacré, à *sa place* – dans l'isolement de sa place. Il faut veiller en employant le terme « sacré » à ne pas en faire un être ou une chose, mais bien une qualité, qui est tout entière relationnelle (différentielle) : la notion de pureté (non-mélange) est à cet égard plus claire à manier et permet de comprendre le fond de la notion de sacré[4] ainsi que de celle de *hosios* (pieux), chez Platon, voire de *aphosioun* (purifier du miasme, *Euthyphron*, 4c).

1. Il est vrai qu'un certain nombre de coutumes religieuses grecques semblent cependant faire leur place aux dieux parmi les hommes : l'hospitalité, par exemple, est recommandée à l'égard des étrangers, car celui qui vient d'un ailleurs inconnu est peut-être le Grand Voyageur, l'Étranger (Zeus *Xenios*), qui parcourt le monde *incognito* ; à celui-là, il faut être prêt à faire une place à table. Cette pratique manifeste donc un sentiment vif de la présence divine parmi nous : il y a du divin dans la vie quotidienne. Mais, si cette dimension de la vie religieuse est très importante chez les Grecs, il faut noter, d'une part, que l'on n'est pas ici dans la situation du « sacrifice », pratique de la reconnaissance ou de la « production du sacré » (c'est le sens étymologique de « sacrifier ») ; d'autre part, même si le sens d'une présence du divin est grand chez les Grecs, on voit ici que c'est comme étrangère et inconnue, qu'est pensée la divinité, et c'est par sa propre action et volonté qu'elle vient visiter les hommes sans que ceux-ci aient le moindre pouvoir là-dessus : il y a bien de la différence entre inviter à un banquet un être de l'Au-delà et, d'autre part, être prêt à lui faire la place qui revient à son étrange puissance, s'il s'invite (Dom Juan en sut quelque chose avec son convive de pierre). La place ainsi fait à la divinité n'est pas contradictoire, finalement, avec son statut sacré, inatteignable et interdit.

2. *Hymne homérique à Hermès*, 130.

3. H. Jeanmaire, « Le Pur », *Revue d'Études Grecques*, LVIII, 1945, p. 81.

4. Voir l'article de E. Benvéniste (dans *Hommages à G. Dumezil*, Bruxelles, 1960) sur l'ambiguïté illusoire de *profanus et profanare* en latin (« il n'existe pas deux verbes *profanare* de sens contradictoire, mais un seulement », p. 53) ; L. Moulinier, *Le Pur et l'Impur dans la pensée et la sensibilité des Grecs jusqu'à la fin du 4e siècle avant J.-C.*, Klincksiek, 1952 : il n'y a qu'un sens à *hosios*, et il n'est « jamais vrai qu'*hosios* signifie profane », p. 290 ; E. des Places (1969, p. 376) : « On a comparé à ce double sens (de *hosios*) l'emploi français des termes liturgiques "purifier" et "purificatoire" : une fois "purifié" par le prêtre après la

Les diverses formes rituelles du sacrifice dans la Grèce ancienne rendent évidente cette idée. On voit comment la comparaison des deux manières différentes de sacrifier (tout brûler/ne pas tout brûler) révèle dans tous les cas une recherche sur la meilleure manière de célébrer la distance et la distinction radicales entre l'homme et le sacré.

À partir de ce sens originaire du sacrifice, pas très clair pour les Anciens eux-mêmes, qui se demandaient parfois s'il n'y avait pas quelque chose de choquant à calciner ce qu'on offre aux dieux[1], on peut comprendre comment celui-ci pouvait « apaiser » les dieux (*hilaskesthai*), réparer une offense : c'est que toute offense aux dieux consiste à transgresser la barrière entre eux et nous, à toucher à ce qui ne nous est pas propre (le monde d'avant la vie, à la naissance, le monde d'après la vie, à la mort, même quand elle n'a pas lieu par meurtre, etc.). Chaque fois que nous commettons un acte (qu'il paraisse, à la conscience moderne, immoral comme tuer un homme, ou indifférent comme toucher à un prêtre, ou naturel comme accoucher une femme, ou assister à la mort d'un ancêtre), qui, en touchant à ce qui nous dépasse, peut sembler nous faire sortir de notre condition humaine, nous agissons avec une démesure (*hubris*) qui choque la « jalousie » des dieux (*phtonos*), sentiment, que leur prêtent les Grecs pieux, de leur état incomparable et inatteignable[2].

Purification rituelle et judiciaire

Ainsi, si l'on reconnaît que le rite de purification est un effort pour manifester que l'on se sent autre que le tout-autre, sans mélange avec ce qui nous dépasse et à quoi ce n'est pas le propre de l'homme d'avoir part, nous pouvons nous demander en quoi l'action judiciaire publique peut paraître réaliser ces effets, pour Euthyphron. Elle est d'abord la publication de la volonté de ne pas partager le miasme : accuser et condamner, c'est isoler et mettre à part, dans une « catégorie » (*kategoria*, c'est-à-dire aussi bien une « accusation »), c'est-à-dire isoler la culpabilité du coupable, cerner son crime, et le traiter comme tel (une anomalie)[3]. Enfin, la peine détermine une perte et un renoncement (de l'argent, la liberté) ; et lorsque le crime est trop grand, l'exil et la mise à mort sont deux procédures qui, mettant à

communion et essuyé avec le "purificatoire", le calice peut être touché par des mains non consacrées (telles celles du sacristain ou du servant de messe). » Cette remarque permet de souligner une similitude de structure avec la représentation et le fonctionnement du sacré dans la religion catholique.

1. Des Places, 1969, p. 138.

2. Dodds, 1977, p. 38

3. *Cf.* en français, « sanction », qui a la même étymologie que « saint » (*sanctus*), signifie d'abord « la mise à part ».

l'écart, peuvent purifier du coupable la Cité, quand on ne peut plus purifier le coupable.

On voit comment l'action judiciaire peut paraître constituer une procédure de purification : d'abord, purification de l'entourage (familial ou civique) du coupable, et aussi purification du coupable lui-même. Mais cette manière de caractériser les actes de la justice sociale, par une interprétation religieuse fondée sur une tradition hétérogène à l'ordre politique et judiciaire nouveau, leur donne un sens qu'ils n'ont pas en eux-mêmes (leur cohérence interne se fonde non sur une responsabilité des actes devant les dieux, mais devant les hommes de la Cité), en même temps qu'elle procure un lieu et un mode de traitement des questions religieuses, que la tradition sacrée n'a pas produits elle-même. Ce qui est opéré de la sorte, c'est la constitution d'une *religion d'État*, au sens où nous l'avons définie plus haut, c'est-à-dire non pas une association privilégiée entre une institution religieuse et l'institution étatique, mais une immanence de la religion et de l'État, l'un à l'autre. La manière dont Euthyphron envisage la purification de son père, renvoie donc directement à cette religion d'État, et, par suite, à la nature du procès de Socrate.

Dans ces conditions, Euthyphron est bien l'homme de son temps ainsi qu'un représentant autorisé de l'actualité politique et religieuse qui fait à Socrate un procès pour impiété.

Ce qui nous fait rire en lui est l'entrain dogmatique et inconscient avec lequel il affiche ouvertement des incohérences qu'il ne soupçonne pas. Mais sous cette apparence risible, se cache le sérieux inquiétant de l'esprit politique et religieux du temps : on n'en est plus à l'âge de l'ordre théologique de la famille. On n'en est pas encore à la reconnaissance de la suffisance de la justice pour fonder les relations sociales. Mais on est au-delà de l'âge tragique, qui reconnaît, douloureusement, la difficulté de concilier la justice démocratique et le sens du sacré familial. C'est sans cette inquiétude tragique, et sans s'interroger sur la cohérence d'un tel agrégat de représentations et de valeurs, que s'exercent la rigueur judiciaire pour des motifs religieux et la passion religieuse pour des motifs judiciaires. Faire porter à un personnage ostensiblement ridicule comme Euthyphron le poids d'une telle position, c'est en un sens dire qu'elle n'est pas le fait de la plupart, mais d'un cas exceptionnel – ce que la prudence sociale impose à un disciple connu de Socrate, peu de temps après sa condamnation. Mais cela peut aussi signifier que cette position, qui est celle de la plupart à cette époque, est risible pour qui a l'ironie de Socrate et qu'elle trouve sa vérité dans la figure d'un bouffon, sûr de lui et incohérent.

CHAPITRE III

LA POSITION DU PROBLÈME (4e-5d)

LA QUESTION DE LA PIÉTÉ (4e-5c)

Le tissu de contradictions que compose Euthyphron en exposant son affaire et en cherchant à expliciter son comportement, détermine le champ de notre étonnement et de notre interrogation : nous venons d'en voir le caractère général et complexe. Nous pouvons en faire le résumé suivant : le procès fait à Socrate est-il juste ? Celui que fait Euthyphron à son père est-il juste ? Qu'est-ce que la piété ? Qu'est-ce que ce *savoir*, dont se vante Euthyphron là-dessus ? La religion d'État, comme union de la religion et de l'autorité judiciaire, est-elle cohérente et valable ? Qu'est-ce que la justice ? Or, dans le passage (4e-5d), Socrate va amener Euthyphron, à partir de cette problématique foisonnante, à accepter la question simple et unique : « qu'est-ce que la piété ? » Comment procèdet-il ? Que signifie ce procédé ?

Nous avons déjà vu par quel moyen, lié à la situation de leur entretien entre la plainte et le procès, Socrate justifie, aux yeux d'Euthyphron, sa demande : faire appel, avant l'ouverture du procès, qui, devant l'Héliée, aboutit à un jugement sans appel. Nous avons déjà noté que, pour motiver Euthyphron à répondre à sa demande, Socrate joue sur sa vanité : « puisque tu sais si bien ce qu'est la piété, dis-le moi ; cela te sera facile, puisque c'est ta spécialité ». Telle est la motivation que Socrate suggère à Euthyphron. Mais, elle renvoie aussi à un autre aspect de la certitude dogmatique du prêtre : celle-ci signifie la certitude d'avoir raison dans son procès contre son père. Socrate, en faisant appel au « savoir » d'Euthyphron excite ainsi le besoin du plaideur de montrer ses justifications à l'avance. Nous voyons donc que deux thèmes de la problématique à laquelle nous renvoie le prologue de l'*Euthyphron* (le procès pour impiété et le savoir), sont liés à la position de la question de la piété ; mais c'est en tant que motifs psychologiques : ils permettent la vraisemblance *littéraire* du Dialogue ; ils rendent plausible la discussion entre Socrate et le prêtre. Mais il nous faut examiner, maintenant, *la nature logique et philosophique* de la détermination de cette question précise, à partir de la généralité touffue des questions que suscite le prologue.

LES EXIGENCES D'UNE BONNE DÉFINITION (5c-d)

Commençons par examiner la nature de la question que Socrate propose à Euthyphron (5c-d) : elle se caractérise d'abord par son unicité, au sens où elle sera la seule à laquelle il cherchera jusqu'à la fin à faire répondre le prêtre. Elle déterminera ainsi la nature du développement logique (dialectique) du Dialogue.

Cette question est une simple demande de définition : qu'est-ce que la piété ? Cependant, elle est posée non pas simplement mais d'une manière qui peut paraître redondante et lourdement répétitive : « Dis-moi, donc, puisque tu prétends le savoir clairement : qu'est-ce que le pieux et l'impie, en fait de meurtre ou en toute autre matière ? Est-ce que le peux n'est pas semblable à soi dans tous les actes qui le sont, et l'impie le contraire de tout ce qui est pieux, et tout ce qui doit être tenu pour impie n'est-il pas semblable à soi et caractérise par une idée unique du point de vue de son impiété ? » (5c-5d). Ce que nous venons de voir du talent littéraire de Platon, dans le prologue, nous interdit d'en rester là; il n'y a pas de répétition dans ce passage, et chaque énoncé signifie quelque chose de précis : une détermination de la notion de définition, qui commence ici et qui se poursuivra au long du Dialogue.

Universalité ou unification

La définition doit d'abord être complète, exhaustive; son énoncé doit valoir *universellement* pour tous les actes définis. Cela signifie qu'il doit rendre compte de *tous les cas particuliers* de piété (tous les actes, les hommes, les objets, qu'on dit être pieux), et de toutes les sortes de piété. Les diverses manifestations de la piété sont exprimées de deux manières : d'abord Socrate parle de la piété « au sujet d'un meurtre et sur les autres matières » ; la *matière* (ou le thème ou le sujet) qui peut faire que quelqu'un soit dit pieux ou impie peut varier : Euthyphron considère que son père est impie (puisqu'il faut le purger) parce qu'il a tué; mais il peut y avoir d'autres matières : Euthyphron, juste après, dans sa réponse en fin de (5d), citera le vol d'objets sacrés par exemple. Cependant, l'impiété par meurtre renvoyant à l'impiété de son père, les autres *sujets* d'impiété font penser à l'impiété contre son père et, ici, c'est *l'objet* de l'impiété (ou son *destinataire*), mieux que la matière, qui fait la variété de l'emploi du terme : on peut être pieux à l'égard de son père ou à l'égard des dieux. Enfin, pour dire « pieux », Socrate utilise deux mots différents : *hosios*, d'abord, puis *eusebès*[1]. Ces deux mots sont difficiles à distinguer, même si tout le monde sent bien qu'il y a une différence entre eux et voit à peu près à quoi elle tient, bien qu'il ne soit pas facile de l'exprimer; cependant, cela ne tient sans doute pas à une difficulté simplement linguistique mais à une difficulté philosophique : cette différence, pour diverses raison, n'est pas aisée à penser; de fait, c'est tout l'objet et le problème de notre Dialogue. En se servant ici des termes des deux familles, Socrate cherche à réveiller chez Euthyphron, par le simple usage de la langue courante, sans donner d'explication, le sentiment intuitif la *diversité* des « piétés », dont il s'agit de chercher l'*unité*. Nous reviendrons sur la différence exacte de sens qu'on peut établir entre ces deux mots, à la fin de notre analyse du Dialogue (3e partie, chap. 2, § 3), quand nous pourrons faire porter notre enquête sur tous les emplois qui en auront été faits. Cependant, avant de procéder à cette analyse, nous pouvons, comme point de départ (à examiner et à discuter), prendre en compte l'indication d'un philologue savant, P. Chantraine, qui dit, en référence au passage de notre texte : « *hosios*, appliqué à un homme, signifie "pieux", avec une résonance morale, et se distingue de *eusebès*, qui n'implique que le respect des dieux et des rites »[2]. On peut donc dire, sans entamer la discussion pour le moment, qu'il y aurait une différence de *fondement* (de principe) entre la piété de l'*eusebès* et celle de l'*hosios* : la première le trouverait seulement dans son *objet* (ou son destinataire, c'est-à-dire les dieux ou les ancêtres) ; la seconde, en tout cas pas seulement dans son objet mais aussi dans la moralité, ou le droit et les lois de la nature (deux conceptions de la justice), selon l'indication de Frisk. Ces deux termes sont-ils, alors, parfaitement synonymes et compatibles ? Les éléments différents sur lesquels se fonderait l'*hosion* forment-ils un ensemble cohérent ?

1. Dans l'ensemble de l'*Euthyphron*, l'adjectif *hosios* et les substantifs de la même famille (*hosiotès*, la piété, et surtout le neutre singulier de l'adjectif *hosion*, qui permet de dire « *to hosion* », mais aussi le verbe *aphosioûn*, purifier, et le terme négatif *anhosios/anhosion*), sont beaucoup plus employés (96 occurrences) que les mots de la famille de *eusebès* (qui n'est employé qu'au neutre, *eusebes*, 3 fois, le substantif correspondant, *eusebeia*, la piété, 1 fois, sa négation *asebeia*, 2 fois, l'adjectif neutre *asebes*, 2 fois, et le masculin du participe présent du verbe correspondant, *asebôn*, 1 fois), dont on trouve, au total, 9 occurrences.

2. P. Chantraine. *Dictionnaire étymologique* de *la langue grecque*, Paris, Klincksieck, 1974, t. III, p. 831, article *hosios* – cela rapproche *hosios* de *dikaios*, qui veut dire « juste » ; par rapport à *hieros* (qu'on peut traduire souvent par « sacré »), *hosios* signifie « ce qui est permis à l'homme, donc éventuellement profane » et *hieros*, « ce qui appartient au dieux ». L'autre grand dictionnaire moderne d'étymologie grecque, celui de Hjalmar Frisk, *Griechisches etymologisches Wörterbuch*, Heidelberg, Carl Winter Universitatsverlag, 1965, p. 435, donne une définition de *hosios* qui y correspond : « recommandé par les dieux ou la nature ; conforme au droit. »

La recherche d'une définition unifiée de la piété comme *hosiotès* (substantif correspondant à l'adjectif *hosios*) reviendrait à se demander s'il y a plus dans l'*hosiotès* que dans l'*eusebeia*, (substantif correspondant à l'adjectif *eusebès*), c'est-à-dire vraisemblablement si l'*hosiotès* peut prétendre être une disposition qui donne accès à la Valeur, c'est-à-dire une vertu, tout en restant une notion cohérente. Ce que nous avons rappelé de la difficulté historique des exigences du droit et de la justice à s'intégrer au conglomérat des représentations religieuses traditionnelles, devrait déjà nous faire sentir que cela pose un problème (c'est celui-là même de notre Dialogue). On peut donc se contenter, en ce début de l'entretien, où Socrate en est seulement à poser des questions, de le formuler de la façon suivante : *eusebès* a un sens assez clair, du moins en première approximation, parce qu'on y entend distinctement le radical du verbe *sebein*, qui veut dire « craindre », « craindre respectueusement »; *hosios*, en revanche, ne peut être étymologiquement dérivé d'aucune racine ni rapproché d'aucune autre signification déjà constituée [1]; dans ces conditions, même si, dans l'usage courant, les deux termes ne sont pas éloignés l'un de l'autre, une oreille grecque, si on lui demande d'être attentive à la précision du sens, a toute chance de ne pas entendre dans *hosios* simplement et exactement ce que veut dire *eusebès*. On voit donc à quelle diversité de sens la *notion* de piété renvoie : selon la matière, selon l'objet (ou le destinataire), selon le fondement (ou le principe); ces divers emplois de la notion (parfois à travers des *mots* différents), voilà ce dont une définition véritable, c'est-à-dire universelle, doit rendre compte. Elle doit montrer ce qu'ils ont de commun. On peut ainsi dire que cette intervention de Socrate est méthodologique : elle constitue un « précepte d'unification » [2] ou encore une *exigence d'unification* de la définition.

Identification

Cela implique qu'il y a quelque chose d'identique dans tous les actes de toutes les sortes de piété et qui, de plus, fait que l'on puisse les dire pieux (« est-ce que n'est pas toujours identique, dans tous les actes, ce qui fait qu'ils sont pieux ? »). La définition implique la reconnaissance et l'énoncé de cet élément, identique en tout ce qui est pieux et tel qu'il permette d'identifier tous les cas de l'espèce; c'est ce que l'on peut appeler *l'exigence d'identification*.

1. On peut cependant noter que, dans le cours de notre Dialogue, la première introduction de *hosios*, (4d9), qui suit elle-même celle de *anhosion* (4d10), a été précédée de l'usage du verbe *aphosioûn* (rendre pur) en liaison avec l'idée de miasme, qui tend à donner une certaine orientation au termes de cette famille.

2. Goldschmidt, 1963, p. 40.

Discrimination et non-contradiction

L'identification est ce qui permet de distinguer. Mais il ne suffit pas que quelque chose se retrouve dans toute un ensemble d'objets, même si ce n'est pas par hasard et accidentellement, pour que cela permette de le définir et de l'identifier de façon discriminante et suffisante (le bois se trouve dans tous les objets en bois mais ne permet pas d'identifier et de définir tel ou tel objet en bois comme une table; le sang et le muscle se trouvent dans tous les mammifères, mais cela ne suffit pas pour identifier et définir le cheval). La bonne définition doit permettre, sans incertitude, de distinguer l'espèce qu'elle détermine de ce qui n'en fait pas partie. Il n'y a pas d'identité sans distinction. Définir ce qu'est un objet, c'est dire ce qu'il n'est pas, ce à quoi il s'oppose et de quoi il diffère[1]. Une définition n'est bien formée que lorsqu'elle permet de séparer sans confusion, ce qu'elle définit de ce qu'elle exclut. C'est pourquoi Socrate demande la définition du «pieux et de l'impie» et qu'il insiste sur le fait que le pieux et l'impie doivent être reconnus comme des contraires. Car une vraie définition de l'un doit permettre en même temps de définir son contraire, sans qu'on puisse les confondre. Elle doit être non-contradictoire et discriminante: c'est ce que l'on peut appeler l'*exigence de discrimination et de non-contradiction*.

Ces trois exigences n'en forment qu'une, ce sont trois points de vue sur la même exigence fondamentale, qui est celle de l'unité; leur respect détermine la production de l'Idée[2] (*idea*), que l'on peut appeler encore «Forme»[3], ou «caractère générique» (du point de vue de l'exigence

1. *Cf.* Aristote, par exemple *Métaphysique* Z, 12, 1037b26 *sq.*

2. La majuscule indique que le terme est employé en un sens « technique ».

3. Savoir s'il vaut mieux dire «Idée» ou «Forme» nous paraît un débat sans grande importance sur l'essentiel. Dans les deux cas, l'usage actuel de la langue ne peut que conduire à un contresens, si on ne fait pas un effort pour le rectifier, sur ce que Platon entend par *idea* ou *eidos*, soit qu'on le subjectivise (l'Idée ne serait qu'un contenu de pensée, une représentation qui, pour ainsi dire, n'engage pas la réalité), soit qu'on l'objectivise, ou plutôt qu'on le réifie (la Forme serait une réalité autre que les réalités sensibles, mais comparable et rivale, en un sens : un objet visible, matériel, étendu et séparé); or, Platon a lui-même dénoncé ces deux interprétations comme des contresens, qui sont à vrai dire des non-sens (*Parménide*, 131a-135c). L'*Idée* est à la fois ce qui existe toujours comme objet de la pensée (ce qui fait que, si on veut l'appeler *Forme*, il faut préciser Forme *intelligible*), et ce qui existe pour la pensée comme une réalité objective, ne dépendant pas de l'arbitraire et de la fantaisie (ce qui fait que si on veut l'appeler *Idée*, il ne faut pas la confondre avec une pensée, une représentation, une opinion, quelconques). Il n'y a de problème du statut de l'*Idée* que pour ceux qui considèrent que tout ce qui est pensé ne peut être que subjectif, arbitraire et fictif, et que tout ce qui est réel est sensible et matériel. En revanche, dans la mesure où l'on admet que, dans certaines conditions au moins, une pensée rationnelle peut être une connaissance du réel, une idée purement rationnelle est susceptible de se manifester comme une réalité objective, dont la nature, les contraintes, les exigences propres, les compatibilités et les incompatibilités, peuvent faire

d'unification ou de celle d'identification) ou encore « caractère distinctif » (du point de vue de l'exigence de discrimination). L'Idée, qui se caractérise par son unicité (*mian tina idean*, « une Idée unique », « un caractère unique, qui apparaît visiblement »[1]) est donc ce par quoi les diverses choses sont et apparaissent ce qu'elles sont; elle est ce qu'il y a de commun entre elles; elle est la réponse à la question de la définition. On peut donc dire qu'une bonne définition respecte une *exigence eidétique*[2].

Responsabilité

Cette réflexion préliminaire de Socrate qui demande méthodiquement à Euthyphron de reconnaître les exigences fondamentales de la production bien réglée d'une définition, permet d'en dégager deux autres propriétés essentielles : d'abord, ces exigences sont celles qui permettent à la définition eidétique d'être un énoncé que l'on peut juger; en effet, elles sont, en quelque sorte, des manières d'énoncer l'idée de définition, son « caractère distinctif »; ce sont les critères d'une définition. Il est donc facile de voir distinctement si un énoncé est une définition ou non : une définition est un énoncé sur lequel la discussion peut être méthodique et claire. En demandant à Euthyphron de reconnaître les quatre premières exigences d'une définition, il en montre la cinquième : une définition bien formée est un énoncé *dont on peut répondre* clairement, qui est discutable, puisqu'il a une « forme caractéristique » clairement reconnaissable; ce n'est pas une opinion que l'on ne peut pas discuter de façon décisive et à laquelle, parce qu'elle est indémontrable (sans *critère* de validité), on ne peut opposer au mieux que des opinions toujours discutables. C'est ce que l'on peut appeler *l'exigence de responsabilité* : une définition est un énoncé dont la forme

l'objet d'une découverte et d'une reconnaissance, et n'être pas seulement imaginées et inventées (les mathématiques nous en donnent un exemple évident, d'où vient leur importance singulière pour la philosophie, aux yeux de Platon), alors l'*Idée* ne paraît plus être une impossibilité de principe mais un problème, le problème de la philosophie : dans quelles conditions (de méthode, de domaine, etc.) peut-on légitimement chercher des *Idées*? – Pour nous, puisqu'il n'est pas possible de s'en remettre à l'usage des appellations de la langue courante, et qu'il faut, dans tous les cas, *penser*, nous sommes de ceux qui restent sensibles à l'appel de Kant à « ceux qui ont à cœur la philosophie, pour qu'ils prennent sous leur protection le mot *idée* dans son sens primitif, sans le confondre avec la désignation d'aucune autre représentation » (*Critique de la Raison pure*, Dialectique transcendantale, I, 1, « Des idées en général »). Voir la note 1, p. 72, de M. Dixsaut, 2000. Mais selon les cas, les usages et les commodités de la langue française, on peut choisir d'utiliser *Idée* ou *Forme* (voire *forme intelligible*, *figure*, *caractère générique*, *caractère distinctif*, *idée caractéristique*, etc.).

1. « Un caractère unique, qui apparaît visiblement », ce qui ne veut pas dire « pour les yeux seuls », car ce n'est pas seulement avec les yeux que l'on voit, Platon nous le montre.

2. « Eidétique », pris au simple sens de *ce qui concerne l'Idée, l'Eidos*. Il s'agit seulement, ici, d'affirmer que la définition véritable détermine une Idée.

doit être suffisamment définie elle-même, pour qu'on puisse montrer qu'elle est conforme à ses exigences essentielles – ou en discuter. C'est ainsi, nous le verrons, que toute l'évolution du Dialogue est déterminée par un examen de la conformité des énoncés successifs proposés comme définition, aux exigences d'une vraie définition.

Scientificité

Cela permet de déterminer une sixième propriété caractéristique de la définition : constituant un énoncé déterminé et dont on doit pouvoir répondre, l'Idée qui définit est objet de science et d'enseignement, par excellence. Car la méthode peut se résumer à « mener vers une Idée unique (*eis mian te idean agein*), grâce à une vision d'ensemble (*sunorônta*) de ce qui est dispersé de mille manières (*ta pollakèi diespermena*), afin d'indiquer clairement, par la définition de chaque chose (*hekaston horizomenos*), l'objet constant de l'enseignement », comme le dira plus tard Platon [1]. Demander, comme Socrate, qu'on m'enseigne « le pieux », c'est demander sa définition, c'est-à-dire son Idée. Si la science est l'ordre de ce qui produit une certitude fondée, l'Idée-qui-définit, par sa forme clairement distinguable, justifiable ou critiquable donc, doit être « scientifique » : elle doit respecter ce que nous dénommerons *l'exigence de scientificité*.

Ces six qualités exigibles d'une véritable définition sont six explications de la même caractérisation de la définition, c'est-à-dire de l'Idée. Elles sont, nous le verrons en analysant le développement du Dialogue, ce qui rend possible une discussion rigoureuse, argumentée, sur un objet déterminé – par opposition aux échanges d'opinions, non philosophiques et non contrôlables. Nous avons là une première réponse à notre interrogation initiale sur ce moment du texte : nous voyons la *fonction* du passage de la problématique riche et complexe, à laquelle renvoie le prologue, à la question précise « qu'est-ce que la piété ? » : c'est le passage *des difficultés et problèmes* auxquels on ne peut apporter de réponse contrôlable et jugeable à une *question déterminée*, déterminant les conditions de possibilité d'une réponse *philosophique*, « désireuse de scientificité ».

Mais le caractère rigoureux et déterminé de la question eidétique que propose Socrate n'est pas un rétrécissement de la problématique générale que suscite le prologue : par l'objet même que cette question se donne de manière décisive (la piété en elle-même), elle cherche aussi le principe objectif d'une décision dans les interrogations de cette problématique générale.

1. *Phèdre*, 265d, cité par Goldschmidt (1963, p. 40) en commentaire de notre texte.

D'abord, il faut bien savoir ce qu'est la piété, pour pouvoir juger de la légitimité de l'accusation de Socrate, ou de celle du père d'Euthyphron.

Ensuite, il faut montrer que la piété, quels que soient son destinataire, sa matière, son principe, est une et même, pour que l'on puisse séparer sûrement le pieux de l'impie, comme dans un procès. Il faut que l'*eusebeia*, qui est le simple respect pour les dieux, soit compatible avec l'*hosiotès*, qui implique l'idée de droit et de moralité (ou il faut que l'*hosiotès* soit cohérente comme respect pour les dieux et justice), si l'on veut pouvoir accuser judiciairement un citoyen pour défaut d'*eusebeia* – comme on l'a fait avec Socrate.

La question de la définition de la piété (*hosiotès*), qui est celle du Dialogue, pose donc, en même temps, celle de la justice (au moins dans son rapport à la piété pour les dieux) ainsi que celle de la cohérence générale de la religion d'État (c'est-à-dire des rapports entre la religion et la justice).

Quant à la question du savoir, nous avons vu qu'elle est impliquée dans la rigueur, désireuse de scientificité, de la formulation de la question eidétique. Ce qu'est vraiment « savoir », c'est ce que cette réflexion méthodologique préliminaire a commencé de montrer; ce qu'est vraiment « savoir ce qui est pieux », c'est ce que le cours du Dialogue va chercher dans la rigueur.

On peut donc dire que la question eidétique réclamant une définition rigoureuse de la piété est la forme qui est donnée à l'ensemble des difficultés soulevées par la confrontation des affaires de Socrate et d'Euthyphron.

La question « que vaut une accusation judiciaire pour impiété? », qui résume les interrogations sur le procès de Socrate, et qui pose la question de la religion d'État (« que vaut l'unité de la religion et de l'État? »), est une question politique et religieuse où les intérêts en jeu sont clairs. Les seules lumières que la philosophie peut apporter là-dessus, viendront du destin des deux questions de principe sur la piété et la justice : si, en elles-mêmes, la piété et la justice se révèlent être la même chose, alors, de leur unité, on pourra se réclamer pour tenter de fonder peut-être une religion d'État; sinon, non. Dans le premier cas, le sens et la nature de cette unité, ceux de cette religion et ceux de cet État, seront déterminés par la manière dont se définiront la piété et la justice dans leur identité.

Ce sont des valeurs. Valeur est un terme qui ne traduit pas directement un mot grec mais qui présente une certaine commodité comme le montre l'exemple de nombreux exégètes qui l'emploient (Goldschmidt, 1963, est de ceux-là). Mais le risque est, ici, comme toujours, que ce qui peut aider d'abord, conduise à se tromper. Il convient donc de se rappeler que ce mot ne recouvre rien d'autre qu'un problème. Le mot est utilisé parfois pour désigner les *arètai* (comme le courage, la tempérance, la justice), mot malaisé à traduire, que l'on rend également souvent par *vertus*, ou, de manière plus récente, par *excellences*, (mais aucune traduction n'est entièrement satisfaisante, et il peut être préférable de passer de l'une à l'autre de façon fluide). Mais « valeurs » présente aussi un grand intérêt pour désigner ce que Platon appelle, par un terme malcommode à traduire, *ta megista*, et qui sont notamment le juste, le bon, le beau (voire, parfois, les choses divines). Les *megista* sont, littéralement, les « choses les plus hautes ou les plus grandes », ce qui est plus haut que tout, vaut plus que tout : « y a-t-il rien de plus haut que le juste, le beau, le bon et le convenable ? » (*Premier Alcibiade*, 118 a7-11 ; voir aussi, par exemple, *Apologie*, 22b7). Mais que l'on traduise par « valeurs », « excellences » voire « vertus », en un certain sens ancien, il faut veiller, dans tous les cas, à contrôler les effets multiples d'anachronisme, qui peuvent s'attacher à chacun de ces termes. Sur la liaison de l'Idée et l'Essence avec ce que nous appelons valeur, une expression grecque, employée dans notre Dialogue en 11a (précisément dans le moment conclusif de la seconde partie, où est introduit le terme d'Essence, et qui va conduire à examiner le rapport du pieux avec le Juste), est particulièrement significative : *hoios*, qui peut indiquer la qualité (être « tel »), et aussi (suivi d'un infinitif), diverses formes de la puissance (« être de nature à..., être capable de..., être digne de... ») [1].

1. Voir Appendice, p. 223.

DEUXIÈME PARTIE

LE CORPS DU DIALOGUE (5d-16a)

CHAPITRE PREMIER

LA PIÉTÉ ET LA VIE PIEUSE (5d-6e)

ESSAI DE DÉFINITION (5d-6a)

Socrate lui ayant demandé précédemment (5c-d) si la piété était *la même* dans tous les cas, et s'il pouvait la définir aussi bien en fait de meurtre que de tout autre matière, Euthyphron, incapable de se supposer ignorant en fait de piété, a répondu par l'affirmative; mai, incapable de se rendre compte de ce qu'il ne sait pas, il se contente d'affirmer que sa définition porte sur tous les cas d'impiété. Il cite bien un « autre » cas (ne pas punir un voleur d'objet sacré); mais, ce cas est très proche du sien : chaque fois, il s'agit de la conduite à l'égard d'un coupable (qui risque de souiller son entourage, s'il n'est pas purifié par la sanction).

C'est à cela que tient le caractère étonnant de la définition de la piété que propose Euthyphron [1] : il définit la piété comme le fait d'agir d'une certaine manière (poursuivre les coupables en justice) à l'égard de gens qui ont commis une injustice (5d), gens qu'il appelle eux-mêmes des impies, quelques lignes plus bas (5e) [2]. Cette définition de la piété et de l'impiété est donc si *particulière*, qu'elle suppose elle-même une impiété d'une autre sorte (avoir tué ou volé des objets sacrés). Aussi est-il comique de voir le devin vérifier que sa proposition permet de définir formellement l'impie comme le contraire du pieux, sans sembler comprendre ce qu'a voulu dire Socrate en énonçant cette « exigence de discrimination » (à savoir que la vraie définition doit empêcher de déterminer un acte à la fois comme pieux et impie).

1. « Ce qui est pieux est de faire exactement ce que je suis en train de faire » (5d).
2. « ...*tô adikounti* (l'injuste)... *tô asebounti* (l'impie) » (5d-e).

Quant à la « preuve » elle-même, quelle est-elle? Zeus a châtié son père, qui se comportait de manière injuste[1]?; or, Zeus est le meilleur et le plus juste des dieux; et ce que propose de faire Euthyphron, c'est tout simplement imiter Zeus.

Cette preuve n'a rien d'un raisonnement formalisé et clair; elle est au contraire d'une ambiguïté qui reflète celle de la conception de la piété que se fait Euthyphron, et qu'il va développer dans tout le Dialogue. En effet, en mêlant la référence à Zeus et à sa justice, cette preuve peut aller dans deux sens différents : est-il pieux d'imiter Zeus, parce que c'est Zeus? Ou bien, parce qu'il est le plus juste et le meilleur qui soit, même parmi les dieux? Dans le premier cas, cela signifie que la piété consiste à faire ce qui plaît à Zeus – ce qui, accidentellement, se trouve être juste, selon ce qu'on dit de lui. Dans le deuxième cas, cela signifie que la piété consiste à faire ce qui est juste – ce qui, accidentellement, se trouve plaire à Zeus, s'il est comme on dit. On voit la différence; elle est considérable : dans le premier cas, la réponse d'Euthyphron est conforme à la piété la plus traditionnelle, comme respect des dieux sans condition; dans le second cas, l'imitation des dieux est dépendante d'un jugement moral sur la justice des dieux.

La réponse qu'Euthyphron a donnée à la question de Socrate est creuse, puisqu'elle peut avoir deux significations opposées selon qu'on privilégie le respect des dieux, ou le respect de la justice.

Elle est comique par la manière dont Euthyphron essaie d'associer les deux : se référant à un épisode scabreux des histoires qu'on raconte sur Zeus et qui renvoie, lui-même, à une conduite aussi risible que scandaleuse des grands dieux fondateurs, il réussit à nous introduire dans une atmosphère où ni le respect, ni la divinité, ni la justice ne brillent avec évidence.

Le deuxième moment va stigmatiser l'aspect dérisoire de ce modèle divin mythologique. Le troisième moment fera apparaître rigoureusement et formellement l'insuffisance et le vide de la réponse du devin.

CRITIQUE DE LA MYTHOLOGIE ET DE LA POÉSIE (6a-6c)

Le second moment de la première partie se présente comme une simple remarque sur les faits utilisés par Euthyphron à titre de preuve : la mythologie des aventures conflictuelles des dieux. Euthyphron ne l'entend pas comme une critique, mais, Socrate lui-même présente à peine cette remarque comme critique : il dit qu'il « admet difficilement d'entendre parler ainsi des dieux », mais qu'on lui a déjà déclaré qu'il avait tort (6a). S'il n'insiste pas là-dessus, c'est que cette critique sera reprise à fond dans la

1. Le père de Zeus, Kronos, avait d'ailleurs agi de même avec son propre père Ouranos, qu'il avait castré. Il s'agissait, donc, d'une tradition familiale, en quelque sorte.

deuxième partie, et que la plus urgente, pour le moment, est celle qu'il formulera dans le troisième moment de la première partie.

Cependant, cette remarque de Socrate sur la mythologie est importante par la manière dont il la lie lui-même à son procès : dire que les prêtres racontent des histoires, inventent des fables (*muthos*) sur les dieux, en un mot, sont des « poètes » (6b), c'est retourner contre eux l'accusation qu'on fait porter sur lui, comme il le rapporte précédemment (3b) d'être un « créateur de dieux ». Qui sont les vrais « poètes de la divinité », les prêtres comme Euthyphron et les poètes comme Mélètos, ou les philosophes comme Socrate? Euthyphron est toujours prêt à raconter de nouvelles histoires sur les dieux[1]; tandis que « la création » de Socrate consiste à ramener à la simplicité de la voix de l'intériorité, toute intervention divine : ce n'est donc pas un mouvement de création poétique, mais de reconnaissance d'une exigence intérieure que signifie le « démon socratique ». C'est donc bien par une contrevérité poétique, qu'un poète de profession, comme Mélètos, peut rédiger un libelle accusatoire (une *graphè*, mot de la famille de *graphein*, *qui* veut dire « écrire »), où le plus respectueux de la vérité en matière théologique et de la dignité de la divinité est accusé de l'impiété de ne pas suivre la religion des devins divagants. On a là un exemple de l'art avec lequel le choix des mots renverse l'accusation contre Socrate avec virtuosité. Mais cette virtuosité littéraire n'est pas ce sur quoi compte Socrate, car il ne veut pas convaincre, mais instruire, et il n'en tire pas de conclusion explicite. Pourtant, l'incohérence de la mythologie, sur quoi repose l'argument d'Euthyphron, le ruine comme tel. Mais Socrate y reviendra; pour le moment, il est plus urgent de faire à la proposition d'Euthyphron une critique plus essentielle.

DÉFINITION ET IDÉE (6c-6e)

Socrate va donner à Euthyphron une leçon de logique de la réponse (de « dialectique »), au lieu d'entrer avec lui dans une discussion sur ce qu'il faut penser des dieux et de leurs histoires.

Dans un premier temps, Socrate montre à Euthyphron que sa réponse n'est pas dans une relation de *rigueur* à la question posée. Dans un second temps, il explicite les caractères d'une vraie réponse.

Socrate commence, en effet, dans un premier temps, par dire à Euthyphron qu'à la question « qu'est-ce que la piété ? », l'énoncé « ce que je fais aujourd'hui », n'est pas une réponse; car, à supposer que ce soit vrai, *il*

1. « Je peux t'en raconter bien d'autres, si tu veux, sur les dieux, qui, j'en suis sûr, t'étonneront » (6c).

y a d'autres actes qui sont pieux. L'argument de Socrate consiste donc à montrer, non pas que la réponse est fausse, mais que ce n'est pas vraiment une réponse, qu'elle est insuffisante comme réponse. C'est que cette prétendue définition baigne dans la *contingence* et dans la particularité comme dans son élément[1], dans la mesure où elle caractérise un terme général par un acte particulier, et, comme tel, contingent – la *contingence* étant, par opposition à *la nécessité*, le caractère de ce qui *se trouve* être d'une certaine manière mais aurait pu être, aussi bien, autrement. Socrate dit à Euthyphron : « tu m'as seulement dit que faire ce que tu fais en ce moment, en poursuivant pour meurtre ton père, *cela se trouve* être pieux » (6d).

Dans une discussion, on ne saurait jamais si Euthyphron joue sur la particularité ou la généralité. La nature même d'un tel énoncé exclut qu'il puisse être discuté rigoureusement, car il échappe à l'exigence de déterminer clairement et adéquatement, en même temps que le terme défini, son contraire. Cette exigence de discrimination, Socrate l'a énoncée juste avant la première partie (« est-ce que le contraire de l'action pieuse n'est pas toujours l'action impie ? », 5d) ; Euthyphron a fait semblant d'y satisfaire, sans en comprendre le sens (« est pieux ce que je suis en train de faire..., ne pas poursuivre le coupable c'est impie », 5d-e), et Socrate va la reprendre à la fin de son nouvel éclaircissement (6e : « afin que... je puisse dire ce qui est pieux et ce qui ne l'est pas »). Rendre la discussion possible rigoureusement, telle est l'exigence générique d'un énoncé qui satisfasse aux caractéristiques que Socrate rappelle et analyse ensuite. C'est de la logique d'un dialogue qui cherche à définir un terme, que naît l'exigence de l'*idea* ou de l'*eidos*. Ces deux mots, qui pourraient être traduits par « Idée », trait caractéristique, et par « Forme », aspect générique et structurel, sont difficiles à distinguer, nous y reviendrons[2].

Une définition qui définisse vraiment, c'est-à-dire qui instruise (*didaxai*) vraiment, doit donner l'Idée. L'Idée (*idea*) est ce caractère commun qui apparaît dans une multiplicité et une diversité d'actes ou de choses : les divers actes pieux sont différents les uns des autres, mais leur *idea* est ce par quoi ils apparaissent tous être les mêmes, c'est-à-dire, comme ce qu'ils sont essentiellement, indépendamment des circonstances et des accidents : pieux (5c-d). L'*idea* est ce caractère (cette caractérisation) unique qui permet de « distinguer », c'est-à-dire de *voir* (c'est sa signifi-

1. Euthyphron a le défaut des philosophes débutants qui, comme Ménon à qui Socrate demande ce qu'est *la* vertu, répondent en donnant « tout un essaim de vertus » (voir *Ménon* 72a *sq.*).

2. Notre texte est un des premiers où ces termes soient employés avec le sens qu'ils auront dans la philosophie de la maturité de Platon, bien que la « théorie » n'en soit pas donnée ici explicitement. Voir l'Appendice.

cation étymologique), de *voir distinctement*, c'est-à-dire, du même geste, de *reconnaître* ce qui est semblable essentiellement et ce qui est différent ou contraire[1]. Quant à l'*eidos*, c'est « *ce par quoi* ils sont *tous* pieux », dit le texte quelques lignes plus loin (6d). Ceci signifie que l'*eidos* est, comme l'*idea*, *un* et *universel* (valant pour tous) dans son genre (ce qui ne permettrait pas encore de le distinguer d'un simple concept rassemblant les points communs qu'on peut observer entre plusieurs choses), mais, de plus, que c'est « par l'*eidos* », selon la formule du texte, que les choses diverses sont ce qu'elles sont; c'est par l'*eidos* du pieux, que les choses pieuses le sont, il est « générique » (pas seulement au sens du « genre » logique), c'est par l'œuvre de l'*eidos*, que les choses reçoivent leur caractère propre. Puis, à la phrase suivante (ou la seconde moitié de phrase)[2], Socrate répète presque la même chose que ce qu'il vient d'affirmer de l'*eidos* en lui substituant, cette fois-ci, le mot *idea*, repris en référence à ce qui a été dit de cette dernière en 5c-d : l'Idée unique, caractéristique des diverses choses pieuses et qui les oppose à celles qui sont impies, est présentée maintenant, elle aussi, comme *ce par quoi* elles sont les unes et les autres ce qu'elles sont.

Idea, eidos, ousia

Ce passage pose deux questions, qui sont liées : que signifie que les choses sont ce qu'elles sont *par le fait* de l'Idée, *idea* et *eidos*? Cela signifie-t-il exactement la même chose dans les deux cas, ou bien y a-t-il une différence entre ces deux termes ? La quasi-similitude des deux phrases utilisant, l'une *eidos*, l'autre *idea*, est ce qui autorise à considérer que les deux mots ont la même signification – bien que, dans la seconde phrase, le très sage Socrate modalise la formulation qui emploie *idea* d'un prudent : « en quelque manière » (*pou*). En première approximation, et même profondément, l'*idea* et l'*eidos* (mais aussi l'*ousia* – terme que l'on traduit, en général, par *essence*, et qui sera introduit en 11a), correspondent à la même réalité (c'est ce qui relativise encore davantage l'importance de la question

1. Bien sûr, « voir » est à entendre, comme en grec, en un sens métaphorique : ce n'est pas avec les yeux du corps (ou pas seulement), que cette *Idée* est recherchée ou atteinte, mais au moyen d'une activité de la pensée et du *logos*, qui s'appelle la « dialectique » (voir le texte déjà cité du *Phèdre*, 265d *sq.*). L'*idea* est l'*aspect caractéristique* de la chose, toujours semblable, et qui permet de la *distinguer* (on doit pouvoir se servir de l'*idea* comme d'un paradigme à cette fin, dit le texte juste après, en 6e), mais c'est un aspect *intelligible*. C'est en pensant, ici, que l'on voit. Penser fait voir.

2. « Mais rappelle-toi : je ne t'ai pas demandé de m'enseigner une ou deux choses parmi toutes celles qui sont pieuses, mais cette forme elle-même (*ekeino auto to eidos*), par le fait de laquelle toutes les choses qui sont pieuses, le sont; car tu disais bien que c'est, de quelque manière, du fait d'une idée unique (*mia idea*) caractéristique, que ce qui est impie est impie et que ce qui est pieux est pieux ; ou alors, tu ne te souviens pas ? » (6d-e).

de savoir comment traduire *idea* et *eidos* – Idée ou Forme?). C'est à peu près « la même chose », que la phrase double de 6d9-e2 expose en utilisant l'un ou l'autre terme. Il n'y a pas, surtout pas dans notre Dialogue, d'exposé doctrinal de la différence entre ces termes. Cependant, si nous cherchions à en rendre compte d'une différence possible entre eux, telle qu'on peut la dégager de l'ensemble de l'œuvre de Platon, nous pourrions dire qu'il s'agit, avec l'un ou l'autre de ces trois termes, de penser des déterminations un peu différentes, mais organiquement solidaires, de la même réalité, et que, schématiquement et de manière au moins tendancielle[1], l'Idée est

1. Ce qui est dit de l'*idea* dans l'*Euthyphron* est tout à fait homogène avec l'emploi de ce terme dans le reste de l'œuvre de Platon (voir notamment le texte déjà cité du *Phèdre*, 265d *sq.*). Il est précisé explicitement que l'*idea* apparaît *dans* la chose (5d1), c'est ce que *possède* (*echon*, 5d3) chaque chose, comme son caractère propre : c'est ce qui, *dans* la chose la fait *apparaître* (pas aux yeux du corps, bien sûr, mais pour la pensée) comme ce qu'elle *est proprement* et *distinctement*; c'est cela que l'on peut tirer également de la troisième occurrence de *idea* (6e4-7), quand il est dit qu'on doit pouvoir s'en servir comme d'un paradigme pour distinguer les choses pieuses et celles qui ne le sont pas. Ces formulations caractérisent l'*idea* comme l'Idée en tant qu'elle œuvre au plus près des choses, mettant en ordre les choses ou faisant apparaître l'ordre dans les choses. L'*idea* est l'Idée en tant qu'immanente, comme disent certains, ou plutôt, pour parler comme Platon lui-même (par exemple, dans le *Phédon*), *présente* dans les choses qu'elle *rend* essentiellement semblables, bien qu'elle soit autre chose qu'aucune chose, qu'elles leur soit, par principe, transcendante (d'une autre nature). Ce par quoi chaque chose, du même geste, *apparaît*, et apparaît comme *un* être, comme ayant une *essence*, un être propre (dans sa similitude avec soi et avec celles qui sont essentiellement comme elle, et dans sa différence voire son incompatibilité avec les autres), voilà ce qu'exprime l'*idea* (en grande conformité avec l'étymologie, qui renvoie à la métaphore d'un aspect, d'une figure, d'un visage). L'*eidos* est si proche, en un sens, de l'*idea*, (y compris étymologiquement), qu'il n'est pas impossible de substituer un terme à l'autre dans l'analyse que l'on vient de réaliser (c'est ce que l'*Euthyphron*, en 6d9-e2, paraît bien près de faire). Cependant, dans le reste de son œuvre, Platon semble l'employer surtout quand cette analyse est menée du point de vue de l'Idée en tant qu'elle est, cette fois-ci, *cause* des déterminations eidétiques (l'*idea*) qu'elle impose aux choses, en tant qu'elle contraint (*anagkazei*, *Phédon*, 104d2) la chose à recevoir sa propre *idea* (ou alors à être « autre chose ») : l'*idea* est la *mainmise* de l'*eidos* sur la chose. « L'*idea* est à la fois l'action et le résultat de l'action de l'*eidos* sur la chose, l'*eidos* survenant à la chose » (Dixsaut, 2000, p. 88). Le terme d'*eidos* est celui qui est utilisé quand il s'agit de penser le problème du rapport de l'Idée à la réalité sensible (qui se formule en termes de causalité, *aitia*, de participation, *methexis*, présence, *parousia*), problème dont la position même suppose que l'Idée soit considérée dans une certaine extériorité par rapport à la chose (d'une autre nature, transcendante, en tout cas distincte). Quant à l'*ousia*, c'est la réflexion sur la causalité eidétique qui a conduit, dans le *Phédon*, « à nommer *eidos* ce qui jusque là se disait *ousia* » (Dixsaut, 2000, p. 86; voir aussi 2001, p. 28). Ce qui est nommé *eidos*, quand on l'envisage sous son aspect causal, est appelé *ousia*, quand il est considéré avant tout comme une détermination véritable du « ce que c'est », une réponse qui réponde vraiment à la question « qu'est-ce que c'est au juste ? » (le simple rappel de cette question, dans l'*Euthyphron*, 11a, suffit à introduire sans autre forme de procès explicite le terme d'*ousia* comme une exigence). L'*ousia* (l'essence) est la Réalité intelligible, en tant que, envisagée indépendamment de son rapport aux choses sensibles (c'est-

nommée *idea*, quand elle est envisagée comme ce qui fait apparaître les choses comme ce qu'elles sont proprement et essentiellement (dans leur identité, leur similitude, leur différence, leur contrariété), œuvrant, pour ainsi dire, au plus près des choses; elle est nommée *ousia*, quand on envisage en elle-même cette identité à soi-même qui ne doit rien à rien d'autre que soi, caractéristique d'un mode d'être, totalement différent de celui des choses qui sont dans le sensible et le devenir; elle est, enfin, nommée *eidos*, quand on envisage la relation de causalité entre ces deux sortes de réalité, différentes l'une de l'autre du tout au tout: la réalité la plus haute, la plus existante, éternellement identique à soi-même, qu'est l'*ousia*, et la chose sensible, qui en reçoit son *idea*. Dans ces conditions, l'*idea* et l'*eidos*, l'une et l'autre, sont distinctes de toutes les choses sensibles et sont *ce par quoi* « les choses sont ce qu'elles sont », mais pas tout à fait de la même manière, bien que les deux soient organiquement et intimement liées: la manière dont l'*idea* fait que les choses sont ce qu'elles sont, est de faire apparaître et distinguer la chose en question, à chaque fois, comme ce qu'elle est essentiellement; tandis que, pour ce qui est de l'*eidos*, ce serait d'être *ce grâce à quoi et ce pour quoi* l'*idea* fait son œuvre: ce serait d'être la « cause » ou la « raison » de la manière qu'a l'*idea* de s'imposer à la réalité sensible, de la faire apparaître et de la maintenir conforme à son essence (dans l'identité et la différence). Ce qui conduit à considérer l'Idée comme *eidos*, à prendre en considération l'*eidos* en lui-même, est que, quand on reconnaît que l'identité et la différence, en permettant de distinguer, font apparaître la chose en question comme un être propre et, de ce fait, la font être comme ce qu'elle est proprement (œuvre propre de l'*idea*), on reconnaît du même mouvement qu'une telle causalité, qui est l'ordre lui-même en général (le *kosmos*), est raison d'être, est la raison elle-même comme vraie cause. Le redoublement de l'*idea* par l'*eidos* correspondrait au fait que la nature même de l'œuvre de l'*idea* (l'ordre qu'elle fait apparaître) semble impliquer qu'on ne puisse, sans contradiction, se la représenter comme « sans raison », mais comme déterminée (plutôt que par une cause mécanique aveugle et contingente) par une raison, par la raison, par une finalité autosuffisante, par une forme intelligible. L'usage du terme *eidos* correspondrait à l'insistance sur la causalité purement rationnelle sans laquelle

à-dire comme *idea*) et à l'*idea*: elle a un mode d'être particulier, une sorte de réalité et d'existence propres, distinctes des choses dont elle est l'essence et d'une autre nature qu'elles (mais cela ne veut pas dire qu'elle soit séparée d'elles). Elle est toujours semblable à soimême, par elle-même et par aucune autre cause: c'est un mode d'être « entièrement différent » (*pantapasin heteros*, *Euthyphron*, 11a) de tout ce qui est dans le sensible, soumis à la causalité et à l'altération du devenir, et qui correspond à la plus haute réalité qu'on puisse concevoir.

l'œuvre de l'*idea* ne serait pas concevable (ce qui serait absurde, puisqu'elle l'intelligence elle-même à l'œuvre).

Or notre passage (6d-e) peut être compris de deux manières légèrement différentes, selon qu'on assimile *idea* et *eidos* ou bien que l'on croit pouvoir lire dans le texte quelque chose qui corresponde à la distinction (minime, au demeurant, et qui n'empêche pas de prendre parfois un terme pour l'autre), que nous venons de résumer. Les deux phrases (ou les deux parties de la phrase) sont reliées par *gar* (« car », « en effet »), qui indique que la seconde se présente comme une justification de la première. La question est de savoir si c'est une justification (dans les deux cas elliptique et allusive) par *explicitation* (traduction de *eidos* par *idea*, considérée comme un synonyme) ou bien par *explication* (explication de l'œuvre de l'*idea* par la causalité de l'*eidos*). La première interprétation peut se fonder sur le fait que les deux termes sont très proches étymologiquement, que la première phrase attribue à l'*eidos* le caractère d'unité, d'unicité et d'universalité, reconnu quelques lignes plus haut à l'*idea*, et sur le fait que, dans les deux phrases, c'est une même fonction grammaticale (« datif instrumental »), qui les relie, dans chacun des deux cas, au groupe verbal énonçant que « la chose est ce qu'elle est » : *idea* ou *eidos*, c'est *de son fait* (ou par son moyen, par sa vertu, etc.), si le pieux est pieux. La preuve que *eidos* et *idea* veulent dire fondamentalement la même chose est qu'on peut leur attribuer la même fonction, de fait décisive, d'être ce *par quoi* les choses sont ce qu'elles sont. Dans cette hypothèse, Platon utiliserait, comme la langue ordinaire le rend possible, un terme à la place de l'autre, en sorte de faire sentir qu'il n'est pas employé en un sens particulier et technique, que c'est l'idée et non le mot et la formulation, qui comptent, et que l'idée s'impose au bon sens (schématiquement : « tu as reconnu que les choses se distinguaient par leur *idea* ; à l'instant je viens de dire *eidos*, mais cela revient au même »). Mais cette compréhension nécessite de penser que Platon emploie indifféremment un mot pour un autre (et quels mots !), ce qui n'est pas fréquent de sa part, et peut paraître d'autant plus étonnant dans un passage concernant ce que c'est que la *distinction*. L'autre interprétation consiste donc à considérer que les deux termes, certes, *désignent* fondamentalement, mais ne *signifient* pas tout à fait « la même chose » (si ce n'est « en quelque manière », *pou*), même si leur complémentarité est absolument nécessaire et étroite. Dans cette hypothèse, le *gar* (« en effet ») signifierait que l'évocation de l'*eidos*, introduit dans la première phrase, appelle une justification, que la seconde phrase apporte avec le terme *idea* et le rappel de son œuvre, un peu comme une preuve par les effets. La phrase qui emploie *idea* ne justifierait pas la précédente en substituant ce terme à *eidos*, mais en rappelant un fait (l'œuvre d'ordre et de distinction de l'*idea* parmi les choses se voit et a été reconnue, *ephèstha*), qui est un fait d'une nature telle qu'elle justifierait que l'on puisse en rechercher et en indiquer le principe (l'*eidos*)[1]. Il est ainsi possible de voir dans notre texte, une certaine distinction entre *idea* et *eidos* (dont c'est l'unique occurrence), conforme à ce que l'on trouve dans les textes plus explicites de Platon[2].

L'affirmation que c'est par l'Idée (ou la Forme) que les choses sont ce qu'elles sont, peut-elle vouloir dire que les choses sont créées ou produites par l'Idée, ou sur le modèle de l'Idée, dans l'ordre de leur réalité de choses ? Sans doute rien dans le texte n'interdit formellement de penser cela, mais rien n'y pousse non plus[3], le problème du statut ontologique (c'est-à-dire de la nature de leur réalité) des Idées n'étant pas posé ici explicitement. Platon lui-même montrera dans le *Parménide* (132a *sq.*) les difficultés

1. La phrase qui emploie le terme *eidos*, le fait apparaître à l'*accusatif*, comme un objet (complément d'objet direct) du verbe (« enseigner »), réservant le datif instrumental au pronom relatif dont *eidos* est l'antécédent; elle tendrait ainsi à tourner l'attention principalement sur la possibilité de faire de l'*eidos*, en lui-même, un objet de considération. De plus, le fait que le datif instrumental affecte non pas *eidos*, mais le relatif dont il est l'antécédent, tend à renforcer, semble-t-il, le sentiment de causalité en même temps que d'extériorité entre l'*eidos* et son œuvre (exprimée dans la relative). En revanche, dans la phrase suivante, qui emploie le terme *idea*, c'est lui-même qui est au datif, comme un complément indiquant un moyen, l'attention étant portée principalement sur le rappel de l'identité à soi-même du pieux ainsi que, dans la contrariété, de l'impie, c'est-à-dire sur l'œuvre de l'*idea*, plutôt que sur l'*idea* elle-même. Sans doute, dans la phrase suivante (6e4-7), le terme *idea* est-il à son tour pris comme objet possible d'un enseignement; cependant c'est encore à titre de moyen (« afin de s'en servir comme d'un paradigme de comparaison »), et de moyen de faire apparaître les choses dans leur ordre et leur distinction propre (conformément au sens constant d'*idea*, tel que nous l'avons noté).

2. C'est en se fondant sur une analyse littéraire plus que conceptuelle, que l'on peut repérer cette distinction. Mais si le texte n'est pas plus explicite, c'est parce que ce n'est pas cela qui est le plus important ici. À mon avis, il est rédigé, avec précision et nuance, en sorte de rendre possible les deux compréhensions, au demeurant fort proches, et dont la différence n'importe pas de façon décisive à l'objet et à la marche du dialogue en ce point. Tout en s'exprimant de façon aussi peu technique que possible, et en pouvant donner le sentiment d'une certaine redondance et d'une certaine approximation dans la répétition, qui sont proches des conditions de l'effort naturel pour se faire comprendre dans la communication orale vivante, Platon s'exprime cependant (discrètement voire secrètement) en sorte que ceux qui s'y connaissent puissent reconnaître toute la précision du propos, la rigueur et la force de l'argument. Notre texte n'indique sans doute pas explicitement, pour celui qui ne la penserait pas déjà, cette distinction entre *idea* et *eidos*, mais il s'exprime d'une façon qui est cohérente avec celle, en tout état de cause minime, qui s'exprime au moins tendanciellement dans le reste de son œuvre.

3. Sans doute est-ce la considération de l'Idée comme *eidos*, qui suscite le plus aisément la question de savoir, au delà des métaphores, quelle sorte de relation cette sorte de « causalité » eidétique entretient avec une production matérielle. Mais, en même temps, les explications que nous venons de donner font de l'*eidos* une cause d'une tout autre nature que les causes naturelles et matérielles.

d'une telle interprétation. Il n'est pas dit, ici, que l'Idée est « la cause modèle des choses », selon l'expression de Xénocrate, reprise par Proclus dans son Commentaire du *Parménide* (V, 136), mais qu'on peut « s'en servir comme d'un modèle » (6e) pour examiner si les choses sont semblables ou dissemblables à elle. C'est, donc, du point de vue de l'*usage de l'Idée*, que celle-ci se trouve définie, et non pas du point de vue de son statut de réalité. Mais, si certains tiennent à affirmer qu'il ne s'agit pas ici encore de l'Idée (ou Forme) « ontologique » de la maturité de l'œuvre de Platon (telle, du moins, qu'ils la comprennent), ce n'est pas non plus seulement l'idée logique (qui correspondrait au sens de l'*eidos* chez Aristote) : elle n'est pas un simple concept réunissant tous les traits communs distinctifs que l'on trouve dans les choses d'une même espèce; car ces traits distinctifs se trouvent, indistincts des choses, en regardant les choses dans leur diversité empirique. En revanche, l'Idée est « ce vers quoi il faut regarder » « pour s'en servir comme d'un modèle », pour penser les choses comme elles sont et pouvoir tenir sur elles un discours instructif (*didaxai*). Elle n'est pas un résultat obtenu par abstraction et généralisation à partir des choses, mais elle est une sorte d'objet (« idéal »), vers lequel on se tourne et qu'on prend en vue pour penser une chose. Ainsi, s'il n'y a pas encore d'exposé d'une « théorie » explicite qui expose et démontre comment elle peut avoir ce statut, c'est cependant bien comme telle qu'est traitée l'Idée, ici : connaître une chose (empirique), ce n'est pas regarder vers elle seulement, mais regarder l'Idée par laquelle elle est ce qu'elle est; connaître et pouvoir enseigner vraiment une chose, c'est enseigner et connaître son Idée.

Alors, l'Idée, ainsi déterminée, peut bien être une réponse à une question qui demande une définition générale : elle sera discriminante, elle permettra de savoir clairement et adéquatement ce qui est prétendu être, par exemple, pieux, et son contraire, impie. On pourra alors la discuter, la réfuter, le cas échéant, puisque ayant un contraire bien déterminé, elle énoncera et affirmera réellement sur le sujet.

On peut dire que c'est la tâche générale que se donne Socrate, dans les premiers Dialogues de Platon au moins, de transformer les questions et les difficultés de ses interlocuteurs en une « question eidétique », c'est-à-dire proposant la recherche d'une Idée. La réponse eidétique (ou définition eidétique) est donc liée aux exigences d'un *dialogue* cherchant le vrai avec rigueur (par opposition à une *dispute*, où l'on échange seulement des opinions ou des injures, dans le dogmatisme et l'incompréhension réciproques); elle correspond à une recherche du sens juste des mots, comme instrument d'une réflexion juste, et réciproquement; elle constitue la philosophie comme réflexion sur le fondement des choses (qui fait qu'elles sont ce qu'elles sont), l'ordre de l'Idée (principe, fondement) étant celui de la vérité des choses (par opposition à une étude des choses prises directement dans leur diversité empirique, où l'on en reste toujours à de simples généralités, approximatives et facilement contestables, ou bien à des particularités pittoresques mais qui n'instruisent de rien). Il ne suffit pas d'être pieux, même professionnellement, pour savoir ce qu'est la piété ; il ne suffit pas de voir des gens ou des actes pieux pour le savoir : voilà ce qu'affirme cette exigence eidétique [1]. La réponse d'Euthyphron traduit peut être quelque chose de très général de la religiosité : celui qui la pratique pense savoir quels sont les actes et les gens pieux ; mais il ne sait pas l'*eidos* de la piété, ce qu'elle est vraiment.

CONCLUSION

Euthyphron, en disant qu'être pieux c'est faire comme lui-même, c'est-à-dire imiter Zeus, ne dit rien de clair, puisque cela peut avoir deux significations contradictoires. Socrate lui a montré l'insuffisance et le vide de cette première réponse et l'amène ainsi à plus de précision. Alors, Euthyphron tente de définir la piété comme l'action de faire ce qui plaît à la Divinité (2e partie du Dialogue). Cette tentative se révélant impossible, Socrate lui suggère d'examiner la relation de la piété avec la justice. On voit donc, que, malgré le caractère ambigu, contradictoire, voire comique, de ce premier essai de définition, il est pris au sérieux, puisque c'est sa matière, qui sera examinée, dans le détail, dans tout le reste du Dialogue.

C'est que cette ambiguïté n'est pas seulement celle d'Euthyphron mais celle même de la notion de piété (*hosiotès*) : il s'agit de savoir si les deux tendances qui semblent y coexister sont compatibles. La maladresse prétentieuse et dogmatique d'Euthyphron permet seulement de poser avec facilité et évidence, la difficulté qu'il y a à réunir en une seule attitude cohérente *l'activité axiologique* (relevant d'une question de droit, de valeur) de recherche de la justice, et *l'activité empirique* (relevant d'une question de fait) de soumission à la puissance divine. On peut dire que cela correspond à

1. Il ne s'agit pas d'une situation que l'on rencontre seulement avec l'homme de la religion. Elle apparaît dans les Dialogues de Platon, portant sur d'autres sujets, et avec des interlocuteurs ayant d'autres compétences. La reconnaissance, par l'interlocuteur de Socrate, des exigences eidétiques y prend du temps comme dans l'*Euthyphron*, parce qu'elle heurte le dogmatisme de l'expérience qui pousse à répondre par un cas particulier à la question générale. Aussi, ce moment d'une réponse, où une expérience particulière est choisie pour tenter de constituer une définition (générale), est un moment typique (comme le montre Goldschmidt, 1963, p. 37-38) des discussions socratiques, dans leur commencement – et, en général, des discussions avec ceux qui ne sont pas encore assez philosophes et suffisamment « amis des Idées ».

un problème pour une conscience religieuse, en général, bien au-delà des limites de la religion grecque ; mais est-ce un idéalcohérent ? L'invocation, par Euthyphron, de la figure du « Zeus juste » (5e), peu avant celle (en 6b) du « Zeus *philios* » (aimé et aimant), ouvre la question des rapports de la Divinité et de la Valeur (la Justice) : doit-on aimer et imiter les dieux, parce qu'ils recherchent la justice ? Et si les dieux aiment la justice, est-ce parce qu'ils y sont soumis (mais n'est-ce pas alors une limitation de la puissance divine ?), ou bien parce que la justice se définit comme ce qu'ils aiment et décident (mais la Justice n'est-elle pas ce que l'on doit reconnaître en dehors de toute décision autoritaire d'un tiers quel qu'il soit ?). En somme, la Divinité est-elle la Valeur ? Telles sont bien les difficultés que la suite du Dialogue va examiner.

Si l'on appelle « problème » la forme logique d'une difficulté, c'est-à-dire une alternative entre deux éléments exclusifs l'un de l'autre, nous pouvons dire que le troisième moment du Prologue a fait passer de *problèmes pratiques* (Euthyphron a-t-il tort ou raison ? Socrate est-il pieux ou impie ? etc.) à la *question eidétique* (qu'est-ce que la piété ?) par quoi, avons-nous vu, on abandonne les conflits d'intérêts et les querelles subjectives, pour la philosophie. La première partie, maintenant, a donc transformé cette question, à laquelle une infinité de réponses pouvait être apportées (par opposition à une question qui ne présente qu'une alternative : « est-ce que... ? ») en un *problème philosophique*, question où la réponse se heurte à une alternative et doit décider entre deux éléments contradictoires.

Enfin, ce qui est acquis dès cette première partie, et que seule, pour Euthyphron, sa fuite remettra en cause à la fin du Dialogue, c'est que l'on ne peut être pieux sans savoir ce que c'est; mieux, il faut passer par une recherche de l'Idée du pieux, pour savoir ce que c'est. Ce serait donc la philosophie qui saurait ce qu'est la piété, mieux que la piété et la religiosité elles-mêmes. On ne peut pas être pieux vraiment sans savoir ce que c'est (si c'est la divinité des dieux, qu'il faut respecter, ou la justice, qu'ils respecteraient eux-mêmes); mais en même temps, il ne suffit pas d'être pieux pour le savoir, il faut encore être philosophe.

CHAPITRE II

LA PIÉTÉ ET L'AMOUR DES DIEUX (7a-11b)

La nouvelle réponse se présente comme le prolongement conséquent de la première, et non pas comme un changement d'orientation. Ce qui est changé, c'est la forme : Euthyphron va s'efforcer, à la demande de Socrate, de donner à sa réponse la forme d'une définition générale. Alors, le contenu de sa position pourra être examiné lui-même, de façon décisive : Socrate va maintenant pouvoir montrer que la manière dont le prêtre pense la divinité rend impossible la piété telle qu'il la définit; tandis que, dans la première partie, il s'était contenté de simples remarques acides, bien tournées et allusives (c'est qu'on ne peut qu'échanger des propos de salon ou des arguties rhétoriques, à propos d'énoncés qui présentent une forme telle qu'ils disent, en quelque sorte, plus et moins qu'ils ne disent formellement.

EST PIEUX CE QUI PLAÎT AUX DIEUX (7a-9b)

La première analyse de l'énoncé du devin commence par une remarque de Socrate (« très bien répondu; c'est une réponse comme celle-là, que j'attendais de toi », 7a), qui peut paraître ironique dans la mesure où elle concerne le *fond* de la proposition examinée, puisqu'elle sera rejetée plus tard; mais elle est sérieuse dans la mesure où elle concerne la *forme* de la réponse : elle est telle que, maintenant, on peut discuter pour « savoir si elle est vraie ». Le terme employé par Socrate est intéressant à cet égard : pour dire « répondre », il utilise le verbe *apo-krinein* qui, par son préfixe, indique un caractère de réponse par rapport au verbe simple *krinein*, qui, quant à lui, veut dire « interroger, examiner, décider, juger, chercher à juger »; ainsi, *apokrinein* peut être entendu comme « répondre de manière décisive » (qui permet de trancher) ou « discriminante » (mot formé sur un équivalent latin de *krinein*). Et c'est bien effectivement par un examen de la valeur *réellement* discriminante de cette réponse (qui l'est *apparemment*) que Socrate, juste après, met à exécution le programme qu'il vient de se fixer : chercher si cet énoncé est *vraï* : « allons, examinons bien ce que nous disons : ce qui est aimé des dieux et un homme aimé des dieux, sont pieux ; tandis que ce qui est haï des dieux, et celui qui l'est, sont impies : le pieux et l'impie ne sont pas la même chose, mais absolument le contraire l'un de l'autre ; c'est cela ? » (7a). Si les dieux ont des amours et des haines qui s'opposent les unes aux autres, ce sont les mêmes choses qui sont aimées et, donc, prétendues pieuses, en même temps que haïes et, donc, prétendues impies. Socrate montre que *la définition d'Euthyphron est contradictoire* (puisqu'elle permet de donner au même acte deux appellations contraires) et qu'elle n'est donc *pas discriminante* (puisqu'elle ne permet pas de distinguer le pieux, même de son contraire).

La nature de l'argumentation de Socrate présente une certaine ambiguïté, qu'il faut analyser. Comment procède, en effet, Socrate pour réfuter la thèse d'Euthyphron ? Il utilise le procédé (rendu classique déjà de son temps par les Sophistes) de la mise en contradiction de l'adversaire avec lui-même : il montre au devin que, puisqu'il a posé que les dieux se querellaient, cela signifiait qu'ils aimaient des choses différentes ; et que cela rendait *incompatible* la définition de la piété comme ce qui est aimé des dieux avec la prétention de définir un acte précis et univoque, si l'on se fait des dieux l'idée mythologique qu'ils sont plusieurs et d'avis différents. Euthyphron se trouve réfuté ; mais strictement, on ne sait pas dans laquelle de ses thèses : la contradiction est mauvais signe de vérité, mais elle peut signifier soit que les deux sont fausses, soit une seule des deux ; et dans œ cas là, laquelle ? On peut supposer que, pour le dogmatique devin, une seule de ses positions puisse être fausse, et que celle de la traditionnelle multiplicité mythologique des dieux soit celle à laquelle il renoncerait le moins facilement par profession ; tandis que l'énoncé d'une définition à laquelle il n'a jamais vraiment *réfléchi* auparavant, il peut, avec moins de peine, admettre ne pas l'avoir produit parfaitement. C'est ce que prouve la suite où il adhérera à l'amélioration de sa proposition.

Mais, strictement, ce que Socrate a montré c'est seulement l'incompatibilité d'une conception de la piété, comme prise en compte de ce qu'aime la Divinité, avec une représentation de la Divinité comme multiple (le « polythéisme ») et en conflit avec elle-même (la « théomachie », le « combat des dieux » entre eux). Or, dans la première partie, il a explicitement affirmé qu'il supportait mal qu'on prenne au sérieux ce polythéisme théomachique (6a-6b). On devrait donc être tenté, paradoxalement peut-être, de considérer que ce qu'il montre ici, objectivement, c'est que cette représentation de la Divinité est incompatible avec celle, très courante, et très traditionnellement dévote, de la piété comme soumission respectueuse à ce qui est aimé par la Divinité. Il montre, en ce sens, d'abord, l'incohérence d'une structure culturelle globale, d'une mentalité religieuse, très générale sans doute, de la Grèce à cette époque. Mais une fois ce soupçon général posé sur cette association contradictoire, on peut bien penser que c'est la théomachie polythéiste qu'il vise avant tout. Au rappel de son intervention sans équivoque de la première partie, on peut ajouter un nouvel argument.

En effet, on peut être étonné, à la première lecture, de la manière dont il développe son argumentation, dans ce premier moment de la deuxième partie du Dialogue : d'un point de vue strictement logique, il suffisait qu'il rappelle à Euthyphron sa thèse (les dieux ont entre eux des « différends », dont la nature est affective, « colères » et « haines ») ce qu'il fait en 7b, pour pouvoir conclure directement : « donc, ce sont les mêmes choses qui sont aimées ou haïes par les dieux (...) et donc les mêmes choses seraient à la fois pieuses et impies, selon ta définition (...) tu ne m'as donc pas fait une réponse discriminante : (...) châtier ton père serait aimé de Zeus, mais haï de Kronos et d'Ouranos, aimé de Héphaïstos, mais haï de Héra... ». Or, cette conclusion ne vient qu'en 8a, après un développement où Socrate montre que ces différences, dans ce qu'ils aiment et haïssent, sont fondées sur des conflits portant non pas sur des jugements de vérité (par exemple un poids est plus lourd qu'un autre), mais sur des jugements de valeur (sur le juste, le bon, le beau [1]). Quel est donc le sens de ce développement, qui ne paraît pas très utile à la rigueur du raisonnement d'ensemble et qui semble même en atténuer la clarté décisive et convaincante ?

Car Euthyphron, qui ne semble déjà pas suivre vraiment facilement les enchaînements déductifs rigoureux, accroche là-dessus, précisément sans voir la valeur de la critique générale de Socrate et en niant tout à coup que les dieux soient en désaccord dans leurs jugements de valeur sur ce qui est juste (8b). Et voilà Socrate qui répète la démonstration d'ensemble, en développant avec plus de détail le rapport des dieux au jugement sur la justice.

Quel est donc le sens de ce développement redoublé (7b-8e) ? N'est-il pas apparemment contraire à ce que nous disions plus haut ? Socrate ne semble-t-il pas admettre l'idée du Panthéon et de la théomachie, puisqu'il paraît expliquer les causes et les sujets des conflits entre dieux ? Ce qui interdit de le penser, c'est la réitération de son incrédulité en face de telles histoires, à la fin de ce développement : « ... *si vraiment* ils se disputent sur ce qui est juste et injuste, comme tu le dis dans tes histoires » (8d).

1. Ce sont les *megista*, les « choses les plus hautes ou les plus grandes », celles qui valent plus que tout, les « Valeurs », comme nous disons : « y a-t-il rien de plus haut que le juste, le beau, le bon et le convenable ? », *Premier Alcibiade*, 118 a7-11. Voir aussi, par exemple, *Apologie*, 22b7.

De plus, si nous examinons la manière dont Socrate procède dans les deux versions du développement de ce thème, nous sommes saisis par la netteté et l'audace pour l'époque du sens de son propos : ce sur quoi se fonde Socrate pour dire que les conflits entre les dieux ne sont pas du type des disputes scientifiques, mais des oppositions d'intérêts, de préférences et d'amour, c'est, explicitement, l'affirmation qu'il en va pour eux comme pour les hommes[1]. On voit donc clairement que Socrate critique le caractère anthropomorphique du polythéisme théomachique ; il montre que supposer des dieux qui ont des conflits, c'est concevoir la Divinité sur le modèle humain, projeter sur la Divinité les propriétés de l'homme[2]. Mais comment Socrate peut-il montrer à la fois que la définition de la piété d'Euthyphron est inacceptable parce qu'elle est incompatible avec le polythéisme, et critiquer ce polythéisme lui-même ?

Nous allons essayer de montrer que *c'est en allant au fond de sa critique du polythéisme théomachique, que l'on découvre en même temps l'invalidité de cette conception de la piété*. Pour cela, examinons donc le détail de ce développement redoublé, où les dieux sont pensés sur le modèle des hommes.

1) Si les dieux sont en conflit, c'est sur ce qu'ils aiment (7b-7e). D'abord, Socrate montre que les conflits des dieux ne peuvent porter sur des objets à propos desquels on peut utiliser un savoir ou une technique (là où il suffit de mesurer, de compter, de comparer). C'est le domaine de la mesure et de la vérification (*diakrinein*) : c'est pourquoi même les hommes peuvent se mettre d'accord là-dessus. Et si on ne le peut, faute de moyens actuels suffisamment fiables de vérification, ces objets ne sont pas de nature, par eux-mêmes et sauf cas particuliers, à nous mettre en guerre les uns contre les autres. Où donc se met-on dans des états passionnels (colère, haine) en cas de désaccord, nos intérêts étant enjeu ? Dans le domaine où s'exerce notre capacité de désirer et de souffrir, où l'on s'oppose non sur des *faits*, mais sur des *valeurs* (le juste, le beau, le bien) : il y a là association d'une part de l'enjeu de nos passions et de nos intérêts et, d'autre part, de l'absence d'un moyen de se mettre d'accord (« on ne peut pas recourir à un *critère de décision* suffisant », (7d) : *epi ikanèn krisin*; *krisin* est le substantif formé sur le verbe *krinein*). On n'est pas dans l'ordre de la vérification possible.

1. Voir 7b, 7d, 8c, 8d-e.

2. N'y a-t-il pas un risque d'anachronisme dans notre lecture des propos de Socrate ? Certainement pas, car la critique des représentations anthropomorphiques de la Divinité ne date pas de notre rationalisme moderne (comme celui de Spinoza, par exemple) mais c'est un thème déjà séculaire à l'époque de Socrate (même s'il est peu répandu et entraîne les difficultés judiciaires que l'on sait). Que l'on songe, par exemple, au texte déjà cité de Xénophane : « si un bœuf savait peindre, son dieu ressemblerait à un bœuf. »

2) Si l'on se demande ce que les dieux aiment, alors on les trouvera en conflit (8b-8e). Comment s'explique l'impossibilité de cet accord ? Socrate l'explique en réponse à l'objection qu'Euthyphron lui oppose en 8b (« à mon avis, il n'y a pas de désaccord là-dessus entre les dieux »), dans la reprise du développement. Dans le domaine des valeurs, on ne se dispute pas sur *les principes*, ni chez les dieux, ni non plus chez les hommes, car dire que « l'injuste doit être corrigé » (8d), tout le monde le pense : cela signifie seulement que l'injuste est le contraire du juste et que, le juste étant ce qui doit être, l'injuste ne doit pas être mais doit être « rendu juste », « réparé » (*doteon dikèn*). On se contente, en disant cela, de définir le terme même de « juste ». En revanche, si l'on n'a pas de difficulté à s'entendre sur le *principe* de la justice, il y a dispute, par nature, sur *l'application* du principe aux *divers cas* (ce que l'on peut appeller la « casuistique ») : qu'il faille punir le coupable, c'est la justice même; mais qui est coupable? Aucun être, ni homme, ni dieu, ne peut être supposé prêt à se reconnaître tel, même s'il l'est : c'est le domaine même où l'on a matière à n'être pas d'accord avec autrui, et à lui en vouloir. Si donc on s'interroge sur ce que les dieux jugent bon, c'est-à-dire aiment (7e), ils apparaîtront en conflit entre eux, exactement comme les hommes.

Socrate montre ainsi la solidarité dans l'impossibilité du polythéisme et de la piété selon Euthyphron. Le premier moment du raisonnement montre que, si l'on suppose les dieux multiples et en conflit, cela implique qu'ils aient un rapport à la Valeur semblable à celui des hommes (critique de l'anthropomorphisme du polythéisme), et cela empêche de déterminer de façon univoque la piété comme *ce qu'ils aiment*. Mais dans le second moment, Socrate montre que si l'on s'interroge sur ce qu'aiment les dieux (ce qu'ils jugent valable), cela implique qu'ils aient, comme des hommes, des avis divers et conflictuels. Socrate peut ainsi à la fois critiquer la définition de la piété par l'amour des dieux (elle est rendue *impossible* par la multiplicité conflictuelle des goûts des dieux dans le polythéisme) et le polythéisme lui-même, car il est impliqué précisément par cet *impossible* désir de faire ce que les dieux aiment. Il montre le fondement de la solidarité du polythéisme théomachique et du souci de ce qu'aiment les dieux : c'est l'anthropomorphisme; et il montre, en même temps, la contradiction interne de ces éléments solidaires.

Que ce soit l'amour (le plaisir) qui soit le fondement de ce qui empêche la définition de la piété comme ce qui est aimé des dieux, voilà ce que va vérifier la *deuxième interprétation* de la formule.

En fait, Socrate critique surtout cette conception mythologique. Il a montré qu'une telle vision de la Divinité la rend inapte à nous donner le moindre exemple valable de ce qu'il faut faire, à rien nous apprendre sur la

Valeur, ni à la fonder. Mais on peut alors se demander si la formule d'Euthyphron est vraiment mauvaise : son imperfection ne tiendrait peut-être qu'à sa référence à une multiplicité des dieux, source des conflits dans leurs jugements de valeur; mais « ce qui est aimé de la Divinité », définit peut-être la piété. Supposer, à titre d'hypothèse, que tous les dieux soient d'accord, qu'ils agissent et réagissent comme un seul dieu, voilà qui, en supprimant l'idée de conflit entre les dieux et, à la limite, de multiplicité des dieux (le polythéisme lui-même en acte), permet d'examiner si dans la formule « ce qui est aimé des dieux », c'est l'idée *d'amour* ou celle de *multiplicité conflictuelle*, qui l'empêche de définir le pieux.

Pour montrer que les dieux se comportent comme des hommes, Socrate ne prend pas en compte les faits légendaires mais analyse ce que c'est que juger sur les valeurs (ce qu'on appelle « aimer » dans la vie pratique : « ce que chacun donc juge bon et juste, c'est cela aussi qu'il aime, et le contraire, ce qu'il hait », 7e). Procédant ainsi, Socrate ne reprend donc pas à son compte ce qu'on affirme sur ce qu'aiment les dieux, mais il dit comment il est *nécessaire* de penser que jugent et aiment les dieux, s'il est vrai qu'ils aiment et jugent. Il montre la relation qu'il y a entre la particularité de ce qu'ils aiment et leur multiplicité conflictuelle, d'une manière si nécessaire, qu'on peut en déduire que chacun des deux termes implique l'autre. Le polythéisme semble suscité par l'idée même de chercher ce qu'aiment les dieux. On peut donc prévoir que, dans la formule d'Euthyphron, c'est l'amour et non pas la multiplicité conflictuelle de la Divinité (qui ne fait qu'en découler), qui est l'obstacle de principe pour définir vraiment la piété. Sa mise entre parenthèse va s'avérer inutile, en effet, pour sauver sa définition.

EST PIEUX CE QUI PLAÎT À TOUS LES DIEUX (9c-11b)

Ce qui amène l'examen de ce que nous avons appelé la deuxième interprétation de la formule d'Euthyphron, si l'on suit le mouvement du texte lui-même, c'est son objection en 8b : « mais selon moi, Socrate, sur ce sujet les dieux ne sont pas en désaccord. » Socrate y a répondu en montrant, en 8b-8d, que, si les dieux ont des différends, c'est nécessairement sur ce qu'ils aiment, comme le démontre le développement que nous venons d'analyser. Aussi peut-il le conclure en s'adressant à peu près ainsi à Euthyphron : « essaye donc, après ça, de m'enseigner (tu m'en apprendras !) quelle preuve tu as que tous les dieux trouvent juste ta conduite particulière » (9a).

Mais le devin, qui ne comprend jamais rien et semble toujours émerger à peine d'un sommeil prélogique[1], répond – ou répondrait volontiers – à cette question qui, pour une fois, n'appelle pas de réponse (« ce n'est peut-être pas une petite affaire, mais je pourrais te le démontrer tout à fait clairement », 9b). Il n'a donc pas saisi la démonstration de Socrate : celui-ci va donc, en un sens, redémontrer l'invalidité de la définition d'Euthyphron, en partant du postulat qu'il réclame maintenant (l'accord de tous les dieux).

Seulement, il faut d'abord ramener Euthyphron à la considération des exigences d'une définition valide. C'est pourquoi Socrate commence (9b-c) par opposer allusivement sa propre exigence à celle d'un tribunal, où c'est celui qui parle bien (le rhéteur), et non celui qui dit la vérité, qui persuade (« je te parais avoir la tête plus dure que les juges »); ensuite, comme Euthyphron a pris la question ironique au sérieux, il faut l'arracher à la considération de son acte particulier (faire un procès à son père) en lui rappelant que qualifier un acte particulier de pieux ne constitue pas une définition; puisque la définition examinée jusque là s'est révélée invalide, il lui montre que c'est par le chemin de sa « *rectification* » (*epanorthoumeta*, 9c), que l'on peut espérer progresser. Car c'est uniquement par rapport à une tentative de définition rigoureuse que l'on peut être dans le vrai ou le faux[2] : on ne discute pas un *thème* en lui-même; seul peut le mettre en perspective de vérité ou de fausseté, en conduisant à lui donner une forme rigoureusement déterminée, l'horizon de l'Idée. Un énoncé ne signifie rien en lui-même, son sens est fixé de façon définitive par la question qu'il essaie de résoudre.

C'est pourquoi Socrate (pour la première fois dans le Dialogue) propose lui-même une définition rigoureusement construite du point de vue des exigences eidétiques[3]. Ce n'est qu'après cet effort de mise en forme, que la définition est proposée à l'examen du point de vue de la

1. C'est, au demeurant, ce qui permet à Platon de faire examiner par Socrate toutes les possibilités du problème, ce qui aurait été empêché par un Euthyphron entièrement de bon sens et comprenant à demi-mot.

2. Si l'on ne cherche pas à dire avec précision et rigueur ce qu'il faut dire du pieux, et si l'on se contente d'approximations, de propos imagés, conformes aux conventions sociales, bien sûr on se fera comprendre, et on pourra donner le sentiment qu'on est dans le vrai ; mais c'est dans la mesure où tout peut être vrai parce que rien ne peut être faux. Bien sûr, la définition proposée par Euthyphron peut être « comprise » et l'on peut « être d'accord » avec elle, dans la mesure où l'on peut avoir le sentiment de voir ce qu'il « veut » dire « à travers » elle. Mais que dit-elle au juste ? Avec cette question, seulement, commence l'affaire de la vérité.

3. « Mais ce que nous disons donc maintenant, en rectifiant ainsi notre propos, à savoir que ce que *tous* les dieux, le cas échéant, haïssent est impie et ce que *tous*, le cas échéant, aiment est pieux, et que ce que, le cas échéant, les uns aiment et les autres haïssent n'est ni l'un ni l'autre ou les deux à la fois, veux-tu que cela soit maintenant notre définition du pieux et de l'impie ? » (9d).

vérité : « il nous reste donc à examiner si cette proposition de définition est bien formulée » (9e). On peut remarquer que ce que nous traduisons par « bien » est le mot *kalôs*, qui signifie originairement « beau » autant que « bien » ; ces deux sens sont traditionnellement très proches l'un de l'autre dans la langue et la culture grecques, mais il est notable qu'ici (comme précédemment en 7a) Platon emploie (au lieu de *alèthôs*, qui signifie « conformément à la vérité », ou *orthôs*, qui signifie « avec justesse »), un mot qui dénote avant tout ce qui est beau et connote donc des notions de forme et d'apparence visiblement bien faites. C'est donc, d'abord, à travers *l'aspect* de l'énoncé, selon sa *forme*, qu'il va être jugé de sa valeur de vérité, c'est-à-dire de sa capacité de faire voir la Forme de la chose en question (sa structure, ses articulations, ses divisions). On en sera peu étonné au demeurant, si on se souvient que « forme » se dit *eidos* ou *idea*, dans la langue grecque, et qu'avant d'avoir le sens technique d'« Idée » ou de « Forme », chez Platon, ces deux termes signifient la « splendeur de la forme », la « beauté corporelle », la « nudité fascinante » [1]. C'est que l'Idée est ce qu'il faut avoir *en vue* pour voir les choses dans *leur forme* vraie, dans leur vérité nue ; mais c'est ce qui fait aussi leur *beauté*, c'est-à-dire qu'elles sont « *bien faites* », c'est-à-dire encore comme elles doivent être pour être vraiment elles-mêmes ; de même qu'un corps « bien fait » (c'est-à-dire beau) est celui à qui il ne manque rien (ni organe, ni musculature), et qui n'a rien en trop (ni excroissance, ni excès de graisse, ni même de muscle), de même, l'Idée, étant tout ce qui fait qu'une chose est ce qu'elle est, à l'exclusion de tout ce qui peut s'y ajouter *accidentellement* (par rencontre, du seul fait du devenir et de l'événement), elle est ce par rapport à quoi on peut juger que la chose est « bien faite », ni incomplète, ni surchargée, ayant une beauté d'équilibre et de nécessité. Mais si l'Idée est ce qui fait apparaître dans sa nudité éclatante la Forme véritable des choses, on comprend alors que l'élaboration de la définition eidétique corresponde à la construction et à l'examen de la validité de la forme d'un énoncé soigneusement calculé (par où l'on voit qu'il existe une rigueur formelle autre que celle de la syllogistique d'Aristote).

Socrate essaye, alors, de montrer que la nouvelle formule n'est toujours pas une définition suffisante du pieux, car elle énonce une qualité *accidentelle* et non *caractéristique* du pieux. C'est ce qu'il conclut à la fin de ce passage (11a-11b) : par opposition à ce qui est « accidentel », on dira que le caractéristique est « essentiel ». La détermination de l'*Idée* progresse

1. *Cf.* par exemple, Homère, *Iliade*, III, 39, 54-55, 224, XIII, 365, XXII, 370, XXIV, 376 ; *Odyssée*, V, 213, 217, VIII, 169, 174 etc. ; Platon, *Charmide*, 175d, *Protagoras*, 315e, *Lysis*, 204e, *Théétète*, 162b (voir Brès, 1973, p. 197-199).

ici : elle se constitue comme une « essence » (*ousia*), par opposition à ce qui n'est qu'une « qualité accidentelle » (*pathos*).

« Le pieux est-il aimé des dieux parce qu'il est pieux, ou bien est-il pieux parce qu'il est aimé ? » (10a). Euthyphron déclare ne pas comprendre le sens de cette question. Suit alors une série d'exemples visant à illustrer la relation entre la production d'un effet et l'effet produit (10c). Socrate applique alors cette analyse générale au cas de l'amour, en fin de 10c : ce qui est aimé n'est pas la cause déterminante qu'on l'aime ; rien n'est *en soi* tel qu'on ne puisse que l'aimer : « aimer » implique que l'on puisse ne pas aimer (sinon ce serait un comportement qui relèverait de la pure contrainte). C'est l'*événement* de l'amour (il y a quelqu'un qui aime), qui est cause que quelqu'un (ou quelque chose) est aimé. « Ce qui est pieux » n'est pas de ce point de vue analogue à « ce qui est aimé » (11d-11a). Ce qui est aimé, comme tel, l'est non pour soi-même, mais pour autre chose (du *fait* que quelqu'un *tombe* amoureux). Or, Euthyphron reconnaît que, si le pieux est aimé, c'est pour soi-même (10d). Donc, le pieux est pieux parce qu'il l'est par soi-même et non pas parce qu'il est aimé (fût-ce des dieux, et même de tous les dieux). Socrate alors est arrivé à son but : invalider la deuxième interprétation de la définition du pieux par l'amour des dieux, c'est-à-dire par *leur bon plaisir*, dont le défaut est de ne pas traiter le pieux comme une Essence, c'est-à-dire ce qui n'est que par soi et qui vaut par soi (11a-11b).

Principale difficulté de l'argumentation

Ce passage[1] semble ainsi la *démonstration* de l'idée que le pieux est ce qu'il est par lui-même (et non pas du fait qu'il est aimé des dieux), et qu'il faut donc le traiter comme une Essence (ce que fera la 3e partie). Mais ce n'est une démonstration explicite qu'en apparence.

En apparence, en effet, Socrate, semble bien démontrer cette idée qu'Euthyphron n'a pas acceptée d'abord : « je vais essayer de m'exprimer plus clairement », dit-il en 10a, et, jusqu'à la fin de 10c, il développe l'analyse des relations entre l'aimé et l'amant, comme ce dont il paraît tirer avec Euthyphron une conséquence en 10d : « que disons-nous, *dans ces conditions*, sur le pieux (...)[2] ? » Mais s'agit-il vraiment d'une conséquence claire et évidente ? Quelle lumière cette analyse apporte-t-elle à la relation

1. Ce passage, qui présente quelques difficultés aux yeux de la plupart des interprètes, fait l'objet d'un examen approfondi dans l'Appendice consacré à 9c-11b, en fin de volume.

2. Croiset, éd. citée, insiste en traduisant : « *Ce principe admis*, comment faut-il *l'appliquer* à ce qui est pieux ? » Mais cette traduction peut conduire insensiblement à un contresens : croire que ce qui a été analysé à propos de l'amour pourrait s'appliquer semblablement au pieux ; alors que ce que Socrate cherche à montrer, c'est un *contraste*, une *opposition*, de ce point de vue, entre le pieux et ce qui est aimé, fût-ce des dieux.

du « pieux » et de « l'aimé » ? Les premiers exemples de Socrate (porter/être porté ; etc.) s'appliquent clairement à *l'amour*, parce qu'on peut donner à ce substantif, au moyen du *verbe* qui lui correspond, la forme de l'actif (aimer) et du passif (être aimé); mais il n'en est pas de même pour le substantif *piété*, dont le correspondant verbal aurait la forme d'un verbe indiquant un état (être pieux), qui n'a, donc, la possibilité d'être ni actif ni passif. Ainsi l'analyse de la relation actif/passif, même dans le cas de l'amour, voire de l'amour des dieux, ne peut servir de modèle pour penser la nature du pieux de ce point de vue, puisque le pieux n'est pas comparable à un passif, mais pas non plus à un actif. Même si cette analyse peut paraître obscure sur certains points, surtout en traduction, son sens, en tout cas, est indiscutable : il n'est pas d'établir une déduction ni une induction, mais un *contraste* entre la manière dont « se comportent » respectivement ce qui relève de l'amour et le pieux. Ce n'est donc pas par un raisonnement à valeur de démonstration (qui aurait la forme générale d'une induction ou d'une déduction), que Socrate amène Euthyphron à reconnaître que le pieux est ce qu'il est par lui-même : celui-ci l'admet en 10d comme une vérité allant de soi, bien qu'il ne l'ait pas vue d'abord, en 10a.

Dira-t-on qu'il l'admet en 10d pour faire plaisir à Socrate, sans être vraiment d'accord et sans en voir clairement l'enjeu ? C'est ce que semblerait indiquer la question qu'il pose au début de 10e (« comment cela, Socrate ? »), quand Socrate conclut, en fin de 10d, que ce qui est pieux n'est pas ce qui est aimé des dieux. La réponse de Socrate, en 10e-11b, ne serait-elle pas, dans ces conditions, la véritable démonstration de cette thèse ?

Or, il n'en est rien. En effet, la question d'Euthyphron relève seulement de sa cécité logique, qui le rend peu capable de suivre un enchaînement déductif : il ne met pas en doute la proposition « le pieux est ce qui est aimé pour lui-même » ; mais il ne saisit pas que, si l'on pose cette proposition et, en même temps, que « ce qui est aimé n'est pas aimé pour soi-même », cela implique nécessairement qu'être « pieux » et « être aimé », ce n'est pas la même chose (ce qui est pieux ne peut être aimé qu'accidentellement, cela ne le caractérise pas essentiellement).

Quant à l'argumentation que Socrate utilise pour lui répondre, elle porte effectivement sur cet enchaînement logique ; elle ne cherche pas à justifier la première proposition en elle-même, mais elle prend appui sur elle : « nous en sommes d'accord », dit Socrate au début de 10e. Puis, à la fin de 10e et en 11a, il semble entreprendre un raisonnement *par l'absurde* (« supposons que ce qui est aimé des dieux et ce qui est pieux soient identiques... ») : il montre que c'est impossible en reprenant comme une évidence reconnue que cette hypothèse est contraire à la vérité. Le but de ce raisonnement n'est donc pas véritablement de démontrer (par l'absurde) la thèse que le pieux est ce qu'il est par soi-même, mais de l'analyser (la rendre plus claire) en termes d'Essence et d'accident.

Si, donc, à aucun moment n'est démontrée explicitement cette thèse, plusieurs questions se posent à nous :

1) Pourquoi et comment Euthyphron la reconnaît-il en 10d, et que signifie l'allure de conclusion qui lui est donnée en 10d (« et maintenant, dans ces conditions, ... ») ?

2) N'est-elle pas justifiable à partir des analyses précédentes du Dialogue, bien que ce ne soit pas explicitement ?

3) Enfin, que signifie l'absence de démonstration stricte du résultat général de la 2e partie (le Pieux est une Valeur et une essence) ?

Le pieux est aimé pour lui-même

On pourrait trouver que cet étonnant devin rate, pour une fois, une occasion justifiée de ne pas comprendre ce que Socrate veut lui faire dire, et de lui réclamer une justification, si l'on est d'accord que l'analyse des relations entre l'actif et le passif, l'amant et l'aimé, n'est pas un *modèle* sur quoi se régler pour penser la nature du pieux, si ce n'est *par contraste*. Mais que cette thèse sur le pieux puisse, à ce moment du Dialogue, être justifiée logiquement ou non (ce que nous réexaminerons ensuite), il convient de voir pourquoi et comment Euthyphron peut s'y rallier : il y va de la compréhension de la cohérence du texte.

Si l'on ne tient pas cette approbation d'Euthyphron pour la simple marque de sa faiblesse intellectuelle et de l'emprise que Socrate réussit à avoir sur lui, on peut supposer que le devin *entrevoit* ce que signifie la reconnaissance que le pieux soit aimé pour lui-même : il ne voit sans doute pas clairement ce que signifie qu'il soit une Essence (terme que Socrate introduira seulement en conclusion de l'analyse), mais on peut supposer qu'il aperçoit que c'est une valeur; or, un objet n'a-t-il pas, évidemment, plus de valeur, s'il est aimé pour lui-même, que s'il est aimé sans raison ni nécessité propre et seulement en vue d'autre chose? Et l'on peut comprendre, alors, que, comme homme de religion, Euthyphron choisisse immédiatement la formule qui donne le plus de valeur à la piété.

Telle est l'interprétation que l'on peut tirer de l'analyse de Goldschmidt (1963, p. 48-49) : Euthyphron aurait une « prescience obscure » de ce qu'est le pieux, qui lui viendrait de son état de prêtre. Cette prescience obscure correspond à un moment structural, qui se retrouve dans plusieurs Dialogues du début de l'œuvre de Platon; elle est la reconnaissance que la notion qu'on cherche à définir est une Valeur, correspond à une « exigence essentielle », c'est-à-dire exige d'être traitée comme une essence. Mais cette reconnaissance, pour celui qui la formule, n'a encore rien de clair ni d'explicite : elle met seulement sur le chemin de l'essence (« Les exigences essentielles portent sur la valeur, sur l'essence, préalablement à toute définition »[1]). Et, effectivement, cette reconnaissance que le pieux est aimé pour lui-même est ce qui va être analysé, par Socrate, tout de suite après, comme impliquant la recherche de l'essence du pieux, qui se réalisera dans la 3e partie du Dialogue. Socrate aurait ainsi fait saisir à Euthyphron, par sa manière de le questionner, que se vouloir pieux implique que l'on vive la piété comme davantage qu'un simple comportement empirique, visant la conformité à ce qu'aiment les dieux, fussent-ils tous d'accord (*eusebeia*, soucieuse avant tout de l'amour des dieux) : pour l'homme pieux, il est bien de se conformer à ce qu'ils aiment, car s'ils l'aiment, ce n'est pas par hasard, mais c'est qu'il a une valeur par lui-même. Celui qui est soucieux de piété, ne peut pas penser qu'être pieux puisse consister à faire n'importe quoi; mais son souci suppose, au moins, d'une part, que la piété soit possible à réaliser (ce qui s'oppose à ce que ce soit un hasard incertain et sans raison, qui détermine ce qu'elle doit être, car comment dans cette hypothèse pourrait-il savoir ce qu'elle est et ce qu'elle commande?) et, d'autre part, qu'elle ne consiste pas en une soumission à une autorité arbitraire quelconque, mais à une autorité à laquelle il est juste et bon, respectable, d'obéir[2].

1. Goldschmidt, 1963, p. 48.

2. De manière générale, *l'homme pieux* ne peut pas, sans risquer l'incohérence avec lui-même, vouloir être et apparaître simplement comme un homme *qui sert et obéit avec amour et dévouement* (ce qu'on peut appeler un « dévot »), à la manière d'un « soldat », même si cela peut correspondre à une tentation profondément liée à sa disposition. En effet, le désir de servir et d'obéir absolument (« corps et âme », « *simile ac cadaver* », « comme un cadavre », c'est-à-dire comme si on n'avait plus de corps, c'est-à-dire encore, comme si on n'avait plus de raison et de vouloir propres), peut apparaître comme le témoignage, d'une certaine manière, de la vivacité et de l'acuité du sentiment de l'éminente valeur de ce qui est plus haut que tout et à quoi on se soumet alors, et la piété peut être appelée, dans ces conditions, avec le plus grand respect, dans beaucoup de religions, « sainteté »; mais cette manière d'abaisser, voire de tendre à annuler, l'individu et « l'orgueilleuse raison » en lui, qui correspond à une figure très générale de la religiosité, risque, en même temps, de faire soupçonner que ce sentiment si élevé repose précisément sur ce renoncement à la raison et au jugement personnel, ce qui peut entraîner la réprobation, le rire ou l'indifférence, de ceux qui n'y voient pas de la défense juste d'une valeur menacée, et conduire à désacraliser le modèle du saint. Mais l'*homme pieux* ne peut que vouloir être et apparaître comme quelqu'un dont la soumission le désigne à l'admiration et au respect, parce qu'il témoigne de la réalité et de la valeur les plus hautes, parce qu'il veut être un « saint », pourrait-on dire; il semble difficile que son obéissance soit et paraisse sans raison aucune.

Ce serait cela la simple « *dévotion* », par quoi on peut entendre, sans doute, *eusebeia*, par opposition à *hosiotès*. On peut comparer la différence entre *eusebeia* et *hosiotès* avec celle que Spinoza établit, en langue latine, entre *devotio* et *pietas* (en n'oubliant pas que c'est dans le cadre de philosophies très différentes, difficiles à comparer, nous y reviendrons en conclusion). « La dévotion est l'amour qui s'adresse à celui que nous admirons » (*Éthique*, III, défi-

Euthyphron, peut-on dire, à partir même de sa formule qui énonce que *le pieux est ce qui est aimé de tous les dieux*, reconnaît qu'il est autre chose et davantage que simplement *aimé*, précisément parce qu'il l'est de *tous* les dieux. Il semble que ce soit là le rôle de l'analyse des exemples d'actifs et de passifs, qui se termine par celui de l'amour : faire saisir à Euthyphron que, dans sa définition, l'accord universel des dieux pousse à supposer que le pieux n'est pas avant tout (essentiellement) *aimé*, mais qu'il est aimé de tous précisément *pour la Valeur* qu'il constitue lui-même. Pour que cela soit plausible, il faut supposer que l'analyse des exemples d'actifs et de passifs prépare seulement le passage à celle de l'amour (qui prolonge et complète celle que Socrate a déjà entreprise précédemment, en 7b-8e), dans le but de faire ressortir *par contraste* la nature du pieux.

Reprenons, en effet, l'analyse de l'amour, qui est donnée en 10c : ce qui est aimé ne l'est pas pour soi et par soi, mais parce que quelqu'un l'aime. Être aimé, c'est être en situation de *passivité*, c'est, dans cette mesure, *accidentel*, c'est-à-dire *ce qui peut arriver*[1] : ce qui n'est pas nécessaire mais contingent, ce qui n'a pas sa cause en soi, mais en autre chose (l'agent, qui aime, et, plus radicalement encore, le devenir, qui est la condition ontologique ultime pour qu'il puisse arriver que l'on soit aimé ou que l'on *tombe* amoureux). Il n'est jamais *nécessaire* d'aimer un objet, parce que ce n'est jamais pour des propriétés objectives (donc, pour lui-même) qu'il est aimé ; c'est, dans cette mesure, le sujet aimant, et non l'objet aimé, qui est déterminant dans l'amour ; c'est l'amant qui fait l'amour, non l'aimé (au

nition 10), et l'admiration est l'attachement de l'imagination à un objet singulier, en tant qu'elle ne peut le relier avec rien d'autre, parce qu'il est nouveau ou unique (*ibid.*, définition 4). Avec le temps, qui émousse le sentiment de nouveauté, la dévotion risque de dégénérer en amour ordinaire (déf. 10, explication). Or, cette détermination définitivement psychologique et affective (passionnelle) de la dévotion, qui se caractérise comme une relation imaginaire à son objet, incapable de le relier avec le reste (déf. 4), loin de la faire apparaître comme un sentiment religieux l'oppose, au contraire, à ce que Spinoza appelle la « religion » (*religio*) et à la « piété » (*pietas*), et précisément parce que la dévotion présente un déficit par rapport à celles-ci du point de vue du rapport à la raison (qui met tout en connexion) et à Dieu (qui est indiscernable du Tout), mais aussi d'un point de vue social et moral (*Éthique*, VI, proposition 37, scolie 1) : « celui qui s'efforcerait, seulement à cause de la passion qui l'affecte, de faire en sorte que les autres aiment ce qu'il aime et vivent selon l'esprit qui l'inspire, vit selon l'impulsion de l'affect et a toute chance d'apparaître odieux aux autres » (et tel risque bien d'être, par nature, le dévot). En revanche, « Je rapporte à la religion tous les désirs et toutes les actions dont nous sommes cause en tant que nous avons l'idée de Dieu ou en tant que nous connaissons Dieu. Et ce désir de faire du bien qui tire son origine de ce que nous vivons sous la direction de la raison, je l'appelle piété. »

1. En grec, le mot *pathos*, et le verbe correspondant *paskhein*, employés ici, font sentir immédiatement l'unité de sens entre ce qui est *passif* (subir), *l'accident* et *ce qui arrive* (le contingent).

point que celui qui est aimé peut n'en rien savoir, plus encore que celui qui est vu).

Or, comment des subjectivités distinctes peuvent-elles tomber d'accord ? Par leur rapport à un objet considéré en lui-même : c'est l'objectivité, qui est le fondement de l'accord entre des subjectivités différentes. Comme l'a montré Socrate précédemment (7b-8e), cela n'est possible apparemment que dans les domaines où l'on peut, en cas de désaccord, se référer à l'objet lui-même (comme les longueurs ou les quantités), ce qui n'est pas le cas dans le domaine de l'amour, où l'on porte un jugement de valeur[1] et non pas un jugement objectif sur l'objet lui-même : dans la mesure où l'amour ne saisit pas son objet lui-même, il est l'élément même de la dissension ; ne mettant pas en relation objective avec l'objet lui-même, il laisse, peut-on dire, les subjectivités dans leur état brut de diversité, voire de rivalité et de conflit. Ainsi, la *particularité* de l'amour, que Socrate avait analysée d'abord, est fondée, maintenant, sur son caractère *accidentel.* L'amour, comme tel, n'a pas de cause plus radicale que sa survenue, son évènement.

Mais alors, si l'amour ne peut pas produire *l'universalité* en droit, s'il est *particularisant* par nature, que peut donc signifier un accord universel sur un objet d'amour ? Voilà le sens explicite que nous semble avoir la question de Socrate en 10d, et dont on comprend pourquoi il peut la présenter comme une suite logique de ce qui précède : « Que dirons-nous, *maintenant, dans ces conditions* (à la lumière de l'analyse de l'amour), du pieux ? N'est-il pas aimé de *tous* les dieux ? ... Mais est-ce parce qu'il est pieux ou pour une autre raison ? » L'analyse de l'amour, telle que nous venons de la rassembler, implique, semble-t-il, de reconnaître que, si tous les dieux sont d'accord sur un objet, ce ne peut pas être parce qu'ils l'aiment, mais parce qu'il vaut en lui-même et pour lui-même (ce qui n'est pas le cas de l'objet d'amour, comme tel) ; et, s'ils l'aiment tous, ce ne peut être qu'accidentellement et par hasard, puisque ce n'est pas nécessairement qu'ils aiment ce qu'ils aiment ; le fondement de leur accord, le cas échéant, sur ce qu'ils aiment, ne peut être l'amour lui-même. Qu'est-ce que cela peut-il être, alors ? L'idée de ce qui serait aimé universellement et nécessairement, c'est-à-dire pour soi-même, est celle de l'Essence et de la Valeur ; Socrate met Euthyphron sur son chemin en lui proposant de penser le pieux comme ce qui serait aimé de *tous* les dieux.

1. « Ce que chacun juge bon et juste, c'est aussi cela qu'il aime », *Euthyphron*, 7e.

Les raisons d'une absence de démonstration

Mais, alors, ne venons-nous pas de voir comment Euthyphron, au moment où il reconnaît que le pieux est aimé pour lui-même (en 10d), donne la réponse logique qu'impliquent les analyses qui précèdent? Il semble avoir saisi, en un sens, le mouvement du propos de Socrate et l'on pourrait dire que le texte a effectivement donné une démonstration de l'idée que le pieux est une Valeur (s'il est aimé pour soi-même, il vaut par soi-même). En fait, il y a bien ici une *argumentation*, s'appuyant sur une analyse de la causalité dans le domaine naturel, qui exclut que le pieux y soit soumis essentiellement; mais l'idée n'est qu'aperçue et n'a pas encore été dialectiquement atteinte. Cette argumentation peut-être éclairante et persuasive pour un homme qui, comme Euthyphron, du fait de sa situation d'homme de religion, est prêt à reconnaître la piété et les dieux comme des valeurs: en effet, pour que l'universalité de l'accord des dieux entre eux puisse permettre de déduire, logiquement, que le pieux est aimé pour lui-même, il faut interpréter cette universalité comme *de droit*, c'est-à-dire révélant une *nécessité* objective (liée à l'objet de l'accord), et non comme une universalité *de fait*, seulement *contingente*. Dans ce deuxième cas, en effet, l'accord des dieux étant seulement dû au hasard, il ne signifierait rien sur la valeur de l'objet de l'accord (le pieux) et on ne pourrait en déduire que le pieux soit aimé pour soi-même (rien n'empêcherait, non plus, alors, de dire que la nature du pieux est d'être ce que les dieux s'accordent tous à aimer).

On voit donc que, malgré ses représentations polythéistes simples et ses déclarations initiales, Euthyphron semble bien *choisir* de ne pas supposer que les dieux soient des êtres vivant dans la contingence et capables d'aimer n'importe quoi, au hasard: l'universalité de leur accord sur le pieux paraît renvoyer, *pour lui*, à la Valeur en soi-même de ce qui est pieux. Il est clair, alors, qu'il n'y a pas ici de démonstration véritable que le pieux soit « aimé pour soi-même », c'est-à-dire une Valeur en soi (une essence). La *reconnaissance*, *par principe*, de cette idée est, en revanche, ce qui semble guider Euthyphron pour saisir que, dans ces conditions, comme le montre Socrate, on ne peut dire que le pieux se *définisse essentiellement* comme « aimé des dieux ». Ce n'est pas vraiment un raisonnement de Socrate qui a agi sur lui; c'est le Pieux lui-même, qui, dans l'éclairage que lui donne le questionnement du philosophe, exige d'être reconnu par le prêtre comme une Valeur.

On pourrait se demander si nous ne compliquons pas le texte sans raison. Or il n'en est rien: en effet, c'est dans une grande ambiguïté, que Socrate laisse apparemment Euthyphron prendre position pour la Valeur du pieux, car l'expression, à quoi nous ramenons sa position, « être aimé pour soi-même », est équivoque. Strictement, en effet, si l'on suit les analyses de l'amour et du jugement de valeur développées en 7a-8e, ce qui est pieux ne peut être aimé par *soi-même*, c'est-à-dire nécessairement (ce qui entraînerait une universalité de droit), puisque ce que font voir ces analyses, c'est, précisément, que ce qui est aimé ne l'est jamais par et pour soi-même, c'est-à-dire nécessairement (et donc ne l'est jamais universellement *en droit* mais *par hasard*). Ce à quoi conduirait donc cette analyse, c'est que, en toute rigueur, ou bien le pieux est aimé, et alors, il n'est pas aimé pour lui-même (s'il est aimé de tous, c'est par hasard, universalité de fait, contingente et accidentelle), ou bien, s'il est pris en compte pour lui-même, ce qui permet un accord nécessaire et universel en droit sur lui, ce n'est pas en tant qu'il est aimé.

On voit que cette formule (être aimé pour soi-même) ne peut pas être supposée déduite par un raisonnement rigoureux, puisque si l'on entend « aimer » au sens littéral (et aussi bien au sens de l'analyse qui a précédé, dans le texte), elle serait un non-sens. Pour lui donner du sens, il faut en effet, supposer au verbe « aimer » une nouvelle signification, qui retienne du sens habituel quelque chose (juger qu'un objet est souhaitable, a une valeur, car « ce que chacun juge bon et juste, c'est aussi cela qu'il aime », 7e), mais en élimine le caractère subjectif. Le problème est, bien sûr, de savoir ce que pourraitt être un tel jugement de valeur « objectif », c'est-à-dire qui puisse aussi être déterminé au moyen de quelque chose comme une « science ». Car c'est bien la nature même de l'amour et du jugement de valeur, en général, que d'être relatif à une subjectivité particulière et contingente. Ce problème, qui sera, dans les œuvres ultérieures de Platon (en particulier la *République*, le *Phèdre* ou le *Banquet*) celui de la *dialectique*, comme science qui aurait pour objet suprême le Bien, n'est pas posé ici. La possibilité de l'idée d'un amour (jugement de valeur) susceptible d'échapper à la subjectivité qui est au cœur du modèle empirique et psychologique du jugement de valeur présenté en 7e, semble devoir être supposée, ici, pour la rigueur de la pensée. Mais ce n'est précisément pas sur le mode d'une démonstration rigoureuse, qu'Euthyphron saisit la Valeur du pieux. Il n'était donc pas nécessaire d'en expliciter la justification. On peut même penser que, du point de vue de la vraisemblance psychologique du texte, c'est grâce à l'ambiguïté fondamentale de cette formule, qui contredit la définition du pieux proposée par Euthyphron, que le prêtre peut la faire sienne.

Il n'en reste pas moins que l'idée que le pieux soit aimé pour soi-même, c'est-à-dire soit une Valeur, n'est pas démontrée jusqu'ici, ce qui peut poser un problème important pour un lecteur attentif à la valeur de l'argumentation d'ensemble du Dialogue sur ce que c'est que le pieux. En effet, si l'on ne se représente pas comment il peut se faire qu'un objet d'amour puisse être universel en droit, l'accord unanime des dieux, même à supposer qu'il soit possible, demeure une universalité empirique, contingente, *accidentelle*. Il n'indique pas une essence. Or, si le pieux n'était pas une essence, il n'y aurait pas à le caractériser en lui-même, et le mot pourrait très bien se ramener, par convention, à être synonyme d'un autre : « j'appelle pieux ce qu'aiment tous les dieux », à supposer que cela existe – et il n'y aurait rien de plus à ajouter à ce propos descriptif et empirique. La piété correspondrait à ce qu'on peut appeler traditionnellement la « dévotion »[1]. Ainsi entendue, la piété dévote (l'*eusebeia*) n'est pas une essence, elle ne se définit pas réellement par elle-même, mais par son identification à « ce qui est aimé des dieux ». On voit que l'avancée du Dialogue semble supposer que l'unanimité de l'accord des dieux sur ce qu'ils aiment signifie une universalité de droit, ce qui permet d'imaginer que le pieux puisse correspondre à une essence ; mais, si l'on comprend leur unanimité comme accidentelle, qu'est-ce qui peut bien, alors, conduire à examiner le pieux comme une essence ? L'hypothèse que le pieux ne soit rien d'autre qu'une réalité psychologique contingente sans essence, rien de plus qu'une simple dévotion (*eusebeia*), n'est-elle pas éludée sans examen, du fait du manque d'esprit critique d'Euthyphron et de ses approbations incertaines ?

L'examen du pieux comme Valeur et comme essence dans sa relation avec le juste, qui est l'objet de la 3e partie du Dialogue, ne serait-il ainsi justifié que par la personnalité particulière d'Euthyphron (d'une part, sa religiosité, et, d'autre part, son peu de sens critique) ? Une certaine vraisemblance du dialogue avec le prêtre serait peut-être respectée mais elle nuirait précisément à la valeur générale de la réflexion et à son caractère systématique : il y aurait une hypothèse (que le pieux n'ait pas d'essence, qu'il ne soit que l'*eusebes*, qu'il soit un simple synonyme de « aimé-des-dieux »), qui ne serait pas examinée, et qui risquerait d'invalider la suite de la réflexion. La chose serait d'autant plus ennuyeuse que la IIIe et dernière partie ne débouche pas sur une solution explicite du problème de la définition de la piété. Devant l'échec apparent de la définition du pieux, on pourrait se demander, alors, si l'hypothèse qui semble omise (selon laquelle le pieux ne serait pas une essence) n'était pas la plus justifiée.

Mais réduire la piété (*hosion*) à une *simple dévotion* (*eusebeia*), en l'identifiant à « ce qui est aimé des dieux » (*theophiles*), est une hypothèse superficielle. Elle signifie que la piété ne réussirait à exister que par hasard, puisque ce n'est que hasard si tous les dieux s'accordent sur ce qu'ils aiment, et hasard encore, s'ils aiment ceci plutôt que cela ; c'est donc par hasard, que l'on peut imaginer le savoir et le prévoir, et non pas du fait de la

1. Voir note, p. 132.

raison. Le comportement dévot repose sur une subjectivité qui ne peut rendre raison d'elle-même, dans la mesure où elle est désir de se soumettre à un arbitre extérieur, dont le bon plaisir se présente comme un *fait*, et, dans ces conditions, c'est un *comportement indéterminé et indéterminable*. Quoi que fasse le dévot, ce ne sera que par hasard *s'il arrive* que cela plaise à tous les dieux (et même à un seul) : si l'on est dévot (si l'on ne veut que plaire aux dieux), ce ne peut être que par hasard qu'on y réussit, et ce ne sont ni l'intention que l'on a d'être aimé des dieux, ni les actes qu'on réalise à cette fin, qui sont déterminants. La piété dévote n'est peut-être pas impossible, mais il est impossible de savoir ce qu'elle est, ni ce qu'elle doit faire, ni de la reconnaître, ni de la réaliser, avec la moindre sûreté. Quand bien même le dévot, désireux de se conformer au bon plaisir des dieux, y réussirait de fait, comment pourrait-il le *savoir*, dans la mesure où il ne peut en avoir connaissance ni par la raison (le plaisir et l'amour sont sans raison), ni par l'expérience (sur ce que les dieux aiment ou non, on ne peut connaître que des histoires) ? L'hypothèse qui en ferait une simple dévotion, laisse la piété dans l'indétermination, l'incohérence, l'impossibilité pratique (c'est ce qui a été précisément dit et montré en 9c). Elle ne constitue pas une alternative à l'hypothèse qui fait de la piété une Valeur et une essence, puisque si cette dernière ne s'imposait pas, la piété ne serait rien, rien de définissable, rien de connaissable, rien de réalisable. Si l'*hosion* est quelque chose, c'est-à-dire quelque chose de définissable, elle ne peut être autre chose qu'une essence; sinon, elle n'est rien, rien de déterminé et de déterminable – comme c'est le cas de ce qui est aimé des dieux (*theophiles*). Le Dialogue n'a donc pas seulement une valeur de modèle des relations entre l'homme de religion et le philosophe; le caractère systématique de l'examen de la question de la piété ne souffre pas, on le voit, de suivre, ici, les conséquences du sentiment d'Euthyphron. Il faut examiner quelle Essence est le pieux, s'il en est une; il n'y a pas d'autre possibilité à examiner.

Certes, Socrate n'a pas vraiment démontré jusqu'ici que le pieux est une Valeur en soi et une essence, mais cela a-t-il du sens de le regretter ? Il a réussi à amener Euthyphron à accepter (au moins passagèrement) cet énoncé, à partir d'une tentative de définition qui semblait indiquer le contraire. Or, on ne peut pas démontrer que c'est une essence autrement qu'en montrant quelle essence c'est (c'est-à-dire en s'y élevant) : et cela sera la tâche que se donnera la IIIe partie du Dialogue. Encore faut-il quelque chose qui pousse à l'entreprendre : c'est précisément le rôle de cette reconnaissance anticipée, de cette « prescience obscure » de l'essence.

C'est donc une propriété positive de la IIe partie, et non pas un défaut contingent, que cette absence de démonstration. La réflexion sur cette nécessité d'être appelé par l'essence pour s'y élever, c'est-à-dire de ne pas être sans rien en savoir, avant même de la connaître, pour pouvoir conduire sa pensée vers elle, sera développée plus tard par Platon dans le *Ménon* (80d-86c) et le *Phédon* (72e *sq.*); mais cette idée est tellement complexe, que seul un mythe (le « mythe de la réminiscence ») permet de l'exprimer facilement : on dirait (sans que ce soit une thèse qu'on prétende vraiment et entièrement affirmer, dit le *Ménon* (86d) que *prendre connaissance* soit se *ressouvenir* (85d), et que les idées que nous découvrons, nous les ayons déjà acquises dans une vie antérieure. Il est difficile de concevoir comment nous vient une idée vraie, sans supposer qu'elle nous revienne et que nous la possédions d'une certaine manière auparavant : le savoir semble toujours se précéder. Cette réflexion sur le mystère du commencement du savoir, qui ne sera développée par Platon que plus tard, semble cependant justifier parfaitement le mode (non démonstratif) sur lequel l'exigence de rechercher l'essence du pieux intervient dans l'*Euthyphron*.

L'Idée comme essence (11a-11b)

Cependant ce n'est pas sur le mode d'une inspiration subite que vient au devin la reconnaissance de la thèse que le pieux est aimé pour lui-même : les questions de Socrate l'ont aidé à la reconnaître, puisqu'au début (10a), elle lui paraît incompréhensible. Ce qui a guidé l'interrogation menée par Socrate, c'est la poursuite de la réflexion *sur les exigences d'une vraie définition de l'Idée* de pieux. Cette réflexion s'explicite à la fin de la 2ᵉ partie (11a-11b), par une détermination de l'Idée comme « essence », qui va fixer le sens méthodologique de ce qu'Euthyphron semble avoir réussi à entrevoir.

L'exigence générique est celle de *l'universalité* : l'Idée doit caractériser, dans son unité, tout ce dont elle est l'Idée. On peut dire que la quête de la vraie définition du pieux se réalise en même temps qu'une réflexion méthodologique, qui détermine ce que c'est qu'une Idée, et, pour la déterminer, analyse les divers degrés de réalisation (ou de défaut) de l'universalité. On peut résumer cet acquis en disant que l'universalité véritable, exigée par l'Idée, est celle qui implique que la définition rende compte de *tous les objets*, et soit donc autre chose qu'un objet (ou une collection d'objets si grande qu'on veut), mais une qualité qui rende compte de *ce qui est en propre dans chacun des objets définis*. L'Idée correspond à une *définition générale*, qui doit être nécessaire et essentielle (elle se différencie d'une simple opinion mais aussi d'une définition scientifique empirique).

L'Idée se définit comme essence (*ousia*) par opposition à « accident ». Le mot que l'on traduit par accident est le mot *pathos* (substantif de la famille du verbe *paskhein*, qui signifie « supporter quelque chose, être affecté »). Le verbe *paskhein* a été employé dans le développement précédant, après la distinction de l'actif et du passif, pour exprimer la relation entre des termes (tous deux exprimés par des verbes au passif), dont l'un est cause de l'autre, le terme correspondant au participe présent *paskhon* (ce qui est supporté ou ce qui est affecté) étant entièrement causé par l'autre (à l'indicatif présent). Dans notre passage, Socrate reprend ce verbe *paskhein* (au parfait : *peponthe*) pour expliciter le sens de *pathos* : « tu énonces un accident (*pathos*), à savoir *qu'il arrive* (*peponthe*) au pieux d'être aimé par tous les dieux » (11a). Cela nous permet de préciser alors que l'Idée est « ce par quoi les choses sont ce qu'elles sont », comme nous le savons depuis la fin de la première partie (6d-6c), mais encore, comme Essence, qu'elle est ce qu'elle est *par soi-même*, puisqu'elle ne l'est par rien d'autre. Au *pathos* (accident, qualité reçue passivement du seul fait du cours des choses toujours changeantes dans le devenir), qui a sa cause en autre chose que soi, s'oppose l'essence, qui a sa cause en elle-même. Elle est nécessaire et éternelle, et ne se fondant donc sur rien d'autre que sur soi-même, elle est un fondement suffisant de l'être des choses empiriques. Cela signifierait-il que se trouve accordé, ici, à l'Idée un statut ontologique de réalité « séparée » (comme existant par soi, nécessairement et éternellement, comme le diront des Dialogues ultérieurs) ? Il pourrait sembler que oui, si l'on remarque la manière dont Socrate énonce sa demande dans la suite de la phrase (11a-b) : « tu ne m'as pas encore dit quel est son *être* » ; la formulation qu'il emploie semble indiquer un statut ontologique plus réaliste que s'il demandait simplement : « dis-moi ce que c'est ». De plus, le thème de la stabilité et de la permanence dans le fondement, qui vient juste après, dans la transition à la troisième partie (11d), irait dans le même sens.

Cependant, il faut songer que, si l'essence peut être caractérisée comme « l'être nécessaire sans cause hors de soi », c'est en tant qu'elle s'oppose non seulement aux *réalités empiriques* mais aussi aux *qualités accidentelles*. Cette caractérisation détermine donc, peut-être, un mode d'être de l'Idée d'abord « logique » (si l'on entend par là strictement « relevant du *logos* », ordre de ce qu'on peut penser et énoncer), dans la mesure où ce sont des exigences, qui sont d'abord celle d'une logique de la définition et de la relation des questions aux réponses dans un dialogue, qui conduisent à opérer ces distinctions. Mais, même en l'absence d'une thématisation explicite un peu développée, force est de constater que ces exigences logiques conduisent à traiter la Forme comme un être qu'on peut prendre comme objet possédant, au moins par contraste avec ce qui est *pathos*, consistance, permanence et valeur par soi-même. Si bien qu'il n'y a peut-être pas de raison, sinon scolaires et anachroniques, de distinguer ici de manière tranchée *logique* et *ontologie* : ne peut-on dire que l'on voit ici des exigences logiques œuvrer ontologiquement ? Ce n'est certes pas la même chose que de se référer à une doctrine déjà constituée et bien connue, comme dans le *Phédon*, par exemple ; mais on ne peut s'empêcher de voir que cette manière de procéder, qui se présente comme soucieuse avant tout de la logique de la définition, correspond d'assez près à ce que Platon semblera laisser entendre plus tard, en certains endroits, en ce qui concerne ce que les commentateurs ont pu nommer un statut « ontologique » de l'essence.

Conclusion : morale et religion

La deuxième partie du Dialogue forme une unité du point de vue de l'argumentation : il s'agit d'y examiner si la piété peut être définie par l'amour des dieux (et, donc, leur bon plaisir). On a montré à Euthyphron que c'est impossible. Supposer que les dieux soient d'accord ou non entre eux ne change rien : c'est l'amour qui, par lui-même, est une fonction de particularisation et de contingence.

Nous avions vu que le premier moment de la deuxième partie ne se contentait pas d'invalider l'opinion que les dieux seraient *multiples*, mais critiquait aussi la définition d'Euthyphron d'une manière qui faisait prévoir que c'était *l'amour*, qui était un mauvais mode de rapport aux dieux pour penser la piété. Nous voyons la confirmation de ce mouvement, dans le deuxième moment : il n'introduit pas strictement une définition nouvelle[1], mais une formule dont l'examen permet de mettre en évidence l'élément vicieux générique de la première proposition : l'amour.

Chercher à se rapporter à la Divinité selon ce qu'elle aime, c'est se la représenter selon la multiplicité, la particularité, la contingence, qui caractérisent la condition humaine. On peut dire, ainsi, qu'il y a, ici, une critique radicale de tout polythéisme : aussi bien du polythéisme avoué, que d'un monothéisme qui ne serait qu'un polythéisme déguisé. Car le polythéisme n'est que la conséquence et l'expression simple et imaginée d'une divinité dont on se demande ce qu'elle aime et comment l'aimer. De la sorte, on peut dire, en suivant la leçon de l'analyse de Socrate, qu'un monothéisme qui se soucie de l'amour de son Dieu (du moins s'il conserve à cet *amour* un sens humain, psychologique, affectif) n'est qu'un polythéisme caché : son Dieu n'est représenté que comme un être particulier, anthropomorphiquement concu, qui pourrait toujours être et désirer autrement, et qui, manquant de nécessité, est, *en droit*, multiple, pour ainsi dire. Socrate nous

1. Contrairement à ce que peut suggérer le plan du Dialogue donné en marge du texte dans l'édition Budé, qui indique « troisième définition », pour le second moment de la deuxième partie (ce qui la met sur le même plan que la précédente et la suivante).

ferait apercevoir que, pour être vraiment monothéiste, il faut avoir un rapport à la Divinité qui évite ce mode affectif.

Dans ces conditions, se trouve invalidée une tentative de définir la piété, qui pouvait paraître tout à fait traditionnellement pieuse. Mais elle ne se révèle pas invalide seulement aux yeux du philosophe : elle devrait, aux yeux de l'homme de la religion, lui-même, paraître arrogante à l'égard de la Divinité, puisqu'elle la considère comme soumise à la contingence et au hasard. Chercher le bon plaisir de la Divinité, c'est lui retirer toute nécessité, et donc toute puissance, effet pervers d'un mouvement qui se présente, d'abord, comme tout de respect et de soumission. Une telle tentative de définition de la piété devrait donc paraître impie également à l'homme de religion. Le respect et la soumission à l'égard de la Divinité, étrangement, ne semblent pas aussi faciles à mettre en œuvre qu'on pourrait le croire : ils ne paraissent pas pouvoir s'adresser directement à elle sans produire, paradoxalement, un effet contraire de *dévalorisation* de la Divinité. La simple intention ne semble pas suffire ici.

Or, ce que nous montre toute cette deuxième partie, c'est que, si l'amour ne peut définir le pieux, c'est que *le pieux doit être cherché comme une Valeur*, tandis que l'amour – fût-il des dieux, et même si l'on suppose qu'ils sont d'accord comme un seul Dieu – n'est pas une Valeur en soi et ne met pas nécessairement en relation avec la Valeur en soi : c'est un terme qui représente une réalité seulement psychologique et empirique, un état de conscience contingent ; ce n'est pas un terme axiologique – si ce que la divinité aime ne peut nous renseigner sur ce qu'est le pieux, c'est que, fût-on dieu, quand on aime, on n'est pas en relation avec une objectivité, et qu'aucun objet aimé ne vaut pour l'amour, en lui-même, mieux qu'un autre (si par « objet » on entend un objet particulier et non une Valeur elle-même). En tant qu'ils aiment, donc, à supposer qu'on puisse dire qu'ils aiment au même sens que les hommes, les dieux ne sont pas plus en relation avec la Valeur : c'est pour cela que ce qu'ils aiment, à supposer qu'on puisse l'apprendre, ne peut définir le pieux. On doit en conclure, désormais, que la piété est rapport à la Valeur avant même d'être rapport à la Divinité. Traditionnellement, elle cherche en général à viser la Valeur à travers la Divinité. Or il faudrait que la Divinité puisse être supposée posséder la Valeur, pour que la piété ait à se régler sur celle-là pour atteindre celle-ci.

Mais précisément Socrate, dans ce long développement redoublé (7b-7e et 8b-8e), dont nous avons vu qu'il n'était pas directement utile à la réfutation d'Euthyphron, a montré que la manière dont les dieux se rapportent à la Valeur n'a aucun privilège par rapport à la nôtre, dans la mesure où nous la pensons de façon anthropomorphique. C'est ce qui nous permet de dire que cette deuxième partie pose le problème du rapport de ce que nous appelons, en termes modernes, la morale et de la religion : car si le simple amour obéissant de la Divinité (la simple *dévotion*, l'*eusebeia*) n'est pas quelque chose de vraiment possible, et si la piété ne peut pas être définie sans référence à la Valeur, cela signifie que le rapport à la Divinité (son imitation, la recherche de son plaisir) est soumis, de droit, comme ne valant rien par soi-même, au jugement de ce qui vaut par soi-même. Autrement dit, la relation même à la Divinité n'est pas un comportement qui échappe au jugement moral – si l'on appelle « morale », la détermination de la Valeur en général, c'est-à-dire ce qui s'impose dans tous les cas. L'obéissance et l'amour dévots à l'égard la Divinité sont une tentative, en soi *amorale* (étrangère à la morale) en même temps qu'impossible ; la vraie piété, en revanche cherchant la Valeur à travers la Divinité, cherche une relation à la Divinité qui soit juste et justifiée (le pieux n'est pas un simple dévot, mais plutôt un « saint » ; rien ne doit pouvoir lui être reproché moralement).

Le pieux implique, semble-t-il, à la fois un rapport aux dieux et une moralité : comment les deux s'articulent-ils ? Est-ce compatible ? La piété est la prétention d'allier dans un même mouvement la relation à la Divinité et la relation à la Valeur : comment cela est-il possible ? Ou bien la Divinité est Valeur en elle-même, ou bien elle dispense la Valeur, et alors suivre la Divinité est juste ; ou bien la Divinité n'est pas en elle-même Valeur, et alors il ne faut obéir à la Divinité que si c'est juste.

La difficulté tient à ce que, si la Valeur n'est rien d'autre que le décret de la Divinité (ce qu'elle aime), alors elle n'est pas « en soi », semble-t-il, et la Divinité paraît manquer de nécessité (être contingente). Mais si la Valeur est au-dessus de la Divinité (et peut permettre de la juger), alors la Divinité ne semble pas très divine (sa puissance semble limitée par l'autonomie de la Valeur). Le problème est donc double : 1) Quelle est la nature de la Divinité – contingence ou nécessité ? 2) Quelle est la nature de la « Valeur » ? Sur quoi se fonde-t-elle ? Peut-on, sans la ruiner par cela même, la fonder sur la Divinité ?

CHAPITRE III

LE PIEUX ET LE JUSTE (11b-16a)

CHANGEMENT DE MÉTHODE (11b-11c)

Socrate procède ici par révélation ou indication et non plus par interrogation. En effet, à partir de la fin de la tirade de Socrate qui se termine en 11b, Euthyphron manifeste un découragement et un refus de continuer à réfléchir, qui ne cesseront qu'en 11e, quand Socrate aura *lui-même proposé* une définition de la piété (« n'est-ce pas ce qui est juste ? »). Cette nouvelle manière de procéder de Socrate a quelque chose d'étonnant : tandis que sa maïeutique, en principe, implique l'interrogation (*eironeia*) qui n'impose, en apparence du moins, pas de thèse, mais laisse l'autre s'exprimer, Socrate fournit ici une thèse sans raison explicite, sans même aucun préambule introductif; il y a là une apparence d'arbitraire et de soudaineté qui coïncide mal avec la recherche de la nécessité librement reconnue par l'interlocuteur et avec la technique du déplacement « par petits pas »[1], caractéristique de l'art de mener le dialogue dans les moments difficiles.

En fait, c'est une situation que l'on retrouve dans beaucoup de Dialogues de Platon. Goldschmidt a montré qu'elle constitue un moment caractéristique dans les cinq premiers Dialogues qu'il analyse (*Euthyphron*, *Hippias*, *Charmide*, *Lachès*, *Lysis*)[2]. Euthyphron se plaint que l'on tourne en rond (11b) et il accuse Socrate d'en être la cause (11c-d). On entend là des propos que l'on retrouvera dans la bouche un peu menaçante d'un Ménon (accusant Socrate de paralyser son interlocuteur par ses paroles, comme fait le poisson torpille pour sa victime, *Ménon* 80a-b), mais aussi dans celle de Socrate, lui-même, quand il reconnaîtra qu'il est un « bizarre, qui met les hommes dans l'embarras » (*Théétète* 149a : « je suis

1. *Phèdre* 262a, et *République* VI 487b ; voir Goldschmid, 1963, p. 132, 288, 289, 343.
2. Goldschmidt, 1963, p. 51.

tout ce qu'il y a de plus atopique, et je mets les hommes dans des apories[1]. »)

Si, apparemment, ici, Socrate semble dénier sa part de responsabilité dans l'état de malaise irritant où se trouve Euthyphron en face du flottement et de l'instabilité de tout ce qu'il a tenté de dire, il n'en reste pas moins qu'il atteint un effet dont le *Sophiste* (229e-230d) a fait un but méthodique dans l'instruction d'un débutant: il faut « l'interroger sans merci » sur « les questions où il croit avoir quelque chose à dire, alors qu'il en parle pour ne rien dire », et ainsi rassembler ses opinions, les confronter les unes avec les autres, faire apparaître qu'elles sont « sur les mêmes points, sous les mêmes rapports et des mêmes points de vue contradictoires ». D'où devrait suivre l'irritation de l'interlocuteur (c'est un résumé tout à fait possible de *l'Euthyphron* jusqu'à présent). Quel est le but de ce traitement? La « purgation des opinions qui font obstacle à l'enseignement » : l'idée de Platon est que l'on ne fait pas du vrai en rectifiant seulement du faux, mais en le supprimant d'abord : l'erreur n'est pas la simple absence du vrai, c'est ce qui fait obstacle au vrai et nous en détourne. La différence entre le faux et le vrai n'est pas de l'ordre de la nuance mais du retournement (de la « conversion »).

Ce « traitement quasi-médical » consiste donc à mettre le débutant qui croit savoir ce qu'il ne sait pas, dans un état de contradiction tel, qu'il « s'irrite contre lui-même et devienne doux aux autres » (*Sophiste* 230b-c). Euthyphron, pour sa part, se plaint du traitement et ne sent pas la « délivrance agréable », mais la purge désagréable. Il n'est pas prêt à recevoir l'enseignement de Socrate dans l'état d'esprit de quelqu'un qui, délivré de ses anciennes incohérences, attend la révélation de la vérité; mais il est découragé et prêt à abandonner le dialogue, comme il le fera à la fin de l'œuvre. Socrate, sentant cela, lui propose alors une nouvelle définition de la piété : n'est-ce pas ce qui est ce qui est juste (11e)?

Cette définition, dont la troisième partie de notre texte va constituer la discussion, « se présente comme une révélation » (Goldschmidt, 1963, p. 51), le fruit de l'inspiration de Socrate. On peut alors se demander, d'abord, comment il se fait qu'Euthyphron l'accepte, et, ensuite, ce qui justifie réellement son introduction, ici : c'est se demander quelle unité possède, comme développement logique d'ensemble, le texte de l'*Euthyphron*.

Euthyphron avoue qu'il ne sait plus « dire ce qu'il pense » et que ses « propositions tournent en rond et ne veulent pas rester là où il essaye de les poser »; et là-dessus, Socrate en rajoute, en ironisant sur lui doublement :

1. *Atopos*, que nous rendons ici par « atopique » signifie strictement : « qui n'est pas à sa place », ou « inassignable ».

d'une part, il fait sur Euthyphron une plaisanterie («quel Dédale tu fais ! »[1]), dont il sait bien qu'elle s'appliquerait apparemment mieux à lui-même; c'est de la provocation ! Ensuite, alors que l'autre se désespère de ce que les thèses examinées ne résistent pas, Socrate l'enfonce encore en lui rappelant qu'il en est le seul auteur et responsable. Et quand Euthyphron proteste contre ces propos qui le blessent (11c-d), Socrate file sa plaisanterie et semble y insister lourdement. Pourtant, quand Socrate ordonne à Euthyphron : « Regarde s'il ne te semble pas nécessaire que tout ce qui est pieux soit juste», celui-ci acquiesce, acceptant sans plusde façon de poursuivre l'entretien. Socrate proteste qu'il ne cherche pas autre chose que des discours inébranlables et fondés. Euthyphron doit avoir du mal à croire Socrate. Ces propos de Socrate ne sont-ils pas, en effet, de pure forme et pour la circonstance de l'effondrement (*truphan* : le laisser-aller) d'Euthyphron? Sans doute pas. Socrate, en plaisantant, dit les choses les plus sérieuses.

Le philosophe est, en effet, «désireux de savoir»; il ne saurait donc ébranler les certitudes par simple plaisir. Mais il se trouve que celui qui veut vraiment atteindre une certitude réelle doit chercher à détruire les certitudes actuelles pour en éprouver leur valeur de vérité : voilà ce que signifie sérieusement l'affirmation de Socrate qu'à cet art (de la critique) il est habile sans le vouloir et comme malgré lui (11d); en fait, ce que vise cet art de la critique des certitudes, c'est la plus haute certitude.

Euthyphron, lui aussi, veut la certitude (comme il dit en 11d, « si cela ne tenait qu'à moi mes propos resteraient inébranlables»), mais d'une autre manière que Socrate. La religiosité, qui est de l'ordre de la pratique, n'a besoin que d'une conviction dogmatique (un *dogme* est une thèse à laquelle le *croyant* adhère entièrement avec *confiance et foi*, sans nécessairement en comprendre le fond ou bien en voir la nécessité), ce que la relation affective d'amour et de respect pour le bon plaisir de la Divinité ne peut que renforcer. En revanche, le philosophe, quant à lui, critique ce fondement psychologique et subjectif de la piété; mais c'est pour tenter d'élever la notion de piété au niveau de l'Idée (Essence), c'est-à-dire de ce qu'elle est vraiment.

L'homme de la piété immédiate peut-être donc aussi un homme de la certitude hâtive. Il peut se contenter d'opinions approximatives et incohérentes. Il peut se contredire : se contredire, c'est ne pas dire une seule chose nette, stable, mais laisser du flottement, de l'indécision dans ce que l'on dit, ce que va révéler le premier examen rationnel sérieux. Ainsi l'homme de religion est dans la situation, paradoxale et irritante parfois pour lui-même, de vouloir la stabilité et la certitude des opinions, mais de les vouloir

1. Dédale, dont Socrate dit ici, comme dans le *Premier Alcibiade* (12la), qu'il est son ancêtre, avait la réputation d'avoir fait des statues qui bougeaient et s'enfuyaient la nuit.

souvent sans délai, si bien qu'il se trouve en fait habité d'opinions vacillantes, changeantes, ambiguës, équivoques, si on les examine de près. Il est ainsi un de ces « êtres instables et erratiques » (*planômenôn*), à qui le texte, plus haut cité, du *Sophiste* (230 b-d), prescrit d'appliquer le traitement du rassemblement des opinions pour en montrer la contradiction. En revanche, la manière dont le philosophe aime et veut la certitude et le fondement, consiste, en principe, à ne rien admettre dont la certitude puisse être critiquée un jour; et, pour cela, il n'admet rien qu'il n'ait examiné avec sévérité, c'est-à-dire qu'il n'ait essayé systématiquement de réfuter. C'est pourquoi aussi, pour ce qui est précisément de la piété, la mise à l'épreuve systématique par le philosophe du sens que lui donne l'homme de la religion, n'est pas un signe d'impiété ou un goût pour l'incertitude; au contraire, pourrait-on dire, il y a, chez Socrate du moins, une volonté de piété plus authentique que chez Euthyphron, parce que plus exigeante : et le goût philosophique pour la critique systématique cache et révèle à la fois un désir de certitude bien plus profond et absolu, en un sens, que celui de l'homme du commun et même de l'homme de religion.

Quand, donc, Socrate dit qu'il « voudrait bien que les discours soient inébranlables et fondés » (11d), cela n'a rien d'un propos anodin de politesse et d'excuse auprès d'Euthyphron; au contraire, dit Brès (1973, p. 117-118), dans cette phrase, *logous*, que nous traduisons par « discours », veut dire finalement « appellations consacrées » : la quête de Socrate serait, telle qu'elle se définit dans *l'Apologie*, d'examiner la légitimité des titres dont se prévalent les gens compétents (hommes d'État, généraux, poètes, artisans, ici, prêtre) et celle du rapport entre les mots employés et les choses elles-mêmes. Cette dernière question, dans sa généralité (comment les mots signifient-ils les choses ? Les mots signifient-ils correctement les choses ?), étant au centre du *Cratyle* (Dialogue postérieur, où se trouve précisément cité le personnage d'Euthyphron), on peut dire que l'*Euthyphron* annonce, de ce point de vue, le *Cratyle*[1] : Socrate cherche ce que signifie vraiment le mot « piété », à quels actes on peut l'appliquer sans que l'on puisse craindre de voir quelqu'un venir démontrer que la piété soit autre chose; et pour cela, il faut fonder (*hidruein*) le mot sur la chose elle-même, sur l'Idée. Mais comment le fondement du mot dans l'Idée peut-il s'atteindre ? D'abord, en parlant. Car, philosopher, penser, parler, sont trois termes

1. Dans le *Cratyle*, Euthyphron reste le même personnage que dans notre Dialogue : il est associé à la thèse héraclitéenne, c'est-à-dire empiriste (être empiriste, c'est regarder les objets de l'expérience sensible dans leur diversité infinie et changeante, sans être capable de saisir leur principe eidétique); et ce sur quoi il fonde sa position, c'est son « inspiration » vaticinante et bondissante (*Cratyle*, 396d, 399a, 407d, 409d, 428c), et non pas un raisonnement rigoureux. Au flux des choses changeantes incontrôlé, correspond le flux de l'inspiration incontrôlable. Et c'est cet homme qui réclame ici stabilité et fondement !

absolument inséparables : parler est l'activité philosophique elle-même dans sa globalité, c'est penser, non pas seulement au sens « d'avoir quelque chose dans la tête », mais aussi de l'extérioriser, le rendre ainsi objet, clair et consistant, d'examen et d'argumentation, le confronter à ce qu'on peut dire d'autre et, de la sorte, pouvoir le critiquer ou le fonder. C'est pourquoi, comme dira Socrate avant de mourir, « mal parler n'est pas seulement faire une faute contre le parler, mais c'est aussi faire du mal à l'âme elle-même » (*Phédon*, 115e).

Socrate (11d) redit ce qu'il faut chercher pour définir vraiment le pieux : un fondement solide et véritable. C'est pour cela qu'il met le pieux en rapport avec le juste (*to dikaion*). Car le juste, c'est ce qui fait que tout ce qui est juste l'est : c'est une essence (Idée, principe). La détermination du rapport du pieux au juste, permettrait de situer le pieux comme Idée dans la communauté des Idées : il serait défini non plus empiriquement mais par un travail en compréhension, par division et synthèse dans l'essence.

Mettre le pieux en rapport avec une Idée, soit – mais pourquoi cette Idée ? Le juste est *principe judiciaire*, c'est-à-dire de justification dans un procès (*dikè*) ; or, telle est bien précisément la situation où se sont mis Socrate aussi bien qu'Euthyphron, même si c'est de façon fort différente, d'avoir à rendre raison de l'idée qu'ils se font de la piété dans un cadre judiciaire : dans ces conditions, se demander si le pieux est juste, c'est chercher si l'on pourrait se justifier de sa piété devant un tribunal. Mais, plus profondément, le juste est *principe moral de justice* (ce qui englobe et fonde le précédent) ; en ce sens, chercher si le pieux est juste, c'est chercher à définir le pieux comme principe d'être et d'action, c'est-à-dire Valeur, conformément à la leçon de la deuxième partie : est-ce le même principe que la justice, ou bien en diffère-t-il, et en quoi ?

Enfin, le juste n'est pas seulement principe de justice mais aussi *principe de justesse*, principe de réalité et de vérité (thème traditionnel de la pensée grecque, que Platon pensera profondément) : exister, pour le monde, signifie *être un certain ordre* (qui aurait pu aussi bien ne pas être), avoir une certaine identité à soi, qui fait que, pour ainsi dire, il est bien ce qu'il est et, ainsi, qu'il est connaissable. Le juste, en ce sens, est ce qui fait qu'*il y a* des Idées, c'est-à-dire quelque chose de stable et de toujours semblable à soi, qui soit la vérité et la vraie réalité des actes et des choses divers et changeants qui constituent le monde. De la sorte, chercher si le pieux est juste, c'est convoquer le principe même de l'objectivité eidétique pour le définir, ce qui est exigé depuis le début du Dialogue : c'est chercher à savoir ce qu'est *au juste* la piété. Pour être pieux, il faudrait connaître précisément (*justement*) la piété, son essence. On se propose ainsi, en même temps que de lier le pieux au juste, d'intégrer le savoir eidétique à l'objet même de la recherche (le pieux), comme son exigence propre : il ne s'agit pas seulement de connaître l'ssence du pieux mais de se préparer à reconnaître (ou examiner) que le pieux, dans son essence, est savoir, est une Forme de savoir de l'essence (pour qui sait rassembler et diviser).

Le Dialogue se poursuit donc en cherchant à s'élever au niveau de l'essence mais sans que cela ne constitue une rupture dans son développement thématique, du point de vue même d'Euthyphron : « être pieux c'est faire ce que je fais, car j'agis comme Zeus le meilleur et le plus juste des dieux » (5d-6a), avait-il commencé par déclarer. La deuxième partie a examiné une thèse qui généralisait une partie de cette opinion : la piété serait l'imitation de la divinité, la recherche de ce qui lui parait bon. Mais, pour éviter la subjectivité contingente de cette conception, on peut être conduit à insister sur le fait que ce qui lui donne un fondement, c'est que Zeus est le *meilleur et le plus juste* des dieux. Cependant, si l'on suit la manière de raisonner de la deuxième partie (10a-11b), on dira que c'est un accident contingent de la justice, qu'elle soit une qualité d'un dieu, fût-il Zeus : la justice n'est pas juste parce qu'elle serait une qualité de Zeus (parce qu'elle correspondrait à ce que Zeus se trouve aimer et décider), mais, si c'est une qualité du premier des dieux (si c'est ce qu'il juge bon), c'est parce qu'elle est juste (et que l'on peut supposer qu'il est juste et pense juste). Si on veut relever eidétiquement ce qu'il y a dans l'intuition première d'Euthyphron, en renonçant à ce qu'elle contient de subjectivisme et de contingence, c'est bien le rapport au juste, qu'il faut examiner chez le pieux.

Ainsi, même quand il semble mener autoritairement le débat, Socrate montre bien qu'il n'a pas le souci d'imposer une thèse propre, mais qu'il est aussi bien encore « accoucheur » des idées de l'autre, vrai maître à penser, c'est-à-dire à apprendre à penser : passer d'une opinion anodine et intenable à une recherche de l'essence. Notre Dialogue montre ce que c'est que penser et examiner véritablement une simple opinion, une expression convenue, un énoncé conventionnel, que tout le monde croit comprendre, mais qu'on a le plus grand mal à expliquer. Cependant, en soumettant à un examen systématique ce qui est compris dans cette formulation initiale, il pense à vrai dire ce que la langue fait dire et penser avant même qu'on y songe, puisque, comme nous l'avons noté précédemment (I, chap. 3), la différence linguistique entre les deux mots utilisés pour dire « pieux », *eusebès* et *hosios*, tient précisément à ce qu'on entend d'ordinaire dans le second une piété liée (la question, pour le philosophe, est de savoir comment cela se fait et si c'est justifié) à la moralité, au droit, à la justice. La liaison entre *hosion* et *dikaion*, chez Platon comme dans la langue grecque, n'est jamais contestée ; elle est affirmée de la façon la plus nette par Socrate dans le *Protagoras* : « Pour moi, si je parlais en mon nom propre, je dirais que la justice est pieuse et que la piété est juste; et, à ta place, si tu me permets, je répliquerais de même, ou bien que la justice et la piété sont la même chose, ou bien qu'elles sont aussi semblables que possible et que, plus que toute chose, la justice précisément est piété et la piété est justice » (331a-b). Dans notre Dialogue, Socrate ne conteste jamais une telle relation entre la piété et la justice, bien loin de là : c'est lui qui, cette fois-ci, a bel et bien proposé l'examiner leur relation[1]. Il montre seulement que cette relation, langagièrement et socialement évidente pour les Grecs, n'est pas aisée à penser – précisément si on ne reconnaît pas les exigences eidétiques.

La piété comme partie de la justice (11c-12e)

Comment passe-t-on de la définition de la piété par la justice, à la nouvelle formule de 12e (« savoir dire et faire ce qui est agréable aux dieux soit en priant soit en sacrifiant ») ? Euthyphron a accepté sans discuter que tout ce qui est pieux soit juste. Socrate lui demande, alors, si la réciproque est vraie (tout ce qui est juste est-il pieux ?) ou bien si le pieux n'est qu'une partie de la justice (dans ce cas, elle ne « définirait » pas strictement la piété). Socrate semble mettre en œuvre la méthode de division et de rassemblement que nous avons évoquée plus haut. Euthyphron accorde (en 12d) que la piété est une partie du juste. Socrate demande alors, si la piété est une partie de la justice, quelle est cette partie. Euthyphron répond que c'est « la partie de la justice qui concerne les soins dus aux dieux, l'autre partie étant celle qui concerne les hommes ».

Euthyphron passe d'une définition dont nous avions pu penser qu'elle était un ancrage sérieux dans l'essence, à une formule qui va se révéler invalide – bien qu'elle corresponde à une opinion et à des termes très populaires : être pieux serait faire ce qui est juste en matière de service divin, la formule serait certainement acceptée par plus d'un religieux et se trouve même utilisée par Platon, dans d'autres lieux, sans que cela semble poser de problème particulier. Le point crucial est l'acceptation de l'idée que la piété ne soit qu'une partie de la justice. L'autre hypothèse (que le pieux et le juste soient la même chose, à peine discernables, comme ce qui est dit dans le *Protagoras* 331a-b) ne sera jamais examinée dans le Dialogue, qui se termine avec le départ d'Euthyphron, lorsque diverses manières de comprendre les formules issues de l'hypothèse qu'il a choisie auront été invalidées. Comme la définition du pieux par le juste n'est pas elle-même niée dans le Dialogue, on peut alors soupçonner que l'hypothèse aban-

1. Voir Bonitz, 1875, p. 233.

donnée était importante, et sans doute du côté de l'Idée vraie[1]. Comment et pourquoi se réalise donc le choix d'Euthyphron ?

Il déclare ne pas comprendre Socrate, quand celui-ci lui demande si tout ce qui est juste est pieux ou si le pieux n'est qu'une partie du juste. Il est vrai qu'on peut mettre cela sur le compte d'une lenteur à comprendre, qui est un trait de caractère d'Euthyphron, mais accentuée par une bouderie liée à l'irritation et la honte dues à l'échec précédent. D'où la remontrance de Socrate, qui y fait suite (« tu te laisses aller paresseusement »), prudemment assortie d'une flatterie et d'un encouragement (« c'est que tu es trop riche de savoir »[2] – « un petit effort ! ce n'est pas si compliqué »).

Le danger des exemples

Socrate propose alors deux exemples, inégalement longs, pour faire comprendre sa question : le premier (le plus longuement développé 12a-12c) est celui de la crainte et du respect ; le second, celui du nombre et du nombre impair (12c), est beaucoup plus court. Dans les deux cas, il s'agit d'examiner la relation de deux termes, dont l'un contient l'autre sans être contenu par lui. Le *second exemple* est évident : tous les nombres impairs sont des nombres, mais tous les nombres ne sont pas des impairs. Le premier exemple est moins évident et Socrate introduit son idée comme une polémique contre une citation célèbre : « là où est la crainte, là est le respect »[3]. La crainte et le respect ne sont pas identiques, car il y a des craintes qui ne sont pas respectueuses ; le respect n'est donc qu'une partie de la crainte.

Le premier exemple est moins évident que le deuxième, parce que, pour être efficace, il faut que, bien que ce soit faux selon Socrate, il ne soit pas vraiment absurde de penser l'identité de la crainte et du respect (tandis que les rapports du nombre et de l'impair sont sans le moindre mystère.) En effet, le premier exemple doit éclairer la possibilité que deux termes, qui peuvent paraître assimilables, soient liés cependant, en réalité, par une relation asymétrique, où un seul des deux soit impliqué par l'autre : comme exemple destiné à rendre sensible cette possibilité, le cas de la crainte et du respect doit être plus clair que celui du pieux et du juste, mais pas trop tout de même, pour lui être encore comparable. Cependant, en faisant suivre cet exemple de celui du nombre et de l'impair, où l'on ne peut pas *hésiter* à penser que l'un est une partie de l'autre, Socrate semble, après avoir posé

1. Voir Goldschmidt, 1963, p. 58, 62.

2. C'est en fait une critique, mais qu'Euthyphron ne peut guère comprendre : celui qui est sûr de lui et se repose sur son savoir, n'est pas en situation de pouvoir être *désireux* de savoir, c'est-à-dire, proprement, *philosophe*.

3. C'est un fragment des *Chants cypriens*, attribués à Stasinos.

une question parfaitement rigoureuse et d'une neutralité toute logique, entraîner Euthyphron à répondre que le pieux n'est qu'une partie du juste. Ce deuxième exemple a été bien moins longuement développé que le précédent, mais il n'en avait vraiment pas besoin – le brave Euthyphron l'a certainement bien saisi. Quand Socrate, revenant à sa question sur le pieux et le juste, dit qu'« elle est tout à fait semblable », on a en tête l'exemple du nombre et de l'impair qu'on vient d'entendre, et sur lequel il va revenir tout de suite après pour demander quelle partie de la justice constitue la piété. Comme il n'a pas donné d'exemple où deux termes s'impliquent réciproquement, il semble bien pousser à conclure à la distinction entre le pieux et le juste.

De quelle manière, en effet, deux termes différents peuvent-ils être dits identiques ? Il aurait fallu le savoir, et en avoir au moins un exemple, pour être sûr que le pieux et le juste n'étaient pas de ceux-là. Au sens où le respect se distingue de la crainte et l'impair du nombre, comme la partie du tout, pourquoi ne pourrait-on pas dire que le pieux se distingue du juste de la même manière ? Comme la suite de l'entretien montre qu'en pensant de la sorte on aboutit à un échec, il semble que les exemples ne soient pas des modèles éclairants dans ce cas. Il convient donc d'examiner la nature de ces exemples.

Pour ce qui est du nombre et de l'impair, ce sont des termes qui relèvent d'un domaine où la certitude et l'accord sont possibles (*Euthyphron*, 7b-8a), parce qu'il n'y a pas de distance, en quelque sorte, entre leur définition et les réalités qu'elles définissent, sauf en apparence : elles ont un être purement rationnel, elles sont déterminées, comme nous dirions de manière moderne, « *a priori* » par leur définition, elles ne sont pas de « l'essaim bourdonnant » des objets d'expérience. Dans cette mesure, leur sens ni celui de leurs relations ne pose de problème à propos duquel on ne puisse pas trouver une solution et un accord en raisonnant et en calculant ; c'est cela la nature même des problèmes d'arithmétique. Rien ne permet donc de dire que l'exemple des rapports entre le nombre en général et le nombre impair soit applicable au cas des rapports du pieux et du juste, puisque, pour le moment, ces deux termes ne sont pas définis : on n'a encore rien dit du juste, et on est encore en recherche de ce qu'est *essentiellement* le pieux. On ne peut donc songer à leur appliquer, sans justification, la lumière du modèle de la relation de ces concepts arithmétiques : c'est sans discussion qu'on voit que l'impair est une partie du nombre, tandis que, de la nature du pieux et de sa relation au juste, on discute, et d'une manière qui n'est pas contingente, pour cette raison même que ce sont des « Valeurs », avons-nous compris dans la deuxième partie de notre Dialogue.

Pour ce qui est du respect et de la crainte, on peut certes discuter de ce qu'ils sont et de leur relation, on ne risque pas d'atteindre une certitude de même nature que celle des mathématiques, mais, à la différence des Valeurs qui n'ont pas d'existence autre qu'idéale et sur lesquelles l'expérience ne peut rien apprendre de décisif, ce sont des sentiments dont peut rendre compte une considération de psychologie empirique; et il suffit que celle-ci fasse apparaître que les comportements craintifs et respectueux ne sont effectivement pas toujours les mêmes, pour que l'on puisse conclure que leurs concepts doivent être distingués.

Le modèle de cette dernière distinction ne peut donc valoir que pour des termes s'appliquant clairement à des objets d'expérience. Comme tels, c'est-à-dire comme simples actes ou sentiments, la piété et la justice peuvent bien être distinguées; on porte alors l'attention sur les comportements et les sentiments qu'elles recouvrent: ceux-ci, quand ils s'adressent *aux dieux*, sont la « piété »; mais il y a encore d'autres cas où il *faut faire ce qu'on doit*: dans les relations *avec les hommes*; ces sentiments et ces actes sont alors « justes ». Cette définition de la piété, à laquelle arrive Euthyphron, guidé par le modèle de la distinction des sentiments de crainte et de respect, est donc satisfaisante comme détermination de psychologie empirique, « puisqu'elle s'applique sans contradiction à la vie courante où elle peut nous aider à débrouiller les cas d'espèce, à distinguer l'homme pieux et l'homme légalement juste » [1]. Elle correspond aux propos simples de « beau vieillard », que Céphale tient sur « la vie pieuse et juste » : rendre aux dieux et aux hommes ce qu'on leur doit, sacrifices aux uns, et argent aux autres, avant de mourir » [2]; ce qui fait songer aussi à la pensée de Socrate lui-même, à la fin du *Phédon*, avant de mourir, pour le coq dû à Esculape.

Ainsi, tandis que Socrate, en apparence, met en œuvre rigoureusement la méthode de division et de synthèse, on s'aperçoit qu'il pousse Euthyphron à penser la formule qu'il lui a proposée au début de la 3e partie, d'une manière qui l'a fait déchoir de l'Idée. C'est que ce n'est pas l'*Idée* elle-même qui est découpée ici, mais, à nouveau, on essaye de faire des découpages directement dans le divers des *comportements empiriques* (sous l'influence des exemples dont le caractère commun et empirique est inadapté pour guider le travail sur l'Idée).

On pourra se demander ce que signifie la manière dont Socrate a donc entraîné l'innocent Euthyphron sur ce mauvais chemin. Le réseau des questions de Socrate est serré apparemment avec rigueur et méthode; les « petits pas » précautionneux qu'il fait faire à Euthyphron ont pour effet de

1. Voir Goldschmidt, 1963, p. 62.
2. *République*, I, 331b.

donner un sentiment de rigueur et de sûreté, alors qu'ils entraînent vers une position non-juste ; ils semblent donc le fait de la *rhétorique* (en tant que celle-ci se soucie seulement de convaincre et de séduire, indépendamment de la vérité de ce qu'elle plaide), plutôt que de la *dialectique* (en tant que celle-ci « cherche à atteindre la connaissance de l'essence de chaque chose », *République*, VII, 534b). Mais, alors, faut-il supposer que Socrate ait renoncé à la dialectique pour la rhétorique trompeuse ? Mais pourquoi ? Ou bien faut-il dire [1] que la dialectique paraît parfois un art de tromper, de faire errer, comme la rhétorique qui n'est qu'une manière de mener les âmes et de changer les esprits à petits pas, sans même qu'ils s'en aperçoivent toujours [2] ? Peut-être, mais quand elle le fait, c'est pour amener à l'Essence et au Bien l'homme esclave de l'empirie, empêtré dans les obstacles qui l'empêchent de se tourner vers les Idées, et qu'il faut alors, d'abord, séduire, traiter avec douceur et persuasion, comme fait la rhétorique [3]. Or, ici, ce n'est apparemment pas pour le but louable d'atteindre l'Essence : elle en fait au contraire déroger. La question reste posée donc de ce curieux comportement de Socrate.

La piété comme service des dieux (12e-14b)

Il faut donc examiner la définition de la piété proposée par Euthyphron (« les soins qui concernent les dieux » ou « le service des dieux »). Cet examen prend la forme d'une demande d'explications de la formule (« il me manque quelques éléments pour comprendre », dit en substance Socrate). Ces explications vont s'avérer tellement embarrassantes pour Euthyphron, qu'après avoir essayé de les donner, il finira par proposer une nouvelle définition de la piété (« savoir dire et faire ce qui est agréable aux dieux, soit en priant soit en sacrifiant »), dont on peut se demander, dans un premier temps, si elle est l'explication de la formule précédente ou si elle en est concurrente.

Quelle est la structure de ce développement ? À partir de la définition d'Euthyphron (la piété consiste dans les soins concernant les dieux), Socrate demande ce que signifie le terme de « soin » dans cet énoncé.

1) (13a-13b) Socrate propose, pour éclairer ce mot, de le comparer avec son usage à propos des chevaux, des chiens et des bœufs (13a). À la question : est-ce la même chose que les soins des dieux ? Euthyphron répond : oui (13b).

1. Voir Goldschmidt, 1963, p. 288-289.
2. *Phèdre*, 261a-262c.
3. *Phédon*, 83a.

2) (13b-13d) Socrate lui demande alors si tous ces genres de soins ne visent pas l'utilité et le profit des animaux (les améliorer). Euthyphron répondant que oui, Socrate lui demande si les soins aux dieux peuvent leur profiter et les améliorer. Euthyphon répond que non.

3) (13d-14b) Le modèle du soin des animaux étant ainsi invalidé, Socrate lui demande ce que veut dire alors « soin des dieux » : Euthyphron répond en disant que c'est comparable aux services ou aux soins que les esclaves (serviteurs, domestiques) rendent à leurs maîtres (13d). Cet exemple est repris par Socrate détaillant les services que leurs serviteurs rendent à trois sortes de maîtres (médecin, constructeur de navire, architecte) : aider à redonner la santé, à construire un bateau, à édifier une maison; il demande, enfin, ce que visent à produire les services que les hommes rendent aux dieux.

Euthyphron ne sait que répondre et dit quelque chose de ridiculement vague : « beaucoup de belles choses » (13e). Socrate lui montrant, par l'exemple des généraux et des agriculteurs, que les plus grandes et belles choses peuvent être définies précisément, Euthyphron semble abandonner la situation de répondant docile et donne une nouvelle définition de la piété : « savoir dire et faire ce qui est agréable aux dieux, en priant et en sacrifiant »).

La définition de la piété par le service des dieux est rejetée par le mouvement d'explication. Or, cette formule, dont nous avons vu précédemment pourquoi elle n'était pas acceptable (elle déchoit de l'Essence parce qu'elle a été construite directement à partir d'un modèle de définition simplement empirique et pratique), n'est cependant pas absurde, ni vraiment fausse. Il faut dire plutôt qu'elle n'est pas vraiment vraie (elle n'atteint pas l'Idée elle-même); elle est insuffisante. Elle correspond à l'énoncé des *Définitions*[1], aussi bien qu'à l'usage qui est fait de la notion de piété dans les *Lois*[2]. D'ailleurs, Socrate dit en l'entendant que « c'est très bien dit »[3]. Certes, c'est ironique, mais l'ironie manifeste surtout, semble-t-il, que la formule est non pas fausse, mais insuffisante et énoncée par quelqu'un qui n'est pas capable de la penser vraiment. Elle ne nous avance pas beaucoup si l'on veut savoir ce qu'est *vraiment* (selon l'essence) la piété (« c'est bien beau de définir la piété comme cela, mais il manque

1. Texte apocryphe très certainement, mais qui donne des notions d'un platonisme simple et moyen : « La piété, c'est le service de la divinité » (415a).

2. Platon, pensant, dans ce dernier texte de son œuvre, que la religion est une affaire qui concerne avant tout l'État et doit donc être réglée par des lois, le livre VIII commencera par un long exposé de la manière dont doit être réalisé le service des dieux (comment, où, combien de fois, par qui etc.) ; et le livre X détermine les peines qu'encourront les *impies* qui dérogeront à cette manière officielle de procéder.

3. Comme il l'a déjà dit, dans la deuxième partie, en 7a et en 9c.

encore un petit quelque chose pour que je puisse te suivre »); l'ironie porte surtout sur « le petit quelque chose » qui « manque », qui « échappe », si c'est précisément *l'essentiel* : l'essence.

Comment Socrate, dans son questionnement à partir de la formule d'Euthyphron, va-t-il faire apparaître ce qui lui manque d'essentiel ? Dans un premier moment (13a-13b), c'est par une recherche de l'explication de la formule d'Euthyphron, que l'entretien va avancer vers l'essence. Les deux moments suivants (13b-14b) feront apparaître que cette avancée est encore insuffisante.

Savoir et piété (13a-13d)

Le premier moment fait apparaître que c'est une référence à un « savoir » (*epistèmè*), qui manque à la définition d'Euthyphron. En effet, elle n'a pas un sens réellement déterminé tant qu'on ne connaît pas la nature des soins destinés aux dieux : on peut traiter les dieux de mauvaise manière, c'est cela l'impiété, et il y a plusieurs manières de traiter les dieux de manière impie (les *Lois* en signalent trois sortes en X, 885b-c et 908 a-b). « S'occuper des dieux » n'est donc pas suffisant pour être pieux; il faut encore le faire comme il faut; il faut *savoir* ce qu'il faut faire pour que ces soins soient pieux. Celui qui, dans les soins qu'il destine aux dieux, ferait n'importe quoi, ne serait pas pieux; c'est de la même manière que celui qui, dans ses soins aux chevaux, ferait n'importe quoi, ne serait pas un palefrenier *digne de ce nom*. Il y a donc bien une ressemblance entre les soins aux dieux, qui sont le fait de l'homme pieux, et les soins aux chevaux venant du palefrenier: on ne peut être *ignorant* pour les réaliser; il faut *savoir*.

La manière dont Socrate amène cette reconnaissance de la nécessité de savoir pour être pieuxmanifeste son importance essentielle. En effet, ce n'est pas par un raisonnement explicite, tel que celui que nous venons de reconstruire, qu'Euthyphron en arrive à cette idée : lorsque Socrate demande à Euthyphron si les soins aux dieux sont comparables à ceux qu'on donne aux autres êtres, comme les chevaux, les chiens et les bœufs, le devin répond par l'affirmative (13b). Cette réponse est étonnante, car elle semble, en un sens, plus blasphématoire que pieuse (comparer les dieux à des bêtes !); et cela, d'autant plus que Socrate, venant de lui suggérer sur le ton de ce à quoi, en général, l'autre ne s'oppose pas, que ces soins sont différents, il développe cet exemple, précisément trivial, pour le lui faire sentir. Mais, en même temps, en développant cet exemple, Socrate a fait apparaître que, pour donner des soins aux animaux, il faut un *savoir* particulier (*epistèmè*). C'est ce point, sans doute, qui fait approuver par Euthyphron l'idée de la similitude entre les soins aux dieux et aux animaux, bien que ce ne soit pas explicite dans le texte. Mais ce qui semble le prouver, c'est que lorsque Euthyphron donne une nouvelle définition de la piété (14b), il reprend ce terme de « savoir » dire et faire ce qui est agréable aux dieux.

Il semblerait donc que Socrate fasse ce qu'il faut pour qu'Euthyphron puisse avoir en vue la notion de savoir, mais sans la lui imposer. Socrate, ici, laisse vraiment à Euthyphron le choix de décider ce qu'il va penser – bien mieux que par les questions explicites, qui, manifestement, orientent les réponses. Il se contente de lui montrer le problème dans toute son étendue : les soins aux dieux sont, en un sens, différents de ceux des animaux ; ils y ressemblent, d'autre part, par l'impossibilité de l'ignorance, dans tous les cas. Cette neutralité de Socrate, peu fréquente, semble signifier que l'on est à un point essentiel et qui ne doit pas être admis à la légère, sous aucune pression étrangère, mais seulement si on en ressent la nécessité authentique. L'admission de la nécessité de *savoir*, en un certain sens, pour être pieux, touche à l'Idée de la piété même ; mais tout énoncé, si proche qu'il soit de l'Essence, risque de n'être pas compris et d'être dégradé en une formule qui renvoie directement à des objets empiriques. Aucune thèse n'est en elle-même « essentielle » ; elle ne touche à l'Essence qu'autant qu'elle est pensée par un esprit qui a les Idées en vue, et pas seulement le monde empirique. L'Idée n'est elle-même que lorsqu'elle est pensée comme telle. Il faut donc qu'Euthyphron pose lui-même, comme une exigence propre, la relation de la piété à une sorte de savoir, pour que cela ait un sens véritable pour lui.

On entrevoit peut-être, alors, pourquoi Socrate a procédé de la manière que nous avons jugée étonnante, au début de la IIIe partie : il a laissé Euthyphron se tromper en divisant le Juste. À partir d'une formule qui semblait toucher à l'essence, et qu'il avait donnée lui même[1], il amène, d'une manière qui peut paraître démoniaque, à la penser sur un mode de détermination empirique. Mais c'est précisément parce qu'il l'a donnée lui-même, car sa formule n'a pas nécessairement en elle-même et pour tous, le sens essentiel que nous supposons qu'il lui donne ; elle ne peut l'avoir pour Euthyphron, tant que celui-ci ne s'y élève pas en vertu de la reconnaissance de sa nécessité. Socrate peut faire dire à Euthyphron presque tout ce qu'il veut mais il ne peut lui prêter une Idée : il ne peut la penser pour lui. La fonction du premier moment de la troisième partie est donc de donner à la formule « révélée »[2] par Socrate, et susceptible d'être pensée comme Idée de la piété (le pieux, c'est le juste), une formulation qui, la mettant au niveau d'Euthyphron, rend possible que celui-ci s'élève

1. « Elle a toute chance d'être juste. C'est Socrate qui en a assumé la responsabilité », Goldschmidt, 1963, p. 56.

2. « La définition se présente comme une révélation », Goldschmidt, 1963, p. 51 et 56.

lui-même effectivement, s'il en a le courage, jusqu'à l'essence. Il faudra qu'Euthyphron, seulement mis sur la bonne voie (le Juste, la Valeur), reconnaisse lui-même les exigences propres de l'Idée du pieux, dont la première est son rapport à une sorte de savoir. Car on peut révéler une formule, mais non pas une Idée. Le « monde » des Idées n'est pas un lieu mystérieux, qu'on ne pourrait atteindre que par la confiance mystique en un mystagogue sympathique; la troisième partie, comme effort de discussion rationnelle pour s'élever d'une détermination approximative à la définition de l'Essence de la piété, prouve qu'au moins Socrate ne le pense pas. Pour ce qui est de sa réussite effective, il est encore trop tôt pour l'évaluer. Euthyphron va, certes, utiliser de son propre chef la notion de « savoir » dans la nouvelle définition qu'il donne en 14b, signe que c'est maintenant une exigence de la notion de piété, qui s'impose à lui (quel que soit le mode sur lequel cela se réalise). En ce sens, il a donc réalisé un progrès vers l'Idée. Mais reste, maintenant, à examiner si le « savoir », tel que le pense Euthyphron, permet vraiment de définir la piété dans son essence.

Le dernier moment du passage examine ce qu'implique le modèle de savoir donné par les trois exemples de soins donnés aux animaux, et en tire une conséquence qui, incompatible avec la divinité de l'objet de la piété, amène son rejet et la proposition d'un nouveau modèle de « soin ». Le mot « savoir » (*epistèmè*), qu'emploie ici Socrate, aura plus tard, dans la philosophie de Platon le sens de savoir scientifiquement fondé; mais dans tous les premiers Dialogues de Platon, comme l'a montré Y. Brès[1], de la même manière que dans l'*Euthyphron*, ce terme est à peu près synonyme de *technè* (l'art, le savoir-faire, la technique), à cette seule « différence près que *technè* évoque plutôt l'habileté pratique tandis qu'*epistèmè* met en relief les « connaissances » liées à ce savoir-faire » (p. 49). Le texte, en grec, ici, fait bien apparaître cette similitude de *technè* et d'*epistèmè* (en 13a-b), puisque, quand des adjectifs tels que *kunègetikè* (cynégétique, qui concerne la conduite des chiens) ou *boèlatikè* (qui concerne la conduite des bœufs) sont employés, les héllénistes disent qu'il faut sous-entendre *technè*; notre texte dit donc, que celui *qui sait* (*epistatai*) soigner les chiens est celui qui a *l'art* (*technè*) cynégétique. « Savoir », ici, veut donc bien dire « savoir-faire ». Qu'est-ce qui caractérisc un savoir qui est un savoir-faire? « Produire un effet déterminé »(*diaprattesthai*, 13b) qui est toujours un bien ou une utilité (par opposition aux soins que l'on tente de donner sans savoir-faire, et qui produisent, en conséquence, n'importe quoi, bien ou mal, peuvent nuire, autant qu'être utiles ou être sans effet).

C'est par rapport à cette caractérisation du savoir des soigneurs d'animaux, que Socrate demande s'il en va de même pour les soins donnés

1. Y. Brès, 1973, p. 45-57.

aux dieux : leurs sont-ils utiles ? Les rendent-ils meilleurs ? Sous peine de sacrilège et d'absurdité, Euthyphron doit répondre que non. Il doit bien reconnaître que le cas des soins donnés aux animaux n'est pas un exemple, mais un contre-exemple[1] des soins donnés aux dieux.

Le « service divin » (13d-14b)

Mais Euthyphron ne semble pas avoir compris que c'est la notion de savoir/savoir-faire qui est un mauvais modèle pour penser l'être même de la piété : quand, devant l'échec précédent, Socrate lui demande en quoi consistent alors les « soins aux dieux », il lui répond qu'ils sont « semblables à ceux d'un esclave pour son maître » (13d). Il semble donc qu'Euthyphron pense que ce soit le caractère trivial de l'objet (les animaux) des soins donnés par palefreniers, veneurs et bouviers, qui empêche d'en appliquer le modèle aux dieux. Servir des hommes est plus relevé que servir des bêtes, et surtout entraîne une différence dans l'objet des soins, que semble bien comprendre Socrate : *hupèretikè*[2] veut dire « art de servir, d'aider, d'assister », en même temps que l'adjectif signifie « soumis et obéissant ». Le « serviteur de médecin » est une sorte d'assistant, préparateur des drogues ; de même pour le constructeur de bateau et l'architecte, c'est « d'assistants » qu'on envisage ici les fonctions : ces « serviteurs » ne réalisent pas quelque chose directement, eux-mêmes et à eux seuls (comme les palefreniers, les veneurs et les bouviers, qui produisent eux-mêmes la santé et la qualité des bêtes qu'ils ont pour objets) : ils servent leurs maîtres mais avec l'humilité et l'obéissance, qui sont comprises dans le terme *hupèretikè* ; et, d'autre part, ils les servent en les assistant : s'il y a des effets produits, c'est aux maîtres qu'il faut les rapporter, et non aux assistants (c'est le médecin qui produit la santé, non pas l'assistant préparateur de médicaments).

Euthyphron, aidé par Socrate, semble ainsi avoir besoin d'un modèle de service où celui qui sert n'est lui-même auteur d'aucun effet propre. On peut penser que c'est pourquoi, dans ce passage, on n'utilise plus le verbe *diaprattesthai* (13b), qui veut dire « avoir des effets » et où le préfixe *dia* indique que l'on réalise « entièrement », de part en part, ce que l'on fait, mais que Socrate introduit l'emploi du verbe *apergazesthai* (ainsi que du substantif dérivé *apergasia*), qui signifie « achever, finir », c'est-à-dire, ici, peut-on comprendre, pour essayer de justifier la tentative d'Euthyphron, « n'avoir pas fait l'essentiel et se contenter de prêter la main sur un dernier

1. Voir Brès, 1973, p. 52 et 54.

2. Dans la phrase « je comprends : ce serait une manière d'être au service des dieux » (13d).

point », « être associé à l'œuvre pour son finissage », mais aussi, plus modestement, peut-être, « tendre vers une réalisation », « ne pas réaliser soi-même ce à quoi on aide ». Ce qu'Euthyphron a retenu de la critique de Socrate, c'est que, dans sa première manière de penser les soins des dieux, les dieux avaient l'air d'être inférieurs à l'homme pieux (comme l'animal par rapport à l'homme) : ils semblaient dépendre de lui et lui, en revanche, semblait pouvoir produire en eux ou pour eux un effet bénéfique. Il y avait là une pensée absurdement orgueilleuse de l'homme, méconnaissant ce qui fait la nature de la divinité : être infiniment au-dessus des hommes, n'avoir besoin de rien et ne rien pouvoir subir (*pathein*) de bon ou de mauvais de la part des hommes, en un mot, la *puissance* divine, plus grande que tout. C'est ce qui correspond proprement à l'*hubris*, dans les représentations communes des Grecs, manque de sens de la mesure et des proportions à l'égard de la divinité et de l'ordre des choses en général, attitude impie et catastrophique, propre à attirer en retour la colère et la vengeance des dieux (*nemesis*).

Euthyphron pense qu'on peut échapper aux défauts de la première interprétation en utilisant l'idée d'un serviteur humblement au service d'un maître, lui « prêtant la main » pour des œuvres qui ne lui doivent rien véritablement, et pour lesquelles son maître ne lui doit rien non plus (il est un « esclave », *doulos*, dit le texte). Cet effort de rectification de sa première interprétation des soins aux dieux est donc davantage humblement pieuse qu'intelligente de la difficulté. Car on a beau être « au service de quelqu'un » et ne pas « le servir » (le soigner), il faut bien tout de même servir à quelque chose, fût-on esclave. On a beau se réfugier humblement derrière le maître qu'on assiste, si on lui sert réellement à quelque chose, il faut qu'il produise lui-même quelque chose à quoi on l'aide et qu'on l'aide donc en quelque chose à produire ce qu'il fait. On retombe alors sur les défauts associés de l'interprétation précédente : on prétendrait avoir aidé les dieux à produire quelque chose et leur servir à quelque chose. Au bout du compte, on peut même se demander si la suggestion de Socrate de substituer à l'idée de *diaprattesthai* (accomplir entièrement) celle d'*apergazesthai* (achever, apporter la dernière touche), pour penser l'œuvre de l'homme pieux à l'égard des dieux, n'est pas encore plus insolente et si ce n'est pas un effet de l'ironie socratique que de l'avoir proposée comme pour tenter de sauver la formule d'Euthyphron (ce serait l'homme qui apporterait l'achèvement et la perfection à ce que les dieux ne pourraient sans eux mener à bien ! On pourrait craindre, pour moins que cela, un retour de *nemesis*). Mais il n'y a nulle malignité ici, Socrate fait explorer systématiquement les possibilités de la chose même : aucun des sens que l'on peut donner à l'idée de « service des dieux » ne peut la justifier si on la prend au pied de la lettre. Si l'on veut dire que l'homme pieux rend aux dieux un « service », il ne faut le penser ni comme le tout ni comme la moindre partie d'une œuvre divine. C'est manquer du sens des proportions et comparer l'incomparable, que de penser qu'il puisse y avoir une commune mesure entre ce qu'on peut appeler l'œuvre de la Divinité et celle des hommes.

Quand Socrate demande à Euthyphron à la réalisation de quel grand œuvre les gens pieux aident les dieux (13e), celui-ci se contente d'abord d'une réponse tout à fait évasive (« beaucoup de belles choses »), puis, comme Socrate insiste, il lui répond que ce serait trop long de le dire et il préfère donner une nouvelle définition de la piété (14b).

*Le modèle de l'*epistèmè-tekhnè-therapeia

L'explication du terme « soin » montre qu'en aucun sens ce terme ne peut permettre de penser la piété dans ce qui la caractérise. Si grande soit la variété sémantique du verbe *therapein* et de son substantif *therapeia* (soigner, servir, être au service de, servir à, servir de, traiter, s'occuper de, prendre soin de, se soucier de, aider à, être esclave de, etc.), la notion renvoie toujours à la même structure : avoir un *objet* déterminé, auquel il s'applique, et avoir sur l'objet un *effet* déterminé, qui vise à combler un *manque* (besoin utilitaire ou plaisir gratuit).

Cette structure caractéristique du *therapein* est celle-là même de toute *épistemè-technè* (savoir/savoir-faire), qui, de même, s'applique à un objet déterminé et a pour but de produire sur lui un effet déterminé bénéfique. Ce n'est pas un hasard : l'*epistèmè* insiste sur le savoir qu'il faut avoir pour exercer une *technè* ou un *therapein* ; la *tekhnè* insiste sur l'habileté (dans la réalisation pratique) qui découle de *l'epistèmè* et qu'exige le *therapein* ; le *therapein*, enfin, insiste sur l'utilité pour un destinataire que visent l'*epistèmè* et la *tekhnè*, comme leur raison d'être (rendre un service, aider à quelque chose, réaliser un traitement).

La piété implique un savoir (pour être pieux, il faut savoir ce qu'il faut faire) ; mais le modèle de *l'epistèmè-tekhnè-therapeia* ne permet pas de définir une relation justifiée à l'égard de la Divinité, car il en détermine une représentation inacceptable et impie : c'est un *savoir d'une autre nature*, qu'il faudrait trouver. Euthyphron, qui semble peu capable de concevoir qu'il puisse y en avoir d'autre que ce qu'il connaît, va seulement essayer, dans le dernier moment, d'en gommer l'apparence utilitaire ; ce faisant, il montre, à travers cette tentative superficielle et dérisoire, qu'il a pourtant saisi, en un sens, le défaut de sa définition de la piété par le service de l'utilité des dieux.

LA PIÉTÉ COMME PRATIQUE RITUELLE (14a-15d)

Ce qui empêche d'avancer vers l'essence, c'est qu'on est tourné vers les objets empiriques dans leur multiplicité : sans principe d'unification fondé, quand on veut rassembler une série d'objets qui paraissent semblables, on reste avec une collection qui risque toujours de paraître hétérogène, parfois incohérente, en tout cas caractérisée par sa diversité et son abondance irréductibles. Cet engluement dans la multiplicité est bien ce qui caractérise l'attitude d'Euthyphron; et la difficulté où il se trouve à la fin du passage précédent, qui va entraîner la proposition de la nouvelle définition, se manifeste par ce symptôme : quand Socrate lui demande *quelle* est l'œuvre toute belle (13e, notez le singulier) que produisent les dieux grâce à nos services, il répond seulement qu'il y en a beaucoup et de bien belles, ce qui ne fait que reprendre comme prédicat un terme du sujet même sur quoi Socrate lui demande un éclaircissement. On pourrait dire qu'Euthyphron ne dit rien de faux : il dit ce qu'il voit; mais il est dans l'erreur en tant qu'il n'est pas tourné du bon côté (du côté de l'essence); de ce vers quoi il est tourné, en revanche, il dit, dans un aveu divertissant, l'essentiel (paradoxalement !) : la multiplicité, qu'il ne peut dominer.

Socrate insiste pour lui montrer qu'à propos de deux nouvelles techniques (la stratégie et l'agriculture) on peut toujours donner un « résumé » (*kephalaion*) de tout ce qu'elles produisent (une *tekhnè* ne pouvant pas ne pas produire un résultat). Il donne à Euthyphron une nouvelle image [1] de ce qu'il attend de lui. Celui-ci s'entête en déclarant impossible de le dire en peu de mots et, quand il donne sa définition nouvelle, Socrate peut bien la caractériser par sa trop grande longueur (14b) : longue (plus que les précédentes) et composite, elle se donne comme une définition détournée de l'essentiel dans son aspect même. Euthyphron l'annonce d'une façon

1. Le *kephalaion*, c'est le « résumé », la « somme » ou le « total » : ce terme *unique*, que l'on trouve en calculant, (savoir portant sur un domaine remarquable, dans la mesure où, en lui, il peut y avoir entente, voir *Euthyphron*, 7b-7c), c'est-à-dire en passant d'une diversité de termes à un seul, qui les contient tous. De plus, la « somme » est une sorte de « sommet », en grec comme en français : c'est-à-dire ce qui est « capital » (en grec, *kephalaion* vient de *kephalè*, – comme « capital » vient du latin « *caput* », qui veut dire « tête »), c'est-à-dire, encore, le « principal » (ce qui touche au principe). Quand on songe que plus tard, lorsque Platon distinguera les sciences véritablement fondées des savoir-faire inférieurs, il fera des mathématiques une propédeutique (obligée) des Idées (voir *République*, VII, 536d-537a), on pourrait rêver d'en voir un signe précurseur dans l'usage de ce mot *kephalaion* (répété 4 fois). Mais, si riche que soit l'analogie avec l'Idée, elle n'est pas explicitée dans le texte, et ce n'est qu'une *métaphore* destinée à rappeler à Euthyphron l'exigence d'unité de l'Idée face la diversité sensible (ce n'est pas en calculant qu'on saisit une Idée). On peut tout de même dire que l'emploi de *kephalaion* a une portée pédagogique : faire entrevoir ce qui est une Idée au moyen d'une image empirique.

qui peut paraître paradoxalement risible en prévenant qu'il va dire « simplement » ce qu'est la piété. *Aplôs* veut dire « simplement », au sens de « bref », ce qui est une manière de prétendre satisfaire Socrate ; mais il n'utilise pas le même mot que Socrate pour dire la brièveté (*kephalaion*) ; et *aplôs* veut dire avant tout « franchement », « comme je le sens et sans faire de manière », c'est ce qui est « sans pli », parce que c'est *déplié* (*aploun*), idée de la simplicité qui n'est pas celle du *kephalaion*. Euthyphron, de fait, semble ici abandonner tout effort vers l'unité et l'unicité du caractéristique, et laisser parler la richesse de son expérience d'homme de religion.

En effet, cette définition paraît composée d'une somme (non effectuée, sans *kephalaion*) d'éléments juxtaposés en toute simplicité (*aplôs*) ou simplement raccrochés les uns aux autres par des conjonctions de coordination (« et », « ou ») ; la pauvreté syntaxique donnant le sentiment d'une rhapsodie plutôt que d'une caractérisation. Elle énumère des termes nouveaux renvoyant à la pratique religieuse courante : dire, faire, prier, sacrifier, sauver les familles et les Cités. D'autre part, elle reprend, c'est ce qui semble le plus étonnant et dont il faudra rendre compte, tous les thèmes qui ont été abordés auparavant : les uns sont repris explicitement (comme le *savoir*, l'*agrément des dieux*), les autres, sans être évoqués sous leur dénomination propre, sont impliqués directement par les premiers, comme le montre l'analyse qu'en fait Socrate : ce sont ceux de la *technique*, du *service des dieux*, et des *effets d'utilité* qui y sont liés. Ces thèmes et les thèses qui y correspondent étant repris et à nouveau critiqués par Socrate, ce dernier passage de l'*Euthyphron* donne un sentiment de redite, ce que Socrate fait remarquer à son interlocuteur à la fin : « ne t'aperçois-tu pas que notre discours a tourné en rond et en est revenu au même point ? » (15b).

Le caractère répétitif de ce passage doit donc être expliqué, car il ne se comprend pas uniquement, de même que sa longueur bariolée, à partir de la volonté d'Euthyphron de dire « sincèrement » et « comme il le sent » tout ce qu'il relève dans la pratique courante de la piété. Ce passage a un rôle propre dans la construction du Dialogue : ce qu'il apporte de nouveau est la manifestation de l'unité de toutes les thèses d'Euthyphron, fondée non sur sa suffisance caractérielle, mais sur son insuffisance théorique. Les thèses qu'il a développées jusque-là n'ont pas été improvisées, elles correspondent à une conscience religieuse commune ; d'autre part, elles ne sont pas liées au hasard et aux particularités contingentes de sa personnalité, mais quand on pose l'une on est amené à poser les autres : elles sont solidaires. Cependant, ce qui est remarquable est qu'elles ont quelque chose de contradictoire. Elles forment un tout, qui a son organisation logique propre – bien que ce ne soit pas celle de la non-contradiction, mais au contraire d'une tension et d'un déchirement entre des tendances inconciliables comme telles. Socrate va montrer que l'on ne peut choisir une de ces thèses si l'on est sensible à la réfutation de l'autre, bien qu'elles soient différentes et même opposées. Elles sont solidaires l'une de l'autre, par leur commune déchéance par rapport à l'Idée.

Élaboration d'une nouvelle définition (14a-e)

Comment Euthyphron construit-il sa nouvelle définition de la piété? Comment se détermine-t-il pour cette définition?

D'abord, il en fait un « savoir » (*épistèmè*), manifestant en cela que c'est devenu, pour lui, une exigence sur laquelle il ne revient pas : on peut penser que d'avoir eu à chercher, au cours de l'entretien avec Socrate, à *savoir* ce qu'est la piété, il a éprouvé de façon renforcée que l'on ne peut être pieux sans un savoir. Cependant, le terme de « savoir » signifie pour lui *non pas savoir de l'Essence, mais savoir de technicien spécialiste*, il évoque pour lui la possibilité de donner un fondement à cette compétence religieuse dont il est si imbu. Du même coup, tout savoir, comme nous l'avons vu, étant non seulement *savoir dire* mais aussi *savoir faire*, il en fait une *technè*. Mais il vaut mieux, pour Euthyphron, ne pas réemployer ce mot, car c'est là que commencent les difficultés : premièrement, tant que, dans ce qui précède, il a pensé la piété comme savoir-faire, Socrate l'a embarrassé dans l'*utilité* qui en découle (et qui devient absurde, appliquée aux dieux), dans la mesure où tout savoir-faire doit bien *servir à* quelque chose : il faut donc s'abstenir de réemployer le terme « service ».

Mais, deuxièmement, Socrate a réussi à l'embarrasser encore avec *les effets* (*les œuvres*), que produit tout savoir-faire, et à partir desquels se reposait la question critique de savoir si et en quoi ces effets étaient *utiles* aux dieux : il faut bien que le savoir-faire pieux fasse quelque chose aux dieux (ou pour eux) sinon il n'y a même pas de relation avec eux; mais s'il fait quelque chose pour eux, fût-ce par la participation la plus minime qui soit à leur œuvre, il faut bien que cela leur profite : si c'est indifférent, c'est qu'on n'est pas en relation avec eux; si cela leur nuit, c'est le contraire de la piété. Finalement, le problème que doit résoudre Euthyphron s'expliciterait donc ainsi : qu'est-ce qu'on peut faire, qui soit un acte effectif, puisse effectivement concerner les dieux, et être objet de savoir-faire (soit susceptible d'être bien fait), mais qui ne produise pas d'effet pouvant être utile aux dieux ou à leurs œuvres?

La pratique religieuse la plus traditionnelle et la plus commune fournit peut-être une réponse possible qui correspond précisément à cette exigence apparemment quasi-contradictoire : *faire des prières et des sacrifices*. Effectivement les prières et les sacrifices sont des actes tournés vers les dieux mais ce sont des actes dans lesquels on renonce à produire soi-même les effets que l'on vise : on reconnaît par principe qu'on ne le peut. Voici donc des actes effectifs, mais à qui *on ne peut vraiment assigner leurs effets*, précisément sous peine d'orgueil impie ; et puisqu'on s'en remet aux dieux eux-mêmes pour que ces actes aient des effets, on ne peut les soupçonner de leur être *utiles* ou de leur apporter quelque *bénéfice*. De la sorte, on rend à la piété une *gratuité*, qui n'exclut pas qu'elle soit cependant un savoir-faire : mais, comme pour faire oublier l'*utilité* qui se lie à la *tekhnè*, on n'emploiera pas ce terme et on dira plutôt *epistasthai prattein* (« savoir faire », littéralement) ; savoir prier et sacrifier, ce n'est pas prétendre posséder un savoir-faire (technique) de ce qui est utile aux dieux, c'est « savoir dire et faire ce qui est *agréable aux dieux* » en restant modestement à sa place.

La construction que nous venons de proposer du problème qu'Euthyphron semble chercher à résoudre et des conditions de détermination de sa définition, tente de faire apparaître comment cette fin du Dialogue est liée à ce qui précède : ce n'en est pas la simple reprise, c'en est la réorganisation en vue d'un dépassement des difficultés rencontrées, dans une formule de la dernière chance, en quelque sorte.

Mais cette construction semble bien être aussi celle que Socrate prête à Euthyphron, quand on voit la manière dont il va examiner sa définition. En effet, il montre, d'abord, qu'on y retrouve les éléments que l'on a déjà invalidés : le premier moment (14c-15a) fait apparaître que cette conception de la piété vise l'utilité des dieux ; le second moment (15a-15e) qu'elle vise leur plaisir. Le problème, alors, est de savoir ce que ce passage apporte de nouveau dans la réflexion d'ensemble sur la piété, que constitue le Dialogue.

Socrate ne retient de la longue définition d'Euthyphron, que l'idée de la piété comme *savoir*, dont l'objet sont les prières et les sacrifices. Il pourrait sembler, d'abord, qu'il y a une sorte de générosité, de la part de Socrate, à ne retenir que cet extrait réduit (*kephalaion*) de la formule du prêtre. Il commence, en effet, par reformuler son exigence d'entendre « *le* caractère propre de la piété », alors qu'Euthyphron a parlé « *des* choses pieuses ». Aussi semble-t-il indiquer qu'il ne garde dans l'énoncé du devin que ce qui ressemble à un élément donné pour caractéristique.

Mais, en réalité, si Socrate procède de la sorte, c'est pour ruiner les efforts que la formule d'Euthyphron avait mis en œuvre pour échapper à l'absurdité d'une définition utilitariste de la piété. Dans le premier moment du passage, Socrate réduit l'énoncé d'Euthyphron à une formule où cette même absurdité se manifestera si évidemment, qu'Euthyphron sera obligé de protester lui-même, pieusement, contre elle (15a) : pour lutter contre cet utilitarisme de la piété, Euthyphron voulait lui donner une allure de gratuité (visant le bon plaisir des dieux) en la liant à la prière et au sacrifice : c'est en montrant que cette trouvaille d'Euthyphron recouvre des relations intéressées, que Socrate invalide cette définition (sacrifier, c'est offrir aux dieux ce dont ils ont besoin; et prier, c'est leur demander ce dont nous avons besoin, sinon cela n'a pas de sens).

Par cette analyse apparaît le fondement de l'incapacité de cette définition à dire vraiment la piété : l'unité indivisible du modèle *savoir-technique-service*, qui sert à la penser ici. En effet, les termes de « service » et de « technique », dont nous avions supposé qu'Euthyphron voulait les exclure de sa définition, Socrate les réintroduit, presque subrepticement, en montrant qu'ils en sont solidaires : on sert bien les dieux, puisque sacrifier c'est leur offrir ce dont ils ont besoin; et « ce ne serait pas très *technique* » (*ou gar pou tekhnikon*) de ne pas le faire; mais surtout la piété apparaît, alors, comme « une technique commerciale » (*emporikè tekhnè*, 14e).

C'est là l'originalité de cette nouvelle réfutation de l'utilitarisme de la piété : l'introduction de la notion de *commerce*. Par quoi l'on voit que viser l'utilité des dieux, c'est viser la nôtre aussi : nous ajoutons à l'impiété d'une conception qui les soumet à la nécessité, l'impiété de l'intention de s'en servir à notre profit !

La piété comme commerce avec les dieux (14e-15c)

Le *commerce* est le dernier terme qui vient compléter la constellation, progressivement constituée, de l'*epistèmè-tekhnè-therapeia* comme modèle de la piété selon Euthyphron. Socrate marque explicitement ce lien par la manière même (conforme à la langue grecque) de le désigner : « *technique* commerciale ». C'est bien comme entreprise commerciale que les prières et les sacrifices vont paraître inacceptables : c'est parce qu'ils sont utilitaires. Or, l'utilité est ce qui définit, comme leur fin, aussi bien le savoir, le savoir-faire, que la thérapie : savoir ce dont l'autre a besoin, c'est-à-dire savoir le servir, lui rendre service, le soigner, c'est tout le commerce, si l'on ajoute que c'est, en même temps, savoir ce que l'on peut lui demander d'utile en échange, savoir le lui faire faire, c'est-à-dire savoir s'en faire servir, s'en faire rendre service, s'en faire soigner. Tout commerce, ainsi, se caractérise par la structure de la technique, telle que nous l'avons analysée : savoir, savoir-faire, thérapie, soins traitement. Mais, inversement, toute technique est-elle identifiable au commerce ?

Non pas, dans la mesure où la technique, en son sens premier vise, par le savoir, le savoir-faire et le traitement, la satisfaction d'un besoin du sujet technicien lui-même; elle n'implique donc pas nécessairement l'échange. Mais en réfléchissant de la sorte, on envisage, abstraitement, *une* technique particulière, visant la satisfaction d'un besoin particulier. Si, en revanche, nous songeons que chaque homme est soumis à plusieurs besoins, et qu'il ne peut guère, dans la réalité, les satisfaire tous tout seul, alors *la* technique en général implique nécessairement la division du travail et donc, le commerce et l'échange. Ainsi, comme selon Platon [1], c'est dès la fondation de la vie sociale humaine que cette nécessité s'impose, nous pouvons dire que, si nous dépassons la supposition d'un homme vivant dans une solitude animale ou l'abstraction *d'une* technique envisagée dans son seul rapport à l'objet qu'elle vise à produire, *la* technique humaine est toujours liée socialement à la structure de l'échange et du commerce : l'utilité, qui est la fin par laquelle elle se définit, est alors valeur d'échange. En ce sens, l'utilité visée par le savant-technicien-traitant est double : utilité pour celui qui a besoin du traitement préparé et utilité pour celui qui a préparé ce traitement et peut l'échanger contre une autre valeur dont il a besoin. La technique du commerce est ainsi l'idée de la technique la plus générale qui soit, puisqu'elle dispense, à la limite, celui qui la possède, de toute autre.

On comprend, ainsi, le sens de l'usage de la notion de commerce dans l'analyse que Socrate fait de la prière du sacrifice : à un Euthyphron qui essaie, comme nous en avons fait l'hypothèse, de faire disparaître dans sa dernière définition toute référence à la technique et à l'utilité, par l'introduction des notions, en apparence purement et gratuitement relationnelles et désintéressées, de prière et de sacrifice, Socrate montre que cette relation est un échange commercial, dans la mesure où elle prétend ne pas faire n'importe quoi mais être réglée et déterminée par un savoir-faire (*epistèmè*), et qu'elle est, en tant que telle, technique et utilitaire (visant à associer l'utilité des dieux à celle des hommes). Socrate montre ainsi qu'Euthyphron n'a pas abandonné le modèle de la technique, où l'effet utilitaire produit est essentiel ; la seule nouveauté de la dernière définition est donc seulement de prendre le modèle de la technique telle qu'elle existe dans son insertion sociale réelle : le marché. Savoir vendre et acheter ne varie pas nécessairement avec le produit vendu et semble donc indépendant de la capacité technique à apporter telle ou telle utilité précise au client (de même que savoir prier et sacrifier semble indépendant de ce que l'on demande par la prière et le sacrifice). Le savoir-faire technique dans le commerce doit être maîtrise d'une double utilité : il faut avoir la capacité de faire reconnaître l'utilité d'un produit et la reconnaissance de cette utilité par l'acheteur est utile pour le vendeur. Dans la prière et le sacrifice, le prétendant à la piété intègre ainsi le divin dans le cercle social humain de l'échange des services, caractéristique de la division du travail, qui est fondée sur la multiplicité, inassumable par chacun des partenaires, des besoins. La prière et le sacrifice font de la divinité un partenaire, avec qui la

1. *République*, 369c-371d.

relation est ouverte et réciproque; *c'est traiter le dieu comme un homme au sens le plus commun, un être social et sociable, c'est-à-dire un être de besoin.* L'anthropomorphisme est ici encore le défaut de la piété définie par Euthyphron.

Emporikè (commerce) a la racine que l'on retrouve dans *poros* qui veut dire le *chemin*, le *débouché*, la *relation*, le «*commerce*» au sens général (comme on peut parler d'un «commerce agréable» ou d'un «commerce amoureux», etc.). L'emploi de ce terme évoque donc le problème de la nature et de la possibilité de la relation de l'homme à la Divinité. Retenons, en tout cas, que Socrate, pour montrer le caractère non-valable de la piété proposée par Euthyphron, associe comme des défauts égaux et liés l'un à l'autre sa prétention d'être utile et celle d'établir une relation réelle (réglée et réciproque) avec la Divinité. Car, dans cette idée du commerce avec les dieux, on ne sait pas ce qui doit le plus scandaliser l'homme pieux : ou bien nous sommes des commerçants honnêtes, et, dans ce cas, ce que les dieux nous accordent l'est en échange de ce que nous leurs donnons (mais, alors, nos prières et sacrifices leurs sont utiles et ils sont dans le besoin, manquant donc de puissance réelle); ou bien, pour éviter cette hypothèse, nous considérons que nos prières et sacrifices ne leur apportent pas vraiment quelque chose d'utile, mais, alors, nous nous pensons plus habiles et forts qu'eux en commerce, et notre marché avec les dieux est malhonnête (ce qui est scandaleux moralement, et continue à nier la puissance des dieux).

Socrate amène ainsi Euthyphron, effrayé par l'idée que sa définition puisse contenir la notion que les dieux ont la faiblesse d'avoir besoin de nous, à insister lui-même, comme par contre-poids, sur l'idée de *plaisir des dieux* (ce n'est pas ce que nous donnons ou demandons qui est important dans la piété : ce que nous offrons aux dieux ne leur est pas utile, mais que nous leur offrions quelque chose ou que nous les prions, cela leur plaît).

Un échange de répliques entre Socrate et Euthyphron, en 15b, semble étonnant au premier abord : Euthyphron venant de souligner le caractère de plaisir gratuit de la divinité, qu'il attribue maintenant à la prière et au sacrifice, Socrate lui répond curieusement : «c'est donc ce qui est agréable aux dieux qui est pieux, et ce n'est ni l'utile, ni ce qu'ils aiment?» Ce qui détermine la réplique d'Euthyphron : «Mais il me semble à moi que c'est avant tout cela qu'ils aiment.» Par cette réponse, Euthyphron rétablit la synonymie entre «l'agréable» (*kekharismenon*) et «ce qui est aimé» (*philon*), que Socrate semblait distinguer de manière curieuse. Quel est donc le sens de cette intervention de Socrate?

Il fait comme si Euthyphron proposait une troisième interprétation de la piété qui ne soit ni le culte du plaisir des dieux, ni le culte de leur utilité; pourquoi? Pour qu'il soit bien clair que c'est Euthyphron lui-même qui est l'auteur explicite du *retour* à la thèse dépassée depuis la fin de la seconde partie. De la sorte, apparaît clairement que c'est par une nécessité interne que sont liées ces deux interprétations apparemment contradictoires de la piété : elles reviennent au même pour ce qui est de l'essentiel, et il n'y a pas de tierce possibilité. Socrate montre ainsi que c'est Euthyphron qui fait *tourner en cercle* le discours, et se renverser une thèse en une autre, comme un Dédale de la parole.

On voit alors quel est l'intérêt de ce dernier moment de la troisième partie de l'*Euthyphron*: il reprend pour l'essentiel des thèmes et des réfutations, qu'il ne renouvelle pas fondamentalement apparemment. Mais la manière même dont Socrate mène la discussion révèle la nouveauté qu'apporte ce passage: montrer la solidarité des thèses antagonistes, qui veulent que la piété cherche ou bien le plaisir des dieux ou bien leur utilité. En effet, dans le premier moment, Socrate extrait seulement ce qui, dans la longue formule d'Euthyphron, va lui permettre de montrer la thèse utilitariste qui s'y trouve encore; aussi laisse-t-il de côté la référence explicite « au plaisir des dieux » : il montre que, si l'on part de la définition de la piété comme la visée d'une utilité, on est rejeté nécessairement vers l'affirmation de la piété comme visant le plaisir des dieux; mais cette définition a dû être abandonnée (en première partie) pour celle qui en fait la visée de leur utilité. Chaque thèse semble donc, à la fois, être inacceptable et renvoyer à l'autre, qui l'invalide.

Le premier moment du passage semble montrer qu'il y a, d'un certain point de vue, plus qu'une solidarité entre elles, mais une sorte d'identité : en effet, c'est de la piété comme prière et sacrifice, que Socrate montre qu'elle est la visée d'une utilité; or Euthyphron, comme l'indique la formule complète qu'il utilise (« savoir dire et faire ce qui est agréable aux dieux en priant et sacrifiant »), désirait par l'introduction de ces deux termes (« prières et sacrifices ») donner une définition qui vise le plaisir des dieux. Ce que Socrate montre donc c'est que chercher le plaisir des dieux, c'est aussi chercher leur utilité (en même temps que la nôtre) : les deux perspectives de définition de la piété sont contradictoires; mais, en même temps, elles semblent, du point de vue de la piété, être identiques dans leur caractère inapplicable à la Divinité.

On peut dire, en somme, que le résultat particulier que veut obtenir Socrate, dans ce dernier passage de l'*Euthyphron*, est celui qu'il obtient effectivement : donner au prêtre le sentiment de balancement sans fin, de mouvement de cercle tournant sur soi-même (qu'il reconnaît en 15b-c), reflet, dans sa mauvaise humeur, de la solidarité dans l'invalidité des deux perspectives qu'il a essayées. « Il faut faire aux dieux ce qui leur est utile »/ « il faut faire aux dieux leur bon plaisir » : chacune de ces deux thèses exclut l'autre, en un sens, en même temps qu'elle y renvoie par sa propre insuffisance, les deux revenant, en un sens, au même. Viser ce qui est utile aux dieux, c'est limiter leur puissance par le pouvoir d'une nécessité sur eux; mais viser ce qui, sans nécessité, leur fait plaisir tout simplement, c'est les traiter comme des êtres arbitraires et contingents, capables de désirer sans raison et soumis au pouvoir du plaisir. C'est, dans les deux cas, les traiter comme moins que des dieux. Mais on ne voit pas quelle autre possibilité est envisageable.

Ce que montre ce dernier moment, c'est donc que le Dialogue n'a pas envisagé deux thèses différentes quelconques mais les deux tendances entre lesquelles on est nécessairement déchiré et ballotté, quand on essaie de définir la piété et de la vivre. En ce sens, la fuite d'Euthyphron n'est pas un hasard : elle répond à une nécessité logique aussi bien qu'existentielle et éthique de sa position, car, de son point de vue, il ne peut plus rien dire d'autre. Indépendamment de tout souci de rigueur dans la parole, il n'y a plus rien à dire qui ne soit reprise de ce qui a déjà été dit et s'est révélé intenable. Socrate lui a bien fait faire le tour de tout ce qu'il imagine pouvoir dire. Le départ d'Euthyphron est déterminé par la prise de conscience qu'il est en train de tourner en rond sans voir par où en sortir.

IMPOSSIBILITÉ D'UNE DÉFINITION ?

Euthyphron correspondant, en dépit de son caractère apparemment risible, mais peut-être aussi à cause de lui, à une figure commune et habituelle de la piété, on peut se demander si le Dialogue ne cherche pas, plutôt qu'à définir la piété, à faire apparaître l'impossibilité d'en donner une définition cohérente. L'homme religieux en conclurait que la philosophie et la raison sont incapables de définir et de comprendre la piété dont, quant à lui, il ne doute pas de la valeur; tandis que le philosophe et l'homme de raison concluraient que la piété ne résiste pas un examen rigoureux rationnel, et se trouveraient « agnostiques » : position de ceux qui pensent qu'on ne peut rien savoir de ce qui dépasse l'homme et le monde empirique, et donc ne rien croire concernant la Divinité. Tel serait le sens de l'aporie finale du Dialogue.

C'est une lecture possible de *l'Euthyphron*, mais elle est insuffisante. Elle pourrait bien dépendre de la même hâte à s'arrêter de penser et du même laisser-aller paresseux devant la tâche de la réflexion, que ceux que manifeste Euthyphron lui-même : elle est liée, d'une part, à une conception fréquente mais superficielle de la nature de l'aporie finale, que l'on trouve dans un certain nombre de Dialogues de Platon; d'autre part, elle ne tient pas compte de certains éléments de la fin du texte et des réflexions légitimes qu'ils appellent.

Le Dialogue prend fin, à vrai dire, en déterminant explicitement la direction et les termes d'une tâche de réflexion à réaliser, qui lui donne son sens. Le premier élément factuel, qu'il faut interpréter, est la position finale de Socrate (15c-d-16a) : si Euthyphron n'a plus rien à dire sur la question, Socrate ne considère pas, de son côté, qu'il en aille de même ; c'est du moins ce qu'il dit : il faut continuer l'examen de la question (*skepsis*), « il nous faut reprendre l'examen à nouveau depuis son origine » (*ex archès ara hèmin palin skepteon*, 15c). Il n'y a pas de raison de penser que Platon, au moyen de ce propos qu'il fait tenir à Socrate, se contente de déguiser une incapacité à donner une solution à la question, tant que nous ne nous sommes pas assurés qu'il n'y a pas d'autre interprétation possible du Dialogue.

Or il semble douteux que Platon ait entrepris d'écrire et de publier un livre sur la piété, peu de temps après que Socrate soit mort d'avoir semblé être impie et, comme tel, un danger inacceptable pour l'État athénien, si c'était pour lui faire dire que la piété était impossible à définir, c'est-à-dire, on l'a vu, impossible réellement ; car, outre que c'eût été bien risqué pour lui-même[1], il aurait fait un étrange cadeau à son maître, puisqu'il aurait justifié sa condamnation en montrant que, pour lui également, la piété paraissait simplement impossible et en faisant soutenir cette thèse par Socrate lui-même. Enfin, quand bien même on croirait pouvoir ne compter pour rien ces raisons, resterait la plus forte : il y aurait incohérence, dans l'œuvre de Platon à peu près contemporaine de l'*Euthyphron*, à faire affirmer à Socrate, dans son *Apologie*, qu'on a tort de l'accuser d'impiété, si c'était pour lui faire dire ici que toute piété est impossible.

De plus, Socrate ne dit pas seulement qu'il faut continuer l'examen de la question, mais qu'il faut le reprendre « à l'origine, à son principe ». Cela signifie donc bien qu'il suggère non pas certes de poursuivre la recherche, qui s'avère effectivement stérile au point où on en est arrivé, mais de prendre une nouvelle voie qui parte « de l'origine et du principe ». Il faudra se demander ce que cela peut signifier.

Ensuite, un autre élément reste à comprendre : les deux thèses (du plaisir et de l'utilité) sont contradictoires et cependant liées comme solidaires, chacune semblant renvoyer à l'autre, en un sens. Ce sont deux interprétations aussi plausibles l'une que l'autre de la piété, telle qu'elle est conçue habituellement et définie par Euhtyphron finalement. Comment cela se fait-il ? Qu'ont-elles de commun au-delà de leur contradiction ?

1. Il risquait un procès semblable. Aristote fuira Athènes, quelques dizaines d'années plus tard, en butte au même risque, pour « épargner à cette ville de reproduire à son égard la faute déjà commise à l'égard de Socrate ».

Déterminer ce qu'elles ont de commun devrait, à la fois, faire apparaître ce qui pousse à les considérer souvent, comme acceptables, ce qui les rend cependant insuffisantes l'une comme l'autre, et ce que serait une voie qui évite leur commune invalidité pour penser la piété.

C'est le dernier élément qui empêche de considérer que, lorsque le texte s'arrête, tout ce qu'il y a à en comprendre soit dit et se résume à l'impossibilité de la piété (ou de sa définition) : en effet, il y a un élément de la dernière définition d'Euthyphron (14b), qui n'a précisément pas été réfuté explicitement ni même examiné : après avoir affirmé que la piété consiste à prier et sacrifier d'une manière agréable aux dieux, il avait ajouté que « c'est ce qui fait le salut des familles et des États, tandis que l'impiété entraîne bouleversements et ruines ». Pourquoi Socrate n'a-t-il même pas examiné cette partie du propos d'Euthyphron ?

On peut dire, bien sûr, qu'il a réfuté implicitement cette affirmation, qui est lourdement utilitariste, selon toute évidence. Ensuite, on peut imaginer que Platon n'ose pas être plus explicite sur cette formule pour des raisons de prudence : ceux qui veulent bien lire en comprennent immédiatement l'invalidité, mais il serait dangereux, si peu de temps encore après la condamnation à mort de Socrate pour impiété, de critiquer une formule où tout le monde reconnaît la piété : cette critique semblerait attenter à la sûreté de l'État et des familles. Tout ce que nous avons dit sur le lien entre la religion et l'État rend assez évident que nier le rapport entre le culte des dieux (prières et sacrifices) et la protection de l'ordre social, serait une provocation d'une « arrogante démesure » (*hubris*), qui devrait entraîner la « juste colère » (*nemesis*) divine sur la Cité tout entière, au cas où elle ne se purifierait pas elle-même de ce « pollueur » social et religieux (ce miasme contagieux). Ainsi ce serait par ce conformisme social, qui est essentiel à la religion grecque, que Platon ferait citer cette caractérisation de la piété par Euthyphron et s'abstiendrait de la faire explicitement réfuter par Socrate.

Mais, sans écarter l'hypothèse d'une certaine prudence bien normale, l argument ne paraît pas entièrement décisif, car l'utilitarisme politique de la piété est critiqué de façon suffisamment claire pour que l'on ne puisse penser que Platon ait cherché à éviter tout risque de tracas sociaux et judiciaires. Alors, peut-être n'cst-ce pas seulement par prudence sociale, mais par crainte de dépasser sa pensée, qu'il n'est pas plus explicite là-dessus : sans doute, une « piété » qui viserait à travers le plaisir l'utilité des dieux, l'intérêt de l'État et des familles, ne serait qu'une caricature de piété ; c'est ce que montre implicitement le texte. Mais que le salut des familles et de l'État soit un des buts principaux de la vertu [1], qu'il ait une valeur sacrée, que la vraie piété puisse fonder le vrai salut politique et familial, Platon n'a

1. *Cf.* les références que cite Goldschmidt, 1963, § 33, p. 68 note 20.

jamais écrit le contraire dans toute son œuvre, et puisqu'il ne le nie pas non plus explicitement ici, il faut avant de lui prêter des propos qu'il n'a pas tenus, examiner si le contraire n'est pas plus probable.

Le silence du texte sur cette formule devrait donc nous conduire à examiner si l'évaluation de la relation de la religion et de l'État n'est pas plus complexe qu'il n'y paraît d'abord, dans l'*Euthyphron* (cette question est très importante et constitue le fond de l'affaire de Socrate), et si l'on ne peut y voir la possibilité d'un fondement de l'ordre social sur la piété, conformément à l'idéal grec, qui sera explicitement celui de Platon, notamment dans la *République* et les *Lois*.

TROISIÈME PARTIE

INTERPRÉTATION

CHAPITRE PREMIER

NATURE ET SENS DE L'APORIE FINALE

LE PIEUX, C'EST LE JUSTE : PROBLÈMES

« Il faut reprendre tout l'examen depuis l'origine. » Quelle est cette « origine » ? Socrate utilise en 15c exactement la même formule qu'il a employée déjà à la fin de la deuxième partie en 11b (*palin ex arkhès*). En ce premier endroit, l'expression est explicitée comme retour à « l'être même du pieux » par opposition à ses « accidents », c'est-à-dire un retour à l'Idée comme vraie réponse à la question de la définition : Socrate essaie de faire remarquer à Euthyphron qu'il a déchu par rapport aux exigences eidétiques et qu'au lieu de répondre sur l'essence du pieux, il s'est fixé sur un accident. Au début de la troisième partie, Socrate s'efforce de faire prendre pied à Euthyphron dans la « région » des Idées à partir de l'Idée de juste : il suggère qu'elle est ce par rapport à quoi celle de piété pourrait risquer d'être distinctement pensée. Ce que signifie l'encouragement de Socrate, à la fin du texte (15c), n'est-ce pas donc évidemment un retour à la question originaire du texte (« qu'est-ce que la piété ? ») entendue au sens fort de : « quelle est l'Idée de la piété ? ». Auquel cas, reprendre « à l'origine » de l'interrogation, c'est aussi reprendre « au principe », c'est-à-dire au point d'ancrage de la piété dans le monde eidétique, que Socrate a révélé lui-même, « sous sa propre responsabilité » [1] : l'Idée de juste.

Voilà donc ce que semble manifestement demander Platon par la bouche de Socrate : que l'on reprenne la recherche de l'Idée de piété à partir de celle de justice, et, pour cela, que l'on reprenne le texte du Dialogue à partir du moment où le rapport du pieux au juste est examiné. Ce que dit explicitement le texte dans la troisième partie du Dialogue, renverrait à quelque chose qui n'est pas dit, qui n'est pas non plus caché, mais vers quoi il fait signe.

1. Voir Goldschmidt, 1963, p. 51 et 56.

Ce qui est explicitement dit dans le texte, c'est que le Pieux est soit identique au Juste, soit une partie du Juste ; or, nous l'avons noté, seule est examinée la deuxième possibilité : possibilité qui donne naissance à deux interprétations (la piété est le service des dieux, c'est-à-dire ce qui vise l'utilité des dieux ; puis, la piété est le savoir-faire des prières et des sacrifices, c'est-à-dire ce qui vise soit l'utilité, encore, soit le plaisir des dieux) : or elles s'avèrent inacceptables l'une comme l'autre. Le texte dit bien explicitement que l'hypothèse que le Pieux soit une partie du Juste est intenable. Mais il ne dit rien de l'autre hypothèse, qu'il indique pourtant clairement : que le Pieux soit le Juste lui-même. S'il n'y a que deux hypothèses possibles et que la première soit reconnue fausse, il y a de bonnes chances que ce soit la la seconde qui soit vraie, et même qui se trouve, négativement et implicitement, démontrée.

On accordera, dans ces conditions, que Platon, quand il arrête le texte de l'*Euthyphron*, ne laisse pas en suspend la question de la piété, bien qu'il ne semble pas y avoir répondu positivement ; il suffit pour cela qu'on lui reconnaisse le droit de choisir sa forme d'écriture, qui, étant littéraire et dramatique, n'a pas à traîner dans la lourdeur de l'explication et use, en revanche, de la clarté et de l'élégance d'une démonstration elliptique. Car, par l'indication de reprendre la question de la piété au point d'où l'on est parti (le rapport du Pieux et Juste) et en se maintenant à un niveau de *principe* (au lieu de diviser ce principe de la Valeur, qu'est l'Idée de juste en soi, selon la distinction empirique entre actes qui visent la justice à l'égard des hommes et actes qui la visent à l'égard des dieux), il en dit juste assez pour que ceux qui, mis dans l'état de ne plus se contenter des impossibilités et des cercles irritants des distinctions empiriques, sont prêts à envisager les choses du point de vue synoptique des principes, sachent clairement ce qu'il faut avoir résolument en vue pour penser l'essence de la piété : *la piété, c'est la justice ; la justice, c'est la piété ; c'est toute la piété. La piété c'est toute la justice.*

D'abord, il faut reconnaître que la forme littéraire de l'exposition n'est pas arbitraire, mais liée au contenu même de la pensée de Platon. L'objet dont Platon montre, à partir de l'*Euthyphron*, que c'est l'objet de la philosophie, c'est l'Idée (la Forme), c'est-à-dire le principe par quoi les choses sont ce qu'elles sont. Or, l'Idée n'est pas une thèse et, ainsi, elle n'est pas essentiellement quelque chose qui se dit et s'écrit mais qui se pense ; elle n'est pas *une* pensée (une opinion), mais ce qui anime une pensée en acte : elle est indépendante de la pensée qui la pense (puisque c'est elle qui la gouverne comme son objet) mais, en même temps, elle n'existe, pour nous du moins, que dans la mesure où une pensée la pense réellement – c'est-à-dire la repense sans cesse.

La troisième partie de l'*Euthyphron* montre bien, précisément, comment l'Idée n'est pas chose qui se communique et s'énonce facilement, même quand on essaie de le faire : lorsque Socrate, cessant d'interroger Euthyphron sur ce qu'il exprime spontanément de la piété, aborde un style pédagogique plus directif et plus magistral, en lui « révélant » ce qu'il faut avoir en vue pour penser la piété (l'Idée de la piété comme Valeur en soi, c'est-à-dire son identité avec l'Idée de juste), Euthyphron fait un contresens sur cette suggestion et continue à développer ses opinions sur le même mode que précédemment. Il utilise le langage que Socrate lui propose, mais vidé de sa substance ou de sa visée eidétique ; il fait déchoir l'énoncé à visée eidétique (le Pieux est Valeur, il est le Juste lui-même) en un énoncé à valeur seulement empirique et pratique. Les mots et les discours peuvent être prononcés, lus et apparemment compris, sans que leur sens véritable ne soit saisi. Cela est éminemment vrai quand il s'agit de l'Idée : après avoir mis Euthyphron sur la voie de le comprendre en lui faisant reconnaître de lui-même que le pieux est Valeur, il suffit que Socrate, pour vérifier que le devin ne se contente pas de répéter des mots, mais les comprend, lui demande si la piété est la justice même, ou seulement une partie de la justice, pour qu'Euthyphron manifeste qu'il ne se rend absolument pas compte de ce que veulent dire ces paroles prises dans leur vrai sens. Car c'est bien le sens dans lequel on regarde (vers l'Idée, le Principe, l'Essence unificatrice, ou bien vers les choses empiriques, multiples et contradictoires), qui est déterminant, lors même qu'un énoncé peut paraître valide. Platon ne prête pas ici à Euthyphron une errance fondée sur la légèreté et l'absence de réflexion ; c'est, au contraire, comme nous l'avons noté, au cours d'un examen apparemment rigoureux et méthodique, ressemblant tout à fait à la méthode dialectique de division et de synthèse, telle que Platon la décrira plus tard, qu'Euthyphron laisse échapper le cadeau eidétique, que Socrate tentait de lui faire pour répondre à son désarroi : pour la seule raison que, quand il parle et pense, quand il répond aux questions taillées pédagogiquement par Socrate à la mesure modeste de ce qu'il peut saisir d'évidence, il n'a pas les yeux tournés vers les Idées, mais irrésistiblement divertis par les choses dans leur existence empirique et radicalement multiple.

On peut dire ainsi que Platon ne se contente pas d'indiquer le sens de la réponse à la question de la définition de la piété, sous forme d'un signe qui ne prendrait sa signification que pour ceux qui sauraient le penser ; il montre aussi, dans la troisième partie du Dialogue, qu'il n'est pas facile d'en dire vraiment plus sur cette réponse et d'aller au-delà de cette indication eidétique, qu'il n'est pas possible de traduire en un discours positif déterminé, dont on soit sûr qu'il soit compris. Il n'est pas dit, pour Platon qu'on puisse tout dire en philosophie, et peut-être ne peut-on faire mieux, dans certains cas, qu'un discours négatif, qui manifeste quelles sont les opinions et les positions qu'on ne peut pas soutenir (le plus sage serait sans doute, précisément à l'égard des dieux, d'avouer que nous ne savons rien sur eux-mêmes ni sur la façon dont ils peuvent bien se nommer eux-mêmes, comme dit Socrate dans le *Cratyle*, 400d).

Platon utilise la forme d'exposition la plus justifiée et la mieux adaptée à son objet et à ce qu'il a à en dire, puisqu'il ne peut s'agir pour lui d'énoncer des thèses mais de faire apparaître les conditions de possibilité d'une réflexion sur l'Essence de la piété. La justification de ce mode d'exposition et de la limite de l'explication de sa réponse se trouvent dans le texte même : *la contemplation méditative tournée vers les Idées pour penser les choses* risque sans cesse d'être trahie par ce qu'on essaye d'en dire, lors même que le *logos* est l'instrument et le milieu de cette contemplation ; et la tâche la plus importante est de mettre en garde contre ce qu'il y a d'insuffisant essentiellement dans le discours qui cherche à y conduire. C'est aussi ce qui rend nécessaire que le commentaire, sans perdre de vue la lettre du texte, prenne la forme de la *réflexion*, à laquelle il appelle.

Nous voyons, de la sorte, que la nature négative de la justification de la réponse proposée par Platon, n'est pas due au hasard ou bien à l'on ne sait quelle négligence, comme si elle avait pu indifféremment recevoir une démonstration qui soit moins extérieure. Ce serait, en effet, se représenter l'Idée comme une chose parmi les choses, que de penser qu'on pourrait en donner une justification plus directe et enveloppante. Mais l'Idée n'est pas une chose et le « monde » des Idées n'est pas un autre monde que le monde des choses ; il est le monde des choses mais en tant qu'il est pensé et intelligible, c'est-à-dire en tant que les choses apparaissent clairement ce qu'elles sont dans leur réalité, dans leur essence, dans leur principe. On ne peut donc *être* dans le monde des Idées, on s'efforce d'y atteindre ; et la justification d'une Idée ne consiste pas essentiellement à se trouver de plain-pied avec les Idées *dans* leur « monde », mais dans la reconnaissance de la nécessité de s'y élever, c'est-à-dire de l'impossibilité de saisir ce que sont les choses en elles-mêmes, tant que l'on garde les yeux fixés seulement sur la manière dont elles apparaissent. La nature de la justification de la réponse, que Platon apporte à la question de la piété, n'est donc qu'apparemment extérieure, indirecte voire contournée, si l'on ne fait pas un contresens sur ce qu'est une Idée : « démontrer » que le Pieux est le Juste, que le Pieux ne peut être que le Juste, ne peut se faire qu'en montrant comment la piété, telle qu'elle est conçue dans les conceptions les plus répandues et les plus élaborées d'un point de vue pratique et empirique, est insuffisante et engage *a contrario* vers autre chose : cette autre « chose », qui n'est pas une chose, l'Idée, ne se constitue et ne se justifie que comme le renversement des insuffisances et des contradictions qui se manifestent dans l'expérience empirique de la piété. C'est du moins concevoir la nature de l'Idée non pas comme un dogme établi mais selon la manière dont à chaque fois elle s'impose à la pensée.

Nous pouvons maintenant montrer que la réponse de Platon ne manque évidemment pas de consistance, comme si elle ne consistait que dans la brève indication de l'identité que l'on peut établir entre le Pieux et le Juste. À cette fin, nous allons analyser cette identité en méditant les indications que le texte nous donne.

CHAPITRE II

L'IDENTITÉ DU JUSTE ET DU PIEUX

Il y a nécessité d'un savoir pour être pieux. N'importe qui ou n'importe quoi n'est pas pieux ; pour être pieux, il faut faire ce qu'il faut : cela implique, d'une part, que la piété soit une pratique gouvernée par une Valeur ; cela implique d'autre part, en même temps, que la piété soit un savoir : pour être pieux, il *faut savoir ce qu'il faut faire*. Cette exigence de savoir est celle que, par principe, tout au long du Dialogue, pose Socrate, en réclamant l'Idée de Pieux ; quant à Euthyphron, depuis le début il manifeste, par sa prétention à être compétent en matière de religion, son accord de fait avec cette thèse. Mais, dans la troisième partie (à partir de 11e), il va, sous l'effet de l'interrogation de Socrate, lier explicitement, à sa définition de la piété, la nécessité du savoir, et enfin l'intégrer spontanément à sa dernière définition (14b). On peut donc dire qu'il a été sensible à cette exigence de fondement scientifique, que Socrate lui a réclamée depuis le début.

Il s'agit, cependant, d'un savoir autre que celui du savoir-faire ordinaire (empirique et utilitaire). Eneffet, nous avons vu que l'intuition d'Euthyphron ne lui a pas permis de penser correctement la piété dans son Essence : Socrate lui montre que la manière dont il pense ce qu'il faut savoir et savoir faire pour être pieux, implique une conception inacceptable de la Divinité (soumise à la nécessité du besoin ou en proie à l'arbitraire du plaisir). C'est donc que le modèle de savoir auquel il se réfère est incapable de prendre la Divinité pour objet. Or, c'est le modèle du savoir des « techniciens » de son temps : savoir qui fonde un savoir-faire, c'est-à-dire se détermine par l'utilité qui est son but et permet ainsi de servir (comme un soigneur ou un serviteur) ou d'échanger les services dans un marché. De la sorte, l'unité qui existe entre savoir, savoir-faire, service et commerce, signifie que, de la même manière que la Divinité ne peut être objet de savoir, elle ne peut être objet non plus de savoir-faire, de service, ni de commerce (d'échange). À l'égard de la Divinité, nous ne pouvons donc rien savoir ni savoir faire (au sens qu'ont ordinairement ces termes). Ce qui est le propre de la Divinité, pour nous, hommes, c'est qu'elle échappe à notre savoir et notre action.

Le savoir (*epistèmè-tekhnè*) auquel se réfère Euthyphron ne peut avoir que des objets particuliers et correspondre à des besoins ou des plaisirs déterminés, et son application à la Divinité la traite ainsi comme si elle était une réalité particulière et limitée dans sa puissance et sa perfection: l'absurdité d'une telle conception implique *a contrario* que la Divinité soit sans limitation d'aucune sorte, tout autre que tout objet particulier et, donc, plutôt qu'un être particulier, Principe de toute chose.

On comprend alors comment le savoir qu'exigerait une relation authentique à la Divinité (la vraie piété) serait un savoir tout autre que le savoir ordinaire : une capacité de prendre une vue universelle du Tout par la saisie de son Principe. C'est ce qui fera caractériser la réflexion philosophique, dans les œuvres de la maturité de Platon, comme *synoptique* (qui voit tout à la fois) et *dialectique* (qui remonte au Principe premier de tout ce qui est). Voilà le vrai « savoir », qui n'est que suggéré, ici, par les insuffisances du savoir ordinaire, et qui est le seul rapport possible et vrai à la Divinité : la *philosophie dans sa totalité*.

La conception de la justice impliquée dans l'*Euthyphron*

Ainsi la piété ne serait rien d'autre que la philosophie et la justice. Le seul savoir-faire fondé, à l'égard de la Divinité, serait de savoir faire tout ce qu'il faut à l'égard de tout : c'est l'Idée même de la justice totale et entière. La piété se définit alors, dans sa vérité, comme la réflexion philosophique dans sa totalité (sans limitation), fondant la possibilité de la justice dans sa totalité. Nous voyons comment, en suivant les indications, que, négativement, nous ont données les impossibilités des tentatives d'Euthyphron, la piété se détermine comme la justice elle-même dans sa totalité, et non comme une partie de la justice. Car la justice est l'Idée d'un ordre des choses et des êtres dans le monde, où chacun se trouve à la place et dans la fonction qui sont conformes à sa nature (un ordre semblable entre les parties constitutives de l'État ou de l'âme détermine, de même, la justice politique ou la justice intérieure. Voir *République*, IV, 441c *sq.*).

Cela implique deux idées : d'une part, du point de vue de la justice comme ordre, la nature de chaque être est inséparable de celle de tous les autres êtres et c'est par sa différence d'essence que chaque être trouve sa place et sa fonction justes ; d'autre part, la justice comme vertu implique la connaissance de la nature de chaque être dans ce qu'il a de caractéristique, c'est-à-dire du point de vue de la totalité (sa place dans la totalité de l'univers). La justice est ainsi, d'une part, un savoir juste (justesse), qui se réalise en traitement juste, le cas échéant; d'autre part, elle est, comme savoir et traitement, un rapport à chaque chose dans sa spécificité, en tant que celle-ci ne se saisit que par rapport à la totalité, qui lui donne son sens et sa nature.

On voit clairement, alors, que la justice ne peut pas se diviser selon les objets particuliers auxquels elle s'adresse, mais qu'elle est essentiellement globale : un rapport à la totalité de l'Être (tout ce qui est). Elle ne se définit pas par un objet particulier d'application, mais, comme vertu, par la Valeur qu'elle veut réaliser ou dont elle veut reconnaître le règne (que chaque être soit dans la place et la fonction qui sont nécessaires pour lui dans l'ordre universel des êtres). C'est pourquoi il suffit de reconnaître que la piété est Valeur (ce qui s'impose comme une exigence par soi-même), et donc qu'elle a quelque chose de commun avec la justice, pour qu'il faille en conclure que, comme la justice est indivisible, elle est toute la justice.

Dira-t-on qu'Euthyphron, en distinguant ce qu'est la justice à l'égard des dieux et ce qu'elle est à l'égard des hommes, applique pratiquement ce principe de la reconnaissance de la place propre de chaque être dans l'ordre universel ? Non, car trop préoccupé de pratique empirique, il ne prend pas le temps de comprendre l'Idée de Justice, ce qui le met en contradiction avec lui-même dans son effort même de bon sens pratique (aventure ordinaire des hommes trop pressés de « coller » à la « réalité pratique »).

En distinguant ce qui est juste à l'égard des dieux et ce qui l'est à l'égard des hommes, Euthyphron suit le bon sens commun, qui reconnaît que la justice consiste à rendre à chacun ce qui lui est dû en fonction de ce qu'il est. Pourtant, il reconnaissait dans son affirmation du début du Dialogue, qui frisait le scandale (il n'y a pas de différence à faire entre *membre de la famille* et *étranger*, en matière de justice, 4b-e), que la justice, est une et identique, quel que soit son objet. Son empirisme pratique est décidément contradictoire. Il semble se tromper à chaque fois. À quoi son erreur tient-elle ?

C'est qu'il n'y a pas moyen de connaître ce qu'est une réalité prise à part, mais ce qu'elle est avec nécessité est déterminé par ses relations avec tout le reste de ce qui est. La justice est une et identique, quels que soient ses objets particuliers, dans la mesure où elle consiste à se rapporter à la totalité de l'Être pour y saisir la place et la fonction juste de chaque chose; c'est ainsi qu'elle traite, de ce fait, chaque chose selon sa vraie nature, selon son essence. Diviser la justice selon ses objets particuliers, c'est la détruire comme Idée; c'est une attitude solidaire du savoir et du savoir-faire ordinaires et pratiques, qui traitent les objets un à un ou par collections construites empiriquement. Seuls, en revanche, un savoir et un savoir-faire qui reconnaissent l'insuffisance de la myopie empiriste et visent la totalité (une saisie synoptique), peuvent, en assignant sa vraie nature et sa place à chaque être, fonder une vraie justice. Connaître ce que c'est en vérité que la Divinité, c'est connaître ses relations à ce qui n'est pas divin, c'est-à-dire ce qui les unit et ce en quoi ils sont radicalement différents et autres. Tel est le point de vue synoptique que doit posséder celui qui veut être juste à l'égard de la Divinité : pour la traiter avec justesse (c'est-à-dire selon sa différence radicale), il faut se rapporter également avec justesse à ce qui n'est pas divin. Pour connaître et traiter un objet selon ce qu'il a de propre (selon son Essence), il ne faut pas commencer par l'isoler, mais au contraire, il faut le replacer dans la totalité de l'Être.

Ainsi, pour caractériser l'erreur d'Euthyphron, on peut dire qu'il se trompe sur l'Idée et sur son application, faisant chaque fois le contraire de ce qu'il faut. Le principe de traiter « tout le monde de la même manière » semble excellent du point de vue de la justice, mais il suppose, tel qu'Euthyphron l'emploie, que l'on ait auparavant découpé la collection des êtres (« tout le monde ») que l'on se propose de traiter de la même manière ; on ne se préoccupe donc pas, alors, de l'Idée de la justice mais de son application et de ce genre de problèmes où même entre les dieux il peut y avoir conflit, comme Socrate l'a montré à Euthyphron : faut-il traiter son père comme n'importe quel journalier assassin ? De manière moderne, on se demanderait s'il faut traiter de la même manière l'enfant et l'adulte, le riche et le pauvre, le fort et le faible, le malade et le bien-portant, etc. : ce sont des questions délicates et importantes d'application de la justice mais à quoi ne répond pas directement la question de l'Essence de la justice, quand on dit qu'elle consiste à reconnaître dans tous les cas la nature propre de chaque être. Quand il s'agit d'appliquer le principe de la justice à des sous-ensembles d'êtres préalablement isolés, le premier problème est de savoir ce que valent ces découpages et le rassemblement de ces collections (sur quel principe reposent-ils ?). Ce qui montre qu'Euthyphron n'a pas en vue la Justice elle-même, lors même qu'il invoque pour se justifier contre son père un principe d'apparence universaliste, c'est qu'il pense que la justice n'est pas la même qu'à l'égard des hommes et à l'égard des dieux. Le passage du point de vue du principe à celui de l'application se fait subrepticement et sans que l'on rende raison des divisions opérées et de celles qui sont refusées. Or, l'attitude d'Euthyphron à l'égard de son père peut choquer si, comme la plupart des Grecs de son temps, on pense qu'un père n'est pas un être comme les autres mais qu'il est « comme un dieu » (comme dit Platon dans les *Lois*) ; en revanche, elle peut paraître juste si l'on considère que l'on peut faire abstraction de toutes les différences réelles pour assurer l'égalité des êtres humains devant la justice rendue. Lorsque Euthyphron divise la justice selon qu'elle s'adresse aux hommes ou aux dieux, il n'a pas en vue le Juste, il ne s'agit que d'un montage personnel et non pas de la reconnaissance de la nature propre de la divinité, puisqu'au lieu de la traiter en se préoccupant de son être véritable, il la traite comme il ferait d'un homme ou d'une société d'hommes : il la divise en individualités, ayant des besoins et des désirs. L'anthropomorphisme (qu'il soit polythéiste, ce qui est plus naturel, ou monothéiste, ce qui est une sorte de premier repentir) est lié à une double erreur, sur l'Idée de justice et sur son application pratique, et, plus encore, à une confusion permanente entre les deux.

Les deux interprétations contradictoires que donne Euthyphron de la piété (chercher le plaisir ou bien l'utilité des dieux) sont ainsi des caricatures de la piété, des métaphores de la justice (d'un comportement justifié), qui la ratent parce qu'elles ratent l'Essence de la Divinité. En effet, chercher à faire aux dieux ce qu'ils se trouvent aimer ou ce qui leur est utile, c'est chercher et viser en eux ce qui est particulier, que ce soit selon l'arbitraire de leur bon plaisir ou selon la nécessité de ce dont ils ont besoin. Cela peut paraître proche, en un sens, de ce souci de la nature propre de chaque être, que réclame la justice. Mais le principe d'injustice est de les traiter comme s'ils étaient des hommes (anthropomorphisme). Nous avons vu que ces deux formules, limitant par principe la puissance et la perfection de la Divinité, n'étaient pas acceptables; nous voyons maintenant la raison de leur insuffisance et de leur contradiction : elles respectent apparemment le principe de reconnaissance de l'être propre de la Divinité pour déterminer avec nécessité ce qu'il faut faire à son égard; mais, en même temps, elles transgressent cette exigence, en concevant la Divinité de manière humaine, la connaissance de la Divinité comme une *epistèmè* ordinaire, et l'action à son égard comme une pratique technique. Leur contradiction n'empêche donc pas que ces deux interprétations de la piété soient homogènes, étant nées de la même défaillance par rapport à l'Idée. Cette contradiction indique cependant encore l'exigence commune qu'elles essaient de réaliser et qu'elles ratent toutes deux : l'exigence de la vraie justice.

Amour et justice

Aimer (ou *vouloir être aimé*), *vouloir soigner*, *servir*, *être utile*, impliquent toujours de considérer l'autre comme n'étant pas vraiment autre. Dans l'amour, les soins (la *thérapie*) ou le service, on suppose toujours un minimum de similitude entre soi et l'autre (similitude que l'on juge exister ou devoir exister) : on fait de soi une norme pour l'autre. En ce sens, à l'égard de la Divinité, on peut dire que l'anthropomorphisme est une « anthroponormie » (l'homme y est la norme de la divinité). En revanche, la justice traite l'autre comme tel, c'est-à-dire comme autre : seule manière de le traiter selon ce qu'il est. Dans ce cas, on ne fait pas de soi, mais de l'autre, la norme; ou, plutôt, l'on cherche une norme commune qui vaille pour tout et tous, où chacun ait la place qui corresponde à son être propre : la connaissance de tout, par laquelle, seule, chaque être peut être saisi pour ce qu'il est vraiment. On procède alors selon une « ontonormie » (l'être réel est la norme). La différence de nature entre l'homme et la Divinité, faisant de la Divinité tout autre chose non seulement que l'homme mais encore que toute chose, il sera juste de traiter la Divinité comme le Tout-Autre (ce qui n'est en aucun sens « chose », « être », mais « principe d'être »).

Mais, si la justice traite chaque être selon ce qu'il est, c'est-à-dire comme « autre », on conçoit comment, loin que la piété puisse rivaliser avec la justice, ou n'en être qu'une partie, elle est au contraire, éminemment justice, la Divinité étant le Tout-Autre, ce avec quoi l'homme ne peut avoir de relation : car, s'il est possible de ne pas être juste avec un homme, mais d'avoir avec lui une autre relation (amour, service, soins), en revanche, avec le Tout-Autre, aucune autre relation n'est possible. Avec la « Divinité », ou bien l'on est juste (au sens que nous avons défini), ou bien l'on se contente de rêver qu'on a des relations. Avec la Divinité, on ne peut avoir d'autre relation qu'une relation de justice, entendue comme reconnaissance de son altérité absolue.

La piété ne peut prendre un dieu pour objet. Définie selon ce qu'elle est vraiment, c'est-à-dire justice rendue à la Divinité de son altérité éminente, la piété ne se détermine donc pas par l'objet particulier qu'elle se donne subjectivement (puisqu'il est, comme tel, inassignable, indéterminable, autrement que comme ce qui est lié au tout, comme à son principe), mais par la modalité de l'attitude qu'elle constitue à l'égard de tous les objets possibles : quel que soit l'objet, le souci de s'y rapporter selon la justice et la nécessité, c'est-à-dire en connaissance de cause, voilà toute la piété. Mais précisément un dieu n'est pas tel que l'homme puisse le prendre comme objet *particulier* d'aucune action positive, en connaissance de cause, si ce n'est pour méditer son caractère inconnu et essentiellement étranger – et encore, ce faisant, l'objet de la méditation n'est pas particulièrement *une* divinité mais la Divinité, la relation juste à la Divinité, la relation du monde (le tout) à son principe possible. On arrive ainsi à une définition de la piété qui est paradoxale, puisque sans référence fondamentale à la Divinité comme objet particulier déterminé. La question est de savoir comment Platon est amené à donner un sens apparemment si particulier à un mot qui implique avant tout un rapport à la Divinité dans son usage courant – un mot, ou plutôt, précisément, deux, et c'est le problème sur lequel il faut revenir.

HOSION ET *EUSEBES*

C'est ici qu'il faut éclaircir le sens des deux termes employés en grec, particulièrement dans ce Dialogue, pour dire « piété » : *hosiotès* et *eusebeia*.

Usage commun et usage platonicien

Notre hypothèse est, en effet, que les deux termes ne sont pas équivalents : l'*eusebeia* signifierait la piété telle que se la représentent Euthyphron et la tradition religieuse sociale et institutionnelle; seule l'*hosiotès* correspondrait à la piété telle que Socrate essaie de la faire concevoir à Euthyphron.

Que le Dialogue cherche à définir avant tout l'*hosiotès* et non l'*eusebeia*, c'est ce dont rend compte le sous-titre donné par les commentateurs de l'Antiquité (« sur l'*hosion* »); c'est ce que semble montrer également la statistique de l'emploi des mots des deux racines différentes : les mots de la famille d'*eusebeia* (sa négation et les adjectifs formés dessus) sont employés neuf fois dans le Dialogue; tandis que les mots de la famille d'*hosiotès* apparaissent une petite centaine de fois. Si l'effort du Dialogue est de définir l'*hosiotès*, c'est que c'est la tâche la plus difficile : l'*eusebeia* semble en effet, ne pas être une notion complexe, à première vue. *Eusebeia* est composé sur la racine *seb*, qui indique la crainte, le respect, l'admiration, *eu* étant un préfixe qui indique qu'une action est bien ou entièrement réalisée. Le sens du terme est assuré par la variété des mots de même racine, en grec, dont le sens est voisin. L'*eusebeia* désigne donc un sentiment, qui comme tel est déterminé par son objet : *ce qui* est trouvé respectable, redoutable, admirable, détermine le *sentiment* de respect, de crainte, d'admiration. C'est ainsi que (dit le *Cratyle*, 394d-e) l'*eusebès* est celui qui cherche à être *theophilès* (aimé des dieux) : *theophilon* est le nom générique, le vrai genre (*genos*) que mérite l'*eusebès*, qu'on peut appeler aussi *theosebès* : cette relation aux dieux mêle amour, crainte, respect. C'est ainsi que cette piété peut s'adresser aussi bien aux dieux qu'aux pères et généralement à tout ce qui nous est indiqué comme respectable socialement.

Tandis que l'*eusebeia*, même à l'égard des dieux, est, comme le mot l'indique, un sentiment qui peut se ramener à la psychologie généralc des sentiments de crainte et de respect ordinaires, *hosiotès* est, en revanche, un mot qui ne peut être rapporté étymologiquement à aucune racine connue [1] ni à aucune signification déjà établie en dehors de lui. L'usage seul permet d'en déterminer le sens. L'usage commun en fait souvent, certes, presque un synonyme d'*eusebeia*. Cependant, dans leurs emplois, on voit appa-

1. P. Chantraine, *Dictionnaire étymologique de la langue grecque*, *op. cit.*

raître une différence pertinente : tandis qu'*eusebès* signifierait seulement « respectueux des dieux et des rites », *hosios*, aurait en plus « une résonance morale ». En ce sens, on peut dire que l'*Euthyphron* essaie d'éclaircir la différence, reçue dans l'usage mais pas entièrement claire, de l'*hosion* et de l'*eusebès*[1], dont il part lui-même : est-ce la même chose ou est-ce que ce sont deux choses différentes ? Quelles sont l'importance et la nature de la différence que l'on fait entre eux : « la résonance morale » ?

D'un côté, l'*Euthyphron* montre que ce qui correspond traditionnellement à l'*eusebeia* est injustifié et même impossible parce que contradictoire : suivre le rite et le culte des dieux de la Cité pour chercher à leur faire plaisir et à les imiter, ce qu'on peut appeler être *dévot*, est à vrai dire impossible, car on ne sait rien sur eux. Sur eux, on rapporte seulement des fictions contradictoires, anthropomorphiques, immorales et injurieuses. Comme simple sentiment empirique, le respect dévot n'a pas de nécessité et c'est au hasard, à l'ignorance, à l'imagination, et généralement à des sentiments variables, qu'il risque de devoir son existence et son maintien : le simple *fait* qu'un être (dieu ou père ou autre) se trouve paraître pour tel individu, à tel moment, redoutable, respectable, admirable. L'*eusebeia* est donc fragile et contradictoire parce qu'elle n'est pas une Valeur, au sens fort du terme et ne se rapporte pas à une Valeur. C'est un simple sentiment contingent : elle prétend et croit se donner comme objet ce qui est « le plus haut et le plus grand » (le divin), mais en se fondant sur des approximations, des fictions, voire « les mensonges les plus grands » (*République*, 377e).

L'*Euthyphron* montre, en revanche, que, de l'*hosiotès* (une piété *digne* de ce nom), c'est tout le contraire que l'on doit dire et penser : c'est le sentiment d'une Valeur, la reconnaissance de quelque chose qui vaut par soi. C'est ce que montre la deuxième partie dans son deuxième moment

1. Comme nous l'avons vu, les quatre premiers emplois de mots de la famille d'*eusebeia* (5c-5e) manifestent la confusion, fréquente dans la langue, de ces termes avec ceux de la famille d'*hosiotès*. Dans les trois premiers emplois (5c), Euthyphron s'étant vanté de savoir ce que c'est que l'*hosion* (4d-5a), Socrate lui demande ses lumières pour se défendre contre l'accusation d'*asebeia* : Socrate emploie le terme utilisé par la « Loi contre l'impiété », invoquée contre lui par Mélètos et qui correspond au non-conformisme social qu'il y a à « ne pas croire aux dieux de la Cité et à en inventer d'autres » ; bien que cela ne signifie évidemment pas que pour Socrate l'éclaircissement vienne de l'identité des deux termes *asebeia* et *anhosiotès*, c'est cependant ainsi qu'on a toute chance de l'entendre à première lecture, et c'est comme cela qu'Euthyphron l'entend – ce que montre le quatrième emploi (5e) : *asebès*, ou plutôt *asebôn* (participe présent du verbe correspondant) semble employé comme synonyme de an*hosios*, dans la mesure où il est la reprise d'*adikôn* (injuste), qui se trouve quelques lignes plus haut (« *tô adikounti* ... *tô asebounti*... », 5d-e) ; tout le contexte étant moral et judiciaire, il attribue donc la résonance morale et judiciaire au terme de la famille d'*eusebeia* ! Socrate semble tester la sensibilité d'Euthyphron à la nuance de sens entre les deux familles de mots, ou chercher à en provoquer le réveil.

(10a-11b), cet acquis étant confirmé par la troisième partie, qui, confrontant l'*hosion* au *dikaion* (le juste), cherche quelle sorte de valeur cela peut être. Cette confrontation de *hosion* avec *dikaion* correspond précisément, d'après Chantraine, à un usage courant par où se définit le premier terme, conformément la réponse qu'apporte Euthyphron : les deux termes sont des équivalents, l'un touchant le respect des lois divines, l'autre le respect des lois humaines. L'*hosion* est une espèce de *dikaion* concernant les dieux. L'analogie (ou la spécification) qui unit l'*hosion* au *dikaion*, fonde l'idée du caractère moral de l'*hosion*. En ce sens, l'*Euthyphron* établit donc par voie de réflexion philosophique le fondement d'une différence linguistique non entièrement claire et distincte entre l'*hosion* et l'*eusebes*, en dévalorisant ce dernier terme. Mais ce n'est pas tout : il examine la cohérence de l'*hosion* ainsi déterminé. Car peut-on associer le respect des règles établies par les dieux et celui de ce qui vaut par soi, pour former la notion d'*hosiotès* ?

L'*Euthyphron* montre que l'*hosion* ne peut être à la fois Valeur et relation aux dieux. Comment pourrait-il être à la fois ce qui est prescrit par les dieux et ce qui vaut par soi ? Ce qui vaut par soi n'est pas tel parce qu'il est prescrit et voulu par les dieux, *theophiles*, aimé-des-dieux (si on l'appelle ainsi, on dit que c'est ce qui vaut par et pour les dieux, et non pas en soi et par soi). On ne peut pas fonder la valeur de l'*hosion* sur les volontés et les prescriptions divines ; ce ne serait pas définir l'*hosion* comme une Valeur en soi ; ce serait, de plus, dévaloriser les dieux en en faisant des êtres arbitraires, aux volontés contingentes et contradictoires (ce que fait la mythologie polythéiste) : c'est ce qu'a montré le premier moment de la deuxième partie. Mais supposer, en revanche, que ce qui est prescrit et voulu par les dieux, le soit parce que c'est ce qui vaut par soi-même, semble dévaloriser les dieux à nouveau, d'une autre manière, en les soumettant à quelque chose de supérieur à eux en puissance et en dignité, qui s'imposerait à eux (c'est ce qu'a montré la troisième partie). Ainsi s'achève le Dialogue, montrant *explicitement*, dans les termes de son examen, l'impossibilité de donner une conception non-contradictoire de l'*hosion* comme unité de ce qui vaut par soi-même (c'est-à-dire qui constitue un devoir soumis à aucune condition ni limitation) et de ce qui serait prescrit ou souhaité par les dieux.

L'*hosion* semblerait, alors, une fiction contradictoire et *l'hosiotès* une impossibilité pratique. Dans ce cas, l'*Euthyphron* montrerait que, ni comme *eusebeia* ni comme *hosiotès*, la piété ne serait possible. Ce résultat pourrait sembler incompatible avec toute la fin de l'œuvre de Platon, et, plus gravement encore, avec l'*Apologie de Socrate*, dont il est contemporain et dont le principe est d'affirmer la piété de Socrate. Mais il n'y a contradiction interne, et donc impossibilité de la notion d'*hosion*, que si les deux éléments incompatibles, dont on veut ordinairement la former, sont tous deux également nécessaires et fondamentaux. Or, si on ne tient pas par principe ce résultat apparent pour la leçon dernière du Dialogue et si, attentif à la recommandation finale de Socrate, on juge, en effet, indispensable de reprendre *depuis le début* l'examen de ces deux éléments incompatibles, on voit que leur nécessité n'est pas égale.

Peut-on supposer qu'être « Valeur en soi » ne soit pas indispensable à l'*hosion*? Certainement pas, car il deviendrait simple *eusebes*, dont nous avons vu qu'il est inconsistant voire impossible en lui-même. Et puis, surtout, le Dialogue reconnaît, positivement et explicitement (pas seulement Socrate, mais aussi Euthyphron, en 10d) que l'*hosion* vaut par soi. C'est donc une exigence irrévocable de l'*hosion*.

Peut-on supposer alors qu'être «prescrit par les dieux» ne soit pas indispensable à l'*hosion*? Non seulement on le peut, mais il le faut, si on ne veut pas confondre l'*hosion* avec l'*eusebes-theophiles*, et si l'on tient compte de tout ce que montre Socrate des dieux : on ne peut savoir ce qu'ils sont, ce qu'ils font, ce qu'ils aiment, ce qu'ils prescrivent; en un mot, nous ne pouvons avoir *commerce* avec eux. C'est donc évidemment ce second caractère (*d'être prescrit par les dieux*), si on l'entend au pied de la lettre de façon anthropomorphique, qu'il faut éliminer de l'*hosion*. L'*hosion* n'est que Valeur en soi; il est identique au juste en général – et on ne peut différencier, dans son principe (comme Idée), la justice selon qu'elle concerne les hommes ou les dieux. Ainsi, par opposition à l'*eusebeia*, qui se définit comme déterminée, dans son contenu, par son objet (destinataire), c'est-à-dire par quelque chose d'étranger à elle-même, l'*hosiotès* se définit par sa nature, qui est d'être reconnaissance de la Valeur en soi, en général, quel que soit l'objet qu'elle ait en vue.

*Les cinq derniers emplois d'*eusebès *et de ses dérivés*

C'est l'explication générale du réemploi des termes de la famille d'*eusebès*, dans la troisième partie du Dialogue, alors que, depuis la position de la question générale et le tout début de la première réponse d'Euthyphron qu'elle avait déterminée, seul le terme *hosion* et ses dérivés étaient employés : c'est Socrate, en effet, qui réutilise les termes *asebeia* (impiété) et *eusebès* (pieux), associés au terme *hosion* et sa négation, en (12e). Qu'est-ce que cela peut signifier, étant donné que c'est l'*hosion* avant tout que l'on cherche à déterminer?

D'abord, Socrate cite l'accusation judiciaire de Mélètos : or le terme de la loi contre l'impiété est *asebeia*. Mais ce n'est pas une explication véritable, car on peut se dire que si Socrate cite Mélètos, c'est pour justifier le réemploi de ce terme. Pourquoi donc réemployer ce terme d'*asebeia*, presque comme un synonyme d'*an-hosiotès*? Si notre interprétation est juste, Socrate, dans le premier moment de la troisième partie, qui se termine par la question où il emploie apparemment comme des synonymes *eusebes* et *hosion*, veut vérifier qu'Euthyphron a bien compris la suggestion que le pieux est Valeur en soi, c'est-à-dire identique au Juste : pour qu'Euthyphron produise cette idée lui-même comme vérité nécessaire, il faut qu'il voie l'impossibilité de dire autre chose; c'est pourquoi Socrate a cessé de l'aider, et, au contraire, aurait tendance à le pousser dans la voie, apparemment logique, mais qui est un piège, de diviser la justice selon ses objets (destinataires, hommes ou dieux) et de faire de la piété l'une de ses parties. La tendance d'Euthyphron à l'empirisme le pousse à accepter comme évidente cette hypothèse qui consiste à définir[1] l'*hosiotès* comme un simple comportement déterminé par la particularité de son destinataire, c'est-à-dire à la confondre avec l'*eusebeia*. On peut donc supposer que si Socrate, au moment où il veut faire examiner cette fausse hypothèse sur l'*hosion*, évoque l'*eusebes* comme son équivalent, c'est que cette hypothèse ne vaut que pour ce dernier terme : on peut diviser la justice selon ses objets empiriques, quand on pense la piété comme *eusebeia*, car celle-ci est la détermination d'un sentiment ou d'un comportement par son objet (dieux ou pères), tandis que l'*hosion* est indépendant de tout objet (destinataire) et ne se fonde que sur soi-même. L'*eusebes* qualifie le sentiment empirique, multiforme et contradictoire; l'*hosion* fait signe vers l'Idée, principe et Valeur par quoi il est ce qu'il est.

L'emploi suivant (13b) d'*eusebeia* est encore le fait de Socrate; il se situe dans le même contexte et mérite la même explication sur le fond. Mais on peut dire que son emploi est surdéterminé par l'ironie socratique, qui devient franchement gouailleuse ici : Socrate, qui aide Euthyphron à exprimer son opinion, qui est que c'est sur le modèle des soins qu'on donne aux animaux qu'il se représente la piété (*hosiotès*), rajoute « et l'*eusebeia* », insistant de la sorte sur le caractère comique, sacrilège d'absurdité, de la comparaison des dieux avec des bêtes : la *crainte sacrée*, *le respect profond*, *l'admiration*, entendus dans l'*eusebeia*, ne peuvent que faire rire si, pour les expliquer, on n'en trouve le modèle que dans les chenils, les étables et les écuries !

Enfin, dernier emploi, Euthyphron utilise *asebes* (impie), en (14b) dans sa définition finale, pour affirmer que les choses qui sont contraires au plaisir des dieux (prières et sacrifices) sont impies (*asebè*) et préparent la perte des familles et des États – révolution et dissolution. On peut noter que, cette fois-ci, dans le contexte d'une définition qui est son œuvre propre, où

1. « À mon avis, la part du juste qui constitue le dévot et le pieux, la voici maintenant : c'est celle qui touche le soin des dieux » (12e).

il introduit lui-même la dimension « civique » de la piété, c'est Euthyphron, de son propre chef, qui passe de *hosia* (les choses pieuses, pluriel qui n'est déjà plus le neutre singulier *to hosion*, par lequel l'Idée est canoniquement désignée) à *asebè* (impies); comme s'il se trouvait aspiré vers le mot juste dans cette reprise de sa définition qui n'insiste plus que sur les catastrophes sociales de l'impiété (prières et sacrifices étant alors passés sous silence). L'*eusebeia*, déterminée par ses objets, est un conservatisme et c'est pour cela qu'elle sauvegarde l'ordre social. Ce dernier emploi donne aux mots de cette famille l'unité et la totalité de leur sens : si c'est l'objet qui détermine le sentiment de respect religieux (*eusebeia*), alors c'est le déterminisme social qui, déterminant le choix de cet objet, détermine ce sentiment. L'*eusebeia* est un sentiment conformiste et conservateur: il consiste à « croire aux dieux de la Cité, et ne pas innover dans ce domaine ». Tandis que l'*eusebes* qualifie un sentiment de soumission conformiste aux puissances sociales, qui lui donne ses objets, l'*hosion* qualifie la Valeur en elle-même dans sa nécessité qui s'impose universellement par elle-même.

Les emplois, rares, des termes de la famille d'*eusebès*, semblent bien s'expliquer, ainsi, de manière cohérente avec le sens d'ensemble qui nous a paru se dégager de l'*Euthyphron*: seul l'*hosion* définit la vraie piété (l'*eusebia* en elle-même l'invalide), si, en l'identifiant avec le Juste, on renonce à lui assigner aucun objet déterminé, en particulier une divinité individualisée.

CHAPITRE III

UNE VRAIE PIÉTÉ RELIGIEUSE

LE PROBLÈME D'UNE PIÉTÉ SANS DIEU

La piété ainsi définie est-elle encore la piété? Nous nous sommes demandés si, en définissant la piété par la justice, on la caractérisait de façon consistante. Nous avons répondu affirmativement, parce que, si l'on renverse les conceptions insuffisantes et contradictoires d'Euthyphron sur la piété, on obtient une conception cohérente et qui est l'Idée même de la justice. Mais précisément, si la piété n'est quelque chose de consistant que comme justice, cela ne signifie-t-il pas que la piété n'est rien elle-même, et que seule existe la justice? Il ne s'agit plus de se demander si la réponse de Platon dans ce texte est consistante, mais si elle est positive. Ne signifie-t-elle pas l'absence de réalité positive de toute piété, puisque, soit elle est impossible, si elle est telle qu'on se la représente habituellement et parmi les prêtres, soit, si l'on évite les défauts de cette représentation, elle se confond la justice elle-même? Dans cette hypothèse, ce serait l'interprétation que nous avons évoquée en premier lieu de l'aporie finale, qui serait à maintenir : elle indiquerait qu'il n'y a pas de réponse positive à la question de la définition de la piété. Il n'y aurait pas de piété possible, il n'y aurait que la justice, quand on est homme, puisque nous ne pouvons rien savoir de la Divinité, que nous ne pouvons rien faire à son égard (ni prière, ni sacrifice), dont nous puissions penser lucidement que ce soit efficace et adapté, qu'en un mot nous ne pouvons pas avoir de commerce ni aucun échange avec elle. Alors, pourquoi parler de « piété », si nous ne sommes capables que de Justice? Notre lecture de l'*Euthyphron* ne nous conduit-t-elle pas à l'interpréter comme une négation de la piété, car qu'est-ce qu'une piété qui ne peut s'adresser vraiment à la Divinité?

Mais cette interprétation aurait à affronter deux difficultés, concernant le problème de sa cohérence avec le reste de l'œuvre de Platon, notamment du point de vue de son rapport au religieux et au divin.

1) *Le platonisme a la réputation d'être une philosophie profondément religieuse*, au-delà des limites culturelles de la religion de son temps, de l'avis des théologiens et penseurs chrétiens eux-mêmes, comme en fait foi, par exemple, le conseil apologétique de Pascal : « Platon, pour disposer au Christianisme[1]. » De fait, il semble que l'œuvre de Platon soit le contraire d'une condamnation de la religion et d'une justification de l'impiété. Le dernier texte qu'il ait écrit, les *Lois* est, à cet égard, particulièrement clair, puisque l'impiété y est considérée comme une faute à punir, et que sont définies les trois formes qu'elle peut prendre : « douter de l'existence des dieux, croire que les dieux se désintéressent des affaires humaines, considérer que les dieux puissent être fléchis par des sacrifices et séduits par les prières » (*Lois*, X 884a-c, aussi 907d-909d). Loin d'être critiquée, la piété est donc présentée comme un devoir social de justice, dont la nécessité n'est pas laissée à l'appréciation de chacun, mais est imposée sous peine de sanctions très lourdes.

2) *Une deuxième question se pose du point de vue de la religiosité de Socrate* et de la cohérence du personnage, au moins tel que Platon le représente, notamment dans les œuvres sans doute contemporaines de l'*Euthyphron* comme l'*Apologie* ou le *Criton*. Socrate avait la réputation d'un homme qui était et se pensait réellement pieux et qui respectait les cultes de la religion grecque de son temps, comme l'atteste l'*Apologie de Socrate* écrite par Xénophon. Platon, lui aussi, présente en général Socrate comme un homme pieux, et pas seulement dans des œuvres postérieures à l'*Euthyphron*, mais dans son *Apologie de Socrate* et le *Criton* : Socrate n'accepte pas l'accusation d'impiété et s'en défend. Comment rendre compte alors non seulement de la cohérence entre des œuvres distantes de l'œuvre de Platon, mais encore de la cohérence de la figure de son personnage central, Socrate, dans des œuvres sans doute contemporaines ?

Il faut essayer de comprendre comment la justice, à quoi nous mène l'effort de définition exigeante et rigoureuse de la piété, mérite bien d'être appelé « piété », d'un point de vue platonicien en général. Cela nous conduira 1) à déterminer le degré de cohérence et d'évolution de Platon sur cette question ; 2) à définir la position religieuse de Socrate ; 3) à montrer en quoi l'*hosion*, tel qu'il est défini dans l'*Euthyphron*, est authentiquement religieux ; alors, 4) nous pourrons examiner les relations entre la piété ainsi définie (*hosion*) et la religion d'État, problème qui est à l'horizon de l'*Euthyphron* et du procès de Socrate : ce sera l'objet du chapitre suivant.

1. Pascal, *Pensées* n°612 (Lafuma), n°219 (Brunschvicg).

L'ÉVOLUTION DE PLATON SUR LA QUESTION DE LA PIÉTÉ

On peut noter, d'abord, que l'on rencontre, dans d'autres textes postérieurs de Platon, l'affirmation que la Divinité est inconnaissable et qu'on ne peut former sur elle que des conjectures et des rêves. C'est ce que dit un passage du *Cratyle* par exemple (400d-401a) : « si nous étions sensés, la seule chose à faire et la meilleure serait de reconnaître que nous ne savons rien des dieux, ni de ce qu'ils sont ni des noms qu'ils se donneraient eux-mêmes » ; quand nous nommons les dieux, ce ne sont pas vraiment les dieux que nous pouvons raisonnablement penser nommer; nous parlons « des hommes et de leurs opinions, qu'ils pouvaient avoir quand ils leur ont donné de tels noms ».

Mais on peut citer d'autres passages, où Platon dit explicitement que ce que nous pensons des dieux est histoire inventée par les poètes, comme dans le *Timée* (40e) ; le *Phèdre* est encore plus précis et plus sévère dans sa critique, puisqu'il ne s'en prend pas aux divinités du polythéisme mais à l'idée même de la divinité (*theos*, au singulier *le* dieu, Dieu) : « de la notion d'immortel on ne peut rendre compte de façon raisonnée; cependant nous forgeons, sans en avoir d'expérience sensible, ni de compréhension intellectuelle suffisante, une idée de dieu, comme de quelque chose de vivant et d'immortel, qui a une âme et un corps unis dans un devenir éternel » (*Phèdre* 246c-d).

C'est radicalement que toute idée de divinité semble être le produit d'un dépassement de ce que nous pouvons connaître ou penser de manière rationnelle. Il est impossible de connaître la Divinité comme un être particulier : c'est un thème que l'on trouve en plusieurs lieux dans l'œuvre de Platon. On ne peut pas croire, comme certains commentateurs le disent, qu'il ne s'agisse, ici, que de l'esprit de contradiction systématique de Socrate, servi par une habileté diabolique mais sophistique à soutenir n'importe quoi. Le problème est de savoir, plutôt, si le caractère inconnaissable, inaccessible et « impraticable », de la Divinité entraîne nécessairement l'impossibilité de la piété dans la philosophie platonicienne, auquel cas cela poserait un problème important de cohérence.

De la philosophie à une politique de la piété

Il faut bien reconnaître que Platon a évolué et ne dit pas tout à fait la même chose sur la religion et la piété au commencement de son œuvre et, à la fin de sa vie, dans les *Lois* : mais comme ce n'est pas du même point de vue, cela n'implique pas nécessairement que ce soit contradictoire[1]. Platon

1. Voir par exemple, Goldschmidt, 1970, p. 107 *sq.*

est passé d'un point de vue théorique, qui est celui de la recherche de l'Idée, à un point de vue pratique, qui vise son application, d'un point de vue qui est celui de la recherche et de la découverte de la vérité, à un point de vue qui suppose une possession de la vérité, dont on ne montre pas comment elle a été acquise, que l'on cherche à imposer à la réalité, et qui, pour cette raison, doit s'occuper de convaincre et rend nécessaires de longs monologues apologétiques. Sur notre sujet, il ne s'agit plus, dans les *Lois*, de savoir ce qu'est la piété, mais quelle est la meilleure organisation politique et quelle représentation (sociale et politique) de la piété est à cette fin la plus utile.

La conception de la piété qui est développée dans les *Lois* (X) ne se présente pas comme une recherche théorique sur ce qu'il en est, selon la vérité, de la piété (celle-ci est supposée connue), mais comme une recherche sur un autre sujet, l'organisation sociale et politique de l'État, qui n'est pas une recherche théorique (soucieuse avant tout de découvrir la vérité) mais pratique (soucieuse avant tout d'utilité et d'efficacité dans la production d'une *œuvre*). La conception de la piété développée dans les *Lois* cherche à déterminer une action (punir certains citoyens comme « impies »), qui soit utile à l'organisation politique de la Cité et à sa conservation. Ce n'est pas une philosophie de la piété, mais une politique : le point de vue n'est plus celui de la dialectique, mais de la législation[1]. Et comme en politique, Platon, du moins dans ses œuvres les plus tardives, pense que la tradition est ce qu'il y a de meilleur et ce qu'on ne peut transformer que très difficilement[2], les *Lois* peuvent faire de la piété avant tout un instrument d'utilité sociale[3], le moyen d'assurer le salut des Cités et des familles. De ce point de vue, il n'y a pas de contradiction avec l'*Euthyphron* : le diagnostic sur le rapport d'une certaine piété avec l'ordre social est le même, fondamentalement, dans les deux textes. Mais, tandis que le discours politique des *Lois* y trouve un instrument d'ordre et de conservation de la société, le discours philosophique de l'*Euthyphron* y voit une raison d'invalider la prétention d'une telle conception à dire ce qu'est la vraie piété. On peut donc dire que Platon a plus changé de point de

1. Un discours politique, même fondé sur une philosophie, même prononcé par un philosophe, n'est pas une philosophie. Même si le législateur a acquis son savoir de manière dialectique auparavant, au moment où il parle dans les *Lois*, « le principe même de la libre recherche n'étant plus donné, [il] ne prétend aucunement faire œuvre dialectique : il se contente de "persuader" les impies ». « Le législateur, contrairement au Socrate des Dialogues, affirme détenir une vérité qu'il lui faut faire triompher à tout prix » (Goldschmidt, 1970, p. 117).

2. « Le politique, sauf un concours de circonstances dont il n'est pas le maître, n'améliore pas, il conserve, s'il innove, c'est pour sauver, par des expédients nouveaux, l'ancienne perfection des lois et de la raison » (Goldschmidt, 1970, p. 119).

3. Dans les *Lois*, l'impiété « est traitée avant tout comme un danger social », E. Bréhier, *Histoire de la Philosophie*, t. 1, p. 160.

vue sur la « piété » [1] qu'il n'a changé son analyse de la piété. Bien sûr celle-ci a changé, tout de même, mais moins qu'il n'y paraît peut-être. C'est ce que confirme, en effet, l'examen des trois formes d'impiété (*asebeia*) que les *Lois* définissent et punissent.

Les trois formes d'impiété au livre X des Lois

La troisième des formes d'impiété consiste à croire que les dieux puissent être fléchis par des sacrifices et des prières : c'est remettre en question la pratique des sacrifices et des prières comme technique efficace, et cela est conforme à l'analyse de l'*Euthyphron*. Mais, en même temps, la possibilité et le fondement de ces pratiques sont sauvegardés dans un cas : lorsqu'elles sont instituées par le Législateur (seul le culte privé est impie). Pourquoi ? C'est que le législateur des *Lois* est censé connaître dialectiquement tout et le principe de tout, le Bien suprême, l'Idée de la justice. Ce qui est donc condamné, dans l'interdiction du culte privé (motivé par l'idée qu'on peut fléchir les dieux par le culte), c'est l'opinion qu'on pourra obtenir, à titre personnel, de la Divinité autre chose que la justice. Ainsi dans les *Lois*, Platon ne dit pas la même chose que dans l'*Euthyphron*, dans la mesure où la possibilité du culte y est restaurée, mais sans se contredire sur le fond, puisqu'elle est restaurée dans la mesure seulement où le culte est institué par le Législateur, c'est-à-dire est supposée conforme à la justice elle-même saisie dans son principe. Le fondement de la théorie de l'*Euthyphron* (unité de la piété et de la justice) est donc maintenu et la variation tient à la différence du point de vue que nous avons déjà analysée (passage du point de vue de recherche philosophique à un point de vue d'organisation sociale par un homme supposé avoir tout compris et posséder sur le mode d'une science ce à quoi on n'accède que par réflexion). Dans les *Lois* Platon traduit, donc, en quelque sorte, l'identité de la justice et de la piété, sur la question du culte, à partir du postulat que la justice peut « persuader la Nécessité », c'est-à-dire se plier aux exigences de la réalité sociale, sans cesser d'être elle-même.

Quant aux deux premières formes d'impiété, elles consistent à ne pas croire en l'existence des dieux et à douter qu'ils s'occupent des affaires humaines. Il n'y a pas, ici non plus, de contradiction avec l'*Euthyphron*, qui ne nie pas l'existence des dieux, ni qu'ils ne s'occupent de nous, s'ils

1. Dans les *Lois*, en fait de « piété » et « impiété », il est davantage question d'*eusebeia* /*asebeia* que d'*hosiotès* : on y trouve près de 80 occurrences de mots de la famille d'*eusebès* /*asebès*, dont 8 fois *asebeia*, rien qu'au livre X, (contre 9 occurrences seulement dans l'*Euthyphron*), tandis que les mots de la famille de *hosios-anhosion* ne se rencontrent que 35 fois, (contre 96 occurrences dans l'*Euthyphron*). Voir L. Brandwood, *A Word Index to Plato*, Leeds, Maney and Son, 1976.

existent[1], mais qui fait apparaître que nous ne pouvons pas les connaître comme tels (autrement qu'identifiés avec les principes du Tout, donc avec le Bien et la justice en dernière instance). Mais que, s'ils existent, ils s'occupent de nous, cela est évident pour les mêmes raisons (sans que nous en ayons un savoir positif). Le nier serait concevoir la Divinité comme autre chose que le principe de Tout, ce que traduisent le bon sens commun et le discours politique en disant que ce serait faire des dieux des êtres sans puissance sur nous.

Ainsi la vraie différence entre l'*Euthyphron* et les *Lois*, ne porte pas tant sur les conceptions religieuses qu'elle ne tient au changement du point de vue : dans les *Lois*, Platon fait comme si, sur les questions religieuses, le Législateur savait tout et pouvait ainsi révéler aux autres tout et tout organiser du point de vue de la justice; tandis que, dans l'*Euthyphron*, Socrate reconnaît que l'on ne peut rien savoir de suffisant ni rien faire en connaissance de cause là-dessus, si ce n'est réfléchir et s'élever vers un principe.

La position religieuse de Socrate

Agnosticisme et apophatisme

Mais la rigueur socratique ne confond jamais deux questions : 1) la Divinité existe-t-elle ou non ? 2) Pouvons-nous savoir quelque chose sur la Divinité ? De l'ignorance reconnue sur tout ce qui est divin, Socrate ne conclut jamais à son inexistence. C'est ce qu'on pourrait donc être tenté d'appeler un « agnosticisme » (c'est-à-dire la reconnaissance qu'on ne peut rien savoir sur la Divinité, sans que cela entraîne le choix de sa négation plutôt que de son affirmation).

1. Sur l'existence de la Divinité, voir *Euthyphron* (6a-b) : « Quand j'entends dire de telles choses sur les dieux, je me fâche. » Ce n'est pas l'existence de la Divinité que Socrate refuse, mais le discours polythéiste mythologique, qui prétend dire ce qu'ils sont; il vaudrait mieux « reconnaître que nous ne savons rien sur ces questions » (6b). Sur le rapport de la Divinité aux hommes, voir *Euthyphron*, 14e-15a : « ce qu'ils nous donnent est visible pour tous », dit Socrate juste après avoir douté que nous puissions avoir « commerce » avec eux. Cet énoncé n'implique pas l'affirmation que les dieux existent, et qu'ils s'occupent de nous, comme un fait d'expérience (ce serait contradictoire avec l'idée que nous ne connaissons rien d'eux); mais que s'ils existent, tout ce qui existe dans le monde que nous voyons dépend d'eux comme de son principe, évidemment. En effet « *delon* » (visible) a un sens plus intellectuel que sensible et renvoie à l'évidence, ici, autant qu'à la vue. Que la Divinité, si elle existe, soit à concevoir comme principe de tout ce qui existe, c'est ce que dit de manière imagée l'affirmation que les dieux s'occupent de nous. Pour plus de détail, voir l'Appendice et la note annexe.

Cependant, Socrate ne semble pas en rester à cette neutralité religieuse de l'agnosticisme, et, à côté de son agnosticisme théorique, il paraît manifester un attachement à la religion, d'abord, sur le plan pratique. Tel qu'il est présenté par Platon, et tel qu'on peut penser qu'il fut vraisemblablement dans la réalité (si l'on en croit le témoignage de Xénophon), Socrate semble se conformer aux cultes traditionnels et officiels (prières et sacrifices aux dieux de la Cité). D'autre part, il est bien vrai que dans l'*Euthyphron* (qui reste cohérent en cela avec les autres Dialogues de Platon, que nous avons cités précédemment), il critique sans pitié les représentations des dieux du Panthéon grec, comme des fictions poétiques et utilitaires impossibles : ces pauvres dieux n'ont rien de ce qu'on prétend accorder communément et avec raison à la Divinité – la toute puissance, la perfection morale (la justice, la bonté absolue) et la perfection intellectuelle (sagesse omnisciente), qui en est le fondement; en un mot, ils ne sont pas incomparables avec les hommes. Mais ce n'est pas en athée, que Socrate procède, semble-t-il, à cette critique du polythéisme anthropomorphique. Il la réalise, au contraire, avec une passion, un soin, un acharnement dans la rigueur, qui révèlent un amour véritable de la vraie Divinité : protéger la Divinité contre ceux qui veulent en faire *les forces de l'ordre* de la Cité, le curateur de la politique étrangère, la protection de la vie des affaires, cela pourrait signer un amour de la Divinité plus encore que de l'ordre civique et de la prospérité sociale. C'est pourquoi l'*Euthyphron* n'est pas un texte irréligieux mais plutôt un *texte de théologie* : il s'y met en place, bien que seulement négativement et par critique systématique des conceptions positives traditionnelles, une réflexion sur la nature de la Divinité conçue en elle-même et pour elle-même (et non pas selon l'utilité sociale). C'est un des premiers textes, où la théologie, traitée avec ce degré de rigueur, aboutisse à cette extrémité qu'est « l'apophatisme »[1] : l'idée que, si l'on ne fait pas de la Divinité

1. De *apophasis*, négation. L'apophatisme est un « négativisme », non pas au sens d'une attitude mentale générale qui refuse tout (trouble psychopathologie), mais au sens d'une attitude réfléchie et conséquente, qui montre que l'affirmation n'est jamais possible dans certains cas. C'est une position en théologie qui consiste avant tout dans la reconnaissance qu'on ne peut rien dire en toute rigueur de positif sur Dieu, qu'on ne peut lui attribuer aucun prédicat (aucune qualification) qu'il serait possible d'attribuer à un autre être, qui aurait du sens pour un autre être, même en lui donnant une forme superlative et « éminente » : grandeur, puissance, intelligence, bonté, etc., ont un sens pour nous qui ne peut que se référer à notre expérience et à notre raison ; comme tels, ces termes ne peuvent donc convenir à la Divinité, dans la mesure où son idée est celle de « quelque chose » (je ne sais quoi) qui est en tout cas tout autre que toute « chose ». De toutes les qualifications qu'on peut imaginer pour n'importe quelle autre chose, aucune ne peut être affirmée de Dieu, toutes ne peuvent qu'être *niées* (*apophasis*). Même dire de Dieu qu'il « existe », est en toute rigueur impossible pour cette raison de principe, dans la mesure où « exister » n'a de sens pour nous que se rapportant à des « choses » qui, en tout cas, ne sont pas Dieu ni comme Dieu ; et si l'on dit de Dieu qu'il existe, ce ne peut

quelque chose qui soit au-delà de tout ce qui est humain, de tout savoir et de tout langage humains, de toute analogie (fût-elle éminemment lointaine) avec l'homme, en somme quelque chose de « Tout Autre » que l'homme, ce n'est pas de la Divinité que l'on parle mais de l'homme, un peu fardé, des désirs de l'homme, idéalisés et pris au sérieux.

L'*apophatisme* (la « théologie négative ») diffère de l'agnosticisme : ce dernier, sûr de l'impossibilité de connaître quoi que ce soit de positif de la Divinité, fonde un comportement qui se veut neutre et non religieux, car c'est avant tout sur l'existence même de la Divinité que l'agnostique se sent incapable de décider. En revanche, le penseur théologique apophatique tire, sur le plan du comportement, l'autre conséquence possible de cette ignorance nécessaire de ce qu'il en est de la Divinité : il n'y a aucune raison de faire comme si elle n'existait pas, bien que l'on ne sache que dire ni que faire si elle existe; c'est, autrement dit, *une attitude religieuse* (de théologien). La différence d'attitude, du point de vue religieux, entre l'agnosticisme et l'apophatisme, à partir d'une reconnaissance comparable de l'impossibilité de rien connaître de la Divinité, aurait tendance à faire soupçonner que c'est autre chose que des *raisons*, qui détermine parfois (sinon toujours) les attitudes religieuses. Le problème que l'on peut se poser en face de la théologie apophatique, est de savoir comment, quand on reconnaît que Dieu est au-delà de ce que peut atteindre toute faculté humaine, on peut encore être religieux. On peut se demander comment une position apophatique à l'égard de la nature de Dieu ne conduit pas à l'athéisme ou au moins à l'agnoticisme. Sans traiter la question de manière générale, examinons le cas de Socrate. Invoquer une explication par la notion affective et utilitaire de l'attachement à l'ordre social qu'il manifeste en bon Grec, n'est en tout cas pas une réponse satisfaisante, puisque la Divinité dont il est question, ici, n'est pas l'image utilitaire correspondant aux dieux de la Cité.

être vraiment au sens où l'on peut entendre « exister » (ou alors, on ne se fait pas une idée de Dieu qui risque de lui être adéquate et c'est là qu'on le nie peut-être le plus profondément). « Quand je dis de Dieu qu'il existe, ce n'est pas de Dieu que je parle » (parce que, comme dit le théologien protestant contemporain Karl Barth, « quand je parle de Dieu, ce n'est pas de Dieu que je parle »). Il ne s'agit pas, pour l'apophatisme en tant que tel, de nier Dieu mais de faire observer et de prendre au sérieux le fait que toute affirmation positive sur lui (concernant ses qualités mais aussi bien son existence) semble, en toute rigueur, nier de façon préjudicielle sa nature même (au moins supposée) : Dieu est incommensurable avec tout ce que peut dire tout langage. L'apophatisme est une position, en théologie, qui possède une puissance théorique et apologétique à la mesure de sa radicalité. C'est aussi et d'abord une position possible en ontologie (sur l'Être), dont le *Parménide* de Platon a constitué la première démonstration (nous reviendrons plus loin sur l'apophatisme théologique de R. Bultmann).

Si l'on examine de près le cas de Socrate, on voit que son apophatisme ne vient pas contredire de l'extérieur un sentiment religieux. Car il est lié nécessairement, dans le développement du Dialogue, à l'exigence eidétique de recherche de la vérité sur le mode de la nécessité : c'est parce qu'il faut se faire une Idée cohérente et synoptique de la piété, qu'on est amené à renoncer à toutes les représentations imagées anthropomorphes et incohérentes de la Divinité. C'est parce que l'Idée est ce qui s'impose comme une exigence dans notre recherche qu'il faut renoncer à toute représentation positive de la Divinité. Mais l'Idée, comme appel exigeant à penser les choses du monde empirique à partir d'elle, est quelque chose de divin en elle-même. Car, si l'on renonce à la représentation anthropomorphique d'une Divinité personnalisée, la recherche de ce par quoi chaque chose est ce qu'elle est, de ce dont tout dépend, est bien assimilable à la quête de Dieu[1], si on se fait de lui une Idée assez haute pour qu'il soit plus haut que tout, et ce par quoi tout est. Cette recherche ne correspond pas à une démarche arbitraire, c'est celle de toute recherche radicale de la vérité, qui ne peut se fonder que sur elle-même (même si elle sait qu'elle ne peut rien sans le secours de l'Être et de Dieu) et dont ne peut se dispenser celui qui cherche la vérité dans n'importe quel domaine. On voit alors que Socrate est religieux essentiellement, et pas par hasard, lors même que l'exigence, qu'impose précisément la recherche eidétique, lui fait tenir une position apophatique sur la Divinité. Chez lui, au moins, l'apophatisme n'est pas une position qui pourrait conduire à un athéisme, dans la mesure où il est produit et fondé par une attitude eidétique qui mérite, comme telle, d'être appelée pieuse, au sens le plus ordinaire et général du mot, aussi bien qu'en un sens philosophique.

S'il y a une vraie piété à chercher le vrai, à poursuivre l'Idée, à remonter des choses jusqu'à leur Principe, en un mot à faire de la philosophie, on voit que la forme littéraire du Dialogue, dans son aporie finale, dit tout, de manière elliptique, sur la question qu'il examine : lorsque le représentant de la religion instituée abandonne la recherche après avoir malmené son discours par un désir d'utilité profane, le philosophe dit tout ce qu'il y a à

1. Telle est la conception que soutient Goldschmidt, dans la *Religion de Platon* (1970), après de nombreux et éminents commentateurs qu'il cite : « nous avons cru devoir la supposer tout au long de notre exposé », p. 60. Pour lui, la religion, chez Platon, « s'exprime, à ses débuts tout au moins, dans la théorie des Formes ». Parlant des expressions religieuses qu'on trouve dans les Dialogues postérieurs à l'*Euthyphron* (*Phèdre*, *République*, *Timée*, *Lois*, par exemple), il continue : « nous pensons, en effet, que la religion cosmique, la mythologie eschatologique, et la religion de la Cité, non seulement sont commandées par la théorie des Formes divines, mais encore dérivent de celle-ci, en dernier lieu, leur valeur religieuse », p. 11-12. Pour plus de précision et apprécier la portée de cette compréhension, voir la conclusion de l'Appendice.

dire et à faire, quand il dit qu'il faut reprendre inlassablement la réflexion et la poursuivre. Il y a la plus vraie piété, à chercher avec soin et sans repos ce que c'est vraiment que la piété; cela exige une réflexion qui fait s'élever au principe de toute Valeur (le Juste) dans une quête de ce qui, avec justesse, fait que toutes les choses sont ce qu'elles sont. Ce souci par lequel l'être de toute chose est cherché jusque dans son principe, aussi loin qu'il est donné à l'homme d'atteindre, en un mot, la philosophie, voilà toute la piété.

Reprendre « au principe » du Dialogue, c'est-à-dire aux exigences d'une recherche eidétique – sur la piété, aussi bien que sur tout autre question philosophique – voilà la piété vraie : la réponse à la question de sa définition, se trouve vraiment là où le texte explicite et justifie la nature et le sens de l'Idée, précisément à tous les moments importants logiquement : moments de formulation initiale et principielle de la question, de critique de chaque réponse d'Euthyphron, et de reformulation plus précise des exigences auxquelles doit se soumettre chaque nouvelle tentative du devin.

LA RELIGIOSITÉ DE L'*HOSION*

Nous avons vu que l'idée d'un rapport apophatique (négatif) aux dieux était possible et même la seule justifiable. Mais ce rapport (l'*hosion* platonicien), est-il vraiment religieux ? Il est rapport authentique au Divin, comme rapport au Principe (à l'Idée). Mais certains commentateurs de l'*Euthyphron* nient qu'il y ait dans la quête de l'Idée une religiosité au sens strict et ils critiquent ceux qui, comme Goldschmidt, confondent « une religion solitaire », c'est-à-dire « une philosophie ou une mystique », avec une vraie religion, phénomène impliquant un consensus de dimension sociale. Aussi vaudrait-il mieux parler, plutôt que de la *religion* de Platon du « problème de l'attitude de Platon devant les religions de son pays et de son temps ». Cela signifierait que Platon produit une philosophie qui met en question la religion de son temps et de son pays, en y substituant des représentations, peut-être mystiques, mais que leur caractère personnel, en rupture avec l'institution religieuse, impose d'appeler « philosophiques » et non pas « religieuses » [1].

Certes, Socrate suit le culte de la religion publique; mais précisément cela correspond aux pratiques de l'*eusebeia* et non à l'*hosiotès*. Je voudrais montrer, maintenant, que Platon ne réalise pas seulement une philosophie critique de la religion de son temps (c'est-à-dire montrant un caractère insuffisant de l'*eusebeia*), mais aussi une philosophie religieuse; et que cette philosophie n'est pas seulement une construction personnelle, mais

1. Brès, 1973, p. 113.

qu'elle pense un fondement de ce que peut être le sens du divin et du sacré, sens si profond dans la conscience grecque traditionnelle – et dans le dessèchement duquel toute institution religieuse perd peu à peu son caractère religieux et la justification qu'elle peut se donner.

J'ai essayé de montrer, dans le chapitre précédent, que l'*Euthyphron*, en distinguant *hosios* et *eusebès*, part d'une distinction courante dans la langue, et la fonde en la clarifiant. Mais est-ce qu'en la travaillant pour la fonder, il ne finit pas par transformer profondément le sens que lui donne l'usage commun au point de le pervertir ou de le contredire ? Que *hosion* ait toujours en grec une connotation morale, cela autorise-t-il qu'on supprime en lui l'idée d'un rapport positif à la Divinité [1] ? Ou bien faut-il soutenir que le sens usuel de *hosion* implique-t-il un tel rapport ? Rien n'est moins sûr en fait.

Dans *eusebès*, la racine *seb* implique un sentiment de respect auquel on peut comprendre qu'il faille logiquement supposer un objet déterminé ; cet objet n'est pas nécessairement particularisé, car on peut concevoir que la crainte et le tremblement soient précisément le sentiment éprouvé devant l'inconnu et de l'inconnaissable comme tels ; cependant, on comprend facilement aussi comment, avec le temps, même l'inconnu puisse devenir un objet particularisé et familier par l'effet d'une longue habitude et d'une fréquentation apprivoisante. De plus et enfin, le préfixe *eu* indique une nuance de réussite et de bienveillance, qui tire davantage le sens de ce respect vers l'amour que vers la crainte. Le caractère psychologique et humain de ce sentiment rend peu concevable, donc, qu'il ne soit pas lié à une représentation particularisante de son objet : l'*eusebeia* comprend en elle une tendance anthropomorphique qui pousse à concevoir la Divinité avec les caractères d'un homme (un père) et d'une société d'hommes (une Cité, un État).

En revanche, rien dans l'*hosion* n'implique nécessairement qu'il caractérise la relation à un ou plusieurs êtres particularisés : le premier sens d'*hosios* est « ordonné ou prescrit par les dieux » ; les dieux ne sont donc pas ici, d'abord, ce vers quoi l'*hosios* est tourné (comme l'*eusebès*), mais une instance qui détermine et limite son comportement. Tout le monde reconnaît que *hosios* prend son sens par opposition à *hieros* (le sacré, le divin comme sacré) : tandis que les *hiera* désignent les choses (les affaires, les lois) divines et sacrées, les *hosia* désignent, par opposition, les affaires et les lois humaines. Autrement dit, *hosios* appliqué à des objets inanimés, signifie qu'ils sont conformes aux lois déterminant ce qui est convenable pour les hommes (par opposition à celles régissant le monde divin). Appli-

1. N'est-ce pas par un anachronisme inspiré par la philosophie de Kant, que nous pensons la chose possible ?

qué aux hommes, *hosios* est la qualité de celui qui ne confond pas l'humain et le divin, le profane et le sacré, qui tient sa place comme il faut, c'est-à-dire en y restant; ce qui peut s'appeler encore *avoir le sens du sacré*, le sens de ce à quoi on ne peut et ne doit pas toucher (*noli tangere*); on comprend alors que *hosios* signifie « pur », si l'on se souvient de l'analyse que nous avons menée de cette notion dans la religion grecque : est pur celui qui reconnaît et assure une séparation irréprochable entre lui et l'intangible monde du sacré. On voit de la sorte comment s'unissent comme éléments indissociables d'une même idée :

1) Le fait d'être soumis à l'ordre divin et sacré, qui sépare le monde en deux parts à ne pas mêler sous peine de dégradation et de souillure (miasme) des deux (idée religieuse).

2) Le fait d'être pur, à sa place, se comportant de façon permise (idée morale).

3) Le fait d'être sans relation positive au divin et au sacré – qui pourtant m'institue, par exclusion, dans ce que j'ai à être (idée « apophatique »).

Mais ces trois éléments d'une définition complète de la notion traditionnelle de *hosion*, sont précisément ceux que nous avons reconnus dans l'analyse de Platon : l'*hosion* est une Valeur morale, c'est-à-dire qui concerne essentiellement le comportement humain en tant qu'il est soucieux du devoir et de l'interdit (c'est-à-dire ce qui est lié, pour l'homme, à la Valeur); cet « humanisme » de l'*hosion* est lié organiquement à la reconnaissance de l'altérité radicale du divin et du sacré par rapport à l'humain; cependant, l'*hosion* est bien originairement et essentiellement une valeur religieuse et un mode de relation au divin et au sacré, puisque l'humanisme qu'il ouvre tient sa définition (ses limites) et sa justification (sa valeur) d'une évaluation générale de l'ordre cosmique, qui reconnaît sa place et sa dignité intangibles au divin sacré : l'*hosios* (l'homme) mérite bien d'être dit « pieux », puisque sa mise à l'écart du divin sacré (il ne peut s'en et s'y mêler) est une manière de reconnaître et de prendre au sérieux sa vraie nature, et peut-être même la seule qui ne soit pas reprochable et déraisonnable.

On voit ainsi, à la fois, comment le caractère moral et négatif (retenu, « apophatique ») de l'*hosion* n'exclut pas, au contraire, qu'il soit une valeur religieuse et comment la conception qui s'en dégage dans l'*Euthyphron* correspond de très près à une forme de conscience religieuse grecque et à l'usage traditionnel du terme : cet usage, qui peut sembler superficiellement confus et réunir des sens divergents, Platon en montre précisément l'unité et la cohérence. Si l'on veut essayer de rendre sensible en français l'unité de ces significations, ce serait les mot « pur » ou « saint », qu'il faudrait employer sans doute, en tant qu'ils peuvent signifier la valeur morale, la religiosité, le sacré, ainsi que le caractère de qui reste non-mêlé au sacré, bien que leur pouvoir évocateur soit inégal à l'égard de ces trois connotations[1]. L'idée centrale de l'*hosion*, qui permet de penser l'unité de ses trois tendances sémantiques est cependant bien celle-là, dans l'*Euthyphron*, aussi bien que dans la conscience religieuse grecque.

Si nous observons la manière dont Euthyphron introduit, le premier, le terme d'*hosion* (en 4b-e), nous voyons que c'est en liaison non seulement avec la notion morale et judiciaire de *dikè* (justice, droit), mais encore avec celle de « miasme » (souillure sacrée) et de purification : « *ap-hosioun* » (purifier) est employé avant même la première occurrence de *hosion*, qu'il semble appeler, puisqu'il veut dire strictement « remettre dans *l'hosion* », c'est-à-dire « désacraliser », délier des *hiera*. Ce passage, où qu'aucune relation positive aux dieux n'entre dans la détermination de la notion, fait apparaître comment un Grec moyen « à l'esprit sans finesse ni détour » (c'est le sens étymologique de « *euthu-phron* », si l'on veut s'amuser), peut être supposé employer couramment le terme de *hosion*.

Le sens du sacré et la relation à la Divinité

Pour se convaincre que cette conception est bien liée à la conscience religieuse traditionnelle des Grecs, on peut se reporter à sa caractérisation par Dodds à partir de l'époque archaïque. Le caractère premier aux yeux de Dodds est le *phtonos* des dieux à l'égard des hommes : cela peut se traduire par « jalousie » ; mais c'est mal dit, car « comment cette irrésistible Puissance serait-elle jalouse d'une chose aussi misérable que l'homme ? » *Phtonos* veut dire « dépréciation », et aussi « refus » : l'homme doit avoir le sentiment qu il est dans un état d'impuissance (*amèchania*) par rapport aux dieux, d'infériorité radicale ; que sa nature et sa valeur sont qualitativement différentes et insignifiantes par rapport à la Divinité. Celui qui l'oublie et tente de s'élever au-dessus de son statut (par le succès et le bonheur trop visibles, ce qui est la part des dieux et non des hommes[2]) fait preuve de « démesure » (*hubris*, manque de sens des proportions) et de « suffisance » (*koros*) et mérite la « colère divine » en retour (*nemesis*).

Nous voyons, ici, comment le statut des dieux, même quand ils sont affublés de caractères anthropomorphiques, est déterminé par rapport à celui des hommes, conformément à la grande distinction du sacré et du

1. Si je n'en ai pas usé, dans ma traduction, c'est que *hosiotès* (de même qu'*eusebeia*) renvoie immédiatement, dans la langue courante, à une relation au père aussi bien qu'au divin, ce que ne font pas « pureté » ou « sainteté ».

2. « Telle est la destinée que les dieux ont fixée pour les pauvres mortels : vivre dans le chagrin, tandis qu'ils demeurent, eux, exempts de tout souci », dit Achille (Homère, *Iliade* XXIV, v. 525-526).

profane, comme catégories de ce qui ne peut et ne doit pas se confondre sous peine de catastrophe, la connaissance de ce que les dieux veulent et décident étant explicitement déniée aux hommes [1]. La Divinité elle-même s'annonce ainsi comme étant d'un tout autre ordre que l'homme, inatteignable, inimitable, inconnaissable à l'homme : voilà ce que dit la représentation mythologique elle-même ; c'est bien le cœur de la notion de pureté pieuse (*hosiotès*).

Or, quels sont les deux autres traits les plus caractéristiques de la religion grecque, selon Dodds ? Une *tendance à la moralisation*, de l'époque archaïque à l'époque classique ; et plus précisément une imprégnation des représentations religieuses par la *justice*, une « transformation de l'ensemble du surnaturel, et Zeus particulièrement, en puissance justicière » (p. 40) ; la pitié et la compassion cèdent peu à peu la place à une justice froide égale et sans indulgence [2]. Enfin le dernier trait général (p. 45) est l'universelle crainte du miasme sacré et son corrélatif, le *besoin de purification*, que nous avons déjà longuement analysé plus haut.

Il est saisissant de voir comment un historien de la religion *grecque*, sans se référer à l'*Euthyphron*, la caractérise par les éléments qui correspondent à l'*hosion* selon Platon dans ce Dialogue.

Bien sûr ces éléments sont, dans la religion traditionnelle, exprimés de manière mythique (comme si la Divinité pouvait être connue et atteinte) et le sens utilitaire et commerçant du commun des Grecs peut tenter de les traiter sur le mode de l'*eusebeia* : entendre le *phtonos* divin comme ce qui n'attend que des marques de soumission et des offrandes agréables ; la justice universelle (*dikè*), comme la garantie de ce marché avec le divin ; et la purification (*aphosioun*) comme un sacrifice avantageux pour les dieux. Mais on a vu que l'*eusebeia*, alors, a toute chance d'entrer paradoxalement en contradiction avec la conception de la Divinité et de la piété caractéristique de la conscience grecque, qu'elle exprime partiellement. Au contraire, l'*hosiotès* serait la prise au sérieux de cette conception : elle est cohérente avec elle et lui donne cohérence. Elle correspond, peut-on dire, à un sens du sacré, qui est la vérité de la conscience religieuse grecque traditionnelle, telle qu'elle arrive à s'exprimer même sous la forme mythologique : car, tout en parlant des dieux de manière anthropomorphique, elle semble contredire, par le sens de son contenu, sa lettre mythologique. L'*eusebeia* manifeste, sans doute, une tendance de la conscience religieuse grecque à sentir la présence de la Divinité en toute occasion et sur un mode

1. Dodds, 1977, p. 39.

2. Dans cette mesure, Zeus est bien le modèle d'Euthyphron, et Euthyphron, l'expression simpliste et dérisoire (platement religieuse), l'image dégradée, de *l'hosion*, tel que Platon s'efforce de le penser, tâche historique pour toute la culture autant que pour la philosophie.

familier : les dieux sont là, partout, le monde est habité de dieux. Cette tendance est profonde chez les Grecs et l'*eusebeia* semble l'exprimer directement et immédiatement. Trop directement, cependant, pour ne pas risquer, à la longue, de détruire ce qui fonde le sens et la valeur de ce commerce avec les dieux : leur divinité elle-même.

L'*hosiotès*, en revanche, est une attitude qui, même si elle n'est peut-être pas, et de loin, la plus courante, respecte cependant beaucoup mieux la nature divine et sacrée de la Divinité, telle qu'elle ressort de la tradition mythologique elle-même : la Divinité aime à se cacher, c'est sa manière habituelle de se montrer ; c'est sur le mode *d'une formidable dérobade*, que se manifeste la Divinité, dès qu'on veut la viser comme particularité. C'est sur le fond de notre radicale impuissance, revers de la toute-puissance du Tout-Autre, que s'évertuent nos expédients, suggérés par l'*eusebeia* et le désir d'être *theophilès*, indiscrets et laborieux en vain. Le sacré et le divin habitent partout le monde, comme une présence insistante, mais comme ils désignent ce qui se dérobe et qui doit se dérober à nous, ils rendent présente une absence remarquable, ils signifient l'insistance, dans le monde, de ce qui est mystère : ce dont nous dépendons le plus est le moins saisissable pour nous, et ce qui, dans les choses, est le plus marquant est le mouvement de retrait du Principe par quoi elles sont ce qu'elles sont. L'*hosiotès* est cette conscience religieuse tout à fait traditionnelle, qui correspond au sentiment que ce retrait et cette retenue insistants sont le mode de présence le plus constant et le plus convenable pour une divinité.

Ce que réalise Platon, de la sorte, dans l'*Euthyphron*, consiste à sauver de la dégradation de l'*eusebeia*, le sens du sacré et du caractère sacré de la vraie Divinité, en lui donnant une cohérence entière dans l'*hosion* : si le sens du sacré est le sentiment du caractère inatteignable et inconnaissable de la Divinité, fondant la certitude que l'on a fait tout ce que l'on doit en toute justice, lorsqu'on a pensé le pensable et agi en conséquence dans les limites de l'agir humain, alors il fallait, pour être entièrement cohérent, faire reposer cette représentation, non pas sur un discours et une tradition mythologiques, mais sur une réflexion rationnelle. Platon réussit paradoxalement à sauver et à relever l'*hosion* en rationalisant son fondement. Il le fonde, en faisant de la quête de l'Idée (comme principe), d'une part, tout ce que peut être une quête de la vraie Divinité, et, d'autre part, ce qui reconnaît dans l'*hosion* la Valeur qui nous appelle en toute circonstance vers le juste (justesse et justice), c'est-à-dire la philosophie.

CHAPITRE IV

L'*HOSION* ET LA RELIGION D'ÉTAT

Il nous faut maintenant examiner les relations de l'*hosion* platonicien et de la religion d'État grecque. Car, s'il est vrai que celui-ci retrouve et justifie un sens du sacré qui est fondamental dans la religiosité, on pourrait s'attendre cependant, du fait de son opposition à l'*eusebeia*, à ce qu'il entre aussi en conflit avec la religion d'État. Or cela n'est pas entièrement vrai et l'*hosion*, en tant qu'il est identique au juste, peut également être au fondement d'une organisation juste de l'État, c'est-à-dire fonder cet idéal grec traditionnel d'unité de la religion et de l'État.

L'*EUSEBEIA* ET LA RELIGION D'ÉTAT

*L'*eusebeia*: pratique du culte et croyance*

La religion d'État, tout le monde le sait, est avant tout pratique : c'est le culte (prières et sacrifices) officiel adressé aux dieux de la Cité. En ce sens, la dernière définition d'Euthyphron (14b) est bien conforme à l'esprit religieux de son temps en ne faisant pas intervenir explicitement d'élément de *croyance* dans sa définition de la piété. On doit pouvoir satisfaire à cette religion d'État (*eusebeia*) en participant au rite du culte officiel, sans avoir à se soucier des croyances (récits, représentations, discours) qui y semblent liées. Ainsi Socrate est-il toujours présenté par Platon comme un homme respectueux des pratiques traditionnelles du culte : c'est cela qui marque de son attachement à la Cité.

S'il critique l'*eusebeia* définie par Euthyphron, c'est pour montrer qu'en elle-même elle ne se tient pas; elle est sans fondement : comme simple sentiment empirique, elle manque de nécessité. Le caractère redoutable, respectable, admirable de son objet, étant subjectif, peut varier et disparaître, et elle partagera son destin, puisqu'elle est déterminée par lui :

le déclin du caractère absolument respectable, redoutable et admirable des Pères, dans la crise qui permet que se déploie et s'impose celui des Cités, à la fin du Ve siècle, en est un exemple. C'est que la supériorité de ce qui est de l'ordre des rapports de force peut toujours être surpassée dans son ordre propre : l'État constitue quelque chose de plus fort qu'un Père redoutable, et créateur de plus d'admiration et d'autorité. Mais rien n'empêche que ce sentiment ne décroisse à son tour, un jour, comme celui à l'égard des Pères a décru, et soit peu à peu tourné en dérision, comme celui pour les Pères l'a été[1]. La décadence de leur autorité, à la fin du Ve siècle, peut laisser présager que tout ordre social peut se voir contester et passer, et que la seule question qui importe vraiment est de savoir non pas comment il peut advenir, résister plus ou moins et dépérir, mais s'il a un fondement suffisant. Ce diagnostic, ce pronostic sont à l'origine de la philosophie de Platon; qui pourrait penser que la question a perdu toute pertinence de nos jours ? Il y a quelque chose qui peut faire rire dans le respect religieux pour les dieux de la Cité comme dans celui pour les dieux familiaux, de la même manière que dans tout respect pour toute valeur ou dans la simple obéissance à des ordres, en général, dès lors qu'on n'y trouve plus un caractère justifié. Mais, si on laisse toute forme de piété disparaître, c'est la structure sociale, qui fait de la communauté civique la base de la vie, qui dégénérera comme a dégénéré la structure familiale.

L'*eusebeia* est incapable de rendre compte d'elle-même, de se justifier et d'assurer le salut de ce qu'elle se donne pour fonction de sauver : la Cité. Comme nous l'avons noté, ce que Socrate critique n'est pas l'exigence d'assurer le salut des États et des familles, ni même le rapport entre la piété et ce salut, mais la contradiction entre la prétention constitutive de l'*eusebeia* de réaliser ce salut et son incapacité à s'en justifier. La suite de l'œuvre de Platon, dès le *Criton*, qui est sans doute à peu près de la même époque que notre Dialogue, montrera clairement que le respect religieux de la Cité et de son salut est une valeur qu'il n'est nullement question de remettre en cause. Qu'est-ce qui peut alors donner un fondement à cette pratique salutaire du culte de la Cité à quoi correspond l'*eusebeia* comme sentiment du caractère divin de la Cité elle-même ?

1. Songeons que le personnage des comédies d'Aristophane (*Les Grenouilles*, 247, *Les Nuées*, 911, 1327, *Les Oiseaux*, 1337 *sq.*), le *Patraloias* (l'homme qui violente son père, son meurtrier) avait acquis une popularité à la fin du Ve siècle en même temps que certains sophistes défendaient l'idée d'un « droit naturel » de désobéir aux pères (voir Dodds, 1969, p. 56). Il faut toute la sottise d'Euthyphron, qui en fait un personnage de comédie, pour penser qu'il peut être pieux à l'égard des dieux en étant impie à l'égard de son père, c'est-à-dire pour ne pas voir que les dieux que cultive son *eusebeia* sont destinés à subir le même mépris que celui qu'il affiche pour son père, parce que l'*eusebeia* ne sait conserver ce qu'elle se donne pour objet, ne sachant le fonder.

Il y a une solution possible à ce problème, qui est d'insister sur l'élément de croyance aux dieux : on tente, alors, de faire de l'objet de l'*eusebeia* (la Cité comme divine) un objet de *croyance* (une divinité personnalisée, comme la « poliade », ou d'autres). Autrement dit, on cherche à fixer et à fonder l'attachement pratique et sentimental de l'*eusebeia* par un élément de croyance (susceptible de relever du vrai et du faux). Certes, cet élément a toujours existé dans la tradition, surtout chez les esprits simples, bien qu'il ait perdu de son importance chez bon nombre de Grecs cultivés à la fin du Ve siècle, comme le rappelle Dodds, mais cette croyance présente un caractère curieux, pour nous autres modernes, qui avons tendance à chercher à justifier nos pratiques par la valeur de nos croyances du point de vue de la vérité : ici, c'est plutôt l'inverse qui se produit et la croyance semble suivre la pratique. Elle est clairement, et aux yeux de tous, bâtie pour rendre évidente la possibilité d'un secours et d'une protection divine à l'égard des affaires humaines : ce sont, en effet, des poètes (Homère et Hésiode, les premiers), qui ont inventé la représentation mythologique des dieux. C'est l'essentielle utilité du culte civique, qui détermine la représentation officielle des dieux : individualisés dans leur puissance, multiples, nationaux, en guerre les uns avec les autres, en tout cas susceptibles d'être persuadés, grâce au culte, de servir les hommes [1]. L'ordre de l'*Euthyphron*, partant de la représentation mythologique de la Divinité et se terminant par l'examen d'une conception de l'utilité des dieux pour l'État et les familles, comme un terme indépassable pour Euthyphron, correspond au fait que c'est cette dernière qui est déterminante pour lui : quand il voit qu'il ne peut plus la tenir, il part, car il n'a plus rien à dire ; tandis que, lorsque Socrate (à partir de 6a) critique sa conception de la divinité, Euthyphron marque son désaccord avec lui mais sans paraître y prêter beaucoup d'importance (« je connais bien d'autres histoires sur eux encore ! ») et continue la discussion à propos de représentations variables de la Divinité : des dieux qui se châtient les uns les autres – des dieux en désaccord sur ce qui est juste – des dieux semblables à des bêtes – des dieux semblables à des maîtres – peu importe, au fond, à Euthyphron, comme aux Grecs de son temps, qui reconnaissent à l'invention et à la fantaisie poétiques la fonction normale de représenter les dieux, pourvu que cette représentation permette d'y voir les sauveurs de la société et de l'État.

1. C'est ce qui correspond à la dernière tentative de définition d'Euthyphron (« savoir dire et faire aux dieux, par les prières et les sacrifices, des choses agréables, voilà quelles sont les choses pieuses (*hosia*) et qui assurent le salut des familles et des États, tandis que le contraire des choses qui leur sont agréables sont impies (*asébè*), et entraînent bouleversements et ruines », 14b), ainsi qu'à la troisième forme d'impiété que condamneront les *Lois* (884b).

L'*Euthyphron* fait donc apparaître le caractère pratique et utilitaire de la religion d'État (*eusebeia*), mais laisse voir aussi comment la pratique du culte, qui est justifiée par la valeur de la vie civique et de la sauvegarde de la Cité, *tend à produire l'idée* de dieux qui en seraient les sauveurs. L'*Euthyphron* laisse entrevoir ainsi la *généalogie des croyances religieuses à partir de la pratique religieuse* en tant qu'elle est utilitaire : à partir du moment où le respect pratique de la tradition civique se symbolise dans le respect des dieux (de dieux déterminés), elle tend à s'adjoindre un élément, non pratique, de croyance [1]. Le sens civique peut prendre grâce à elle la forme d'un sentiment puissant et populaire (celui de la puissance et du mystère de ce qui nous dépasse et nous menace), qui peut être violent, épidémique, peu regardant sur les preuves, dans lequel il peut s'exprimer, par lequel il peut être motivé, entretenu et stimulé. L'*eusebeia* est le sentiment de ceux qui, visant le salut et l'unité de la Cité, rendent un culte (sacrifices et prières) à des dieux officiels, dans la croyance craintive et respectueuse en leur puissance et leur bon plaisir.

Euthyphron, Mélètos, Socrate. Religion, poésie, philosophie

On voit ainsi comment l'élément de croyance, n'est pas originairement nécessaire à l'*eusebeia*, mais est seulement dérivé de sa nature utilitaire, dans son existence et dans son contenu : la pratique du culte, qui tient son sens de la valeur de la vie civique et de sa sauvegarde, tend à produire l'idée de dieux qui en seraient les sauveurs.

En faisant (de façon plus ou moins opportuniste) de la croyance aux dieux officiels la pierre de touche de la reconnaissance de l'*eusebeia* ou de sa négation, Mélètos incarne une tentative qui renverse le sens historique de la religion grecque traditionnelle : pour la tradition, l'élément important est

1. Dans la religion et la piété familiales (du *genos*), qui règne avant le développement des Cités (*Polis*) et de la société politique, le problème de la « croyance » en des entités déterminées ne se pose dans les mêmes termes (comme en témoigne encore Platon dans les *Lois* XI, 930e-931b), car les dieux sont alors avant tout le père et les parents eux-mêmes (le père et la mère et leurs parents, précisera Platon) : ce sont des dieux visibles et vivants (comme le Soleil lui-même ou les astres), à la différence des dieux invisibles, dont nous n'avons à honorer que des représentations (des statues). Après leur mort, nous n'avons comme support pour le culte de la mémoire de nos parents que ce qu'ils nous ont laissé et les représentations que nous pouvons en produire, mais qui se rapportent directement à eux que nous avons aimés. Nos parents sont d'abord les statues vivantes des dieux dans notre maison. Pour essayer de comprendre la mentalité religieuse grecque ancienne, il faut vraisemblablement considérer (ce qui est difficile à comprendre pour nous autres modernes) que le dieu et sa statue se confondent originairement dans le culte : la statue n'est pas la représentation du dieu, c'est elle proprement le dieu qui est vénéré. La religion archaïque des parents permet peut-être de saisir la genèse du caractère représentatif de la statue.

la pratique sociale, l'élément de croyance s'y liant, dans le flou poétique, comme un simple facilitateur, qu'elle a tendance à produire ; pour Mélètos, en revanche, la croyance serait ce qui prétend justifier, motiver et garantir la pratique sociale religieuse. Mélètos est donc de ceux qui veulent fonder la pratique religieuse sur une théologie ou une métaphysique ; mais c'est une fiction poétique et mythologique avérée, qu'il croit pouvoir faire fonctionner comme un fondement théorique, et c'est tout son ridicule : il a brisé le « charme » grec de la religion ; c'est un poète victime de l'influence du mouvement de rationalisme de son temps, mais qui s'y associe dans la caricature et sans bien le comprendre.

Dans ces conditions, on voit comment Platon est, à la fois, plus proche et plus ennemi de ce poète que de la religion traditionnellement vécue : car Platon prétend, lui aussi, réaliser ce fondement de la pratique religieuse du culte de la vie civique, mais de manière réellement rationnelle, précisément (au moment de l'*Euthyphron*, du moins) en relativisant la croyance en des dieux personnalisés fictifs et en faisant, dans l'*hosion*, de la relation entre tous les êtres en général (réels et possibles), une Valeur : la justice universelle. Mais, ce faisant, il sauve le sens le plus profond de la religion traditionnelle.

Telle est la différence entre Mélètos et Euthyphron : pour ce qui est d'Euthyphron, c'est sous la pression de l'interrogation philosophique qu'il tente d'expliciter une mythologie, dont il vit, comme prêtre et devin, mais qui n'est pas fondamentale pour déterminer sa religion ; quand, en effet, il voit qu'il ne peut l'assurer contre Socrate, il se rabat sur ce après quoi il n'a plus rien à dire : le sens social de la religion, qui se suffit de son utilité. Tandis que Mélètos, par le contenu de son accusation, montre qu'il est de ceux qui veulent soumettre la pratique sociale à l'autorité des idées (opinions, croyances), Socrate montre, quant à lui, que seule l'Idée, peut fonder de manière justifiée (selon la justesse et la justice) l'ensemble des pratiques sociales et politiques.

LE PROCÈS DE SOCRATE POUR IMPIÉTÉ (*ASEBEIA*)

On voit alors dans quel diabolique piège pour un philosophe Mélètos a enfermé Socrate, en lui faisant un procès pour *asebeia* et en l'accusant de « ne pas croire aux dieux de la Cité »[1]. Comment Socrate aurait-il pu faire

1. Je repreds une traduction fréquente. Mais il convient sans doute, avant de rapprocher cette « croyance » d'une foi religieuse au sens moderne, de se souvenir de ce que nous avons montré de son statut ambigu. Le verbe *nomizein*, que nous traduisons par « croire », et qui est de la même famille que *nomos* (la loi, l'usage), pourrait être traduit par « avoir en usage, pratiquer habituellement, traiter comme ayant cours » (comme on dit d'une monnaie). On voit

comprendre au jury populaire la complexité de sa religion? Il est notable que Socrate, dans l'*Apologie* que lui prête Platon, organise sa défense d'une manière qui a pu paraître étonnante[1], mais bien conforme à la complexité de la position religieuse que nous découvrons chez lui[2] : au lieu de réfuter la formule de l'accusation de Mélètos, telle qu'elle est énoncée (« Socrate ne croit pas aux dieux auxquels croit la Cité », *Apologie*, 24b-c), il se contente, dans un premier moment, après avoir ramené la première partie de l'accusation (corrompre la jeunesse) à celle-là (27a), de réfuter l'idée qu'il serait « athée » (c'est-à-dire ne croirait à aucun dieu, 26c), et il conclut que Mélètos est un plaisantin incapable, dont l'accusation ne repose décidément sur rien (28a). Et, dans tout le reste de l'*Apologie*, que fait-il? Il parle délibérément apparemment d'un autre sujet que celui qui motive son accusation : il montre qu'il est un citoyen juste, qui a à cœur la prospérité de sa Cité et qui n'a jamais rien fait de mal contre elle. Au reste cette organisation de la défense de Socrate, telle qu'elle apparaît dans l'*Apologie de Socrate* de Platon, correspond à celle que Xénophon a rapportée dans sa propre *Apologie de Socrate* (22) : « il eut à cœur de montrer qu'il n'avait manqué ni à la piété envers les dieux ni à la justice envers les hommes ».

Telle est la cohérence de cette défense, qui nous semble suivre les distinctions que nous avons analysées : d'une part, pour ce qui est du rapport aux dieux, Socrate n'affirme pas vraiment qu'il croit aux dieux de la Cité, mais il réussit à faire que Mélètos renonce à son accusation sur ce point (alors que c'est celle la *graphè*) et se rabatte sur un grief d'athéisme complet, que le poète juge sans doute plus grave et plus difficile à réfuter[3].

de la sorte que cette croyance a une connotation fortement pratique. Au demeurant, *nomizein* peut également signifier « penser, estimer », et, dans ce cas, c'est l'élément d'adhésion, caractéristique de la croyance au sens moderne, qui, bien qu'il ne soit pas exclu, n'est pas nécessairement présent. Il convient dans tous les cas de ne pas donner un sens moderne trop déterminé à cette « croyance ».

1. Avant même son procès, les amis furent inquiets sur le caractère efficace de la défense de Socrate. On lui proposa, dit-on, les plus grands avocats (Lysias, peut-être), qu'il refusa, et Hermogène (selon Xénophon) l'encouragea vivement au moins à préparer son discours de défense. Ce fut peine perdue pour ce qui est de la forme, mais sur le fond la défense de Socrate est la plus pensée et même la plus habile qui soit, étant donnée la complexité et la subtilité de sa position.

2. On pourrait dire (pour paraphraser le titre d'un ouvrage de Kant), qu'il y a chez Socrate une « religion dans les limites de la simple raison », mais aussi, associée à elle, une « religion dans les limites du simple civisme ».

3. Socrate a tout fait pour lui faire penser, par sa manière de l'interroger, que si l'on reconnaissait sa croyance en certains dieux, il serait plus facile pour lui d'affirmer qu'il croit aux dieux de la Cité. En fait, pour Socrate, qui s'impose toujours de dire la vérité même si c'est avec habileté, de ne rien dire de faux même s'il ne dit pas tout, il faut, pour se justifier de son rapport aux dieux de la Cité et à ceux qu'il inventerait, prendre le point de vue plus radical du rapport à la Divinité en général. En se mettant en situation d'avoir à se défendre d'être athée

Cependant il ne fait là que céder, à vrai dire, à la provocation de Socrate et se rendre sur le terrain choisi par ce dernier : Socrate peut montrer qu'il voit des dieux partout comme tous ceux qui ont des yeux (le Soleil, la Lune, etc.). Il a le culte de tout ce qui peut être divinité, il cultive la Divinité (le démon divin qui parle en lui, comme il dit de manière imagée), il ne pense qu'à cela : il a un tel rapport à la divinité qu'il semble absurde de lui reprocher un athéisme quelconque. Mais, d'autre part, il y a un aspect pratique et civique de la religion (sa relation à la justice), que Socrate est bien loin de négliger, mais qui relève d'une autre sorte de considérations (ce n'est pas une question de croyance dans des dieux) : c'est ce que marque clairement Socrate en ne l'abordant (en 28a) qu'après avoir affirmé de la façon la plus nette (pour ainsi dire, comme on fait un ourlet) qu'il en a fini avec la réfutation de l'accusation concernant son rapport aux dieux. Il montre alors longuement qu'il a toujours été soucieux de justice et du bien de la Cité, sans crainte des conséquences qui pouvaient lui en coûter. Mais cette présence à la Cité dans un souci de justice, Socrate la rapporte explicitement au commandement qu'il en a reçu de la Divinité : démontrer le souci de justice qui fut celui de sa vie, c'est encore démontrer sa religiosité.

Mais évidemment cette distinction de deux plans (en quelque sorte, théorique et pratique, relevant de la croyance et du culte, de la pensée et de la croyance) est une subtilité qui ne peut être reçue facilement par la foule, dans la mesure où celle-ci vit sur le plan exclusivement pratique, c'est-à-dire dans la négation de cette distinction, c'est-à-dire encore, en affublant d'une valeur théorique ce qui n'en a que dans la pratique. La simplicité pratique de ceux devant qui Socrate présentait sa défense dans l'*Apologie* ne permettait pas de justifier ce double point de vue, qu'il n'a cependant pas caché : mais précisément sa défense n'a pas pu convaincre, peut être bien à cause de cela.

Cependant, ce qu'une lecture superficielle de l'*Apologie* peut laisser obscur et surtout équivoque, l'*Euthyphron* et le *Criton*, Dialogues que Platon a composés sans doute à peu près à la même époque, le rendent,

(aucun dieu quel qu'il soit), il évite d'avoir à dire si ses dieux sont ou non ceux de la Cité, il met en conflit en quelque sorte les deux parties de l'accusation d'impiété. Si l'on prend en considération les dieux, ils ne sont ni de la Cité, ni inventés par tel ou tel ; sinon, on est conduit à proférer des absurdités (comparables à celles d'Euthyphron) : « Socrate ne croit pas aux dieux mais il croit aux dieux » (27a5-6). On ne peut opposer un dieu à un autre (cela paraîtra évident à celui qui se souvient que les dieux sont inconnaissables, indéterminables, indisponibles) ; la divinité se divise mal. Les dieux ne sont la propriété de personne, pas même de la Cité ; c'est plutôt la Cité qui est la propriété des dieux ; ce n'est pas la Cité qui peut déterminer quels sont ses dieux, c'est la divinité qui gouverne la Cité, notamment quand elle laisse ses citoyens s'efforcer d'être à l'écoute de ses commandements. Le seul problème (philosophique) est de déterminer ce que peut signifier au juste ce langage imagé.

semble-t-il, à la fois clair et justifié. Grâce à l'*Euthyphron*, on peut comprendre que, du point de vue théorique, la vraie piété, c'est-à-dire un rapport à la Divinité selon la vérité, tel que celui dont témoigne Socrate, peut paraître impie, parce qu'il ne semble pas impliquer nécessairement une croyance dans les dieux de la Cité. Mais reste alors à montrer que Socrate n'est pas socialement impie. Ce que déguise et désigne le culte des dieux de la Cité, c'est-à-dire le culte de la Cité elle-même, l'attachement religieux à la Cité et à son ordre politique comme un principe par lequel chaque homme, en tant que citoyen, est ce qu'il est, Socrate en est le défenseur le plus acharné, jusque dans la mort, et même quand cet ordre politico-judiciaire produit la plus grande des injustices à son égard. C'est cela que l'on voit dans le *Criton*[1]. Dans l'*Euthyphron*, Socrate, en montrant que la vraie piété, qui s'adresse authentiquement à ce qu'il y a de divin (Principe) dans l'Être, est identique à la justice même, montre ainsi que cette attitude, qui peut sembler détourner des dieux de la Cité, consiste en fait à se mieux tourner, non seulement vers la vraie Divinité, mais aussi vers le vrai principe de la religion sociale : le vrai fondement de la Cité, qu'est la justice.

Les chefs d'accusation

Le grief d'*asebeia* (impiété) ne peut donc viser, en toute justice, que le manquement à l'attitude pratique du culte des dieux qui représentent la Cité. Mais la tendance populaire est de la lier à des croyances poétiques sans fondement. C'est cette confusion que Mélètos renforce et dont il joue, quand, en invoquant la loi contre l'*asebeia*, il formule contre Socrate l'accusation de « ne pas croire aux dieux de la Cité ».

L'*Euthyphron* explique et justifie la curieuse défense de l'*Apologie* : elle ne pouvait qu'être inefficace, car ou bien elle acceptait les termes de l'accusation, et dans ce cas là, elle reconnaissait ouvertement que Socrate ne croyait pas aux dieux de la Cité, au sens de ses accusateurs, c'est-à-dire

1. Dans le *Criton*, un ami, de ce nom, propose à Socrate de s'évader de sa prison où il attend la mort après sa condamnation. Criton a tout préparé : la chose est possible. Socrate refuse (43a-46b). Quelle est sa justification ? D'abord, il reprend comme un principe indépassable, l'Idée de justice (46b-50a). Ensuite, il montre (50a-54d) que, s'il contrevenait à la décision de l'État (la Cité), il ferait du mal à l'État, c'est-à-dire à ses Lois, c'est-à-dire à la Justice – car c'est à l'État que chacun doit tout de ses conditions d'existence matérielle et morale, toute la vie. On voit donc que l'État est considéré comme le tout de l'homme ; et, d'autre part, la justice est assimilée au fondement de l'État, à travers les lois (ce qui implique qu'on la distingue de l'acte particulier et contingent qui, condamnant Socrate, peut, quant à lui, être injuste). Même devant la mort, Socrate ne confond pas l'Idée de justice avec un essai de son application, qui toujours peut échouer ; et l'Idée de justice, qui est ce à quoi est identifiée l'Idée de Pieux dans *l'Euthyphron*, apparaît, dans le *Criton*, comme le principe de l'organisation sociale et politique.

était impie et asocial (ce qui est faux puisque Socrate est pieux et respectueux de la société par principe), ou bien la défense transformait l'accusation en grief d'athéisme et d'injustice sociale : c'est ce que fait réellement Socrate, qui peut ainsi le réfuter clairement, mais non pas se gagner le jury, parce qu'il ne donne pas l'impression de répondre à l'accusation elle-même.

Formulée ainsi, cette accusation est bien une machination diabolique, rhétorique et politique, qui ne permet pas un procès juste et rend impossible une réponse vraie. C'est bien de la nature des questions que dépend la valeur des réponses et c'est bien ainsi que la rhétorique politique et judiciaire se différencie de la philosophie : le procès de Socrate nécessite autre chose qu'une simple *Apologie* ; il appelle une analyse philosophique.

L'*Euthyphron* est, ainsi, la pièce maîtresse d'une démonstration (qui se comprend clairement avec l'*Apologie* et le *Criton*), qui invalide la prétention à faire de la notion d'*asebeia* un motif d'accusation criminelle publique (*graphè*). C'est une critique de la loi contre l'*asebeia* : cette notion confuse risque d'entraîner erreurs et injustice; l'interprétation qui en est donnée dans l'acte d'accusation de Socrate est l'exemple du contresens le plus traditionnel que l'on fait sur elle. L'*Euthyphron* permet de comprendre comment c'est précisément le plus pieux et le plus juste, selon la justice et la justesse, qui en vient comme nécessairement, dans de telles conditions, à être condamné comme impie par un tribunal. Platon ne propose pas ici seulement une défense de Socrate, un plaidoyer pour justifier Socrate devant la loi : il ruine le fondement même de son accusation pour impiété, en faisant apparaître le caractère au moins équivoque de la loi contre l'*asebeia* (on ne sait de quoi l'on parle, quand on évoque ce terme).

Quant au second motif d'accusation de Socrate (« corrompre la jeunesse »), en tant qu'il signifie le reproche de détourner ses disciples du conservatisme et des traditions sociales, on voit comment la critique de l'*eusebeia* y répond, en particulier grâce au relais de l'affaire d'Euthyphron. Cette affaire pose, en effet, la question du rapport de la piété religieuse et de la piété filiale. Cette dernière peut être considérée comme le modèle du respect conformiste de l'autorité des Anciens. Or, ce que montre Euthyphron, c'est que l'*eusebeia* entraîne des comportements contradictoires de ce point de vue : puisqu'il défend le respect et la sauvegarde des familles et qu'il fait un procès à son père au nom de cela même ! On peut dire qu'Euthryphron représente la difficulté historique de la religion grecque à passer d'un culte familial au culte civique : l'abandon du culte de la famille risque, en effet, dans ces conditions, d'amener la ruine de la famille et celle de la Cité. Là encore, si l'on partage notre interprétation de l'*Euthyphron*, on ne croira pas que Platon critique le respect filial, en général, mais seulement s'il repose sur l'incertaine *eusebeia* : il ne faut pas respecter son père et ses parents parce que cela se fait et qu'ils en imposent (car cela risque de passer), mais en fonction de ce qu'ils sont et font pour leurs enfants, parce que c'est juste, c'est-à-dire par *hosiotès*.

La rivalité entre l'*hosiotès* et l'*eusebeia* n'est pas d'abord une rivalité entre des comportements différents mais entre les fondements de ces comportements : faire quelque chose parce qu'il est traditionnel de le faire (*eusebeia*) risque d'amener un jour à cesser de le faire sans plus de raison; faire quelque chose parce qu'une autorité le prescrit, c'est se préparer à changer ses actes, quand changera l'autorité. Le respect de l'*eusebeia* préparant lui-même sa suppression possible (et qui arrive toujours historiquement), n'est pas si respectueux que cela et constitue un principe contradictoire. Sur son terrain même (le respect), l'*eusebeia* reçoit donc des leçons de l'*hosiotès*, qui fonde le respect non sur un objet particulier, mais sur la nécessité universelle et la vérité elle-même. Il faut avoir un souci religieux de la Divinité, de l'État, et aussi de ses parents, non parce que les convenances et la prudence l'enseignent mais parce que ce sont les principes de Tout et de ce que nous sommes, et que renoncer à la vérité et à la justice, c'est accepter de vivre une vie exilée de ses principes, une vie aliénée, une vie de déréliction, abandonnée d'elle-même, une vie qui a oublié le sens de sa valeur, et sa valeur sacrée. Ce souci religieux est aussi philosophique; il doit durer aussi longtemps qu'on vit. On peut vivre sans. Mais pas si bien.

L'idéal grec d'unité de la religion et de l'État

Platon procède, dans la critique de la religion d'État de son époque, d'une manière qui mérite d'être remarquée et dont le sens ultime ne doit pas échapper. Dans un premier temps, il semble qu'il montre l'incohérence de la religion d'État, d'une piété politiquement et juridiquement contrôlable : il faut distinguer la Divinité, comme objet de la vraie piété, qui n'est pas objet de savoir et de savoir-faire social (mais seulement de réflexion et de quête philosophiques) et les dieux de la Cité, qui sont objets d'une simple pratique, où se manifeste et se renforce le lien social et civique. Mais il est bien vrai qu'en séparant de la sorte la pratique sociale et le discours religieux sur quoi elle prétend se fonder, on a toute chance de détruire en même temps que la religion d'État, le sentiment d'appartenir à la Cité, le sens de la communauté civique, le sens de l'État, le fondement, donc, le plus populaire et le plus puissant de l'union sociale. C'est l'idéal grec d'une époque (où la vie sociale et politique est essentielle, s'exprime et se fonde dans la vie religieuse), que Platon semble remettre en question. Dans cette mesure, il semble être un rationaliste (comme dit Dodds), qui ébranle l'édifice des représentations dont la construction sociale s'est réalisée pendant la période de la sortie de l'époque pré-archaique et archaïque la plus ancienne, quand les Cités ont fait reculer la toute-puissance de la famille et que la justice judiciaire a commencé à supplanter le droit familial paternel.

En effet, le nouvel ordre social n'a pu se développer qu'en faisant alliance avec une force ancienne : la religion. C'est au moment où une valeur est nouvelle et se trouve dans l'époque où elle doit s'imposer, qu'elle est, par nécessité, la plus virulente. Tel est le sens historique de l'importance de la vie sociale politique, à cette époque : il s'agit encore de lutter contre l'importance de la famille ; la socialité civique est une valeur menacée et qui doit être très exigeante pour que l'ordre social qu'elle fonde subsiste et se développe. Mais cela n'est possible qu'en assurant une continuité suffisante avec ce qui précède, en réduisant au minimum les signes de la nouveauté, en utilisant à son profit le plus possible des valeurs de l'ordre ancien : la religion est une telle valeur de l'ordre familial ancien, mais suffisamment autonome en apparence dans la conscience des hommes de l'époque pour qu'on puisse tenter de la détacher de l'ancienne organisation d'où elle est née et la faire servir dans la nouvelle. De la sorte, l'ordre social civique nouveau va pouvoir tenter d'utiliser la plus grande force de respect, de soumission et de cohésion, que constitue la religion, à son propre profit.

Ainsi, que la vie d'un Grec du Ve siècle soit, avant tout, sociale et politique et que cette socialité soit fondamentalement religieuse, voila une double exigence, dont la violence est liée à la mise en place d'une organisation sociale, qui est encore en plein effort polémique pour s'établir avec solidité contre la précédente. En ce siècle, son établissement n'est toujours pas assuré, bien qu'il semble indispensable à la survie du corps social tel qu'il se représente lui-même, et la chose est considérée par certains (dont Platon) comme un signe de décadence dans les mœurs sociales et politiques. Le conflit entre la religion, force qui est issue de l'ordre ancien familial, et l'organisation politique et juridique nouvelle, est, comme nous l'avons rappelé, toute la matière de la tragédie grecque[1]. Dans la tragédie, le conflit ne se résout pas : il y a tragédie quand et aussi longtemps qu'il y a incapacité à renoncer à aucune des forces et des valeurs qui sont en conflit. La fin de la tragédie, dans la philosophie platonicienne, se réalise-t-elle, alors, par ce dénouement du lien entre la religiosité et la socialité civique (la justice) ? Point du tout, même dans l'*Euthyphron*, ce n'est rien de plus qu'une apparence passagère, nous l'avons vu.

Au-delà de la critique de l'union de la religion et de l'ordre civique, Platon montre l'unité profonde et essentielle de la vraie piété et de la vraie

1. Voir Vernant et Vidal-Naquet, 1972.

justice. De la sorte, si l'*Euthyphron* constitue apparemment une critique de l'idéal grec traditionnel d'union de la religiosité et de l'ordre social, politique et juridique, sa philosophie y reste cependant conforme : c'est un examen critique de cet idéal plus qu'une contestation, qui montre de quel point de vue il peut être fondé et en quel sens il est ce qu'il y a de plus vrai. C'est la *réalisation actuelle* de cet idéal, qui rend possible que l'on tue Socrate ; c'est elle que critique Platon mais non pas l'idéal. Platon propose pour cet idéal un fondement en le pensant comme un principe : l'Idée de Juste. De ce point de vue, on peut rendre compte de l'évolution de l'œuvre de Platon, dans la perspective que nous avons déjà indiquée dans le chapitre précédent, en disant que les œuvres comme la *République* ou les *Lois* (plus positivement encore) tentent de déterminer les détails de la constitution d'un État juste comme une réalisation de cet idéal, à partir de la pensée qui en est produite dès les premiers Dialogues, comme l'*Euthyphron*. Dans les *Lois*, pour l'essentiel, ce n'est pas la compréhension de ce qu'est la piété, qui a changé, ni celle de l'unité de la piété et de justice, c'est l'usage que l'on peut en faire et c'est le point de vue adopté : celui d'un essai de réalisation de l'idéal de l'unité de la religion et de l'État, supposant que cette réalisation est possible (ce sur quoi, au demeurant, il n'est pas interdit de penser que Platon reste en même temps dubitatif).

Dans l'*Euthyphron*, Platon met cet idéal à l'épreuve : il ne le conteste ni ne le réfute, ce n'est vraisemblablement pas son intention ultime ; il montre que c'est une tâche de le penser, entendez que ce n'est pas une mince affaire que de le penser malgré le sentiment de son évidence sociale et en raison de celui-ci, et que, précisément pour cette raison, il faut s'y mettre : malgré le sentiment justifié qu'il s'agit de quelque chose qui est partagé par tous, et même quand c'est pour ainsi dire un professionnel de la religion qui s'y essaie dans un climat de confiance (en tout cas au début), il n'est finalement pas facile, contre toute attente, c'est ce qu'on observe dans le dialogue de l'*Euthyphron* et son aporie finale), ni de dire ni ce qu'est la piété, ni de rendre raison de ce que pourtant la langue grecque porte comme allant de soi : la solidarité et la quasi-équivalence de la piété et de la justice. Voilà donc, ce qu'il va falloir penser en reprenant les choses à leur principe (*ex archès*) : l'unité de la piété et de la justice, de la piété filiale et de la piété religieuse, de la religion familiale et de la religion sociale, de la religion et de la société, de la piété et de la (philosophie) politique ; voilà ce qu'il va falloir penser, si l'on veut sauver les communautés familiales, sociales et politiques, ainsi que la piété qui concerne les unes et les autres, et qui est indispensable pour les sauver. Voilà la tache générique de la philosophie. Ce n'est pas l'idéal grec commun, qui est contesté, mais c'est qu'il puisse être sauvegardé sans être justifié au sens le plus fort du terme, c'est-à-dire sans philosophie. Et même, d'un point de vue historique, peut-on dire, sans *la* philosophie, puisque l'*Euthyphron* témoigne que c'est notamment à la décision d'affronter radicalement ce problème, que l'on doit sa naissance chez Platon. Elle n'invente pas cet idéal, elle ne le conteste pas, elle ne le justifie pas, elle montre sa fragilité, qui appelle qu'on le pense, pour comprendre comment et en quel sens il a pu être inventé, contesté, justifié.

L'*EUTHYPHRON* ET LA NAISSANCE DE LA PHILOSOPHIE

On voit, avec l'*Euthyphron*, comment, dans sa naissance historique platonicienne, la philosophie s'oppose au déchirement tragique. Cependant, pour autant qu'Euthyphron soit un personnage qui nie, lui aussi, le conflit entre la religion et l'ordre social et judiciaire, mais avec une brutalité impensante et une inconscience comique, notre Dialogue porte en lui également la marque de l'opposition, peut être plus grande encore, entre la suppression du conflit tragique réalisée par la comédie (qui ne le travaille pas, ne le pense pas, ne le résout pas, mais trouve dans son absurdité même, la force d'en rire et de s'en moquer) et la philosophie. On peut dire ainsi que la conception platonicienne de la piété et de ses rapports avec la justice est une critique de l'organisation sociale, politique et religieuse de la Grèce de son temps ; mais, en même temps, elle reste fidèle à son idéal, auquel elle donne cohérence et justification et même dont elle constitue une tentative de réalisation conséquente. Nous dirons donc que c'en est la « vérité », au sens fort du terme : ce n'est pas seulement son « inconscient », le secret sur lequel elle repose de manière contingente et arbitraire sans le savoir, mais c'est la révélation, justifiée et raisonnée, du fondement de sa valeur.

Si l'on reconnaît qu'une philosophie se caractérise notamment comme une élaboration critique des représentations et des valeurs propres à une époque de pensée, on voit l'intérêt singulier (pas seulement historique ou littéraire, mais proprement philosophique) qu'il y a à déterminer et à méditer le rapport entre les conditions historiques de la naissance de la philosophie et l'objet de l'*Euthyphron*, texte précoce dans l'œuvre de Platon, et *a fortiori* dans la philosophie en général. Le caractère étroit et évident de ce rapport entre notre Dialogue et les problèmes les plus caractéristiques et les plus généraux de la Grèce de cette époque, instruit, d'une part, sur le sens originaire de la philosophie, et, d'autre part, montre l'importance souvent sous-estimée de l'*Euthyphron* dans l'œuvre de Platon et dans la philosophie. Nous rassemblerons, pour conclure ce chapitre, les éléments que nous avons déjà exposés, et qui caractérisent le sens général de notre Dialogue.

L'objet que traite l'*Euthyphron* (la piété) et la manière dont il le traite (sa mise en relation avec la justice, dans la reconnaissance des exigences du savoir) montrent qu'au moment où elle naît, qui est celui où meurt la tragédie sous les coups de la comédie [1], la philosophie prend pour objet le conflit de la religion et de la justice (le droit), qui est la grande affaire du monde grec depuis la deuxième moitié du VIIe siècle au moins. Ce conflit trouve son origine dans la crise économique et sociale qui bouleverse le monde grec à l'époque dite « archaïque » [2]. Le système économique et social ancien était déterminé par la domination des familles (*genè*) ; la religion, faisant de la famille son objet, était la forme culturelle générale où ce système se représentait comme une valeur [3]. C'est de la lutte contre les privilèges fonciers, judiciaires et politiques des grandes familles, que sortit l'ordre social nouveau des Cités (ou États), régi par un droit qui fait de tous les citoyens des égaux devant la loi (*isonomia*), au tribunal, devant lequel se règlent les conflits et qu'ils constituent eux-mêmes.

Le VIIe siècle est l'époque autour de laquelle se réalise cette mise en place de la structure politique étatique (civique) de la société. Ces luttes aboutissent à la constitution d'un ordre juridico-judiciaire, qui traduit et détermine la nouvelle organisation sociale et la représente comme une valeur (la justice), à partir de la seconde moitié de ce siècle. L'ordre social nouveau, qui a dévalorisé l'ordre familial, a tendance à transformer la religion en se l'adaptant : c'est la religion de la Cité, la religion d'État. Mais elle n'y est plus l'ultime et unique valeur fondatrice et justificatrice, qu'elle était à l'intérieur de la famille. Maintenant, c'est la justice qui joue ce rôle (le sens religieux et sacré de la famille n'est pas nécessairement compris dans le sens religieux et sacré de l'État, et peut entrer en conflit avec lui, comme on le voit avec Euthyphron). Après cette période, où l'action sociale et les législateurs, qui la traduisirent en représentations juridiques écrites, eurent ainsi créé cet ordre nouveau de valeurs, la naissance de la tragédie, vers la fin du VIe siècle, témoigne que le conflit entre l'ordre nouveau et l'ancien se porte sur le terrain de la conscience et des représentations collectives comme conflit de valeurs : conflit de la religion, fondement de l'ordre familial, et de la justice juridique, fondement de l'ordre civique et politique moderne.

1. Ce que les historiens de la littérature appellent la « nouvelle comédie », la seule, à vrai dire, que l'on connaisse bien, et qui ressemble à ce que nous appelons de manière moderne « comédie ».

2. F. Chamoux, 1965, p. 61-62.

3. Dans la religion de la famille, la famille, avec ses biens et ses privilèges, a une valeur divine. Il n'y a d'autre droit reconnu que celui de la défense contre tout ce qui peut y porter atteinte. La divinité y est représentée comme un rôle familial, avant tout celui du Père, conformément à la mythologie cosmogonique, qui a la forme d'une affaire de famille.

Telles sont les conditions historiques de la production de ce conflit, qui sera l'objet de la réflexion philosophique. Mais cette réflexion, avec sa radicalité, est d'abord interdite par l'émotion du sentiment tragique devant ce conflit, qui en est la première forme culturelle de conscience. Le sentiment qui est lié à l'attitude contemplative devant le spectacle tragique a une dimension qu'on appellerait de façon moderne *esthétique*, et qui, d'un point de vue social et existentiel, est *anesthésiant* (la fascination de la douleur, du malheur, du conflit jugé indépassable, détourne de toute action réparatrice). Ce sentiment contribue, cependant, à en montrer l'importance en rendant sensible la position et l'opposition des termes en conflit. Comme tel, il correspond au sentiment d'étonnement (*thaumazein*), voire de scandale, qui motive l'exercice de la philosophie à son commencement.

Le sentiment comique, quant à lui, en inhibant cette émotion tragique, qui est encore un sentiment religieux, rend, sur le moment, inutile la réflexion philosophique, grâce au réconfort de l'euphorie et de l'indifférence qu'elle oppose au conflit. Il joue lui aussi un rôle anesthésiant, marque de sa proximité, en un sens, avec le tragique. Mais, en donnant le sens de l'audace, de l'irrespect et de l'insolence, de la dérision, il œuvre à libérer le pouvoir de réfléchir objectivement sur la contradiction, qu'il rend ainsi *profane*.

Les conditions historiques générales qui ont rendu possible la naissance de la philosophie sont donc, d'une part, celles qui ont rendu possibles, d'abord, la tragédie et la comédie, mais, d'autre part, aussi les modes et contenus de conscience contrastés qu'en ont élaborés ces deux formes artistiques. Cependant, ni tragique, ni moqueur, mais sérieux dans l'étonnement, l'ironie et le travail de la raison, procède l'examen philosophique : le conflit de la justice et de la religion est ré-élaboré dans ses termes, en même temps que résolu sans renoncer à aucun des deux. Leur conflit n'est pas traité comme celui des représentants de deux forces sociales ou psychologiques, dont il faudrait déterminer le vainqueur, ou entre lesquels il faudrait établir un compromis, mais comme un *problème* : celui des conditions de compatibilité de deux Idées (comment faut-il définir la piété et la justice, pour qu'elles soient compatibles ?), et de leur fondement, dans la mesure où, au point où ces deux Idées, qui prétendent être des Valeurs, se rejoignent, se trouve la vraie définition de ce qu'elles sont et doivent être l'une et l'autre.

Ainsi s'élabore la solution philosophique, transformant la nature du conflit (de réel en théorique) et la détermination de ses termes (la vraie justice au lieu de celle des institutions, la vraie piété au lieu des diverses religions traditionnellement pratiquées), laissant en présence dans la rancœur, l'insatisfaction et la suspicion, les forces sociales et les tendances psychologiques qui attendaient autre chose, étant toutes justifiées en un sens, comme approximations pratiques, autant qu'invalidées en elles-mêmes.

On voit ici les liens ambigus et essentiels que la philosophie, au moment de sa naissance historique, a établis avec trois ordres de valeurs, qui correspondent aussi à trois domaines fondamentaux de l'activité humaine spirituelle et collective : la piété (religion), la justice (politique) et la vérité (savoir). La philosophie reprend quelque chose des trois, sans se confondre avec aucun d'eux. La religion est la plus ancienne de ces valeurs et la philosophie naît dans un mouvement de critique des valeurs religieuses; elle n'y oppose pas seulement l'esprit de justice mais aussi d'objectivité d'un vrai savoir; mais, en même temps, la philosophie sauve la religion en réussissant à lui incorporer les valeurs de justice et de vérité : la philosophie garde en elle quelque chose de profondément religieux, en un sens.

De même, si elle est comme le porte-parole de la justice auprès de la religion, elle critique la justice institutionnelle au nom de la vraie justice : elle est fondamentalement discours de justice, ayant tendance à traiter toute affaire (concernant les valeurs pratiques ou la recherche de la vérité) comme une affaire de droit et de démonstration de légitimité (même si le plaidoyer et le débat judiciaire ne sont que des approximations de la philosophie). Mais son idée de la justice et du droit reconnaît précisément les valeurs du savoir (la vraie justice) et de la religiosité (par opposition au froid règlement commercial de l'égalité contractuelle).

Enfin, le savoir, que la philosophie peut se représenter, d'un certain point de vue, comme sa valeur générique la plus récente, n'est pas trouvé tel quel dans la réalité historique (le savoir-faire, tel qu'il s'est développé depuis l'essor des techniques et des arts, en même temps que celui des Cités et de l'esprit judiciaire) : il trouve dans la religiosité et l'esprit de justice, le désir d'universalité, de fondement et d'absolu, ainsi que de justification formelle, qui sont les exigences d'un savoir qui ne veut précisément plus exigent que tout autre et, en particulier, que la plupart des savoirs socialement constitués.

La philosophie, ainsi, semble être le représentant des exigences de chacune de ces valeurs auprès des autres, changeant chacune, mais pour pouvoir la sauver et la conserver, et produisant son fondement et son unité avec les autres.

CONCLUSION

Les rapports entre le Pieux, le Juste et le Vrai (objets ou valeurs spécifiques de la religion, de la morale et du savoir) sont constitutifs de la problématique de l'*Euthyphron*. De façon plus ou moins explicite, c'est l'unité de ces valeurs, qui semble se manifester : le Pieux et le Juste tendent à s'identifier, si on en cherche l'Idée, c'est-à-dire du point de vue du vrai : c'est que la *vraie* piété et la *vraie* morale ne sont rien d'autre que le *vrai* savoir (synoptique et dialectique), c'est-à-dire la philosophie.

1) Il y a ici une philosophie de la Valeur[1], que l'on explicitera d'abord : il n'y a, en un sens, qu'une vraie Valeur, et non une valeur morale et une valeur religieuse distinctes, elles-mêmes séparées du vrai.

2) Cela signifie, du point de vue de la philosophie de la religion, une position originale (une certaine unité de la philosophie et de la religion), que l'on caractérisera par comparaison avec d'autres possibilités significatives de l'histoire de la philosophie.

LA PHILOSOPHIE DE LA VALEUR DANS L'*EUTHYPHRON*

On peut tenter de caractériser cette philosophie de trois points de vue, qui sont solidaires les uns des autres et que nous nommerons par commodité : celui de la *quantité* de la Valeur, celui de la *modalité* de la Valeur, celui des *relations* des disciplines qui visent la Valeur.

1) Du point de vue de la *quantité*, on se demande si la Valeur est une ou multiple. La réponse qui se dégage de l'*Euthyphron* est que la Valeur est une et universelle : il n'y a pas moyen de distinguer, du point de vue de la Valeur, des domaines distincts (l'humain et le divin par exemple). Quand on parle de valeurs multiples, on parle de valeurs d'emprunt, qui valent *pour* ceci ou cela, c'est-à-dire dépendent de buts, dont la valeur, à son tour, serait à discuter : si l'on prétend qu'il y a des actes qu'il est bon de réaliser *pour* plaire aux dieux, il faudra encore se demander s'il est bon de plaire à

1. Voir ci-dessus, p. 80-81.

ces dieux. Si l'on veut, en revanche, parler de Valeur, qui vaille vraiment et absolument, alors il faut forger l'idée de la Valeur qui vaut par soi, et qui est *une* puisqu'elle vaut *universellement*.

2) Du point de vue de la *modalité*, on se demande si la Valeur est nécessaire ou contingente (seulement possible), ou bien, pour le dire autrement, si sa nécessité est relative ou absolue. C'est donc encore ce qu'on peut appeler la question du fondement de la Valeur : si nous concevons des valeurs multiples, elles vaudront ce que vaudront leurs buts, et eux-mêmes, ce que vaudront les buts dont ils sont les moyens etc. ; dans cette hypothèse, qui est celle de l'emploi technico-pratique du terme de valeur (la monnaie, par exemple, est une valeur en ce sens), celle-ci n'est qu'un moyen et sa nécessité est *relative* au *but* qu'elle permet d'atteindre (qui est alors son seul fondement). Si, en revanche, nous abandonnons cette hypothèse, qui ne réussit pas à faire de la valeur quelque chose qui vaille vraiment (une *fin* véritable), nous formerons *a contrario* l'idée d'une Valeur dont la nécessité (la valeur) serait absolue, en elle-même et sans dépendre d'une autre : la vraie Valeur est en soi. C'est celle qui s'impose *nécessairement par soi-même*, qui se fonde soi-même, sans dépendre de la loi d'autre chose qu'elle-même, c'est-à-dire *absolument* : ce qui se fonde dans la pensée, sinon la pensée elle-même (inépendamment de toute division de la pensée selon les domaines d'objets, c'est-à-dire en disciplines).

3) Du point de vue des *relations* des disciplines qui visent la Valeur, on retrouve le même problème par une autre approche : si l'on reconnaît des devoirs proprement religieux distincts de devoirs humains en général, la religion sera distincte de la morale et de la justice en général, et elles risquent d'entrer en conflit. Qui les départagera, alors, sinon une Valeur qui leur soit supérieure parce qu'elle est universelle et absolument nécessaire ? Si l'une ou l'autre de ces deux disciplines prétend établir une Valeur qui ne vaille pas universellement, elle se met en contradiction avec elle-même, en se préparant à voir sa valeur particulière être dévalorisée par une autre plus générale.

La seconde partie de l'*Euthyphron* montre que les dieux, tels qu'ils sont représentés, ne sont pas Valeurs en eux-mêmes, et qu'ils ne peuvent nous indiquer des valeurs qui vaillent autrement que pour et par eux (leur bon plaisir) ; c'est dire qu'on ne peut s'en remettre à la religion (comme culte de ces dieux), pour fonder la morale en général (si l'on considère que c'est la discipline qui détermine ce que nous devons faire dans tous les cas). Ce que nous appelons de façon moderne la morale doit donc se fonder soi-même, par le seul exercice de la pensée (*phronèsis*[1]) qui ne prend en compte que ce

1. C'est le terme qu'utilise Platon notamment dans le *Phédon* (68c-69c) : sans la *phronèsis*, même des comportements que l'on reconnaît d'ordinaire comme vertueux, tels

qui, absolument nécessaire, vaut par soi-même: le Juste. Mais, comme Valeur universelle, le Juste ne saurait accepter de limitation à sa légitimité: par conséquent, non seulement la religion ne fonde pas la morale, mais encore on ne pourrait accepter que «l'impératif moral» se heurte à une prescription religieuse: la morale détermine ainsi toute seule tout ce qui vaut et tout ce qu'il faut faire, sans reconnaître d'exception pour un domaine particulier comme celui de la religiosité. C'est ce qui semble se dégager la troisième partie de l'*Euthyphron*: on ne doit pas concevoir la piété comme autre chose que la justice. C'est la morale, comme pensée de ce qui est juste, qui, en ce sens, fonderait la piété religieuse. Mais on peut se demander sur quoi repose cette prétention paradoxale, en vertu de laquelle la religion semblerait disparaître au profit de la morale, en même temps que le pieux (*hosion*) paraîtrait s'évanouir en étant étendu à la mesure entière du Juste lui-même.

Mais il ne s'agit pas, à vrai dire, d'une prétention de la *morale* (le terme n'existe pas, strictement, en grec, pas plus, au demeurant, que le terme de «religion»), car, si on la considérait comme une discipline particulière, elle n'existerait pas plus que la religion[1] : la justice à l'égard des seuls hommes n'a pas plus de consistance eidétique que celle à l'égard des seuls dieux (la religion). La morale n'a de valeur qu'en tant qu'universelle, c'est-à-dire en se confondant avec la philosophie elle-même comme recherche de ce qui est universellement nécessaire: le Juste est aussi bien une exigence à l'égard du comportement (morale), qu'une exigence à l'égard de la pensée et du discours (philosophie). Ce qui fonde la valeur universelle de la Justice, c'est aussi bien la Justesse (la vérité); c'est parce qu'il ne peut y avoir, sur la même chose, deux vérités (au sens fort du terme, et non au sens d'«opinion», de «point de vue»), qu'il ne peut y avoir, *en vérité*, deux Valeurs, ou deux types de Valeurs rivales. Ce dont dépend donc la

que le courage, la tempérance, et même la pratique de la justice (69b), ne valent rien et ne méritent pas d'être appelés des vertus: on ne sait quand il faut les exercer, on ne sait précisément ce qu'elles nous commandent de faire, elles ont tôt fait d'apparaître contradictoires et conflictuelles; elles manquent, en somme, de fondement. C'est de la *phronèsis* qui les pense, que ces vertus reçoivent toute leur valeur véritable. C'est la *phronèsis* (la pensée réfléchie), qui fait la valeur de toutes les valeurs, qui fonde les valeurs et qui, n'ayant pas besoin d'un autre fondement qu'elle-même à cette fin, est l'excellence suprême, la Valeur suprême (*aretè*, que l'on peut traduire encore, comme on le fait souvent, par vertu).

1. Le *Ménon* est un Dialogue où est examinée la possibilité d'un enseignement et d'une science de la vertu (c'est-à-dire de quelque chose qui peut être rapproché de ce que nous appellerions, de manière moderne, la morale comme discipline: le maintien de cette problématique par Ménon (qui refuse à Socrate d'examiner ce qu'est la vertu en elle-même, c'est-à-dire ce que nous appelons ici la *Valeur*) conduit à la conclusion que c'est par hasard et don divin que s'acquiert et s'exerce la vertu. Cela correspond, nous semble-t-il, à l'impossibilité de déterminer la morale comme discipline particulière.

reconnaissance que le Pieux est le Juste lui-même, c'est l'exigence initiale de Socrate : nous ne cherchons pas, à l'égard du pieux, autre chose que ce qui est vrai absolument, c'est-à-dire son Idée. Chercher à savoir ce qu'est le Pieux comme Idée conduit à reconnaître que c'est une Valeur. Réciproquement, reconnaître dans le Pieux une Valeur, c'est reconnaître que c'est une Idée.

Cela nous conduit à revenir sur les rapports de l'Idée et de ce que nous appelons par commodité, avec Goldschmidt, la Valeur, au début de l'œuvre de Platon, où n'en existe pas encore une « théorie » explicite et développée, comparable à celle que l'on trouve dans des Dialogues ultérieurs[1]. Nous avons déjà noté que l'Idée et le progrès de la réflexion sur les exigences eidétiques jouent un rôle de régulateur du dialogue entre Socrate et Euthyphron[2]. L'Idée a un statut d'objet de réflexion non pas tant métaphysique et ontologique que méthodologique : c'est son usage réel dans ce Dialogue, qui détermine directement la teneur du discours sur elle et son développement progressif. Mais il ne faut pas entendre par « méthodologie » une réflexion antérieure ou extérieure à la tâche de définition de la piété, comme si Socrate appliquait mécaniquement une méthode (entendue comme une recette technique). Nous avons observé comment la réflexion sur les exigences eidétiques, bien que de façon elliptique et sans nulle insistance doctrinale, structurait et régulait le Dialogue ; cela ne signifie cependant pas que ces considérations constituent un discours à part, qui règlerait de façon unilatérale celui sur le Pieux. Il y a plutôt interaction entre la réflexion sur l'Idée et celle sur le Pieux : les exigences eidétiques se découvrent et se comprennent plus profondément au fur et à mesure qu'avance la réflexion sur le Pieux, au rythme des difficultés qu'elle rencontre. Si bien qu'il faut dire que les deux réflexions sont solidaires l'une de l'autre. La réflexion sur les exigences eidétiques d'une vraie définition guide, garantit et stimule la définition du Pieux comme Valeur. Mais, en même temps, la réflexion sur le Pieux découvre les exigences eidétiques sous lesquelles il demande à être pensé. Car c'est le pieux lui-même qui exige d'être traité comme une essence et nous emmène vers l'essence. Nous assistons à une pédagogie de l'Idée par la Valeur, au moins autant que la réciproque. Comme principes, l'Idée et la Valeur tendent à se confondre, pourrait-on dire, comme Justesse et Justice.

1. Voir l'Appendice sur les pages 9c-11b.

2. Pour la discussion de l'idée, on pourra consulter, outre Goldschmidt (1963), Allen (1971, p. 322-323, 328, 334), dans un article où il soutient, d'autre part, qu'il y a, dans l'*Euthyphron*, non pas certes la théorie des Formes (Idées) de la maturité, mais tout de même une première théorie plus rudimentaire. Voir aussi, sur le même thème, Allen (1970).

Dans ces conditions, on ne peut pas fonder sur l'*Euthyphron*, à proprement parler, de prétention morale *particulière* à régenter la religiosité ou à en dispenser; mais c'est que la morale tend à se confondre avec la philosophie, comme recherche de ce qui est nécessaire (le Juste). Il n'y a pas de Valeur qui échappe à la philosophie, comme recherche de ce qui est vrai; réciproquement, il convient d'appeler philosophie toute recherche de ce qui vaut vraiment. La morale n'existe donc pas comme discipline particulière; il n'y a que la philosophie. Mais la philosophie est d'essence morale, car la Justesse et la Justice sont, en un sens, un même principe. C'est la philosophie (non pas la morale, comme discipline de pensée séparée), qui exige que la religiosité soit entièrement morale sous peine de perdre toute Valeur. Ce faisant, la philosophie apparaît comme ayant, à sa manière, quelque chose de religieux, dans son souci de ne rien laisser en dehors de sa sphère. Elle se moque de la morale par souci de la morale. Même quand elle critique une religion particulière, et même la religion en général, on peut reconnaître son ambition d'être, d'une certaine façon, la *vraie* religion. Nous pouvons donc conclure : la vraie Valeur est une, quels que soient les domaines où on l'envisage. Elle est fondée par la pensée et n'est fondée que sur elle, car la pensée de ce qui est nécessaire est ce qui fonde et n'a, par principe, pas besoin d'autre fondement que soi-même. Enfin, cette pensée est une et unique : la discipline de la pensée qui pense la Valeur est la même dans tous les domaines.

LA PHILOSOPHIE DE LA RELIGION DANS L'*EUTHYPHRON*

La situation de l'*Euthyphron* dans la philosophie de Platon et dans l'histoire de la philosophie lui donne aussi une place particulière dans l'histoire de la philosophie de la religion : avec ce Dialogue, la religion se constitue comme problème philosophique, en même temps que la philosophie se constitue comme problème d'une nature spécifique. L'interrogation sur la piété, en effet, est menée du point de vue de ce qu'il en est de son Idée, ce qui conduit à déprécier la forme de vie religieuse que représente l'*eusebeia* et généralement à soupçonner celles qui ne sont pas capables de se justifier. Mais cette recherche de l'Idée de piété n'est pas seulement un des premiers exemples, dans la philosophie de Platon, de recherche eidétique qui se passe en termes propres : parce que la philosophie se découvre originairement pieuse, en un sens (comme mouvement de recherche du principe, où l'Idée et la Valeur sont toutes les deux à la fois objet et moteur de la recherche, et tendent à s'identifier elles-mêmes), la vraie piété nous apprend aussi, à sa manière, ce qu'est originairement la vraie philosophie : autre chose qu'un savoir ou une pratique au sens ordinaire de ces termes; c'est un rapport (savoir et pratique) au monde, qui passe par une attention à autre chose qu'au monde, mais aux principes, en dernière instance au Juste – comme principe ontologique, théorique et pratique de justesse et de justice. C'est ce qui fait le caractère ambigu des rapports entre philosophie et religion, qui sont faits de mise à *distance critique* et de *proximité compréhensive*. La possibilité de tenir l'une et l'autre est sans doute le problème le plus fondamental de la philosophie de la religion. La plupart des philosophies choisissent l'une ou l'autre de façon marquée. Une des caractéristiques marquantes de l'*Euthyphron* est de comprendre les deux aspects : d'une part, une philosophie critique de la religion, comprise comme *eusebeia*, d'autre part, une philosophie religieuse, comme pensée de l'*hosiotès*.

Une philosophie de la religion

On trouve d'abord, dans l'*Euthyphron*, une philosophie *de la* religion, au sens où la religion, comme *eusebeia*, est mise à distance et examinée de manière critique. Ce point de vue, où la religion est prise comme objet d'un discours qui se distingue du discours religieux, est constitutif de la religion comme problème philosophique, au moment de la naissance de la philosophie, comme au commencement de son époque moderne. En effet, la revendication d'un tel point de vue d'extériorité critique est celle de Spinoza, par exemple, dans le *Traité théologico-politique* (chap. VII), quand il défend l'idée d'une exégèse objective de la Bible contre ceux qui, comme Maïmonide, interprètent immédiatement le texte à la lumière de la simple réflexion et supposent donc, par principe, qu'il y a un sens métaphysique plus ou moins métaphoriquement exprimé, qu'il convient de penser[1]. En fait, ce n'est pas seulement à Maïmonide que s'oppose Spinoza, c'est plus généralement à saint Thomas d'Aquin pour qui la philosophie est « servante de la foi » (*fidei ancilla*)[2], c'est-à-dire que la réflexion rationnelle (philosophie) a le même objet, à partir d'un certain degré d'élévation, que la foi et la théologie : les vérités métaphysiques et divines. La philosophie prépare l'esprit aux difficiles et importantes questions religieuses et elle y élève. Le thomisme, après saint Augustin, s'est approprié la philosophie comme élément ou instrument de la pensée religieuse. Pour Spinoza, en revanche, la philosophie a pour objet, non pas l'objet de la théologie, mais la théologie et la foi elles-mêmes : ce n'est pas une *philosophie*

1. Pour Spinoza, il faut procéder à l'égard de l'Écriture comme fait la science physique à l'égard de la Nature : « en historien », qui enquête d'abord pour récolter les faits empiriques, puis, après seulement, use de la raison pour en produire des définitions (qui déterminent en classant). Voir *Traité théologico-politique*, écrit vers 1665, chap. 7, p. 138-140, Paris, GF-Flammarion. Sur Maïmonide, voir à partir de la p. 154.

2. Saint Thomas d'Aquin, *Somme théologique*, I, *quest.* 1a, 5, ad2.

religieuse mais bien une *philosophie de la religion* qu'il prétend réaliser (même si tout le reste de sa philosophie peut sembler une philosophie profondément religieuse, aux yeux de certains commentateurs, et même « ivre de Dieu »).

On peut voir, dans l'*Euthyphron*, une attitude théorique analogue, par rapport à la religion de son temps, à cette différence près que le discours où celle-ci s'exprime est antérieur à toute philosophie et étranger à la rationalité (il est poétique et mythologique), tandis que, environ vingt siècles plus tard, le discours religieux chrétien a adopté la forme de la rationalité sur l'essentiel : notre Dialogue, quant à lui, *inaugure* une telle attitude de prise de distance de la philosophie par rapport à la religion, qui motivera chez les premiers grands théologiens chrétiens, instruits de la philosophie grecque et du risque, pour la religion, d'être dans cette situation d'objet de critique, l'effort pour mettre la philosophie *au service* de la foi (philosophie religieuse).

L'*eusebeia* correspond à la religion telle qu'elle se pratique et se pense elle-même, comme un phénomène psychologique (sentiment de crainte et de respect) et social (volonté de conformité à la norme dans des pratiques et des rites). On peut la décrire comme un phénomène empirique, psychologique, social et la réduire à cela, de son propre point de vue. Comme *eusebeia*, la religion est donc, de droit, l'objet d'une science positive possible, telle que la sociologie ethnologique de la religion, qui se développera à partir de la fin du XIXe siècle, en particulier avec Durkheim, et qui traitera la religion, par principe, comme un fait social. La définition qu'il en donne, comme modèle de description des religions particulières, peut être utilisée pour rendre compte de l'*eusebeia*[1] : « une religion est un système solidaire de croyances et de pratiques relatives à des choses sacrées, c'est-à-dire séparées et interdites, croyances et pratiques qui unissent en une même communauté appelée Église[2] tous ceux qui y adhèrent[3]. »

Bien sûr, ce n'est pas sur le mode d'une science positive qu'est mis en œuvre dans l'*Euthyphron* la critique sur la religion ; d'autre part, il est vrai que, pour des raisons historiques évidentes, le terme de « sociologie », appliqué à ce Dialogue, serait strictement anachronique ; on peut cependant noter que le procédé d'exposition par mise en scène permet de réaliser d'une certaine façon, certes seulement littéraire et partielle, le projet d'une

1. Et non pas pour rendre compte de l'*hosiotès*, à l'égard de laquelle cette définition serait superficielle et partiale.

2. Il faudrait seulement préciser ici qu'*Église* est à prendre en son sens grec originaire, *Ecclesia*, qui désigne le peuple lui-même dans son Assemblée. Il n'y a aucune distinction entre la religion et l'État.

3. É. Durkheim, *Formes élémentaires de la vie religieuse* [1912[1]], 2e éd. Félix Alcan, 1925, p. 65.

science humaine à propos du comportement religieux : en nous donnant à voir et à entendre un homme de religion en action, l'*Euthyphron*, au-delà de toute thèse sur la religion ou issue de la religion, nous montre les croyances et les opinions religieuses comme comportement pratique et intellectuel d'un homme. On pourrait soutenir qu'il y a un grand intérêt méthodologique à procéder ainsi, même du point de vue d'une sociologie moderne, soucieuse des moyens et du mode de rendre compte de la réalité sociale qu'elle étudie. Or, on peut dire que, sur l'*eusebeia*, le *discours* est insuffisant, tant c'est d'abord une *conduite pratique*; et il risquerait de cacher que ce n'est que secondairement qu'elle a à voir avec l'ordre des pensées; c'est *l'homme religieux* qu'il faut montrer pour que l'on se fasse une idée juste de l'*eusebeia*.

De la sorte, avec l'*Euthyphron*, on ne possède pas seulement une représentation concrète de l'homme religieux (ce qu'ambitionne de fournir l'analyse sociologique et qu'elle réalise parfois au moyen de monographies), mais on a encore son point de vue sur sa religiosité et sur ce qui peut la contester (comme la philosophie) : c'est l'équivalent de ce qu'on peut appeler une *description phénoménologique* (du point de vue du sujet).

La figure de l'homme religieux, qui correspond à celle de l'*eusebès* désireux de l'amour divin (*theophilès*), et qu'incarne Euthyphron, apparaît (au philosophe en tout cas) comme un homme de certitude dogmatique qui ne se soucie pas, en tant que tel, de *raison*, mais dont le sentiment de certitude absolue et le besoin d'avoir raison le poussent à engager volontiers le dialogue avec le philosophe, sûr qu'il est d'être sans faiblesse. Il lui semble que le philosophe s'intéresse un peu à la même chose que lui, mais, quand il s'empêtre dans les exigences de la raison dont il n'est pas familier, il devient agressif et fuit, marquant qu'il ne la reconnaît comme son terrain propre. Ce sur quoi il se fonde n'est pas la raison, mais la tradition des textes (poétiques, chresmologiques, etc..) et des coutumes collectives (rites et valeurs sociales). Sa foi, si l'on peut user de ce terme, est, autant que croyance, fidélité et confiance, croyance pratique. Ce religieux est en un sens, *homme de lettres* et *homme de la lettre* (c'est-à-dire d'un certain conservatisme légaliste).

L'ambiguïté de cette figure de l'homme religieux n'est-elle pas ironiquement exprimée, par la malice littéraire de Platon, dans le nom même du personnage qu'il a choisi comme figure du religieux[1]? Dans

1. Bien sûr il n'y a là que supposition et que plaisanterie. Ce qui ne rend, cependant, pas tout à fait impossible l'hypothèse, ou déplacée la plaisanterie, c'est que dans l'autre Dialogue où est évoqué Euthyphron, le *Cratyle*, il est présenté comme un personnage véritablement possédé par un délire étymologique, qui consiste à découvrir la nature de toutes les choses, de

« Euthyphron », en effet, on peut entendre, si l'on s'amuse, un « esprit » (*phron*) qui est (*euthus*) « direct, sans détour, franc, immédiat » ; Euthyphron serait « l'esprit sans détour, parce que sans finesse et précipité », mais aussi « l'esprit franc, sans détour ni tergiversation ». Son nom aurait l'ambiguïté de cette famille de significations qui ont une valeur péjorative du point de vue intellectuel en même temps qu'une certaine valeur positive du point de vue moral.

Mais le point de vue de la distance critique que la philosophie prend par rapport à la religion, n'est pas seulement celui de la critique objective, mais de la critique contestatrice. En faisant voir, en effet, que les croyances sont déterminées dans leur contenu par l'essence pratique et utilitaire de l'*eusebeia*, l'*Euthyphron* ouvre la perspective non pas seulement de la sociologie mais d'un *sociologisme* : dans les croyances religieuses, ce serait la structure sociale qui serait divinisée et vénérée. De manière plus générale, c'est la perspective *généalogiste* sur les croyances religieuses qui est ouverte : elles seraient déterminées par la pratique familiale et sociale, par les sentiments, les craintes et les espoirs, les intérêts humains, dont elles seraient les effets imaginaires. On peut expliquer cela de plusieurs manières (celles, par exemple, de Marx, de Nietzsche, de Freud) mais, dans tous les cas, cela constitue une critique de la validité de la religion.

Dans l'*Euthyphron*, aucun système *d'explication* n'est donné ; seul est *montré* (du simple fait de l'aveu de l'homme de la religion) le caractère utilitariste de l'*eusebeia* et des croyances par lesquelles elle se rend possible. On peut donc dire que la possibilité de saisir la genèse des croyances religieuses à partir des intérêts humains est *suggérée* (plutôt que démontrée) dans la critique du caractère anthropomorphique des représentations mythologiques de la religion officielle : ces dieux sont des projections de l'image de l'homme. Platon inaugure (ou presque) une tradition de dénonciation philosophique de l'anthropomorphisme théologique (où l'on peut trouver Spinoza[1], Voltaire[2], ou Feuerbach, et bien d'autres). Certes, cette

tous les êtres et même des dieux, au moyen de la signification de leur nom ainsi envisagée (396d).

1. La critique de l'anthropomorphisme et de la théologie chrétienne se trouve dispersée dans toute l'*Éthique* de Spinoza.

2. La critique des religions instituées chez Voltaire se trouve surtout dans le *Dictionnaire philosophique*, dans les *Lettres philosophiques*, les *Dialogues philosophiques* et le *Traité de la Tolérance*. Sur l'anthropomorphisme, voir, par exemple, cet extrait de l'article « *Dieu* » du *Dictionnaire philosophique*, 1764 : « Je venais de faire bâtir un cabinet au bout de mon jardin ; j'entendis une taupe qui raisonnait avec un hanneton : "voilà une belle fabrique, disait la taupe ; il faut que ce soit une taupe bien puissante qui ait fait cet ouvrage", "vous vous moquez, dit le hanneton ; c'est un hanneton tout plein de génie qui est l'architecte de ce bâtiment". » On notera la reprise, à propos d'autres animaux de la teneur de l'argument de Xénophane, que

dénonciation existait déjà en Grèce avant Platon, comme le montre le texte de *Xénophane*, que nous avons déjà cité (« si un bœuf représentait dieu, il ressemblerait à un bœuf »); mais, avec l'*Euthyphron*, la dénonciation de l'anthropomorphisme ne consiste pas seulement dans un jugement lucide et caustique, il est le résultat d'une analyse qui se justifie, et constitue un élément important d'une philosophie générale (de la religion, de la nature divine, de la vérité et de la Valeur, etc..).

Une philosophie religieuse

Cependant, ce qui caractérise la position de Platon par rapport aux conceptions qui, comme la sienne, dénoncent l'anthropomorphisme des représentations religieuses et le caractère avant tout pratique et utilitaire de la religion, c'est qu'il n'en reste pas là : tout cela ne concerne que l'*eusebeia*; et la dévaluation de l'*eusebeia* est corollaire du fondement de l'*hosiotès*, la vraie religiosité, qui ne prête pas à ces critiques.

Une critique de la religion au cœur d'une philosophie religieuse. C'est donc dans une perspective religieuse que Platon procède à la critique de la religion établie : le philosophe (Socrate) n'est pas seulement celui qui observe et analyse le prêtre ; il risque d'en paraître aussi le rival ; il prétend lui donner une leçon de religiosité, ou du moins être plus religieux que lui, pas moins religieux, en tout cas, que le plus religieux des hommes. Cela correspond-t-il à l'arrogance propre à Socrate, qui considère que rien de ce qui est humain ne lui est étranger, surtout pas ce qui concerne notre rapport à tout ce qui est divin, ou bien cela révèle-t-il de quelque chose d'essentiel à la philosophie ? Platon, quant à lui, produit une philosophie religieuse dans son intention, et non pas seulement une philosophie de la religion.

Telle est sa spécificité : allier les deux. Or, d'un contenu religieux quel qu'il soit, le critique de la religion peut toujours montrer l'origine humaine (trop humaine) et la dimension anthropomorphique ; tandis que, de toute critique de la religion, l'homme de la religion peut affirmer qu'elle est extérieure à la religion par principe et que, lors même qu'elle est juste, elle ne constitue donc pas un point de vue suffisant sur elle. Tel est bien le problème le plus radical que pose la religion à la philosophie : comment en rendre compte avec le plus de justesse et de justice ? Pour faire bref : de l'intérieur ou de l'extérieur ? Dans les deux cas, on a le sentiment qu'on risque, par principe, de manquer quelque chose de sa réalité.

Voltaire exprime de manière plus générale par la formule : « Si Dieu a fait l'homme à son image, l'homme le lui a bien rendu. »

Or, de ce point de vue, chez Platon, la philosophie religieuse procède comme une critique de la religion: il y a une critique *intérieure* de la religion. Platon associe l'extériorité du point de vue, condition de la rigueur de la critique radicale, à l'intériorité de la religiosité, condition d'authenticité. Comment cela est-il possible réellement, autrement que verbalement? Platon fait apparaître que la religiosité (la vraie piété) exige d'être pensée comme une Valeur, un devoir-être, une exigence; il ne serait pas légitime, dans ces conditions, de la traiter comme une réalité dont la connaissance objective empirique suffirait pour la comprendre. Mais, alors, la critique radicale de la réalité religieuse, sociale et psychologique (*eusebeia*), est ce qui prépare à comprendre et à déterminer ce que doit être la religiosité. Le souci de vérité dans la critique de la religion (du *fait* religieux) est alors un souci qui est encore religieux. Le seul cas où la philosophie ne reproduise pas elle-même un contenu susceptible d'être lui aussi critiqué par la philosophie de la religion, est celui où la critique est et peut être considérée comme la philosophie religieuse elle-même, où elle est un instrument de la religiosité, où elle correspond à l'exercice d'une piété qui reconnaît comme le premier de ses devoirs de se déprendre de l'illusion orgueilleuse de saisir quelque chose de la Divinité: l'*apophatisme* (la théologie négative); le divin y est pensé comme ce dont la nature échappe à l'homme et ce qui le provoque sans cesse à le représenter sur le modèle de son humanité – écueil auquel il doit sans cesse échapper.

Critique apophatique de l'anthropomorphisme: l'avenir d'une difficulté

L'apophatisme est la position où peuvent se rejoindre une philosophie religieuse et une philosophie critique de la religion: un souci vraiment religieux de ne pas prendre pour Dieu ce qui ne l'est pas, maintient sans cesse présente l'exigence d'une critique de la religion instituée et de tout sentiment religieux qui prend corps et risque de ne témoigner de rien d'autre que de très humain. En effet, la critique de la mythologie et de l'anthropomorphisme ne constitue pas, chez Platon, un discours extérieur à la religiosité et qui justifierait qu'on s'en détourne définitivement, comme c'est le cas, par exemple, chez Feuerbach, ou chez Marx, qui le reprend et le continue. Pour Feuerbach, en effet, « l'être divin n'est pas autre chose que l'être humain, ou plutôt que l'être de l'homme, dégagé des limites de l'homme individuel », c'est-à-dire l'humanité elle-même: « L'homme affirme en Dieu ce qu'il nie en lui-même [1] »; il faut donc reconnaître que, comme toutes les

1. L. Feuerbach, *L'Essence du Christianisme*, 1841, trad. fr. Althusser, Paris, PUF, 1973, p. 116. Voir aussi *Une transformation nécessaire*: « Tel que l'entend la religion, Dieu est le

autres religions, le Christianisme, dans sa théologie, révèle l'essence de l'homme sous le nom de Dieu. C'est pourquoi, dans cette critique, la théologie (discours sur Dieu) devient une anthropologie (discours sur l'homme) : c'est l'homme le vrai Dieu de l'homme. Même si l'on peut encore parler d'une « religion » de l'homme, la religion, au vrai sens du terme, doit cesser, au « tournant de l'histoire », lorsque l'homme prendra conscience que « le seul Dieu de l'homme est l'homme même ». La reconnaissance du bien-fondé de l'analyse de Feuerbach entraîne chez Marx un impératif encore plus fort d'éviction de toute forme de religion, car la réduction de l'idée de Dieu à ses fondements humains (« C'est l'homme qui fait la religion, et non la religion qui fait l'homme »), montre donc que la religion « est l'opium du peuple » : si Dieu n'est qu'une illusion, alors, « nier la religion, ce bonheur illusoire du peuple, c'est exiger son bonheur *réel*. Exiger qu'il abandonne toute illusion sur son état, c'est exiger qu'il renonce à un état qui a besoin d'illusion »[1].

En revanche, chez Platon, dans l'*Euthyphron*, la critique du caractère anthropomorphique des représentations religieuses se fait d'un point de vue religieux et instruit une recherche théologique : comment faut-il se représenter la Divinité, dont Socrate ne met pas l'existence en doute, pour que la piété soit pensable ? La réponse, impliquée dans l'identification suggérée du Pieux et du Juste, semble signifier qu'il ne faut pas se représenter la Divinité, mais en aucun cas qu'il faudrait penser qu'elle n'existe pas. Ainsi peut-on dire que c'est une enquête théologique, que constitue négativement la réflexion de l'*Euthyphron* : on ne peut supposer la Divinité soumise à la nécessité de l'utilité, ni à la contingence du désir arbitraire.

La difficulté, que l'*Euthyphron*, sur ce point, fait apparaître, demeure essentielle dans la tradition théologique chrétienne : tout le premier livre de la *Somme théologique* de saint Thomas, par exemple, est parcouru par la question de savoir s'il faut dire que les volontés de Dieu sont arbitraires, ou s'il faut concevoir qu'il y a une nécessité qui détermine ce qu'il veut. C'est un problème on ne peut plus profond, parce que refuser à Dieu de créer selon son « bon plaisir » et en vertu de la décision sans pourquoi de l'amour semble difficile; mais, en même temps, « il faut réduire toute contingence à de la nécessité »[2] : l'*Euthyphron* met en évidence que les deux thèses sont aussi inacceptables l'une que l'autre pour la nature de la

père, le conservateur, le pourvoyeur, le gardien, le protecteur et le seigneur de la monarchie mondiale. »

1. K. Marx, *Philosophie*, « Folio/Essais », Paris, Gallimard, 2003, *Introduction à la critique de la philosophie du droit de Hegel*, p. 89-91.

2. Voir en particulier, la *Question* 20 du Livre I de la *Somme théologique*. Cette difficulté est un des éléments constitutifs du problème de la Grâce, de Pélage et saint Augustin à saint Thomas, puis au Jansénisme.

Divinité. Il montre en plus que leur source commune est la considération de la Divinité comme un objet particulier (c'est-à-dire une personne individualisée – ou plusieurs). On retrouve, en un sens, ces éléments dans la critique que Spinoza fait de la théologie chrétienne dans l'*Éthique* : il y a « futilité » et absurdité, du point de vue de la raison, à penser que Dieu puisse vouloir et créer selon l'arbitraire de son bon plaisir, mais également, et même davantage, à soutenir qu'il est soumis à une nécessité, c'est-à-dire à quelque chose qui est extérieur à lui et le dépasse, comme l'idée du bien[1]. Mais le dilemme entre ces deux thèses intenables, l'une comme l'autre, est produit par la représentation théologique de Dieu comme une personne particulière. Il faut en revanche pour y échapper, penser Dieu non sur le modèle du sujet humain, mais comme la *Substance éternelle et infinie*, c'est-à-dire la totalité de la Nature elle-même. Il est bien vrai que ce « naturalisme » peut signifier la disparition de l'idée de Dieu et de toute religion ; c'est toute l'ambiguïté de Spinoza, de ce point de vue : on peut le tenir soit pour un athée soit pour un philosophe « ivre de Dieu ». Si, cependant, on considère l'idée de Dieu, on voit que le dilemme du hasard et de la nécessité est dépassé dans cette conception par la détermination de Dieu comme « cause de soi » (*Causa sui*) : ce concept permet d'accorder à Dieu, sans contradiction, liberté et nécessité[2]. On voit comment on peut comparer la position de Spinoza avec celle de Platon, dans l'*Euthyphron*, du point de vue de la double impossibilité qu'il y a, pour penser la Divinité, de choisir entre la contingence et la nécessité, et de la concevoir comme un être particulier.

La différence est que tandis que, chez Spinoza, cette position est exposée et justifiée dans une théorie positive de la Divinité, dans l'*Euthyphron*, elle est présente sur le mode négatif de la critique des conceptions opposées. Chez Spinoza, soit dans l'hypothèse de son athéisme où, sous le nom de Dieu, ce serait d'autre chose qu'il parlerait (la Nature – mais est-ce autre chose ?), soit dans l'hypothèse de sa religiosité, il y a une positivité de la conception de ce qui est désigné par « Dieu » : c'est de lui que part le discours philosophique[3], car c'est l'idée la plus claire et la plus distincte qui soit (même si on ne peut concevoir Dieu que de manière limitée). En revanche, dans l'*Euthyphron*, c'est du point de vue du rapport que l'homme

1. Voir en particulier, *Éthique*, I, 17, corollaire et scolie, et I, 33, scolie 2.

2. Plotin, dans les *Ennéades*, a déjà formé un concept de « cause de soi » (*aition heautou*) pour penser l'Un et la Divinité en évitant de les soumettre aux catégories du hasard ou de la nécessité : on a ainsi l'idée d'un « Dieu qui se produit lui-même, par lui-même », *Ennéades* VI. 8, 14, 42-43.

3. Sur l'idée « qu'il faille commencer par Dieu en philosophie », voir le *Traité de la Réforme de l'Entendement*, § 38. C'est bien ce programme que suit l'*Éthique*, dont tout le premier livre porte sur Dieu.

peut tenter d'établir avec la Divinité (la piété), que le problème est posé. La réponse n'est donc pas une contestation de l'existence de la Divinité (qui est au contraire supposée par une telle question), mais de la possibilité de s'en faire une représentation positive sur aucun des modèles que possèdent les hommes (savoir, savoir-faire, service, soin, commerce, etc.), c'est-à-dire comme d'un être particulier. Ainsi, il n'y a pas de détermination positive de l'idée de Dieu et sa détermination, purement négative, est produite indirectement (implicitement) à partir d'une réflexion non sur lui, mais sur les conditions d'un rapport à la divinité.

C'est ainsi comme « apophatisme », que l'on peut caractériser le plus précisément, du point de vue de la religion, la philosophie de l'*Euthyphron*, en tant que la négation de toute possibilité de se représenter la Divinité n'y est pas donnée comme une impossibilité de « l'existence » de la Divinité elle-même (ce qui serait simplement de l'athéisme ou de l'agnosticisme). Ce n'est pas non plus une négation de la possibilité de *connaître* Dieu intellectuellement, qui dégagerait la place d'une *croyance* en Dieu, comme cela peut se trouver chez Kant [1]. Car cette croyance s'adresse encore, chez Kant, à Dieu comme être particulier, en un sens (créateur, législateur, justicier); et, d'autre part, comme nous l'avons vu, la piété possible (le rapport juste à la Divinité), dans l'*Euthyphron*, n'est pas extérieure à la philosophie, mais est philosophie elle-même (comme quête du juste en tant que principe).

L'apophatisme chez Bultmann et chez Platon

En revanche, l'*apophatisme* associe bien une négation de la possibilité de se représenter Dieu et une revendication de piété (si l'on appelle ainsi un rapport juste à Dieu), comme c'est le cas chez le théologien protestant allemand contemporain, Rudolph Bultmann [2]. Ce dernier s'oppose à ce qu'il appelle « l'humanisme chrétien » : tout humanisme est l'affirmation du pouvoir de l'homme *sur les choses* par le savoir et la technique qui en découle, et *sur les hommes* par la politique qui détermine, en dernière instance, toutes les manières de traiter entre hommes. De la même manière, la religion, dans l'humanisme, est le pouvoir que l'homme tente de se donner *sur Dieu*. Ainsi la religion tente-t-elle de prendre les formes du savoir, de l'action technique, ou de l'action politique, à l'égard de Dieu :

1. Kant, *Critique de la Raison pure* et *Critique de la Raison pratique*.

2. La pensée de Rudolph Bultmann peut être abordée par le recueil de *Textes chois*is qu'en a fait A. Malet (*Bultmann et la mort de Dieu*, Paris, Seghers, 1968), ou par l'article que lui consacre M. Kleiber dans l'Encyclopédie Universalis. Les thèmes que nous évoquons ici rapidement sont développés surtout dans deux ouvrages de Bultmann. 1) *Foi et compréhension*, trad. fr. Malet, 2 vol., Paris, Seuil, 1969-1970. 2) *Jésus, mythologie et démythologisation*, Paris, Seuil, 1968, préface P. Ricœur.

elle cherche à le servir pour qu'il nous serve. Généralement, elle prétend *disposer* de Dieu, la *disponibilité* étant ce qui caractérise le fait d'être un *objet* pour une puissance (de savoir ou d'action); elle en fait comme un être de notre monde. Cette attitude est *mythologisante*, car Dieu est le *Tout-Autre* : autre que tout objet du monde, *indisponible* pour l'intelligence et la raison, comme pour toute action. On nie son *existence*, au sens strict [1], en le pensant comme un être déterminable, si l'on entend par « existence » précisément la négation de tout état (de tout être) et de toute détermination objective (comme objet), ainsi que le mouvement par lequel ils sont sans cesse transcendés. Une existence absolue ne peut être retenue dans les limites qui s'imposent à l'existence humaine ou à toute existence dont l'homme peut avoir l'expérience ou la pensée.

Le mouvement de mythologisation propre aux religions se réalise par *projection* et *objectivation*. Dès que le mythe oublie ce qu'il est lui-même originairement, c'est-à-dire un effort de la puissance imaginative et intellectuelle de l'homme pour penser son impuissance (c'est-à-dire le fait qu'il ne dispose pas fondamentalement de lui-même), « il objective l'Au-delà en en-deçà ». Ainsi, la mythologisation n'est pas seulement produite par la rêverie poétique, mais aussi bien par la rationalisation théologique et par la pratique cultuelle du « service religieux », en tant que toutes les trois font de Dieu un *objet* dont on peut *disposer* d'une manière ou d'une autre. C'est ainsi à une tentation permanente, impliquée dans la réalité et la situation humaine, que doit sans cesse résister l'effort de démythologisation, sans lequel la foi se dégrade en une religion, qui contredit sa prétention d'être relation effective à Dieu. Il y a chez ce théologien une critique radicale de toute religion en tant qu'elle est d'initiative humaine et, comme telle, toujours susceptible de rester prisonnière de l'idôlatrie.

On aperçoit comment ces points (« humanisme » utilitariste et mythologisant de la religion comme institution – nécessité de démythologisation, c'est-à-dire de l'effort pour se rapporter à Dieu comme au Tout-Autre, effort de chaque instant aussi long que l'existence et qui est ce qu'il y a de plus religieux dans la foi elle-même), peuvent être comparés avec ce que nous avons trouvé dans l'*Euthyphron*.

La différence, cependant, est que, dans l'*Euthyphron*, l'apophatisme n'est pas exposé explicitement comme une théorie et que le concept n'en est pas formulé : le texte se contente, en réfutant toute possibilité de se rapporter à la Divinité comme à un objet particulier (de savoir, de savoir-faire, de traitement ou de commerce en général), d'indiquer qu'on peut et

1. On notera la parenté de style de pensée avec celle de Kierkegaard et surtout avec celle de Heidegger (qui fut nommé en 1923 professeur à Marbourg, où Bultmann enseignait depuis 1921).

doit concevoir la piété comme autre chose qu'un rapport de cette espèce, ou comme un rapport à autre chose qu'à un objet de cette espèce.

Mais il y a une différence plus fondamentale : chez Bultmann, la *réflexion*, qui s'oppose à la théologie chrétienne traditionnelle (comme celle de saint Thomas), n'est qu'un moment passager, en droit, qui doit renvoyer à la *foi*, puisque l'intelligence n'est qu'une manifestation de l'humanisme dans sa volonté de puissance et ne peut que détourner de Dieu; et surtout cette réflexion n'est pas fondamentalement philosophique : elle ne revendique pas la recherche de ce qui s'impose à la *raison* (humaine) comme vérité, mais, en dernière instance, elle se fonde sur la *Révélation* du Christ et sur le sens que lui donne son apôtre Paul, quand il oppose à « la sagesse (raison) des Grecs » et à leur fausse puissance, la « folie de la Croix », qui est la puissance de Dieu. « Je détruirai la sagesse des sages; j'anéantirai l'intelligence des intelligents... Dieu n'a-t-il pas frappé de folie la sagesse du monde ?... C'est par la folie du message qu'il a plu à Dieu de sauver le monde... Car ce qui est folie de Dieu est plus sage que les hommes, et ce qui est faiblesse de Dieu est plus fort que les hommes »[1]. Pour Bultmann, ce ne sont pas la raison et la philosophie qui sont capables d'apprendre de manière démonstrative (« expliquer ») que Dieu est Tout-Autre; c'est le Christ qui nous le *révèle*. Le discours que Bultmann prétend tenir prend en compte cette vérité, et, au mieux, la « comprendre » : il en saisit le sens, mais n'en produit pas la raison et le principe (distinction inspirée de Dilthey). C'est pourquoi il ne constitue qu'un moment du projet de la *foi*; celle-ci, pour rester elle-même, doit être sans raison : subjectivement, elle est confiance, espoir et décision de poursuivre une fidélité (à soi et au Christ), plutôt que mythologie et croyance; objectivement, sa cause est la Grâce de *l'Indisponible qui dispose de nous* (c'est-à-dire ce qu'on appelle *Dieu*).

En revanche, dans l'*Euthyphron*, c'est la *réflexion philosophique* qui, comme exigence eidétique de se fonder soi-même, est, du même geste, la critique de la fausse piété et des faux dieux, ainsi que de la vraie piété elle-même (en tant qu'elle se donne pour objet, le Juste comme Principe).

On voit que l'apophatisme de l'*Euthyphron*, si comparable qu'il puisse paraître avec celui de Bultmann, en diffère notablement : chez l'un et l'autre il signifie que la relation authentique à la Divinité n'est jamais donnée, mais est le fait d'une quête jamais finie. Cependant, cette quête est d'une nature différente chez les deux : la foi comme quête, chez l'un, la philosophie comme quête, chez l'autre. Chez Bultmann, la philosophie n'est là encore qu'à titre de servante de la foi, bien qu'en un autre sens que chez saint Thomas : pour ce dernier, la foi (*la folie de la Croix*) est au-delà

1. Saint Paul, *Epître aux Corinthiens*, I, 1, 19-25.

de la philosophie, celle-ci en étant cependant le préambule, parce qu'elle permet de s'élever à Dieu, mais sans donner la certitude d'une relation véritable (c'est-à-dire une relation comme à une personne, ce que réalise, en revanche, la foi dans le Christ); tandis que pour Bultmann, la foi n'est pas le prolongement de la réflexion philosophique, puisqu'elle s'y oppose entièrement; mais la philosophie travaille cependant effectivement à faire comprendre la nécessité de sa propre suppression, inscrite dans *la folie de la Croix*.

À saint Thomas comme à Bultmann s'oppose donc l'apophatisme de l'*Euthyphron* : pour Platon, la philosophie n'est pas un lieu de passage (que son dépassement soit à réaliser dans son prolongement, comme chez saint Thomas, ou dans la rupture totale avec elle, comme chez Bultmann). Il n'y a pas d'*au-delà* de la philosophie que puisse produire la philosophie : d'une part, elle n'est jamais elle-même finie, en tant qu'elle se donne pour objet la recherche de l'Idée (du Principe) – car l'Idée n'est pas objet de possession mais de réflexion, de « contemplation méditative »; d'autre part, elle est, comme telle, authentiquement pieuse, et c'est même toute la vraie piété. De ce point de vue l'*Euthyphron* marque entre la philosophie et la religion la relation inverse : c'est la piété, qui est dépassée et pensée par la philosophie. La piété, telle qu'elle se donne ordinairement (*eusebeia*), appelle la philosophie, du fait de son incapacité à réaliser ses propres prétentions, et la philosophie, en l'invalidant, lui donne son vrai sens et sa vraie nature. La philosophie de la religion est la vérité de la religion.

Ce point de vue est l'inverse de celui de saint Thomas, et serait, en revanche, comparable à celui de Hegel. Pour Hegel, la foi est de l'ordre du sentiment immédiat et le travail de la raison achève et parfait les données immédiates de la foi. Il y a dans la foi, comme désir de certitude absolue, de sincérité et d'exigence morale, quelque chose qui demande soi-même à être dépassé et fondé. Hegel considère que cette exigence de raison et de vérité qui est dans la foi (lors même qu'en tant que telle la foi est pré-rationnelle) est particulièrement caractéristique, dans le Christianisme, du Protestantisme[1] : cette exigence, qui, dans le Protestantisme, comme foi, est vécue sur le mode du sentiment d'évidence immédiate personnelle, la philosophie

1. Hegel *Principe de la Philosophie du droit*, trad. fr. A. Kaan, « Idées »Paris, Gallimard, 1968, p. 44, préface : « C'est un grand entêtement, un entêtement qui fait honneur à l'homme de ne rien vouloir reconnaître de nos sentiments qui ne soit justifié par la pensée, et cet entêtement est caractéristique des temps modernes; c'est d'ailleurs le principe propre du Protestantisme. Ce que Luther avait commencé à saisir comme croyance dans le sentiment et dans le témoignage de l'esprit est ce que l'esprit ultérieurement mûri s'est efforcé à concevoir sous forme de concept pour se libérer ainsi dans le présent, et s'y retrouver. Un mot célèbre dit qu'une demi-philosophie éloigne de Dieu (c'est cette moitié qui fait consister le savoir dans une approximation de la vérité), mais que la vraie philosophie conduit à Dieu. »

hégélienne prétend seulement la prolonger systématiquement au niveau rationnel, c'est-à-dire lui donner les moyens de se réaliser absolument. On pourrait ainsi, dans une certaine mesure, rapprocher de Platon l'idée que se fait Hegel de la philosophie comme prolongement de la religion, la « dépassant », c'est-à-dire, en un sens, la niant, mais aussi en lui permettant d'être vraiment ce qu'elle prétend être, en particulier en lui donnant un fondement[1].

L'ESSENCE RELIGIEUSE ET MORALE DE LA PHILOSOPHIE

Finalement, c'est la philosophie, qui est la vraie religiosité. La philosophie de la religion n'est pas seulement une critique de la religion instituée (Marx); ce n'est pas seulement une critique de la religion en général (Bultmann); mais, comme critique de la religion, elle est philosophie religieuse. Cependant, si le point de vue de l'*Euthyphron* s'oppose ainsi à celui de Bultmann, en tant que la vraie religiosité ne se distingue pas de la philosophie elle-même, mais aussi à celui de saint Thomas, en tant que la philosophie, loin de ne servir que de préparation et de renfort à la doctrine religieuse (théologie), est religiosité dans sa critique même de la croyance et de la théologie (mythologiques), il s'oppose également à celui de Hegel : car, pour Hegel, si la philosophie prolonge la foi, c'est qu'elle y trouve sa substance. Dans la foi, il y a déjà quelque chose de la pensée spéculative rationnelle. La philosophie est religieuse parce qu'elle est en *continuité substantielle* avec la foi : la négation hégelienne de la foi n'invalide pas vraiment ce qu'elle critique mais elle doit plutôt maintenir ce qu'elle nie dans son dépassement.

Il n'en va pas de même dans l'*Euthyphron* : il n'y a pas continuité de l'*eusebeia* à l'*hosiotès*, mais conversion. Il ne suffit pas de prolonger le sens de l'*eusebeia* pour trouver l'*hosiotès*, et la simple discussion, même entre Socrate et un spécialiste, n'y peut aboutir sûrement et clairement. Pour Platon, en effet, l'ordre des Idées n'est pas le perfectionnement progressif de l'ordre de l'expérience sensible, mais, pour parler de façon imagée, il

1. Voir Marx, *Manuscrit de 1844* (*Critique de la dialectique hégelienne et de la philosophie allemande*) dans K. Marx, *Philosophie*, *op. cit.*, p. 214- 215, jugeant la philosophie hégélienne : « L'existence vraie de la religion, (...) c'est la philosophie de la religion. Mais si, pour moi, la philosophie de la religion est le seul mode d'existence authentique de la religion, c'est que je ne suis vraiment religieux que comme philosophe de la religion, et je renie ainsi la religiosité réelle et l'homme réellement religieux (...) D'un côté, cette existence "sublimée" par Hegel dans la philosophie n'est pas la religion (...), c'est la religion elle-même comme objet du savoir, la dogmatique (...). D'un autre côté, l'homme religieux peut trouver en Hegel son ultime justification. »

lui tourne le dos : *on regarde dans deux directions opposées*, dans l'un et l'autre cas. Nous avons vu que, si les pratiques de l'*eusebeia* pouvaient être revalorisées (ainsi que les images et opinions populaires dont elles s'entourent) du point de vue de l'action politique de l'organisation de la Cité[1], son contenu de savoir n'était cependant pas justifiable ni récupérable du point de vue de la vérité : ce ne sont que des images, et il faut regarder *dans une autre direction* pour voir la vérité. La différence entre l'*Euthyphron* et Hegel de ce point de vue, se marque clairement en cela que la philosophie est religieuse chez le second en tant qu'elle conserve, sur un autre mode, le contenu spéculatif de la théologie chrétienne (Dieu, la nature trinitaire de Dieu, etc. ;) ; tandis que dans notre Dialogue platonicien, la philosophie est religieuse en tant qu'elle a trop de souci de ce qui est vrai et vraiment Principe, pour ne maintenir aucune représentation particularisée de la Divinité. Concluons donc que, dans l'*Euthyphron*, il y a religiosité de la philosophie par critique de la religion, mais sans représentation théologique positive; c'est-à-dire apophatisme théologique, mais immanent à la philosophie, et ne justifiant pas lui-même qu'on en sorte.

La philosophie est tout entière religieuse, et non pas seulement quand elle s'intéresse à un domaine d'objets particuliers (La Divinité), puisque ce n'est justement pas par son objet (destinataire) que se définit une vraie religiosité. Il ne faut pas seulement voir ici une manière de rendre théorique la religion, c'est aussi déterminer la philosophie comme comportement, et pas seulement comme une théorie : chez le philosophe, la théorie est un mode de vie religieux. La vie des philosophes de l'Antiquité en « Écoles » a quelque chose d'*ecclésiastique* (« en assemblée »), qui sera très fort jusque chez les néo-platoniciens. Mais cette unité de la philosophie et de la religion signifiant aussi leur identité avec la morale, il faut entendre que la philosophie, comme mode de vie[2], se révèle indissociablement morale et religieuse; ce qui correspond à son image la plus traditionnelle, bien après l'époque de ces grandes Écoles.

Cette essence morale de la philosophie, qu'indique sa religiosité ainsi entendue, ne signifie pas seulement que le philosophe, quand il agit, s'efforce de réaliser son devoir comme tout honnête homme; cela signifie aussi que pour ce qui est de la détermination de son devoir, il en fait une affaire de réflexion rationnelle (conforme au *logos*) : rien d'autre que ce

1. Voir Goldschmidt, 1970, p. 107.

2. C'est à ce thème de la philosophie pensée comme un mode de vie moral, que renvoient les derniers mots de Socrate, dans notre Dialogue, plainte (ironique) contre le prêtre qui ne lui permet pas « d'améliorer sa vie ».

que les exigences rationnelles de recherche du vrai imposent de penser, ne doit déterminer son action [1].

Mais chez Platon, l'essence morale et religieuse de la philosophie ne signifie pas seulement un rationalisme du fondement de l'action morale : elle fait aussi et surtout de la réflexion rationnelle (philosophie) elle-même un devoir en général, c'est-à-dire un devoir aussi long que la vie. Que la réflexion ne soit jamais finie pour l'homme vraiment soucieux de piété (le philosophe bien plus que le prêtre), même quand les nécessités de la vie lui font marquer le pas, c'est ce que, symboliquement, met en scène la fin de l'*Euthyphron*.

C'est ainsi que la question constitutive de la philosophie est la question eidétique, car elle maintient ouverte la difficulté initiale au-delà de toutes les réponses. Cela, non seulement parce que les réponses sont des énoncés imparfaits, mais parce qu'aucun énoncé ne *donne* l'Idée (celle-ci ne peut être visée que par une pensée en train de penser effectivement) ; ou, pour le dire autrement, parce que chercher à répondre à une question eidétique, c'est découvrir comment la difficulté qui s'y trouve renvoie à toutes celles de la philosophie elle-même (on ne peut penser la Divinité séparément, c'est-à-dire sans penser tout ce qu'elle n'est pas ; on ne peut penser la piété sans penser toute la philosophie). C'est par la réponse qui tisse la difficulté de départ avec une difficulté de plus en plus générale et principielle qu'une question devient vraiment philosophique. La réponse philosophique à une question, c'est, au bout du compte, la philosophie tout entière, à chaque fois.

1. Voir, par exemple, ce que dit Socrate, dans le *Criton* (46b3-6), au moment où il s'agit, pour lui, de savoir s'il va accepter ou fuir, comme ses amis l'en pressent, sa mise à mort : 1) « il est nécessaire de procéder à un examen pour savoir ce qu'il faut agir dans un sens ou dans l'autre » ; 2) à cette fin, il n'y a, pour lui, qu'une manière de faire : « Quant à moi, et cela ne date pas d'aujourd'hui mais de toujours, je suis homme à ne me laisser persuader par nul motif en moi autre que la raison qui, après que je l'ai examinée rationnellement, me paraît la meilleure. » Ce « rationalisme » (ou « intellectualisme ») de la morale peut faire songer, d'un certain point de vue, à celui de Kant. Lui-même a cru y voir une parenté avec sa philosophie pratique ; et l'exposé que Platon, dans le *Phédon* (68b-69c) fait de l'opposition de la fausse et de la vraie vertu, peut être interprété au moyen de la distinction qu'établit Kant, entre les impératifs hypothétiques et de l'impératif catégorique et inconditionnel (le vrai devoir), dans les *Fondements de la métaphysique des mœurs*.

APPENDICE

EUTHYPHRON, 9c-11b

L'ORDRE DES IDÉES

Indiquons d'abord *l'ordre des idées* de 9c-11b. Il paraît en effet utile d'examiner ce passage comme un ensemble, et plusieurs incompréhensions de 10a1-11b5 semblent liées à un découpage arbitraire.

– [9c1-e9] Socrate explique pourquoi il vaut mieux abandonner l'examen de la précédente définition (« ce qui est aimé des dieux, *prosphiles*, *theophiles*, voilà qui est pieux »), et ayant proposé (en c9-d6) à Euthyphron de rectifier cette proposition en disant que le pieux est ce que *tous* les dieux aiment, il demande (en d7-e9) qu'on examine si l'énoncé est bien formé (*ei kalôs legetai*), s'il constitue une définition satisfaisante.

– [10a1-4] Socrate propose, pour mettre à l'épreuve la validité de cet énoncé, d'examiner s'il permet de décider si le pieux est aimé par les dieux parce qu'il est pieux ou bien si c'est parce qu'il est aimé, qu'il est pieux.

– [10a5-c12] Socrate rappelle qu'on peut distinguer actif et passif dans des verbes tels que « porter », « conduire », « voir », et encore, précisément, « aimer ». Puis (à partir de 10b1), considérant désormais ces verbes exclusivement à la voie passive, il fait observer que le participe présent passif (« porté », « conduit », etc.) représente un état ou une qualité présents qui adviennent et sont reçus d'une instance extérieure (d'un agent), selon une relation asymétrique non pas entre verbe à l'actif et verbe au passif mais, à l'intérieur de la voie passive, entre indicatif et participe présents. Il observe par l'analyse (plutôt qu'il n'*induit*, comme disent beaucoup de commentateurs anglo-saxons) que c'est ce qui se passe aussi avec le verbe « aimer ».

– [10d1-11a6] Il fait apparaître que l'*hosion* (le pieux) et le *theophiles* (l'aimé-des-dieux) ne sont pas semblables (*tauton*) de ce point de vue, mais au contraire complètement différents l'un de l'autre (*enantiôs echeton ôs pantapasin heterô onte allèlôn*) : la formule qui dit que le pieux est aimé des dieux est équivoque, elle identifie deux réalités hétérogènes, dont on montre que la structure est différente.

–[11a6-11b5] *Theophiles* représente un *pathos* (qualité «accidentelle»); il n'est pas identique à l'*hosion*, il ne le définit pas «essentiellement», alors que c'est cela, on le découvre clairement, qui a été demandé pour l'*hosion*, et que l'on commence à entrevoir qu'il mériterait d'être traité comme une Essence.

Il me semble indispensable de réintégrer les lignes 10a1-11b5, qui ont souvent fait l'objet d'études séparées[1], dans l'ensemble plus large (9c1-11b5), qui lui donne son sens véritable. Tout le passage à partir de 10a1 semble destiné, plutôt qu'à établir des résultats positifs et définitifs à l'égard de la piété, à mettre Euthyphron dans l'embarras, à montrer dans quelles contradictions on tombe si on l'envisage comme lui, c'est-à-dire en cherchant à penser l'*hosion* par rapport au *theophiles*. D'autre part, la division en deux parties de 10a5-c12 ainsi que de 10d1-11a6, comme fait Dorion (1997) en suivant Hall (1968), paraissent constituer un émiettement du texte qui est lié (cause ou conséquence?) à une incompréhension de son sens. Nous verrons que certaines des critiques qui sont adressées à ce passage (notamment concernant la distinction de l'actif et du passif en 10a5-12 et l'usage du passif en 10b1-c12) disparaîtraient peut-être si le mouvement d'ensemble du texte était restitué. D'autre part, la division de 10d1-11a6 en deux moments distincts (10d1-8 et 10d9-11a6) paraît liée elle aussi à une méconnaissance de la fonction et de la signification d'ensemble du raisonnement de Socrate qui, selon un procédé dont il est coutumier, cherche à faire apparaître à Euthyphron que les conséquences que l'on peut tirer de sa définition conduisent à une incohérence (*elenchos*). J'y reviendrai. Un certain nombre de critiques accusent ce passage de manquer à la fois de validité logique et de clarté, voire d'intelligibilité. Si l'on déterminait avec précision et exactitude sa signification, la plupart des difficultés logiques soulevées perdraient leur assise, c'est du moins ce que nous allons essayer de montrer. Commençons donc par établir clairement ce à quoi Socrate prétend arriver, car on ne peut juger de la rigueur et de la validité d'un raisonnement sans être sûr de ce qu'il prétend établir. Et pour chercher le sens exact de tout notre passage, partons de ses dernières lignes (11a6-b5).

BUT DE L'ENSEMBLE DU RAISONNEMENT (11a6-b5)

«J'ai bien peur, Euthyphron, alors que je t'avais demandé, au sujet du pieux, ce qu'il est au juste (*ho ti pot'estin*), que ce ne soit pas son essence

1. Par exemple : Brown (1964), Rose (1965), Hall (1968), Cohen (1971), Paxson (1972).

(*ousia*) que tu acceptes de me révéler, mais que tu indiques quelque chose qui peut lui arriver (*pathos de ti peri autou*), quelque chose dont il arrive que soit *affecté* (*ho ti peponthe*) ce qui pieux (*touto to hosion*) : être aimé de tous les dieux. En revanche, de son être même, tu n'as pas encore parlé. S'il te plaît, donc, ne me le cache pas ; mais reprends les choses depuis l'origine (*ex archès*, au principe) et dis-moi ce que peut bien être le pieux (*ti pot'on to hosion*), peu importe qu'il soit aimé des dieux ou quoi qu'il lui arrive : ce n'est pas cela la question ; mais parle maintenant avec détermination : qu'est-ce que le pieux et l'impie ? »

Socrate reproche à Euthyphron de ne pas avoir répondu à ce sur quoi il l'interrogeait (*erôtômenos to hosion ho ti pot'estin*), ce qui signifie que ces lignes ont une valeur de conclusion et de bilan de tout ce qui précède depuis que cette question a été posée en ces termes (5c-d, 6d9-e7, et surtout 9c5, où la formule se trouve à la lettre) : qu'est-ce au juste que le pieux ? Ces lignes, qui concluent donc notamment l'examen de la seconde formulation de la seconde définition (donnée en 9d : le pieux est ce que *tous* les dieux aiment), en indiquent clairement le sens ultime : la demande formulée par Socrate est que, pour définir le pieux, on le traite comme une *ousia* (Essence) ; c'est ce qu'il tentera de réaliser dans la troisième partie du Dialogue, à partir de 11e9 (quand il entreprendra de mettre en relation le pieux avec le juste) ; il indique que c'est ce qu'il attendait de la définition demandée à Euthyphron, et cela signifie que c'est *de ce point de vue* qu'il en a mené l'examen (depuis 10a). Dans ces conditions, pour examiner avec rigueur si c'est avec rigueur ou non que Socrate réfute cette définition, il semble décisif d'en tenir compte : il ne s'agit pas de vérifier s'il démontre *en général* que le pieux n'est pas ce que tous les dieux aiment (quels que soient les sens que l'on donne à chacun des termes de cette proposition et en particulier à la copule « est »), mais s'il fait suffisamment apparaître que, lorsqu'on cherche ce que le pieux est comme essence, on ne peut pas dire qu'il est « ce que tous les dieux aiment », il n'est pas défini essentiellement par ce qui est « aimé-des-dieux » (*theophiles*). De fait, après avoir démontré qu'il est illégitime d'identifier le pieux et ce qui est aimé-des-dieux (« tu vois maintenant, au contraire, qu'ils sont complètement différents l'un de l'autre », 11a3-4), Socrate résume et caractérise cette différence au moyen de la distinction de l'*ousia* (essence) et du *pathos* (traduisons provisoirement par « accident », « ce qui peut arriver »). Examiner la validité effective de l'ensemble de son raisonnement, dans ces conditions, devrait consister à se demander si la différence entre *ousia* et *pathos*, telle qu'elle est formulée dans notre texte, est suffisamment déterminée pour justifier la conclusion de Socrate : l'analyse de la différence du tout au tout (*pantapasin*) entre le pieux et l'aimé-des-dieux s'est-elle développée en faisant apparaître effectivement comme son fondement celle de l'*ousia* et du *pathos*, par laquelle il la résume et en fixe le concept?

Pathos *et* ousia

Dorion dit que, « même si la traduction par "accident" (au sens logique du terme) n'est pas la signification usuelle de *pathos* ("souffrance", "affection", etc.), cette traduction est irrésistible, tant la distinction qu'établit Socrate entre l'*ousia* (essence) et le *pathos* anticipe la fameuse distinction aristotélicienne entre la substance (*ousia*) et l'accident (*sumbebèkos*) ». Oui et non. De fait de très nombreux traducteurs et commentateurs, même quand ils semblent un peu réticents ou qu'à l'évidence ils ne réduisent pas le mot à cette signification, se rangent à ce parti. Il est vrai que la traduction n'est pas aisée et que celle-ci peut sembler la moins incommode[1]. Pour la défendre, on pourra dire qu'elle se fonde sur une facilité qu'offre au traducteur la langue française en autorisant, elle aussi, que l'on use du terme « accident » en des sens un peu différents bien qu'étroitement liés : notamment, ce qui est « contingent » (par opposition à « nécessaire »), et « ce qui arrive », « ce qui advient » (l'événement), par opposition à « ce qui demeure et est constant ». Ce que l'on peut considérer comme assuré c'est que notre passage suppose une différence pertinente entre *ousia* et *pathos* et que *pathos* est donc une qualité en tout cas non essentielle, et *ousia*, quelque chose qui n'est pas du même ordre qu'une qualité telle qu'un *pathos*. « Essence » et « accident », par leur opposition dans la langue courante, peuvent donc convenir, *en première approximation*, pour transposer *ousia* et *pathos* en français.

1. Dans la langue courante (voir par exemple, Bailly, L. S. J., Chantraine.), indépendamment de tout usage proprement philosophique, *pathos* peut signifier : 1) tout ce qui affecte (bon, mauvais, ou neutre) et l'état de ce qui est affecté, *être affecté* pouvant avoir une signification 1.1) subjective (correspondant à un affect, qui peut être soit agréable soit désagréable) ou bien 1.2) objective (correspondant alors une propriété, une qualité, au sens neutre du terme); mais *pathos* signifie également, sens proche mais un peu différent, 2) événement (favorable ou défavorable), accident, ce qui arrive (Sophocle l'emploie souvent en ce sens). On voit comment, même dans ses emplois les plus usuels, *pathos* recouvre une certaine diversité de significations, bien que leur unité apparaisse assez clairement, avant même que les usages philosophiques puissent compliquer un peu la situation. On comprend que cette polysémie puisse poser en général un problème au traducteur, même si celle qui concerne les termes « accident » et « accidentel », en français, lui correspond approximativement.

Quant à *Ousia*, c'est un substantif correspondant au participe présent du verbe être (*on*, *ontos*, *ousa*, au féminim, « étant »), comme *essentia* en latin par rapport à *esse* (être) et son participe présent (*ens-entis*); on pourrait tenter de le transposer, comme certains l'ont fait dans d'autres contextes, par « étance ». Dans « *ousia* » il y a d'abord, littéralement, l'idée de « ce qui demeure en l'état avec constance » par opposition à ce qui advient ou devient, de quelque chose de « subsistant toujours », de consistant, de « substantiel ». On a ainsi facilement le sentiment qu'on peut lui opposer ce qui est « accidentel » aux deux sens du terme.

Cependant, toute la difficulté est qu'il faudrait, s'agissant d'une distinction conceptuelle qui ne peut être référée à un usage antérieur chez Platon ou dans la langue grecque [1], s'efforcer de tirer la signification de ces deux termes, d'abord, seulement de ce que leur usage effectif ici semble comprendre et exiger, avant toute surinterprétation; et, sans doute, pour donner leur sens à *ousia* et *pathos* dans notre texte, n'est-il pas prudent de trop penser à la signification précise d'*essence* et d'*accident* chez Aristote, parce que, chez lui, chacun des deux termes possède des significations complexes, en tout cas non univoques, et que rien n'assure que le type de rapport qui les unit dans sa philosophie corresponde à celui que l'on trouve ici. Chez Aristote, même si l'accident s'oppose, en un sens, à ce qui est « par soi-même », c'est-à-dire à l'essence (*Métaphysique* V, 7, 1017a7-8), au nécessaire et au général (*Métaphysique* V, 30, 1025a15), il peut arriver cependant qu'il se rapporte à l'essence de façon non contingente mais « par soi-même », c'est-à-dire nécessairement [2]. C'est que, chez Aristote, même si l'accident n'est évidemment pas toujours nécessaire, et si l'on peut opposer ce qui existe par soi (l'essence) et ce qui existe par accident, ce dernier se définit toujours comme ce qui *se rapporte à* une essence (ou une « substance », comme on traduit parfois, mais le mot grec est toujours *ousia*) et lui appartient d'une manière ou d'une autre: c'est une qualité attribuée à ce qui est par essence. Ce modèle d'appartenance et d'inhérence de la propriété accidentelle (contingente ou nécessaire) à l'essence, qui est caractéristique de la métaphysique et de la logique d'Aristote, ne convient sans doute pas pour comprendre vraiment et précisément ce que Platon entend dans l'*Euthyphron* par *ousia* et *pathos* et pourrait même constituer un obstacle sérieux à sa compréhension [3]: d'un côté, l'*ousia* à quoi se rapporte l'accident aristotélicien peut être soit la matière, soit la forme, soit le composé des deux, sous les espèces notamment, donc, de la chose sensible particulière (*Métaphysique* VII, 2, 1028b8 *sq.* et 3, 1028b33 *sq.*), ce qui ne correspond évidemment pas à ce que Platon a en vue par ce terme. D'autre part, du côté de l'*accident*, la raison la plus manifeste qu'il faut au moins s'en faire un problème est que *theophiles* est appelé *pathos* en 11a8, alors que, juste auparavant (10d13), il a été dit que « ni ce qui est aimé-des-dieux (*to theophiles*) n'est *hosion* (pieux), ni le pieux (*to hosion*) n'est *theophiles* (aimé-des-dieux) » : si, en effet, il est possible de penser, comme

1. Burnet, 1924, p. 49.

2. Par exemple, la somme des angles d'un triangle est une propriété du triangle qui se rapporte nécessairement et par soi à son essence, bien qu'elle ne fasse pas partie de son essence, et, à ce titre, en est seulement un accident.

3. Il se peut que ce soit la source d'une certaine confusion dans le débat sur la possibilité ou non de prédiquer le *theophiles* de l'*hosion*. Voir là-dessus Weiss, 1986, p. 445 et Dorion, 1997, p. 309-310.

le font certains, en s'exprimant dans le vocabulaire de la logique aristotélicienne, que le *theophilès* devrait être considéré comme un « accident » (*sumbebèkos*), peut-être même essentiel (« par soi »), de ce qui est pieux, on ne peut cependant pas dire, en tout cas, que ce soit ce que ces lignes cherchent explicitement à faire apparaître, puisque loin d'établir entre les deux un lien (que celui-ci soit contingent ou nécessaire), qui permette une prédication quelconque de l'un des deux à l'autre, le texte semble bien indiquer de façon évidente, au moins en ce lieu, même si cela peut étonner ou choquer (il faudra s'en expliquer par la suite), qu'aucun des deux termes ne peut être prédiqué de l'autre. On peut faire l'hypothèse que Platon, en caractérisant comme *pathos* le *theophiles*, même si l'on peut considérer que ce soit quelque chose de proche d'un « accident » au sens aristotélicien, essaie de soutenir quelque chose d'un peu différent, dans la mesure où ce n'est pas du fait de la manière dont il se rapporte à une *ousia* comme le Pieux, que le *theophiles* est déclaré *pathos*, mais en fonction d'une analyse de sa propre nature. On ne peut, si ce n'est par approximation, considérer qu'entre *sumbebèkos* et *pathos*, il y ait seulement une différence de vocabulaire pour signifier « accident » au même sens.

Je m'efforcerai donc, par méthode, de comprendre le sens qu'il faut donner à *pathos*, ici, à partir de la lettre du texte et de son intention explicite (telle qu'elle nous apparaît), sans supposer un sens constitué postérieurement chez Aristote ou dans d'autres Dialogues ultérieurs et sans chercher à le confronter, dans un premier temps, avec l'usage plus large qui en est fait dans ces textes[1]. Considérons donc, d'abord, les lignes conclusives 11a6-b5, où sont opposés *ousia* et *pathos* (un *pathos*, tel que le *theophiles*, ne peut être l'*ousia* du pieux, dit le texte). Cette opposition est notre point de repère et notre instrument le plus assuré pour fixer l'un par rapport à l'autre le sens de chacun des deux termes, sur lesquels des déterminations précises ont été données dans ce qui précède, même si c'est d'une façon qui peut passer inaperçue sur le moment, on s'en aperçoit rétrospectivement.

D'abord, du côté de l'*ousia*, le reproche de Socrate à Euthyphron de ne pas avoir répondu à la demande formulée est très éclairant : l'*ousia* se présente ici comme ce qui doit répondre à la question « qu'est-ce que c'est ? », c'est-à-dire comme l'être de ce qui correspond aux exigences d'une véritable réponse à cette question et qui ont été caractérisées précédemment comme celles de l'*idea* et de l'*eidos* (en 5c-d, 6d-e) : être à la fois ce qui demeure *le même dans* toute réalité ou dans tout acte que l'on appelle pieux (5c), *cela même par quoi* sont pieuses toutes les choses pieuses et

1. Nous reviendrons sur ce point dans la troisième partie du présent appendice (« la différence du tout au tout de l'*ousia* et du *pathos* ») et particulièrement dans ses dernières lignes, juste avant la conclusion.

impies les impies (6b), ce dont on peut *se servir comme d'un paradigme* pour distinguer ce qui est pieux et ce qui n'est pas pieux (6d-6e). Entendons bien : ce qui est cherché (l'*ousia* qui correspond ainsi à l'*idea* et à l'*eidos*), non seulement ce n'est pas une chose pieuse en quelque sorte exemplaire (comme ce qu'Euthyphron a d'abord essayé de proposer), mais ce n'est pas non plus simplement un trait commun qu'on retrouverait même dans tout ce qui est pieux si ce n'est pas le tout de la piété; c'est « le pieux lui-même », ce qui demeure *soi-même* identiquement *dans* toutes les choses pieuses parce que c'est *ce par quoi* elles sont pieuses : c'est autre chose qu'aucune chose pieuse; c'est quelque chose d'une autre nature et d'un autre ordre que toute chose pieuse[1].

En première approximation et en usant de la langue commune, on pourra dire que même un caractère (une qualité) que l'on rencontrerait dans toutes les *choses* pieuses (*ta hosia*, *ta polla hosia*, 6d10, *pasa praxis hosia*, 5d1), mais *accidentellement*, ne correspondrait pas à l'*ousia* recherchée (*to hosion*, *to hosion auto*, 5d1-2). C'est ainsi que beaucoup de commentateurs comprennent et surtout traduisent *pathos*, à quoi est ici opposée *ousia*. Cependant, tâchons d'être plus précis : si on se laisse guider par le texte lui-même, il faut entendre *pathos*, semble-t-il, comme une qualité qui est « accidentelle » *d'abord* au sens (qui correspond à la signification première et étymologique du mot français « accident ») de ce qui arrive, qui survient dans le cours et du fait du devenir (ce qui, comme événement, s'oppose à l'ordre de ce qui est toujours et nécessairement), et dont la cause est extérieure au sujet qui la subit (ce qui s'oppose à ce qui est de soi-même et par soi-même) – ce que l'on pourrait rendre par « *adventif* » ou « *adventice* » (sans référence, bien sûr, à l'usage de ce terme chez Descartes).

En effet, du côté du *pathos*, maintenant, dans son opposition finale à *ousia* en 11a6-b5, le terme est explicité comme « ce qui peut arriver » au pieux, « ce qui peut l'affecter », « ce dont il peut pâtir », le terme employé étant le verbe *paskhein*, une fois au parfait (*peponthe*, 11a9) une fois au

1. On peut avoir le sentiment que nous voyons beaucoup dans l'*ousia* ici évoquée et invoquée; mais on est bien obligé de constater que c'est strictement ainsi que s'exprime le texte, même si, dans l'*Euthyphron*, la nature de l'*ousia*, de l'*idea* et de l'*eidos* ne fait pas l'objet d'une détermination plus précise et d'une réflexion plus ample, en somme d'une thématisation plus voyante, à la différence de ce qui interviendra dans beaucoup d'autres Dialogues (comme *Banquet*, *Ménon*, *Phédon*, *Parménide*, etc.). Voir là-dessus notamment Dixsaut, 2000, *Ousia, eidos et idea dans le Phédon*, p. 78 : « *Ousia* désigne "ce que chaque réalité se trouve être", son nom signifie "ce que c'est". […] L'*ousia* serait donc la manière d'être propre aux êtres dont Platon affirme "qu'ils existent au plus haut degré possible" (77a)? Certes, mais à deux conditions. La première est de comprendre que l'*ousia* n'est pas un genre […]. La seconde condition est de ne pas séparer l'*ousia* de la démarche qui la vise et la dit… Un être se trouve déterminé par la pensée qui le questionne, et il s'en trouve être *ousia* ». Voir également Dixsaut, 2003, p. 101, 104-105, 120-121.

présent (*paskhei*, 11b3) : être aimé même de tous les dieux, c'est quelque chose qui peut arriver à ce qui est pieux (*touto to hosion*, 11a9) sans que ce ne soit le pieux lui-même (*auto to hosion*); « que le pieux soit aimé des dieux ou qu'il lui arrive n'importe quoi d'autre, peu importe : ce n'est pas de cela qu'il y a à discuter » (11b2-3). Le commentaire un peu redondant de *pathos* par les deux emplois du verbe de la même famille *paskhein*, nous paraît destiné à rendre sensible la liaison étroite entre les deux connotations qui sont celles de ce substantif et de ce verbe dans la langue courante (caractère de facticité de ce qui arrive et caractère de passivité de ce qui pâtit de ce qui arrive). Or c'est cette unité de significations, dont chaque tendance correspond à une opposition fondamentale de *pathos* à *ousia*, que Socrate a précisément fait apparaître auparavant dans le rapprochement et la quasi-assimilation de « *ei ti gignetai è ei ti paskhei* »[1] (10c1-4), quand il a déterminé (en 10a5-10c12) la nature et la structure générales de ce que représentent les participes présents passifs (tels que « porté », « conduit », « vu » et finalement « aimé ») comme « *gignomenon* et *paskhon* » (participes présents de *gignestai* et de *paskhein*), dans le but de rendre manifeste (en 10d1-11a6) le contraste entre ce qui est aimé des dieux et le pieux. Examinons, donc, comment Socrate conduit à ce résultat au cours d'un « raisonnement » que certains ont pu jugé inintelligible, superflu, sans rigueur, et où l'on peut distinguer tout simplement deux moments :

1) 10a5-10c12 : Socrate analyse les caractères des participes présents passifs, tels qu'*aimé* (*étant aimé*), qui correspondent, on va le voir, à ce qu'est un *pathos*.

2) 10d1-11a6 : Socrate montre que, de ce point de vue, il y a un contraste complet entre le pieux et ce qui est aimé des dieux.

PREMIER MOMENT : LA NATURE DU *PATHOS* (10a5-10c12)

Dorion, en suivant Hall[2], distingue dans ce passage deux moments (10a5-12 et 10b1-c12), qu'il commence par séparer nettement d'une manière qui nous paraît artificielle et qui, loin d'apporter de la lumière, rend la suite des idées énigmatique aux yeux mêmes de ces commenta-

1. Il n'est pas facile de trouver une traduction qui à la fois distingue les deux verbes et fasse entendre leur proximité : « si une chose devient ou si une chose subit », traduit avec précision Dorion. Mais chacun des deux membres de phrase pourrait, à vrai dire, être traduit presque indifféremment de la même manière par : « si quelque chose advient, arrive, est produit, se produit, etc. », ainsi que par toute autre formule comparable renvoyant à un certain mélange d'advenue, d'aventure et de passivité, de pâtir.

2. Dorion, 1997, p. 324 ; Hall, 1968.

teurs. Partons de ce découpage pour faire apparaître l'unité évidente de l'ensemble de ce premier moment du raisonnement de Socrate.

Actif et passif (10a5-12)

Socrate rappelle qu'il y a des verbes qu'on peut employer soit au passif soit à l'actif et il en donne trois exemples puis un quatrième (porter, conduire, voir, puis aimer), à deux formes, que nous appelons le participe présent passif et le participe présent actif, mais que, quant à lui, il ne caractérise pas, ni ainsi ni autrement[1], disant seulement, en revanche, que la différence entre elles est évidente : « quand on parle, on dit : "quelque chose de porté" et "quelque chose de portant", de "conduit" et de "conduisant", de "vu" et de "voyant", et ainsi de suite; tu vois que c'est différent dans chaque cas et en quoi » (10a6-8).

Dorion dit que « cette première induction a manifestement pour but de contribuer à l'éclaircissement de la question (posée sous forme d'alternative) incomprise d'Euthyphron »[2], et que, bien que Socrate se contente d'opposer ces formes sans formuler expressément aucune relation causale, « il semble que, pour chacun des exemples retenus par Socrate, la forme active soit présentée comme la "cause" de l'état exprimé par la forme passive. C'est en effet l'activité d'un agent qui fait qu'une chose est dans un certain état » et « elle l'acquiert uniquement en vertu de l'activité de l'agent »[3].

Ce qui est assez étonnant, c'est que ces explications, qui ne correspondent à rien que dise Socrate, comme le note bien Dorion, mais qui sont une construction interprétative dont on s'attend donc à ce qu'elles apportent une lumière sur le texte, sont immédiatement déclarées ne pas favoriser la compréhension de la question examinée (« voilà qui n'est pas clair du tout »), comme s'il s'agissait, curieusement, d'une faiblesse non pas de l'interprétation mais du texte lui-même. Mais il n'y a pas de raison de considérer que ces quelques lignes forment un tout suffisant et devraient, à elles seules, constituer l'éclaircissement qui est annoncé par Socrate. Il me semble plus raisonnable de dire que cet éclaircissement est apporté par tout le passage qui suit (au moins jusqu'en 10c12[4] et même jusqu'en 11b5). Il

1. Burnet, 1924, rappelle d'ailleurs qu'il n'y avait aucune terminologie grammaticale à l'époque de Platon.

2. Dorion, 1997, p. 327.

3. Il reconnaît cependant que plusieurs commentateurs contestent que la distinction entre passif et actif exprime une relation causale : Brown, 1964, p. 12; Wolz, 1974, p. 500-502; Lewis, 1985, p. 42-43.

4. Il est vrai que, même rendu en 10c12, Dorion trouve que « l'explication est loin d'être aussi claire et satisfaisante que le souhaiterait Socrate », 1997, p. 308, note 106.

n'y a pas non plus de raison textuelle de penser que ces premières lignes sous-entendent quelque chose de non dit, qu'il y aurait à inventer, à deviner, à supposer. Socrate, au contraire, s'y exprime comme quelqu'un qui énonce quelque chose de tout simple, d'évident et qui n'a pas besoin d'explication. Pourquoi donc ne pas tenir ces premiers propos pour tels et considérer que la distinction rudimentaire qui y est évoquée n'est que le premier point d'une analyse qui n'a pas de sens sans lui et par laquelle lui-même va donc prendre le sien ?

Dans l'amour, il faut distinguer ce qui aime et ce qui est aimé (comme quand il s'agit de porter, de conduire ou de voir). Socrate ne dit rien de plus ici. On peut se demander pourquoi et quelle est l'utilité de ce propos ; on tâchera d'y répondre par la suite, mais il convient avant tout de prendre acte de ce que dit Socrate. Notons cependant, tout de suite, que la distinction n'est pas inutile en grec, dans la mesure où *philos* peut entretenir une certaine confusion entre un sens actif et un sens passif : on se souvient de la discussion, dans le *Lysis* (212a-b), pour savoir de qui il faut dire qu'il est « *philos* », celui qui aime ou celui qui est aimé. Mais, dans notre texte, la question n'est pas de savoir lequel des deux est celui qui est *philos*, mais simplement de reconnaître que ce n'est en tout cas pas la même chose qu'aimer et être aimé ; peu importe ici, de l'amant et de l'aimé, celui qui est décisif ou le plus important ; et, malgré certains commentateurs, *il n'est pas dit ici que l'un soit la cause de l'autre*. Il n'est même pas dit que ce soit dans une même relation amoureuse déterminée que l'on distingue celui qui est aimé et celui qui l'aime (de même que ce qui est distingué auparavant n'est pas ce qui est porté et ce qui *le* porte, ce qui est conduit et ce qui *le* conduit, ce qui est vu et ce qui *le* voit, mais quelque chose qui porte et quelque chose qui est porté, etc., *en général*). Si l'idée d'une relation « causale » entre deux termes intervient, ce n'est qu'au moment suivant (10b1-c12), mais précisément entre des termes cette fois-ci au passif tous les deux, la chose étonne nombre de commentateurs. Mais plutôt que d'en faire la maladresse stylistique d'un Platon qui aurait mal réussi à exprimer ce que les commentateurs auraient dit à sa place, prenons le parti d'essayer de comprendre ce que veut dire le texte ainsi rédigé. Supposons donc que Platon, pas moins sensible que nous à la langue qu'il écrit, nous indique ce qu'il dit, ici et dans les lignes suivantes, simplement, distinctement et avec une extrême précision. Socrate, par une observation qui ne devrait pas pouvoir susciter la moindre discussion (même de la part d'Euthyphron – s'il savait… !), distingue entre actif et passif pour introduire à l'examen du passif seul.

Être « aimé » est la cause unique de la passion (10b1-c12)

Il examine, donc, à partir de là, le cas du seul passif dans ces verbes : on peut établir, entre deux formes également passives de chacun de ces verbes, une relation de « causalité » (qui correspond à l'indication d'un « parce que »), et qui plus est, une relation causale exclusive de toute autre cause. Le participe présent passif (porté, conduit, vu [1]), ou, plus exactement, ce qu'il représente, est déclaré avoir pour cause, et pour cause unique (il n'y en a pas d'autre : *è di'allo ti*; *ouk, alla dia touto*, 10b2-3), ce qu'exprime le verbe à l'indicatif présent passif, qui a cette fois-ci (contrairement au premier moment) le même sujet que le participe ou le participe substantivé (parce qu'il est porté, parce qu'il est conduit, parce qu'il est vu) : « ce qui est *porté*, c'est parce qu'il *est porté*, et pas pour une autre raison, qu'il est *porté* », « ce qui est en train d'être porté, c'est parce qu'il est porté, et pas pour autre une raison, qu'il est en train d'être porté », et ainsi de suite pour les autres exemples. L'incompréhension, proche de l'incrédulité parfois, que manifestent plusieurs commentateurs devant cette analyse, qui a pu être jugée « inintelligible et superflue » [2], semble alterner ou mélanger le sentiment que c'est une tautologie dépourvue d'intérêt et celui que c'est une manière aberrante et d'une insigne maladresse de dire (et cela leur paraît à peine moins tautologique) que ce qui agit (mais il aurait mieux valu employer l'actif de l'indicatif, conseillent-ils) est la cause de ce qui subit (exprimé au participe présent passif). Que représente le participe présent passif? Pourquoi le verbe à l'indicatif est-il au passif? Enfin, en quoi exprime-t-il une cause et de quelle sorte ?

L'explication n'a pas à en être devinée et apportée, elle est donnée par Socrate lui-même à partir de 10b9 (« tu vois clairement ce que je veux dire ? ») pour les trois premiers verbes, avant d'être étendue à ce qui est décisif pour notre réflexion, le cas de l'amour. Le participe présent passif représente « quelque chose qui est en train de devenir ou qui est en train de subir » (*ti gignomenon è paskhon*), avec cette précision : *hupo tou*, c'est-à-dire *du fait de quelqu'un ou de quelque chose d'autre*, d'un agent (au sens où nous parlons en grammaire d'un « complément d'agent »). Ainsi, ce qui peut être exprimé par un participe présent passif (comme « porté », « conduit », « vu » ou « aimé ») correspond à deux déterminations étroitement liées : c'est un état présent (ou une qualité), 1) qui est dans le devenir (il ne peut être présent et tel qu'il est sans avoir à arriver et à maintenir sa présence telle quelle dans le devenir ou à changer; il est ce qu'il est

1. Au sens de « étant porté, conduit, vu » ou de « ce qui est porté, conduit, vu », si l'on veut préciser qu'il ne s'agit pas du participe *passé* passif (« ayant été porté, conduit, vu »). « Porté » signifie donc : « actuellement porté », « en train d'être porté ».

2. Hall, 1968, p. 5. Voir aussi Geach, 1966, p. 378.

présentement du seul fait qu'il advient, ce n'est pas ce qu'il est qui l'a fait advenir); et c'est un état présent (ou une qualité), 2) qui arrive à quelqu'un ou quelque chose (qui le subit, qui en pâtit) du fait d'un agent, agent dont l'existence est nécessairement supposée pour que l'on puisse parler de quelque chose de subi, mais sans que sa nature ni son identité n'aient à être connues, elles peuvent même être totalement indéterminées (« *tou* »), avec encore cette ultime précision que cet état n'est ce qu'il est que du fait qu'il est subi (il est un pâtir). Telle est la structure générale, propre et insécable, de ce que représentent ces participes présents passifs : ces états (ou ces qualités) ne sont ce qu'ils sont que parce qu'ils adviennent et qu'ils affectent effectivement (cela ne veut pas dire toujours subjectivement) ce à quoi ils arrivent. On voit que c'est la même chose que l'on exprime de manières différentes mais complémentaires en employant le verbe *gignestai* (devenir) et le verbe *paskhein* (pâtir, être affecté) : devenir, c'est pâtir (de ce qui arrive); pâtir, c'est devenir (du fait de ce qui arrive). C'est être ce que l'on est à chaque moment de façon décisive du fait de ce que l'on n'est pas : *gignomenon* et *paskhon* sont, dans la langue ordinaire, deux connotations étroitement liées de *pathos*, qui l'opposent clairement et fondamentalement à l'*ousia*, entendue comme ce qui est soi-même, toujours identique à soi-même, sans autre cause que soi-même. Le raisonnement qui suit (10d1-11a6), visant à faire apparaître le contraste complet (*pantapasin*) entre *hosion* et *theophiles*, trouve là, nous allons le voir, le fondement de sa rigueur substantielle et pas seulement formelle.

Mais ne dira-t-on pas que l'on retrouve ainsi approximativement l'idée d'une causalité d'agent à patient, que les commentateurs croyaient découvrir entre les actifs et les passifs en 10a5-12 ? Approximativement, peut-être (et encore, sous réserve d'inventaire); mais ce qui est étonnant est que les commentateurs, qui avaient anticipé cette idée pour tâcher de comprendre 10a5-12, ne la trouvent maintenant pas bien formulée ici : ils reprochent à Platon de ne pas avoir employé des indicatifs présents actifs plutôt que passifs pour indiquer qu'ils représentent la cause de ce qu'indiquent les participes présents passifs[1]. Mais précisément ce n'est pas cela que dit

1. Voir Dorion, 1997, p. 329, qui cite les nombreux auteurs qui estiment que l'indicatif présent passif de cette deuxième « induction » a la même valeur que le participe présent actif du moment précédent (Cohen, Paxson, Zeigler, Lewis). Je comprends parfaitement la difficulté qu'il y a ici, quand on a le souci de traduire d'une façon qui soit accessible à un grand public et à des débutants qu'il ne faut pas rebuter, et il me semble que divers choix sont possibles, pourvu qu'on se souvienne qu'on ne peut tout rendre à la fois, à certains moments, et que toute traduction doit trouver son chemin entre transposition littérale, simplification et commentaire excessif. Mais il me semble que cela ne peut constituer un argument concernant le sens et l'inintelligibilité du texte lui-même. Si Platon s'exprime ainsi, c'est que c'est cela qu'il voulait dire très précisément. C'est ce qu'il veut dire et faire penser, qui est difficile et

Platon, et ce n'est donc sans doute pas cela qu'il veut dire. C'est même cette idée courante, semble-t-il, qu'il veut sinon réfuter du moins rectifier. Nous allons voir que la rigueur et la force de son raisonnement en dépendent.

En effet, dans le cas de l'action de porter, la relation de solidarité d'un agent et d'un patient paraît très étroite dans la mesure où elle semble être d'abord spatiale et impliquer une contiguïté qui la rend la plupart du temps facile à voir, à concevoir et à contrôler. Déjà, quand il s'agit d'être conduit, l'effectivité de l'action de l'agent n'est pas toujours aussi manifeste (car il y a bien des manières que cela soit fait, qui sont inégalement pressantes, directives et identifiables). Mais, quand il est question d'être vu, on pourrait même hésiter à parler d'*action* de la part de celui qui voit, en tout cas d'une action qui produise dans son objet des effets facilement objectivables, qui l'affecte dans ses déterminations spatiales et temporelles, qui le modifie ou l'altère[1], comme c'est le cas de ce qui est porté ou encore de ce qui est conduit, mais déjà moins nettement. Et le cas de l'amour est encore plus incertain : sans doute, celui qui est vu peut ne rien éprouver subjectivement et n'en rien savoir, alors même qu'il est l'objet du regard d'un autre et lui est soumis objectivement, mais il doit tout de même être au moins en présence de ce qui le regarde, même si c'est à la dérobée, à portée de regard, de si loin qu'il soit regardé; tandis que la nécessité d'une telle présence minimale n'est même pas requise quand il s'agit de l'amour, et ce qui permet de considérer comme une « action » ce qui n'existe pourtant pas sans la vertu et le fait de l'agent (complément) du verbe passif (être aimé par), est encore plus problématique : on ne peut sans doute pas appeler « action » au même sens la relation entre celui qui porte et celui qui est porté et celle entre celui qui aime et de celui qui est aimé, sauf à confondre l'action réelle avec la catégorie grammaticale générale de « l'actif », ou bien à distinguer, précisément, avec la *Grammaire de Port-Royal*, « action réelle » et « action intentionnelle »[2]. Ainsi, les exemples choisis en 10a5-12 ne paraissent pas destinés à faire apercevoir qu'il y aurait, entre ce qui est représenté par un verbe à l'actif et ce qui l'est par le même au passif, une relation nécessaire qu'il faudrait penser comme la causalité déterminante d'une action. Non seulement Socrate ne le dit pas mais précisément la réflexion sur la progression de ces exemples suggère plutôt cela même qui est montré à partir de 10b1, et qui s'y oppose : la nature, la modalité, l'insistance, la

qui exige que l'on soit attentif et, d'abord, docile à l'égard de la précision extrême de son expression.

1. Voir Geach, 1966, p. 378-379, et Dorion, 1997, p. 308.

2. « (...) soit que ces actions se terminent à un sujet, ce qu'on appelle actions réelles, comme battre, rompre, tuer, noircir, etc.; soit qu'elles se terminent seulement à un objet, ce qu'on appelle action intentionnelle, comme aimer, connaître, voir », A. Arnauld et Cl. Lancelot, *Grammaire générale et raisonnée*, 1660, Allia, 1997, p. 81.

visibilité, de l'action et même de l'agent lui-même peuvent varier du tout au tout et restent indéterminables de manière générale, même si, partout où il y a patient, il y a agent, c'est ce que semble signifier l'indétermination déjà signalée du complément d'agent (*hupo tou*) en 10c7.

En revanche, ce qui est indiqué littéralement comme étant la cause unique de ce que représente le participe présent passif (ce qui est *porté*, *aimé*, en train d'être porté, en train d'être aimé), c'est ce que représente le verbe à l'indicatif présent passif (c'est parce qu'il *est porté*, *est aimé*, qu'il est tel) : il n'y en a pas d'autre (*di'allo ti*; *ouk*, *alla dia touto*, 10b2-3). Comme il est peu vraisemblable que ce soit par manque de style ou de rigueur que Platon écrive cela, il reste à le considérer comme une indication précieuse : il dit (à l'encontre, donc, des commentateurs que nous avons cités) que ce n'est pas la cause que constitue l'action de l'agent qui est la cause effective, déterminante et suffisante ; car, même si sans l'action d'un agent, il n'y a pas de patient, il n'y a pas d'agent tant que son action n'a pas affecté effectivement un patient, ou, doit-on dire plus précisément avec Platon en respectant l'ordre des déterminations effectives, tant qu'un patient n'a pas été affecté par elle : c'est donc le *fait* d'être affecté qui est la vraie et seule cause déterminante de l'état de celui qui est affecté, puisque l'action et l'agent ne sont effectifs que par lui. C'est le fait d'être affecté qui est la cause de la causalité de l'action de l'agent. L'agent et son action sont condition *sine qua non* de l'état représenté par le participe présent passif ; mais le fait d'être atteint effectivement par cette action est ce qui constitue la condition de possibilité de cette condition ; elle suppose et comprend l'existence de la première ; c'est donc bien elle, en ce sens, la seule vraie cause complète, ultime, totale, unique. La structure du *pathos* ainsi compris (*gignomenon* et *paskhon*), à la fois renvoie par elle-même et de l'intérieur d'elle-même à quelque chose d'autre (altérité d'un agent qui est aussi altérité d'un devenir) comme à une cause nécessaire, et, du même geste, rapporte (par un mouvement d'intériorisation) toute l'altérité causale à la capacité d'être affecté (par le devenir, quel que soit l'événement, et par un agent, quel qu'il soit et quelle que soit son action) comme à sa cause unique ou ultime[1].

On voit, dans ces conditions, ce qu'il y a d'étonnant à considérer que Platon aurait pu et dû s'exprimer plus clairement et rigoureusement en utilisant l'indicatif présent actif plutôt que le passif pour indiquer ce qui est cause de ce qui est représenté par les participes présents passifs. Ce qui

1. Je reviendrai en conclusion sur ce point décisif en commentant le « *hoion phileistai* » (« capable d'être aimé », 11a5). On se reportera sur ce point, au très éclairant article de Monique Dixsaut, qui en fait la première expression d'une théorie de la puissance de pâtir : « Agir, pâtir, différencier les dimensions platoniciennes de la *dunamis* » (à paraître).

paraît sûr, c'est que ce n'est pas un problème d'expression. Ce reproche paraît impliquer un refus de principe de (comprendre) ce qu'il veut dire, qui prolonge celui qui concerne le rappel par Socrate qu'il y a bien de la différence entre l'actif et le passif (en 10a5-12). Sans doute est-ce parce que n'est pas suffisamment aperçue l'importance des enjeux de cette différence, qui sont cependant considérables s'agissant de l'amour et surtout de l'amour des dieux – c'est l'objet même de la méditation de tout notre Dialogue : on ne peut se fier à l'amour pour penser les rapports de l'homme à la Divinité.

L'importance de la différence entre l'actif et le passif quand il s'agit de l'amour des dieux

En grec, *philos*, nous l'avons déjà noté en général, peut avoir un sens actif ou passif. S'agissant de l'amour des dieux, la confusion entre les deux est possible, fréquente, source de confusions que le Dialogue s'efforce justement de dissiper ou d'éviter. Or, dans la première formulation de la définition du pieux par l'amour des dieux (6e11-7a1), Euthyphron utilise non pas le terme *theophilès* mais l'expression *prosphilès tois theois*, qui signifie « ami des dieux », « en amitié avec les dieux », mais au double sens d'*aimé des dieux* ou d'*aimant les dieux* (amical à l'égard des dieux), sens actif ou sens passif, qui peut se construire dans les deux cas avec le datif[1], comme ici. C'est Socrate qui prend l'initiative de transformer la définition en utilisant le terme *theophilès* (7a7-8), quand il s'agit de la clarifier à des fins d'examen, précisant même *to men theophiles te kai ho anthrôpos theophilès* : « ce qui est aimé des dieux et l'*homme* aimé des dieux. » Lorsqu'il s'agit de dire quelque chose concernant le rapport entre les hommes et la divinité, qui ne soit pas un simple propos d'opinion ou une manière de conversation, s'efforcer de parler du point de vue de l'homme, si difficile que ce soit, est cependant moins démesuré que de prétendre parler du point de vue des dieux. Une première indication (discrète, surtout pour nous autres modernes) de l'importance de la différence entre être aimé et aimer, quand il y a à examiner ce qu'il en est de « l'amour des dieux », est ainsi donnée dès ce lieu. Car elle n'est pas sans importance : ne pas tenir compte de cette différence, c'est continuer de faire reposer la piété (comme dans le cadre de la religion familiale de l'époque archaïque) sur l'antique conception de la *philia*, relation générale de tous ceux (hommes ou objets) qui sont liés par un lien objectif d'appartenance réciproque, indépendant de chacun, comme celui qui fait qu'on est « de la famille », « de la maison » (*oikeios*), et qui fait qu'on ne sait distinguer qui aime et qui est aimé, chacun étant *philos*

1. Voir Bailly ou Liddell-Scott. Sophocle, par exemple, dans *Philoctète*, à quelques vers d'intervalle, utilise *prosphilès* avec le datif au sens passif (532) et au sens actif (587).

(terme qui équivaut alors simplement au possessif, la dimension affective étant quasi-anesthésiée) : être *prosphilès tois theois* c'est ne pas distinguer le sentiment que nous appartenons aux dieux et celui qu'ils nous appartiennent (ce sont « nos dieux »), le sentiment que nous les aimons et celui qu'ils nous aiment. Dans le cadre de cette représentation, l'homme qui aime les dieux, il va de soi qu'il est aimé des dieux et il le sait; il n'y a pas pour lui à distinguer les deux faces de la « *theophilia* »[1]. C'est un tel syncrétisme archaïque que commence à analyser la demande de distinction entre l'amour des dieux pour les hommes et celui des hommes pour les dieux, c'est-à-dire, à chaque fois, qui aime et qui est aimé. C'est d'abord à cet égard que cette distinction a une importance décisive.

Mais il est possible, tout en distinguant ces deux faces de « l'amour des dieux », et en l'envisageant du point de vue de l'*anthrôpos theophilès*, de considérer encore comme une évidence que ce qui fait qu'il est aimé des dieux dépend entièrement de l'amour que lui portent les dieux. Le problème est alors de ce qu'on peut en connaître. C'est une telle connaissance, que s'attribuent les religieux tels qu'Euthyphron (et bien d'autres depuis). La suite du texte (qui constitue l'examen de la première formulation de la définition du pieux par l'amour des dieux, et va conduire à sa seconde formulation dans le passage que nous étudions) porte précisément sur l'amour des dieux du point de vue des dieux, sur la valeur et le fondement de ce qu'on peut en dire, sur la possibilité et l'opportunité d'en parler : or, si Euthyphron se sent très à l'aise et très savant pour parler sur ce sujet, le sens de tous les efforts de Socrate est de montrer qu'il faut renoncer à cette recherche, qui non seulement ne permet pas de trouver une définition correcte du pieux, mais qui conduit à tenir sur les dieux des propos scandaleux et incertains, dans le meilleur des cas accompagnés de la conscience de leur caractère anthropomorphique et conjectural[2].

1. Rappelons que Platon n'emploie jamais ce terme mais seulement l'adjectif correspondant. Voir, en fin de cet appendice, la note annexe sur le sujet.

2. Socrate a déjà dit (6a8) qu'il trouvait pénible d'entendre les récits que l'on fait sur les dieux, qui leur prêtent haines et combats (6b7), ce qui est indigne d'eux ; mais il fait apparaître ici que ce n'est pas un hasard si on les leur prête et il précise ce que la formulation de la définition par l'amour des dieux a elle-même pris en compte en opposant *theophilès* à *theomisès* (haï des dieux) : parler d'amour, c'est aussi parler de haine et d'hostilité (*ekhthra*); ce n'est pas une notion qui permette de donner une définition stable, non-contradictoire, discriminante (8a7-b6); c'est un sujet de récits, mêlant les contraires; pour s'en instruire il faudrait s'en remettre à des devins comme Euthyphron, que l'on écoute s'ils paraissent bien parler, et Socrate préfère l'en dispenser car cela ne permettrait pas de savoir ce qui est pieux; et d'ailleurs d'où tiennent-ils leur savoir ? Quand on parle de l'amour des dieux, on raconte des histoires incontrôlables ou bien on en parle comme s'ils étaient des hommes et l'on doit sans cesse rappeler : « à supposer qu'il soit *vrai* que les dieux ont des désaccords, discutent, se

Cependant, si l'on ne pouvait parler de ce qui est aimé des dieux qu'en ayant une connaissance véritable de ce qu'ils sont, de ce qu'ils aiment et comment, la discussion sur la définition d'Euthyphron serait terminée en vertu d'un argument robuste et décisif, mais qui ne tiendrait pas compte du fait que la reconnaissance de la séparation et de la distance des hommes et des dieux, quels qu'ils soient, quels qu'on puisse se les représenter, appartient également à l'expérience religieuse commune autant qu'à la pensée réfléchie [1]. C'est pourquoi ce qu'il en est du rapport aux dieux et ce que peut être l'amour des dieux pour les hommes, envisagé du point de vue de l'expérience que les hommes sont capables d'en avoir (*être* aimé), est encore l'objet d'un examen possible, et même d'un examen qui s'impose à partir du moment où le sentiment de la distance extrême de la divinité ne supprime pas toute idée de piété. C'est précisément ce qui correspond à l'examen de la définition de la piété par l'amour des dieux dans sa seconde formulation (à partir de 10a1). Sa mise en œuvre est ce qui justifie dans la position du problème l'usage du verbe aimer à l'indicatif présent passif: c'est *le moyen méthodique et radical* de parler de *ce qui est aimé des dieux* sans faire comme si on connaissait les dieux, leur manière d'aimer et ce qu'ils aiment.

Depuis le début de la seconde partie du Dialogue, tout au long de l'examen de la définition de la piété par l'amour des dieux, c'est donc pour faire varier de façon tout à fait intentionnelle et méthodique le point de vue sur l'amour des dieux, que Socrate, semble-t-il, choisit des formules soit actives soit passives: la substitution, qui est son œuvre, de *theophilès* à *prosphilès* revient à prendre congé de l'antique cercle de famille qui unit les hommes et les dieux, à séparer les dieux qui aiment et les hommes qui aiment; puis, de ce point de vue tout humain du *theophilès*, il fait apparaître ce qu'il en est de l'*activité* qu'il faut prêter aux dieux (ils se battent, s'opposent, se haïssent) si on suppose qu'ils aiment (verbe à l'actif en 7e7); enfin, au moment de la transition de la première à la seconde formulation de la définition (en 9c-e), il arrête l'examen de la première en parlant de *theophiles* (9c8) et il propose la seconde (9d1-5) en employant le verbe aimer (*philein*) à l'actif (« est pieux ce que tous les dieux aiment et impie tout ce

disputent sur ce qui est juste ou non (c'est à dire sur ce qu'ils aiment ou non) »; dans les deux cas, c'est manquer de mesure.

1. Il semble que ce sentiment de séparation et de distance ait été commun dans la Grèce ancienne, nullement incompatible avec celui que les dieux sont là, partout. C'est sans doute à un telle experience complexe que correspond le propos de Platon, disant, dans un des textes les plus radicaux sur la divinité, que l'idée de dieu (et pas particulièrement celle d'un dieu de mythologie facile et scandaleuse), est celle d'un vivant immortel que nous forgeons sans qu'elle ne repose sur aucun argument rationnel fondé sur ce que l'on peut voir ou penser de façon suffisante (*Phèdre*, 246c6-d2).

qu'il détestent»). Et dès qu'il s'agit d'examiner la valeur de cette définition, Socrate met le verbe au passif, dans la question qu'il pose et présente comme un instrument de mise à l'épreuve de la définition proposée: «le pieux est-il aimé par les dieux parce qu'il est pieux, ou bien est-il pieux parce qu'il est aimé?» (10a1-3). Euthyphron ayant dit qu'il ne comprenait pas ce que Socrate voulait dire par là, celui-ci introduit alors, comme premier point d'éclaircissement, la distinction entre actif et passif à propos de trois verbes, puis du verbe «aimer». À la suite de quoi, il fait porter l'analyse exclusivement sur la relation entre des formes verbales passives ayant le même sujet. On peut décrire le mouvement réalisé en disant que Socrate ramène le problème de la *theophilia* à celui de l'analyse de l'intériorité et de la subjectivité du *theophilès*: c'est à l'intérieur de l'homme *theophilès*, du *theophiles* comme qualité (*pathos*), que Socrate va trouver tout ce qu'il lui faut pour le comparer avec le pieux et montrer que ce ne peut pas être cela le pieux. Il ne s'agit plus d'envisager l'ensemble des dieux qui aiment et des hommes qui aiment, ni même, séparément, les dieux qui aiment et les hommes qui sont aimés, mais on a réussi à poser le problème de la relation de l'homme à ce qui est tout autre que lui (la divinité) dans les termes d'un rapport d'abord et radicalement exclusif de l'homme à lui-même, de l'homme aimé aux conditions qui font qu'il est aimé, ces conditions étant en lui: elles ne renvoient pas à ce qui est hors de lui et autre que lui comme à ce qui a la plus haute puissance sur lui, bien qu'elles en marquent la place et la nécessité, mais à sa passivité, à sa capacité d'être affecté, à sa puissance de pâtir, comme à la cause ultime et indépassable de tout ce qui peut l'atteindre[1].

Si l'idée de *theophiles*, qui comprend celle de relation à ce qui est autre (et même tout autre) que le *theophilès*, n'était pas cependant analysable et jugeable comme une qualité immanente au *theophilès* et à ce qui est pieux, sa comparaison avec l'*hosion* ne serait pas possible. S'il était nécessaire de pouvoir connaître les dieux, la manière effective dont ils aiment et ce qu'ils aiment, pour pouvoir juger et parler de *theophilia*, le problème de l'*Euthyphron* serait impossible à poser, si ce n'est pour des dogmatiques religieux, qui savent et racontent des histoires sur les dieux, en tout cas pas pour des philosophes. Par bonheur (pour la philosophie du moins), il suffit de savoir de la *theophilia* qu'elle n'existe dans le *theophilès* que sous la forme du *theophiles*, c'est-à-dire d'un *pathos*, pour être sûr qu'elle ne peut

1. On notera que cet humanisme de la théophilie, qui consonne avec la philanthropie que Socrate revendique en 3d7, loin de réduire le sens de l'altérité «transcendante» de la divinité, lui donne plutôt un fondement en distinguant et en séparant la causalité de l'agent et celle de la puissance de pâtir.

en tout cas pas être identifiée au pieux, pourvu que l'on se soucie du pieux comme essence.

On aperçoit l'importance de cette distinction entre l'actif et le passif, dont l'exposé a pu sembler si incongru et si incompréhensible à certains commentateurs, pour rendre compte de l'expérience religieuse et de la manière dont l'*Euthyphron* en fait un problème (pour longtemps). Le choix de Socrate est décisif d'étudier au moyen de verbes exclusivement au passif ce qui fait qu'une chose, un acte ou un homme, peuvent être dits aimés des dieux. Il correspond à tout autre chose qu'à l'éventualité d'une défaillance dans le style ou la logique mais à une vue et une réflexion profondes, quoique d'une élégante discrétion, sur les rapports possibles entre l'homme et la divinité. Mais il faut voir maintenant avec précision comment cet emploi du passif, tel qu'il est établi en 10a5-10c12, est cela même qui rend possible la rigueur et la puissance irrésistible (si on le comprend) du raisonnement qui se poursuit en 10d1-11a6, et même jusqu'en 11b5.

SECOND MOMENT : LA DIFFÉRENCE DU TOUT AU TOUT ENTRE *HOSION* ET *THEOPHILES* (10d1-11a6)

Examinons donc la suite du raisonnement de Socrate, tel qu'il se présente dans le texte lui-même (et non pas dans les reconstructions que certains en ont proposées), en sorte de tenter d'en faire apparaître la rigueur implacable et calculée. Certains commentateurs, qui en critiquent la validité, semblent ne pas comprendre le sens exact de ce passage : il ne voient pas sa relation avec ce qui précède ni son unité d'ensemble. Ainsi fait Dorion (1997), suivant Hall (1968), qui découpe ce passage en deux (10d1-8 et 10dc-11a6) tout en trouvant que Socrate raisonne mal dans les deux parties : dans la première, on ne verrait pas, même en étant charitable, comment il peut y avoir déduction à partir de ce qui précède[1]; dans la

1. Comme les commentateurs qui isolent 10d1-8, Dorion semble supposer que la prise de position d'Euthyphron suscitée par Socrate (« le pieux est aimé par les dieux parce qu'il est pieux ou pour une autre raison ? – Non, mais bien pour cette raison », 10d4-5) devrait pouvoir se conclure directement de l'analyse qui précède (qu'est-ce qui fait proprement qu'on est *aimé*?), et il se demande « si la réponse d'Euthyphron découle, comme par voie de conséquence, des deux inductions » (= la distinction entre l'actif et le passif et la relation entre participe présent passif et indicatif présent passif). Or, dit-il, si charitable que l'on soit, « force est de reconnaître que la proposition "le pieux est aimé des dieux parce qu'il est pieux" n'est en aucune façon une conséquence nécessaire exigée [par les deux analyses précédentes] », p. 330. C'est le sentiment de très nombreux commentateurs, tels Paxson (1972), Wolz (1974), Blits (1980), Rossetti (1984), Lewis (1985), Weiss (1986). C'est ce que nous avons soutenu, nous aussi, dans notre commentaire de 1979, mais sans y voir le fondement d'une critique possible. – Pourquoi, en effet, faire comme si la question posée par Socrate supposait une

seconde, Socrate ferait une faute de logique, qui reviendrait à employer la même expression (*hoti*, « parce que ») dans deux sens différents sans le dire (ce qui, en effet, si c'était vrai, serait un vilain procédé sophistique). Mais on a le sentiment que bien des difficultés soulevées contre le passage tiennent à ce que l'on considère tout simplement que la forme dialoguée du texte platonicien signifierait qu'il consiste en un exposé d'idées à deux voix, qui avancerait de question en réponse et de réponse en question de façon linéaire et suivie, tout étant pour ainsi dire sur le même plan. On paraît ne pas tenir assez compte du fait que sa compréhension exacte, avant toute possibilité de discussion de sa validité logique, nécessite l'examen et l'établissement de son organisation structurale. Commençons donc par étudier les lignes 10d1-11a6 de ce point de vue, en sorte de nous assurer de ce qu'on peut appeler leur intention, leur fonction et leur sens à l'intérieur de ce moment du Dialogue, que constitue l'examen de la deuxième forme de la définition du pieux par l'amour des dieux. À cette fin, et en sorte d'y situer ces lignes, établissons la structure d'ensemble du passage (9c9-11b5, après les lignes de transition c1-c9), ce que l'on pourrait appeler « l'ordre des questions et des réponses ».

Structure logique d'ensemble du passage (9c9-11b5)

« Maintenant, qu'affirmons-nous donc au sujet du pieux, Euthyphron ? Rien d'autre si ce n'est qu'il est aimé par tous les dieux, c'est bien ce que tu affirmes ? – Oui » (10d1-3)[1]. Cette phrase indique, du point de vue de la

réponse qui puisse se déduire (ou s'induire) directement à partir de l'analyse précédente ? À première lecture, à cause du « maintenant donc » (*dè oun*, 10d1), passe encore. Mais il suffit de lire les lignes qui suivent (malencontreusement séparées par Geach et Dorion en une autre « étape ») pour voir que c'est *par contraste* que l'analyse des participes présents passifs s'applique à l'*hosion*, et non du fait d'une extension à l'intérieur d'une induction généralisante : le pieux ne se comporte absolument pas (11a3-4) comme une « chose aimée », un *philoumenon*, qui est un *gignomenon* et *paskhon*. Mais il semble bien que ce soit l'incompréhension de cette analyse qui soit la source de l'embarras présent : pour établir le sens de ce texte, qui lui paraît insatisfaisant voire illogique, Dorion se fonde deux fois sur l'interprétation artificielle et fautive, à nos yeux, de ce qu'il appelle l'étape III du passage (= l'analyse des relations entre participe présent passif et indicatif présent passif) : « Si, comme on l'a vu en III, *phileitai* fonctionne à la façon d'un verbe actif… », p. 330. « En effet, l'étape III a montré que *phileitai* a, malgré sa forme passive, un sens actif et qu'il joue le rôle de cause… », *op. cit.*, p. 331.

1. Je traduis littéralement la formule idiomatique « *allo ti* », qu'on rend, en général, de façon plus neutre par : « n'est-ce pas que… ? ». D'après le dictionnaire Bailly, *allo ti* a « même signification » que *allo ti è* ; c'en est une forme « absolue » (le *è*, qui marque explicitement le rapport, est tombé), une forme « elliptique » selon le dictionnaire de Magnien et Lacroix, ou encore le Lidell-Scott, qui précise que l'ellipse du *è* est fréquente, spécialement chez Platon (*cf.* de même, *Syntaxe grecque* de Bizot, p. 149). *Allo ti* (*è*, sous-entendu) correspond à « une

progression du Dialogue, que l'analyse du *philoumenon* (l'*aimé*) ayant été conclue, on va maintenant (*dè*) revenir à l'idée du pieux. Mais, du point de vue logique, elle indique, à vrai dire, le passage au second moment du raisonnement d'ensemble, dont la conclusion générale est donnée dès 10d12-14 (et jusqu'en 11b5), dans une phrase introduite par « *ara* » (« donc », « en conséquence », « alors ») : être aimé des dieux et être pieux, ce n'est pas du tout la même chose. Ce raisonnement réfute ainsi manifestement l'hypothèse que le pieux serait ce que tous les dieux aiment (9c9-d6), et dont l'examen est annoncé en 9e4-9. Nous voyons que nous sommes donc toujours dans l'examen de cette hypothèse et que la question actuelle en 10d1-2 (« et maintenant, à nouveau, pour ce qui est du pieux... ? »), qui est la reprise de celle de 10a1-3 (« le pieux est-il aimé des dieux parce qu'il est pieux ou bien est-il pieux parce qu'il est aimé ? »), n'a, selon une manière de procéder fréquente de Socrate, qu'une importance subordonnée : ce n'est qu'un instrument de l'examen de la question principale (concernant l'identité du pieux et de l'amour des dieux). C'est un instrument destiné à faire apparaître le contraste voire l'opposition entre le pieux et ce qui est aimé-des-dieux : la demande était destinée (on s'en aperçoit peut-être mieux rétrospectivement, après l'analyse de ce que c'est qu'être *aimé* et de ce qui en est la cause) à faire caractériser le pieux du double point de vue de ce qui fait qu'il peut être aimé et de ce qu'il est lui-même indépendamment (le cas échéant) du fait qu'il est aimé. La réponse n'a pas été tout de suite apportée, en ce qui concerne le pieux, Euthyphron ayant dit qu'il ne voyait pas ce que Socrate voulait dire (10a4), mais, d'abord, en ce qui concerne ce qui est *aimé* en général ; c'est pourquoi on doit maintenant revenir au pieux, éclairé désormais par l'analyse de ce que c'est qu'être *aimé*[1]. Or, ce que fait apparaître cette analyse dans sa conclu-

question posée sous une forme vive » (Bizot). Les grammaires grecques de Ragon, de Bizot, de Van de Vorst, de Bertrand, s'accordent sur le fait que c'est une formule figée de l'interrogation directe, qui « attend une réponse positive », qui « sollicite fortement l'adhésion de l'interlocuteur », et qui équivaut à : « n'est-ce pas que... ? n'est-il pas vrai que... ? ». Tous expliquent que *littéralement* cela signifie « fais-tu autre chose que... ? » (Bailly, Bizot, Bertrand), « y a-t-il autre chose, si ce n'est que... ? » (Magnien et Lacroix), et le Lidell-Scott donne comme première traduction « *anything else* », « *numquid aliud* ». En suivant la suggestion de Bailly, Bizot, Bertrand, qui est de sous-entendre quelque chose comme *poiein* à chaque fois, on pourrait traduire aussi « et maintenant, au sujet du pieux, en fais-tu autre chose que... ? », « en dis-tu autre chose que... ? », « fais-tu autre chose que de dire que... ? ».

1. On peut donc schématiser de la façon suivante l'organisation de l'ensemble du passage que nous étudions dans cet appendice, en sorte de situer le moment où nous en sommes :

1) 9c9-6 : question principale : le pieux est-il ce que tous les dieux aiment ? Réponse d'Euthyphron : oui.

2) 10a1-3 : question subordonnée à la question (1), destinée à la mise à l'épreuve de la réponse d'Euthyphron et surtout à mettre sur la voie de ce qu'il faut examiner au vrai dans la

sion en 10c8-10, est que, pour ce qui est de l'*aimé*, en tant que tel, les deux points de vue se confondent de façon caractéristique : il n'est ce qu'il est (*aimé*, en train d'être aimé) que du seul *fait* qu'il est aimé par ceux par qui il est aimé ; cette réponse vaut aussi bien pour dire quel est son être en tant que tel que pour dire pourquoi il est aimé : c'est, vient-on de voir 10c6-7, une question de *fait*, c'est de l'ordre de *ce qui arrive* à qui est *susceptible d'en être atteint* du fait *d'un agent* (*gignomenon ti è paskhon ti hupo tou*). Tout son être se réduit au fait d'être aimé[1].

On vient ainsi de voir en quoi l'analyse de ce que représente un participe présent passif comme « *aimé* » était destinée à éclairer la question de 10a2-3 concernant le pieux (est-il aimé des dieux parce qu'il est pieux ou est-il pieux parce qu'il est aimé ?), qui est reprise en 10d1-3 : maintenant (*dè*) Socrate demande ce qu'on peut y répondre de manière conséquente (*oun*), à savoir en tenant compte de l'analyse précédente[2], c'est-à-dire du double point de vue de ce qui fait qu'il est aimé et de ce qui fait qu'il est ce qu'il est (pieux). Et il suffit alors que Socrate (en 10d4-8) fasse accorder (*homologoumen*, 10e2) par Euthyphron que le pieux est aimé parce qu'il est pieux (il le répète deux fois dans ces quatre lignes), et (insiste-t-il) non pas pour une autre raison, et (précise-t-il encore d'une manière appuyée) que, s'il est aimé des dieux, ce n'est pas pour cela qu'il est pieux : il devient manifeste que l'identification du pieux et du fait d'être aimé par les dieux

question principale : le pieux est-il aimé par les dieux parce qu'il est pieux ou est-il pieux parce qu'il est aimé ? Réponse d'Euthyphron : un éclaircissement serait utile.

3) 10a5-10c12 : question subordonnée à la question (2) et destinée à l'éclaircir, c'est-à-dire à mettre sur la voie de ce qu'il faut examiner dans cette question, en s'occupant (apparemment) d'un autre objet : ce qui est *aimé* est-il aimé seulement parce qu'il est aimé par ceux par qui il est aimé (passivité, facticité, contingence) ? Réponse d'Euthyphron : oui.

4) 10d1-5 : reprise de la question (2) en revenant à son objet initial (le pieux) : que répondre à la question (2) en tenant compte de l'éclaircissement apporté par la réponse à la question (3) ?

5) 10d6-11 : réponse à la question (4) et donc (2) : Le pieux n'est pas aimé parce qu'il est aimé mais parce qu'il est pieux, c'est à dire digne d'être aimé (par tous, donc, le cas échéant par les dieux).

6) 10d12-11b5 : réponse à la question principale (1) : le pieux n'est donc pas ce qui est aimé fût-ce par tous les dieux ; c'est tout autre chose.

1. C'est ainsi, en ne montrant pas seulement que le pieux, quant à lui, se caractérise, de chacun de ces points de vue (ce qu'il est et pourquoi il est aimé), par une réponse opposée à celle qui convient pour l'*aimé*, mais de plus, que, pour lui, ces deux points de vue ne se confondent pas alors que cette confusion tient à la nature même de l'*aimé*, que la confrontation du pieux et de l'*aimé* fait apparaître une opposition essentielle entre eux deux au-delà d'une simple différence de caractérisation de deux points de vue quelconques. On aperçoit comment non pas seulement l'habileté mais la rigueur, le sens et la portée déterminée du raisonnement dépendent de ce point.

2. « En cherchant à l'appliquer », traduit Croiset, 1920.

correspond à une proposition contradictoire, qui est donc réfutée (10d12-14) ; il n'en faut pas davantage pour que la démonstration soit effectuée, du moins d'un point de vue logique. Tout le reste est, si l'on veut, démonstration en un sens psychologique et pédagogique ; c'est une explicitation de ce qui a été établi, un effort pour rendre Euthyphron, et les lecteurs, le cas échéant, attentifs à ce qui a été *précisément* montré ainsi qu'au soin précautionneux qui a été mis à tenir compte du principe de contradiction, tel que le formulera Platon[1], dans la *République* 436b (« Il est évident que le même ne supporte pas de faire ou de souffrir en même temps des choses contraires du même point de vue et sous le même rapport ») et dans le *Sophiste* (230b), où il le présentera comme un des fondements principaux de la méthode d'examen des opinions flottantes de celui qui croit avoir quelque chose à dire sur un point où il n'a rien à dire de solide : il faut rassembler ses opinions en un seul *logos*, où elles sont rapprochées les unes des autres, en sorte de « faire voir qu'elles sont en même temps, sur les mêmes sujets, du même point de vue, sous les mêmes rapports, en contradiction avec elles-mêmes ». Ce que Socrate fait méthodiquement ici.

Forme et nature du raisonnement en 10d1-11a6

Examinons avec précision la forme du raisonnement, telle qu'elle apparaît en ce passage, puisque sa validité est contestée par certains, mais qui, en tendant à l'isoler, le reconstruisent d'une manière qui me paraît approximative. Or, ce passage n'est que le second moment d'un raisonnement qui s'étend de 9d1 à 11b5, même s'il peut donner le sentiment, à première lecture, d'avoir une certaine autonomie, dans la mesure où il commence en reformulant le problème et où il fait apparaître la forme de contrainte logique du propos d'ensemble de façon ramassée (ce qui est un excellent procédé pédagogique, en principe, mais on voit que la pédagogie, même des meilleurs, n'a pas la même efficacité avec tous). Il a la forme d'un examen de la cohérence interne d'une proposition (procédé très habituel de Socrate dans la réfutation, l'*elenchos*), qui est énoncée en 10d1-2 : le pieux est aimé par tous les dieux (et rien d'autre, n'est-ce pas ? – *allo ti* –, nous l'entendrons ainsi conformément à ta manière de dire – *ôs ho sos logos*). À cette fin, de cette proposition, qui reprend celle énoncée dès 9c9-d6, en lui donnant une formulation précise qui va en permettre un examen décisif, chacun des deux termes va être traduit, du même point de vue, en

1. Avant Aristote, par exemple dans sa *Métaphysique* IV, 3, 1005b19-20 : « il est impossible que le même appartienne et n'appartienne pas à une même chose en même temps et sous le même rapport. »

une expression rigoureusement équivalente, ce qui va faire apparaître leur incompatibilité.

1) 10d4-8 : on traduit le premier terme de la proposition dans les termes et du point de vue de l'analyse de l'*aimé* : le pieux est aimé par tous les dieux parce qu'il est pieux ; et a) pas pour une autre raison (*è di'allo ti* ; *ouk, alla dia touto*) ; b) être pieux cela ne doit rien au fait d'être aimé. Euthyphron accorde cela sans difficulté[1].

2) 10d9-11 : mais véritablement maintenant (*alla men dè*), si on traduit la seconde partie de la proposition, dire que le pieux « est aimé par des dieux », c'est dire précisément (*gé*) ce qui fait qu'il est un *philoumenon* (aimé) et aussi un *theophiles* (aimé-des-dieux). L'opération est double et fait voir que : a) quand on parle de « ce qui est aimé par des dieux », on parle évidemment d'un cas particulier de ce qui est « aimé », avec les conséquences que cela comporte sur ce qui en est la cause, que l'on a d'abord analysées dans l'anonymat de l'*aimé* en général ; on notera que Socrate, ici, ne dit pas « tous les dieux », ni même « les dieux », mais « des dieux » : ce n'est pas la quantité du prédicat qui compte quand on parle d'amour, et la tentative pour donner une apparence d'universalité à l'amour des dieux par leur unanimité n'est qu'un faux-semblant, l'amour est comme tel de l'ordre du particulier et du factuel ; quand on parle de ce qui est aimé par des dieux, peu importe décidément combien ils sont, on parle en fin de compte de quelque chose qui est *aimé* (*philoumenon*), avec ce que cela signifie ; b) quand on parle de « ce qui est aimé par des dieux », on parle de quelque chose d'*aimé*, mais « aussi bien » (*kai*) de ce qui est *theophiles* (aimé-des-dieux), terme qui, en grec, déguise un peu en la compactant la réalité de ce que la formule développée « être aimé par des dieux », venant après l'analyse de l'*aimé*, fait apparaître plus ouvertement.

3) 10d12-13 : Socrate présente comme une conséquence (*ara*) le fait que le pieux ne soit donc pas aimé-des-dieux, et que ce qui est aimé-des-dieux ne soit pas pieux, faisant comme si Euthyphron pouvait se souvenir de ce qui a été établi dans les lignes précédentes (10c10) sur ce que signifie être *philoumenon* (être ce que l'on est – *aimé* – du seul fait que « l'on est aimé par ceux par lesquels on est aimé ») et en même temps de ce qu'il vient

1. Certains commentateurs s'en étonnent, les uns, nous l'avons vu, parce qu'ils s'imaginent que Socrate voulait démontrer cette proposition (la déduire de ce qui précède) et qu'ils reconnaissent que cela ne constitue pas une démonstration satisfaisante (certes !) ; d'autres, parce qu'ils pensent que cela ne correspond pas à la pensée d'Euthyphron et que la *logique* ne lui imposait pas de suivre la position suggérée par Socrate mais qu'elle lui permettait de soutenir au contraire que le pieux est pieux parce qu'il est aimé par les dieux. Voir Dorion, 1997, p. 331, qui cite avec considération, bien qu'avec un peu de réserve, nous a-t-il semblé, Wolz, 1974, p. 503 et note 23, Rossetti, 1984, p. 27, Emlyn-Jones, 1991, p. 80, 101-102. Nous reviendrons là-dessus.

d'approuver en 10d4-8 concernant le pieux (il n'est en rien ce qu'il est – pieux – du fait qu'il est aimé, et s'il est aimé c'est exclusivement à cause de ce qu'il est). Le pieux et ce qui est aimé-des-dieux (appelez-le, si vous voulez, « aimé des dieux », ou « par les dieux », ou « par tous les dieux », c'est en tout cas un « *aimé* ») apparaissent des mêmes points de vue et sous les mêmes rapports, directement opposés, strictement incompatibles (quel que soit le sujet logique que l'on donne à la proposition : ni l'aimé-des-dieux n'est pieux, ni le pieux n'est aimé-des-dieux). On ne peut sans se contredire affirmer que le pieux est aimé-des-dieux ; si on l'affirme, on ne sait ce que l'on dit, on dit et on se dédit dans la même proposition, on ne dit rien d'effectif ; c'est strictement un non-sens [1].

4) 10d14-11b5 : comme Euthyphron, à son habitude, ne comprend pas ce avec quoi il était d'accord l'instant d'avant, cela donne à Socrate l'occasion d'expliquer et d'analyser ce qu'il a fait apparaître et qui est multiple. D'abord (10e2-9), il répète presque à l'identique ce qui vient d'être dit [2]. Puis (10e10-11a3), il explicite à propos de chacun des deux termes (*hosion* et *theophiles*) l'impossibilité qu'il y aurait à lui attribuer la caractérisation de l'autre comme s'ils étaient « le même », « un seul et même » (*ge tauton*). Enfin (11a3-11b5), il conceptualise de trois façons le fait qu'ils ne sont pas

1. Nous voyons qu'il n'est pas besoin de modifier le texte comme Dorion, 1997, p. 108-109, suivant Weiss, 1986, p. 444, et plus lointainement Bast (à la fin du 19e siècle), le réclame. Ils souhaiteraient que l'on remplace le sujet de la phrase en 10d9-11, qui semble être « le pieux », repris de façon sous-entendue depuis 10d1-2, d'une manière qui ne pose pas le moindre problème en grec, par « l'aimé-des-dieux ». La demande paraît d'autant plus étrange, qu'elle est de substituer à « pieux » le terme dont le passage dit précisément qu'il est totalement différent de lui. De ce point de vue, la proposition d'une telle modification semble énorme eu égard au risque de trahir profondément le texte, ou alors elle signifie qu'il est gravement défectueux en un lieu décisif, ce qui revient au même ; cependant le sens d'ensemble qui est alors obtenu n'est quasiment pas différent du point de vue des conséquences ; on modifie seulement légèrement le mouvement effectif du raisonnement de Socrate, et donc sa forme, peut-être un peu. L'affaire n'aurait ainsi pas grande importance philosophique, si certains, après avoir exigé cette modification du texte pour le rendre, prétendent-ils, plus clair, ne se fondaient ensuite sur leur invention pour contester la rigueur du raisonnement. C'est ainsi que, comme Dorion, 1997, p. 326, suivant cette fois-ci Geach, 1966, p. 376, on risque de chercher à reconstruire la forme logique du raisonnement (qui prend alors l'allure d'un calcul de propositions inutilement compliqué, et dont on déclare ensuite qu'il est invalide), parce qu'on ne reconnaît pas que le sujet de la phrase de 10d9-11 est « le pieux » et que la réfutation de cette proposition se fonde sur sa contradiction interne. Dorion dit que, si l'on conserve ce sujet, « la phrase n'a aucun sens » ; mais si c'était ce que Socrate cherchait précisément à montrer, dans un raisonnement « par l'absurde » ?

2. Cependant, cette fois-ci, avec une phrase dont *theophiles* est le sujet, ce qui rend encore plus inutile la supposition de Weiss et Dorion, selon laquelle il faudrait entendre déjà *theophiles* à la place de *hosion* en 10d9-11, alors que, s'il peut utiliser ici *theophiles* sans le moindre saut logique, c'est notamment parce qu'en 10d9-11 il l'a précisément rapproché de *philoumenon* (quasi-assimilé à lui) et pour la première fois explicitement.

« le même » : l'idée de contrariété entre eux et de différence du tout au tout[1] ; la distinction entre le fait d'être aimé et le pouvoir de l'être (*hoion*) ; la distinction entre *pathos* et *ousia*. Nous allons revenir sur ces explications par lesquelles Socrate indique lui-même ce qu'il a cherché à opérer dans cette démonstration.

Les hypothèse du raisonnement et l'usage du passif

Il faut noter, d'abord, la manière stricte avec laquelle Socrate réalise la démonstration de la contradiction interne de la proposition examinée. Ce qui est important n'est pas qu'il paraisse obtenir d'Euthyphron la réponse qui lui conviendrait, mais c'est la précision insistante et appuyée qu'il prend soin de donner à la formulation de 10d4-8 : « précisément pour cette raison », « et pas pour une autre raison ». Or la formule employée ici pour interroger sur le pieux (*è di' allo ti*; *ouk alla dia touto*, « ...ou bien pour une autre raison ? Non, mais pour celle-là »), est strictement la même que celle qui avait déjà été employée en 10b1 pour interroger, de manière générique, sur la cause de ce qui est représenté par un participe présent passif comme *pheromenon* (porté), et par suite comme *philoumenon* (aimé)[2]. Le lecteur tant soit peu attentif voit que le *pieux* vient d'être caractérisé des mêmes points de vue et sous les mêmes rapports que l'*aimé*, et que, envisagés strictement et exclusivement ainsi, comme va le dire Socrate, ils se comportent de façon opposée et antagoniste (*enantiôs echeton*, 11a3), ils sont différents l'un de l'autre (*heteron touto toutou*, 10d13-14) et, plus précisément différents du tout au tout (*pantapasin heterô onte allèlôn*, 11a4)[3] ; ce qui est affirmé de l'un est nié de l'autre, aussi bien du point de vue de ce qui fait qu'ils sont (ou peuvent être) aimés que de celui de ce qu'ils sont. Or Socrate a pris la précaution[4] en 10d1 de préciser qu'il est entendu que la proposition

1. Qui n'est pas présentée comme une déduction mais comme une observation qui a été faite (« tu vois maintenant... »). À mes yeux ce n'est pas ici que s'effectue la démonstration ; elle est supposée déjà réalisée et elle est analysée conceptuellement : Socrate fait observer qu'il a fait apparaître la contradiction interne de la proposition qui identifie strictement *hosion* et *theophiles*. L'emploi du duel souligne qu'il n'y a pas une simple différence entre eux mais une opposition sans alternative.

2. C'est cette précision que Socrate, pour ceux qui n'auraient pas suivi, rappelle encore une fois de façon elliptique dans la phrase suivante (10d9-10), juste avant la conclusion, au moyen du « *ge* » : « Mais maintenant, d'un autre côté, *précisément* (*ge*) parce qu'il est aimé par des dieux, il est *aimé* et *aimé-des-dieux*. »

3. On notera que cette phrase est significativement rédigée non pas au pluriel mais au moyen de cette sorte de nombre particulier au grec et d'emploi assez rare même dans cette langue, que l'on nomme le « duel ».

4. Si on nous accorde d'entendre littéralement la formule interrogative « *allo ti*; », et même si c'est, donc, étant donné son caractère idiomatique et un peu figé, avec une certaine

qu'on examine identifie, assimile strictement, ramène *sans reste* le pieux au fait d'être aimé par tous les dieux : « ce n'est rien d'autre, n'est-ce pas ? ». La proposition examinée affirme donc l'identité stricte de deux termes qui s'opposent strictement du même point de vue : elle est contradictoire. On ne peut pas dire que le pieux n'est *rien d'autre* que l'aimé-des-dieux, si ce qui est aimé-des-dieux est tel parce qu'il est aimé par les dieux et *pas pour une autre raison*, tandis que, si le pieux est aimé-des-dieux, c'est parce qu'il est pieux, *et pas pour une autre raison*, et que ce n'est pas parce qu'il est aimé par les dieux qu'il est ce qu'il est. Socrate peut bien conclure alors : « Donc, ce qui est aimé-des-dieux n'est pas pieux et le pieux n'est pas aimé-des-dieux, selon ton affirmation à toi, mais ils sont différents l'un de l'autre » (10d12-14).

La rigueur formelle et substantielle du raisonnement repose ainsi de façon décisive sur cette précaution prise trois fois de préciser que ce que l'on dit doit s'entendre de façon stricte et exclusive : pour chacun des deux termes comparés et, ce qui est peut-être moins remarqué, pour le sens de la copule (est)[1], toute autre possibilité est exclue. L'utilité de l'analyse de 10a5-10c12 apparaît ainsi entièrement, si l'on a été sensible à sa minutieuse et subtile précision : c'est en ne faisant pas de l'action de l'agent (cependant nécessaire dès qu'il y a passivité) la cause ultime et suffisante du fait d'être *aimé*, mais de la passivité de l'*aimé*, de son pâtir lui-même (ce que le passif rend donc avec le plus de précision), que Socrate a pu montrer que ce qui est *aimé* n'a *pas d'autre cause* que le fait d'être aimé par ceux par qui il est aimé. Cette analyse, du même geste, rapporte l'*aimé* à une cause extérieure et étrangère à lui (qui le met en situation de facticité, de passivité, de contingence), et, en relativisant cette cause à la seule qui soit véritablement exclusive, ultime et radicale, à savoir sa puissance de pâtir, exclut qu'il puisse y en avoir une autre que le fait de sa passivité. Le fait qu'être *aimé* nécessite l'événement d'un agent (quel qu'il soit, *hupo tou*) exclut que ce qui est *aimé* puisse, comme tel, être de même nature que ce qui est et subsiste par soi-même, par une nécessité propre et avec une consistance propre – ce que l'on nommera quelques lignes plus loin une « essence » (*ousia*). Si l'on comprend cela dans le texte de Platon, on suit l'idée vers laquelle il conduit à la fin de notre passage (c'est ce qui fait que même les commentateurs qui contestent la validité du raisonnement semblent tout de même d'accord en gros sur le sens général du texte). Mais la rigueur formelle du raisonnement

discrétion (qui est tout à fait compréhensible, au demeurant, dans la situation rhétorique et dialectique où il se trouve).

1. « Est » signifie ici, en vertu des clauses du raisonnement, « est strictement et n'est rien d'autre », « est essentiellement », « a la même définition que », et non pas, par exemple, « est en train de », ou « est dans certains cas ».

n'est manifeste que si l'on note que la nécessité d'un agent, pour qu'il soit possible d'en être aimé, est dépendante elle-même du *fait* que l'on puisse être aimé par cet agent, c'est-à-dire, d'abord, du fait qu'on soit là, en train d'être aimé et susceptible de l'être par lui (*gignomenon* et *paskhon*) ; or cette condition, dont dépend la précédente, est ce qui assure, par sa radicalité qu'il ne peut y en avoir d'autre ; c'est elle qui assure que la cause de ce qui est *aimé*, comme tel, étant d'être aimé, exclut la possibilité de toute autre.

Telle est la rigueur très méthodiquement élaborée du raisonnement de Socrate. Mais cette rigueur formelle ne doit pas nous faire oublier cependant qu'il repose sur deux prémisses, l'une concernant la nature de ce qui est aimé par les dieux, qui est établie au cours d'une analyse serrée et démonstrative, l'autre concernant celle du pieux, qui est, en revanche, accordée par Euthyphron sans démonstration, sans discussion, sans demande d'explication, sans même, peut-on penser, qu'il ne se rende bien compte de ce que cela veut dire au juste (pas davantage, sans doute, que les lecteurs à première lecture). Ainsi le raisonnement repose sur deux propositions, dont l'une a été démontée par l'analyse dans les lignes précédentes (il est regretteable de le méconnaître quand on prétend juger de la validité de notre passage), mais dont l'autre n'est pas elle-même démontrée (il serait regrettable de ne pas chercher le sens de cette absence avant de supposer qu'elle aurait échappé à son auteur). Certains commentateurs pensent même qu'Euthyphron aurait pu et dû soutenir le contraire. Deux questions se posent alors :

1) Pourquoi Euthyphron admet-il cela ? N'aurait-il pas dû soutenir le contraire, selon le souhait de certains ?

2) Même si la validité formelle de la démonstration, telle que nous l'avons comprise, n'est pas remise en question, ne doit-on pas craindre que la conclusion ne soit pas démontrée réellement et suffisamment, qu'elle demeure hypothétique, relative à cette affirmation accordée et non établie, et que la solidité de toute la suite du Dialogue ne soit compromise du fait de ce passage en force ou par ruse ? Ne fallait-il pas que cette proposition soit démontrée, selon le souhait de certains commentateurs ? La vraie question qui se pose alors n'est pas de savoir si le raisonnement de Socrate ne serait pas invalide formellement, mais si le résultat auquel il conduit est réellement démontré.

L'attitude d'Euthyphron en 10d4-8

Il n'est pas impossible de penser, comme Paxson (1972, p. 179), que l'analyse de ce qui est *aimé* ait pu favoriser la réponse d'Euthyphron, bien qu'elle ne puisse s'en déduire logiquement. Ce serait par « intuition » que le devin tomberait juste. Ce qui peut embarrasser, c'est le sentiment que l'on se contenterait alors de donner un nom à la rupture logique dans la suite des idées. Il peut paraître étrange que le choix d'Euthyphron, même s'il repose sur une intuition, puisse venir des analyses précédentes, dans la mesure où la suite montre qu'il n'a pas compris ce que ces analyses ont fait apparaître. Si bien que c'est peut-être indépendamment de ces analyses qu'Euthyphron accorde quelque chose dont il ne voit ni ne suppose clairement les conséquences (c'est la raison pour laquelle le Dialogue ne se termine pas là) ; cela ne serait pas en désaccord avec la psychologie du personnage. Il nous semble que la fiction qu'a écrite Platon laisse effectivement une part d'incertitude sur ce qui pousse Euthyphron à admettre la suggestion de Socrate sans discussion ni démonstration, et que cela constitue l'indication la plus intéressante pour l'interprétation du texte tant d'un point de vue philosophique que logique (si certains pensent devoir les séparer) : il faut pouvoir en rendre compte. Nous sommes ainsi conduits, par méthode autant que par penchant, à repousser, si ce n'est comme ultime recours, l'hypothèse que Platon comprendrait moins clairement que nous ce qu'il écrit, et à penser que ce qu'il cherche à nous faire apercevoir est quelque chose dont la justification véritable ne repose précisément pas sur cet accord d'Euthyphron, même s'il est légitime de commencer par se demander ce que signifie qu'en ce passage du Dialogue ce soit ce choix que l'auteur fasse opérer à son personnage.

C'est dans cette perspective que j'ai essayé, dans mon commentaire de 1979, de comprendre le fait que Platon fasse admettre à Euthyphron sans discussion cette suggestion de Socrate, comme une manifestation de « prescience obscure », en suivant Goldschmidt[1]. Ce dernier a caractérisé par cette expression un moment structurel, que l'on peut identifier dans plusieurs Dialogues (comme *Hippias*, *Lachès*, *Ménon*), où l'interlocuteur de Socrate, sans posséder de science de l'essence et ne sachant pas définir la notion en question, se montre cependant capable de traiter comme une Valeur ce que l'on cherche à définir. Faut-il rappeler, pour ceux qui trouvent que cette compréhension du texte manque de nécessité et même de vraisemblance, que cette « prescience obscure » ne correspond pas seulement à un moment dramaturgique relevant de la composition littéraire, ni à un trait psychologique particulier d'un personnage, mais bien à une nécessité essentielle de la pensée, dont la reconnaissance est fondamentale dans le platonisme et qui s'exprime dans la théorie de la réminiscence et de l'opinion vraie (dans le *Ménon*, le *Phédon*, le *Phèdre*, etc.) : ce dont on a pas d'une certaine manière déjà l'idée, on ne risque pas non plus d'en rechercher l'Idée. Ce dont on n'est pas susceptible d'abord de se « ressouvenir » obscurément comme d'une chose oubliée et vue « comme en rêve », on ne

1. Goldschmidt, 1947, p. 47-49.

peut le penser et le connaître. On ne peut « apprendre » que ce que l'on a déjà connu et oublié. En tout cas, pour ainsi dire, « tout se passe comme si »[1], tant est mystérieuse la manière dont advient le savoir, et même dont survient la moindre opinion. Le premier moment même de ce qui pourra devenir le cas échéant le savoir le plus haut ne peut pas être autre chose qu'une opinion, au sens où l'opinion n'est pas savoir, même si c'est une opinion vraie. Il n'y a pas de savoir véritable qui ne se précède par une « prescience obscure », pas d'accès à l'Idée, à l'essence, qui ne nécessite de passer par un tel état de « pré-science » ou de « pré-savoir », de « précompréhension »[2]. Telle est l'opinion vraie, opinion de celui qui dit vrai sans avoir la science, comme font les politiques (quand ils sont bons) et, précisément, les prophètes et les devins : « car ceux-ci disent souvent la vérité, mais sans rien connaître aux choses dont ils parlent » (*Ménon*, 99c1-4). Euthyphron est donc ici dans une situation qui ne devrait pas paraître aussi étonnante que cela pour les lecteurs de Platon : il ne sait pas, sinon le Dialogue serait terminé; mais en même temps, il n'est pas sans savoir, sinon le dialogue n'aurait pas pu commencer, on ne saurait où aller (c'est pourquoi ce sont ceux qui devraient savoir, les hommes de l'art, que Socrate cherche à interroger habituellement). Pour parler comme dans le *Ménon*, Euthyphron a une « opinion » (il est vrai qu'appeler cela une « intuition »

1. Cf. *Ménon*, 86b7-c3 : ce n'est sans doute qu'une manière de parler, qui n'est pas exacte en tous points, mais il faut faire comme si elle était vraie, en parole et en acte, quand il s'agit de chercher ce que nous ne savons pas encore (on peut dire que c'est précisément l'exemple d'une *opinion droite*, dans la mesure où elle est au moins vraie pour l'action). Quand l'opinion (*doxa*) se trouve conforme à la science, on peut la nommer « vraie » (*alèthès doxa*, 85c6-7); quand cette vérité est celle qu'exige l'action, on l'appelera « droite » (*orthès doxa*, 97b5); elle est encore dite « bonne » (*eudoxia*, 99b11), pour signifier sa qualité en général. Même vraie, l'opinion n'est pas la science, elle ne vaut pas grand chose, elle n'est même pas vraiment pensée si ce n'est de façon fugitive, tant qu'elle n'est liée au reste de ce que nous pensons par un raisonnement causal (*Ménon*, 98a). C'est qu'on peut, même sur des choses qu'on ignore en un sens, avoir en soi des opinions vraies (85c6-7), qui se présentent d'abord comme dans un songe, grâce à de simples questions bien posées, et peuvent devenir un vrai savoir si l'interrogation sait multiplier les approches du même objet (85c9-12) et favoriser la découverte des liaisons causales. Si par *savoir*, on entend non pas l'enseignement reçu passivement des opinions d'un autre (*didaxis*), mais le vrai savoir en tant qu'il se forme et s'assure lui-même rationnellement (*mathèsis*), il faut bien supposer un intermédiaire entre l'ignorance et le savoir, si l'on veut penser la possibilité du passage de l'un à l'autre. Telle est l'opinion vraie, opinion de celui qui dit vrai sans avoir la science, comme font les politiques, les prophètes et les devins. Mais il ne suffit pas d'avoir une opinion vraie pour « posséder » la vérité, ni même « savoir » qu'elle est vraie : on ne le sait pas tant qu'on ne l'a pas reliée par de multiples liaison causales et homogénéisée au reste de notre savoir. Et tant que ce travail dialectique n'est pas réussi, la présence en nous de cette opinion vraie n'est que passagère, peut tourner court et être perdue.

2. Ricœur, 1953, p. 14 ; Dixsaut, 2000, p. 68.

risque au moins d'amener des confusions), et une opinion qui semble être conforme à ce qu'il faut dire : c'est une opinion vraie, droite, bonne.

Comment comprendre, du point de vue de la vraisemblance du personnage, qu'Euthyphron reconnaisse que le pieux est aimé pour ce qu'il est lui-même et non simplement parce qu'il se trouve qu'il est aimé des dieux, lors même qu'il semble être toujours porté à dire que le pieux est ce qui est aimé par les dieux ? Comment comprendre qu'il y ait ce début de « souvenir » de ce que c'est que l'*hosion*, alors que visiblement il l'a oublié et que ce qu'il croit savoir (la nature du *theophiles*) le voile ? Puisque l'opinion vraie, en tant que telle, n'est par principe pas (encore) pensée rationnellement selon ses liens avec d'autres contenus de pensée, ce n'est pas par l'effet d'un raisonnement qu'il y a à en attendre la venue (c'est comme en songe qu'elle se lève en nous). Mais ne peut-on supposer que son état religieux de prêtre et de devin porte Euthyphron à considérer que le pieux a de la valeur ? Or, ce qui vaut par soi vaut sans doute plus que ce qui ne vaut qu'en vertu de l'élection par d'autres[1]. Si donc Socrate a pu favoriser cette réponse d'Euthyphron (qui n'hésite pas à dire son désaccord dans d'autres cas), c'est en demandant de façon insistante si le pieux est aimé pour soi ou pour une autre raison. On peut ainsi soutenir à la fois que la manière d'interroger de Socrate (et peut-être bien depuis le début de l'analyse de la distinction entre actif et passif et de ce que c'est qu'être *aimé*) a favorisé la réponse d'Euthyphron, sans qu'elle en constitue une démonstration. Euthyphron, en un sens, ne comprend pas ce qu'il accorde, il n'en voit ni la signification, ni la portée, ni les conséquences, telles que Socrate les fera apparaître par la suite (et il demeurera même dans cette cécité jusqu'au bout). Et pourtant, Socrate, en lui parlant son langage à lui, populaire et imagé, de la piété dévote (*eusebeia*) et de l'amour des dieux, a su lui faire dire quelque chose qu'il n'est pas sans savoir, qu'il n'est pas sans pouvoir penser. Mais ce qu'il lui fait accepter, en parlant le langage de l'amour des dieux, n'est qu'une formulation approximative, qui se révèle contradictoire dès qu'on la prend en toute rigueur, car le pieux est quelque chose qui résiste à être dit dans le langage de l'amour[2]. Bien interrogé par

1. L'embarras d'Euthyphron, qui le conduit à la contradiction, ne se manifestera à nouveau par la suite que dans la mesure où il songe que ces « autres » en question seraient les dieux. Il est à noter que Socrate, en 10d4-8, au moment où il obtient l'approbation d'Euthyphron, demande si le pieux est aimé parce qu'il est pieux, ou pour une autre raison, sans mentionner explicitement les dieux.

2. C'est pourquoi Socrate ne pourra pas abandonner tout ce développement sans tenter de rendre compte de façon conclusive, en parlant encore du point de vue de l'amour dans une ultime phrase (11a4-6), de la différence entre le *fait* d'être aimé et la *Valeur* qui fait qu'on peut l'être : si l'on veut parler de l'*hosion* du point de vue de l'amour des dieux, il ne faut pas dire

un Socrate qui a su multiplier les questions et faire varier leur expression et leur perspective (au point de dérouter même quelques commentateurs), Euthyphron accorde de façon au moins fugitive une opinion droite, dont on peut penser qu'il comprend le sens mais comme dans un rêve, sans pouvoir la relier aux autres opinions qu'il a, sans apercevoir même la contradiction qu'elles forment si on les réunit en un tout; et il coupera court à l'entretien, à la fin du Dialogue, avant que tout se soit mis en ordre. Socrate a su faire qu'Euthyphron, en lui répondant, a répondu « à l'appel que nous adresse l'Essence »[1] et a pu s'entendre dire lui-même, fût-ce passagèrement, ce que le *logos* veut qu'il soit dit. On voit en quoi a consisté l'habileté de Socrate : en interrogeant sur l'amour, faire parler de façon discrète et à demi voilée de la Valeur (ce qui vaut par soi), mettre en secret sur le chemin de l'Essence (ce qui est par soi).

Dans ces conditions, reprocher à l'ensemble de ce passage ne pas constituer une démonstration valide semble l'expression d'une critique qui méconnaît sa signification et sa situation dans le Dialogue. Le raisonnement d'ensemble repose sur deux prémisses, l'une concernant ce qui est aimé-des-dieux, l'autre le pieux. Ce qui est démontré, à nos yeux, c'est que l'*aimé*, et cela vaut donc aussi pour l'aimé-des-dieux, est nécessairement *pathos* et pas *ousia* (il n'a pas de consistance et de subsistance par soi-même). En revanche, que le pieux soit aimé pour lui-même, pour ainsi dire, est une proposition décisive que Platon fait accorder à Euthyphron sans qu'elle soit démontrée. Ce à quoi conduit, dans ces conditions, le raisonnement qui prend appui sur cette proposition, c'est-à-dire la différence de nature entre le pieux et l'aimé-des-dieux et l'idée que, l'aimé-des-dieux étant un *pathos*, le pieux soit une essence, cela est démontré formellement, hypothétiquement, mais pas réellement (*ontôs*) ou suffisamment (*hikanôs*) : on peut et on doit continuer à s'interroger sur un tel résultat (c'est ce qui justifie la poursuite du Dialogue). Cette démonstration n'est cependant pas inutile : en reliant de façon aussi rigoureuse, fût-ce conditionnellement, le pieux et l'aimé-des-dieux, tels qu'ils ont été définis, elle constitue une analyse, une explicitation, un éclaircissement de ces notions et de celles de *pathos* et d'*ousia*, dont la valeur ne dépend pas du fait que ce qui concerne le pieux soit ou non démontré. En somme, la nature de l'un des deux termes (l'*aimé*) est fermement établie; la relation qui l'unit à l'autre terme est déterminée au moyen de la distinction notamment entre *pathos* et *ousia*; il reste à s'efforcer de penser le pieux en lui-même, et c'est ce que se propose

qu'il est aimé par les dieux, mais qu'il est tel qu'il serait digne (*hoion*) d'être aimé (notons qu'ici encore Platon ne précise pas « par les dieux »).

1. Voir Goldschmidt, 1947, p. 49. *Cf.* aussi, *Premier Alcibiade* 114e : « réponds, et si tu ne t'entends pas dire toi-même que le juste est utile, ne crois pas ce qu'un autre peut en dire. »

la fin du Dialogue à la demande de Socrate. Attendre une démonstration ici concernant l'essence du pieux, c'est manifester une singulière impatience : c'est méconnaître le moment du Dialogue où se situe ce passage; c'est refuser par principe à Platon le droit de faire apparaître dans ce texte les pensées comme toute son œuvre cherche à montrer qu'elles adviennent, qu'elles peuvent advenir, qu'elles doivent advenir; c'est attendre de lui qu'il écrive un Dialogue comme un traité, ou comme si les Idées n'étaient que des propositions qui peuvent être démontrées sans avoir à être pensées, c'est-à-dire d'abord à advenir et à faire l'objet de ces rassemblements et de ces divisions qui sont caractéristiques de la dialectique.

Le sens des efforts de Socrate n'est pas, ne peut pas être de *démontrer* que le pieux est ceci ou cela (tel ou tel *pathos*) tant qu'on ne sait pas ce qu'il est au juste (c'est une question de méthode sur laquelle reviendra le *Ménon*), ni de démontrer qu'il est une essence; mais de pousser Euthyphron à traiter le pieux comme une essence et à en chercher l'*idea* et l'*eidos*. On ne démontre pas l'existence d'une essence; on peut, en revanche, traiter une notion comme correspondant à une essence. Mais ce qu'on peut montrer est qu'il y a certaines manières de parler d'une notion qui, de fait, ne la considèrent pas comme une essence alors qu'elle mérite d'être traitée comme telle[1]. Une essence, pourrait-on dire, ne se démontre pas, au mieux on peut espérer qu'elle se montre, précisément dans l'effort pour la penser, dans l'effort dialectique de rassemblement et de division, à quoi Socrate invite ici Euthyphron et dans lequel il va essayer de l'entraîner par l'examen des relations du pieux et du juste.

On voit dans quelle mesure, si mon interprétation est correcte, on peut dire que ce que cherche vraiment à montrer Socrate ne dépend pas, pour ce qui est de sa validité formelle ni réelle, de l'approbation d'Euthyphron en 10d4-5 : cette approbation détermine la forme et la tournure des échanges langagiers entre eux dans leur détail immédiat; mais si Euthyphron, conformément au souhait de certains, avait refusé ce qu'on peut considérer comme une suggestion de Socrate et avait affirmé que le pieux n'est pas aimé seulement parce qu'il est pieux mais qu'il est indiscernablement ce qui est aimé-des-dieux, le propos de Socrate aurait pu demeurer quasiment

1. Dire que le pieux est aimé, c'est en faire un *gignomenon* et un *paskhon* : montrer cela, c'est montrer qu'on le traite comme un *pathos* et non pas une *ousia* (ce dont on cherche l'*idea* et l'*eidos*). Voilà pour le *fait*. Or c'est insuffisant, parce que cela ne donne aucune consistance et constance à ce qu'est au juste le pieux, ce qui est l'objet même de notre recherche; d'autre part, quand on dit que le pieux est aimé des dieux, on pense que c'est parce que c'est pieux qu'ils ne peuvent pas ne pas l'aimer, et on voit bien qu'on n'a au moins pas tout dit du pieux en le définissant par l'amour des dieux, ou qu'on se contredit, ou que « le discours ne tient pas en place », autre forme d'insuffisance. Cela vaut donc la peine de chercher ce que peut être le pieux si on le traite comme une essence.

le même sur l'essentiel, c'est-à-dire sur ce qui est effectivement démontré : l'analyse de ce que c'est qu'être aimé, et la distinction entre la notion de *pathos*, qui en est tirée, et celle d'*ousia*, pensée comme ce qui correspond à celle d'*idea* et d'*eidos*, du point de vue, maintenant, de son opposition à celle de *pathos*.

Si tu dis, aurait pu, en effet, lui répondre Socrate dans une telle hypothèse, que le pieux n'est rien d'autre que ce qui est aimé-des-dieux et qu'il est pieux seulement parce qu'il est aimé-des-dieux, tu en fais quelque chose qui, comme tout ce qui est *aimé*, comme tel (*philoumenon*), est *gignomenon* et *paskhon*, c'est-à-dire quelque chose dont le mode d'existence est d'être sans cesse en train d'advenir et de passer, du seul fait qu'il est passible de l'action ou simplement de l'intention d'un agent étranger voire inconnu, quelque chose qui n'a pas de consistance ni de constance par soi-même, quelque chose, en somme, qui tourne le dos aux exigences de l'*idea* et de l'*eidos*, par lesquelles nous avons caractérisé déjà deux fois l'objet de notre recherche : ce qu'il en est au juste du pieux. Si bien que, pourrait enchaîner Socrate, « j'ai bien peur, Euthyphron, alors que je t'avais demandé, au sujet du pieux, ce qu'il est au juste, que ce ne soit pas son essence (*ousia*) que tu acceptes de me révéler, mais que tu indiques quelque chose qui peut lui arriver (*pathos de ti peri autou*), quelque chose dont il arrive que soit *affecté* (*ho ti peponthe*) ce qui est pieux : être aimé de tous les dieux. En revanche, de son être même, tu n'as pas encore parlé. S'il te plaît, donc, ne me le cache pas; mais reprends les choses depuis l'origine et dis-moi ce que peut bien être le pieux – peu importe qu'il soit aimé des dieux ou qu'il lui arrive quoi que ce soit : ce n'est pas de cela qu'il faut discuter; mais le pieux et l'impie, qu'est-ce que c'est? Allez, dis-le ! » (11a6-b5).

Ce que cherche fondamentalement à établir le Dialogue, tout particulièrement dans la partie que nous étudions, on le voit, ne repose pas sur la réponse affirmative d'Euthyphron à une question dont on ne peut savoir avec certitude quel sens précis il lui donne, puisque, même s'il avait soutenu le contraire, rien d'important n'en eût été changé. On comprend, dans ces conditions, que Socrate ne cherche pas à démontrer la proposition approuvée par Euthyphron. Il ne fait de cette approbation rien d'autre qu'un point de départ pour le réfuter (*elenchos*) et il n'en tire qu'un encouragement à reprendre la recherche à nouveaux frais et de façon radicale (*ex archès*). Si Euthyphron avait soutenu une opinion contraire, ce qui aurait été (légèrement) modifié dans le texte aurait concerné d'abord la dramaturgie du Dialogue et la personnalité d'Euthyphron (la vraisemblance et la profondeur du personnage, réelle malgré son caractère comique[1]). Ce

1. L'approbation d'Euthyphron, qui semble tout à fait compréhensible, si l'on suit notre hypothèse, ne signifie pas que Platon compte sur l'accord d'un religieux (et quel religieux !)

qu'aurait perdu Socrate sur le fond, c'est un moyen rapide et élégant de faire voir que la manière de parler d'Euthyphron est contradictoire et insuffisante : ce que Socrate gagne à son approbation, c'est la possibilité de faire apparaître, à l'intérieur même de la définition du pieux en termes d'amour, que le pieux est bien davantage et autre chose que cela : quelque chose qui est « digne d'être aimé » (*hoion phileisthai*, 11a4-6), qui semble avoir une valeur par soi-même. L'avantage principal du parti auquel Platon fait se ranger Euthyphron est qu'il conduit Socrate à la précision exprimée dans cette petite phrase, qui est la dernière qu'il prononce sur le pieux du point de vue de l'amour divin, et qui permet de déterminer exactement ce qu'il pense et ce qu'il cherche à démontrer de ce point de vue.

La vraie pensée de Socrate sur l'amour des dieux et le pieux (11a4-6)

Or une telle précision est loin d'être inutile, semble-t-il, dans la mesure où l'on peut observer un certain flottement, pour ne pas dire plus, dans l'interprétation de ce qui constitue pourtant la leçon la plus fondamentale du Dialogue. Un certain nombre de commentateurs, en effet, semblent faire comme si la proposition approuvée par Euthyphron correspondait strictement à l'opinion de Socrate ou de Platon – d'où les reproches de ne l'avoir pas ou pas suffisamment démontrée. La raison en est vraisemblablement double : d'une part, certains semblent ne pas pouvoir croire que Platon prenne entièrement au sérieux ce qu'il dit dans l'*Euthyphron*, lors même qu'il y a pourtant un large accord sur sa signification d'ensemble comme effort pour penser une piété sans les dieux [1] et indépendamment de la référence à un supposé et inconnaissable amour des dieux. Mais dans le reste de son œuvre et dans la tradition de sa réception, Platon leur semble trop religieux (et Socrate avec lui), et selon une conception trop conventionnelle de la religion, pour qu'on puisse penser qu'il s'agisse ici d'autre chose que de propos de jeunesse, peut-être excédant sa pensée, en tout cas excessifs. L'autre raison, en un sens opposée pour ce qui est du rapport à la lettre du texte, est que l'on accorde une égale valeur et un semblable statut à tout ce que comprend le texte sans tenir compte de l'ordre et de la hiérarchie des

pour justifier une thèse sur la piété; mais sa mise en scène de l'homme de la religion, qui, d'une part, devrait savoir mieux que les autres ce que c'est que le pieux et le revendique souvent (4e8-5a2), et, d'autre part, est porté par état à définir pieusement (dévotement) la piété par l'amour des dieux, fait apparaître qu'il devrait être également le premier à reconnaître dans cette tendance une contradiction susceptible de lui donner du désir et de l'élan pour aller plus loin dans la piété et dans la pensée de la piété. On pourrait parler ici d'une vérité phénoménologique de cette mise en scène de l'homme religieux.

1. Voir Dorion, par exemple, 1997, p. 217 : « … la complète autonomie du pieux par rapport aux dieux. La piété existe en elle-même, par elle-même, et son contenu n'est pas déterminé par la volonte des dieux. »

questions et des réponses. Or, comme nous avons tâché de le montrer, la question de savoir si le pieux est ce qui est aimé de tous les dieux est destinée non pas à établir des résultats positifs et décisifs à l'égard de la piété en ces termes, mais avant tout à mettre dans l'embarras Euthyphron et à montrer dans quelles difficultés on s'engage si on pose ainsi le problème, c'est-à-dire si l'on cherche à penser l'*hosion* par rapport au *theophiles*. Dire que Socrate cherche vraiment à établir que le pieux est aimé des dieux parce qu'il est pieux et qu'il « parvient à le faire admettre à Euthyphron au terme d'une argumentation passablement tortueuse » (Dorion, 1977, p. 217), nous paraît donner à ce propos une importance et une valeur doctrinales injustifiées et ne pas reconnaître le véritable statut qui est le sien dans le Dialogue. Non seulement cette proposition, bien qu'elle ait été suggérée par Socrate, nous avons vu pourquoi, n'est pas démontrée par lui et sa démonstration n'aurait été d'aucune utilité pour ce à quoi veut conduire le Dialogue, mais elle ne correspond pas, si ce n'est approximativement, à ce que Socrate pense et cherche à montrer explicitement. Elle n'est à aucun moment reprise par Socrate, qui, en revanche, prend soin deux fois de la rapporter au discours du prêtre (*ôs ho sos logos*, 10d2, *ôs su legeis*, 10d13), et ne s'en sert que dans sa perspective de réfutation de ce qu'Euthyphron prétend approuver. Cette proposition, au demeurant, ne paraît pas démontrable ni vraiment pensable rationnellement. Sans doute est-elle acceptable comme une approximation, si, pour quelque raison que ce soit, l'on tient à parler de la piété du point de vue de « l'amour des dieux » (elle vaut mieux en tout cas que l'affirmation que le pieux n'est rien d'autre que l'aimé-des-dieux et qu'il n'est pieux que pour cela) ; mais, comme Socrate le rappelle à la fin du développement conclusif pour inciter à prendre la bonne voie, « ce n'est pas cela l'objet de la discussion » (11b3). Cette manière de parler est source de confusions et de contradictions. Socrate a montré que ce qui rendait incertain ce point de vue de l'amour des dieux, ce n'était pas seulement la référence aux dieux (lointains et mal connus), mais l'idée même d'amour, si l'on considère ce que c'est au juste qu'être *aimé*. Mais, même dans le langage de l'amour des dieux, qui est le *logos* d'Euthyphron, cette formulation est approximative, et tout ce que l'on peut dire de ce point de vue n'est pas que le pieux est aimé par les dieux, mais qu'il est susceptible d'être aimé, capable de l'être, peut-être digne de l'être. Voilà quelle est l'opinion de Socrate, ce qu'il prend soin de préciser, ce qu'il a donc cherché à démontrer. La phrase dans laquelle cela est dit (11a4-6), est décisive pour assurer le passage de l'analyse de ce que c'est qu'être *aimé* à la distinction entre *ousia* et *pathos*. Elle constitue en tout cas le dernier mot du Dialogue sur le sujet.

Parler de « l'amour des dieux » ne serait donc qu'une manière de parler, qui peut avoir ses mérites d'un point de vue social et politique, mais dont l'*Euthyphron* montre depuis 6a6 l'incertitude, les contradictions et les dangers pour la piété elle-même. Après avoir procédé à la critique de l'idée d'amour des dieux (7a-8e9) dans les termes d'Euthyphron (un polythéisme théomachique, qui met en scène l'absence de toute universalité dans la divinité), Socrate choisit (à partir de 9c) de parler ce langage populaire et métaphorique de l'amour des dieux pour faire apparaître que, même si l'on corrige la formulation (9d1-2) en sorte de satisfaire apparemment à l'exigence d'universalité dans la définition (en les supposant tous d'accord, ce qui revient à supprimer la multiplicité des dieux, source de leurs conflits, à introduire l'unité dans la divinité du point de vue de ce qu'ils aiment), on ne peut toujours pas en faire un fondement eidétique pour la piété : ce n'est pas la diversité des dieux qui est à la cause radicale de l'impossibilité de penser essentiellement ce qui est pieux comme ce qui est aimé de la divinité; c'est l'idée même d'amour qui ne convient pas; n'est-ce pas elle qui contient en puissance l'idée même de polythéisme et donc de conflit toujours possible de la divinité avec elle-même? Se rapporter à la divinité comme susceptible d'aimer (ceci ou cela, ceci plutôt que cela, aimer et donc ne pas aimer, voire haïr), n'est-ce pas suffisant pour la pluraliser, secrètement peut-être mais réellement? Il y a quelque chose dans l'idée d'amour qui répugne à l'universel, au nécessaire, au constant; il faudra une autre réflexion que celle de l'*Euthyphron* pour que l'on comprenne en quel sens et dans quelles circonstances elle peut ouvrir cependant le chemin de l'Idée, comme on le voit notamment dans le *Banquet* ou le *Phèdre*.

Cependant, même en se fondant sur ces Dialogues, on ne peut précisément pas penser que « l'amour des dieux » soit autre chose qu'une expression approximative et imagée, même si elle peut avoir son utilité dans certaines circonstances. Et, d'abord, parce que nous ne savons pas bien ce que peut être un dieu, si on prend cette idée au sérieux, ce qui est la moindre des choses, car sinon c'est commencer par s'exposer à l'impiété, quel que soit le sens qu'il faille donner à ce terme. Il vaudrait mieux avouer que nous ne savons rien de ce qui peut concerner des dieux, ni ce qu'ils sont eux-mêmes, ni comment il faut les nommer[1]. « La dénomination d'*immortel* (à la différence de celle de *mortel*) n'est pas fondée sur le moindre discours rationnellement argumenté (*oud'ex henos logou lelogismenou*); mais nous forgeons la notion de dieu comme celle d'un vivant immortel, qui a une âme et un corps naturellement unis pour toujours, indépendamment de toute

1. « Pour nous autres, si nous gardions notre bon sens, la seule manière de faire vraiment bonne, serait de dire que nous ne savons rien sur les dieux, ni sur eux-mêmes ni sur la façon dont ils peuvent bien se nommer eux-mêmes » (*Cratyle*, 400d).

experience visuelle et de toute conception suffisante » (*Phèdre*, 246c6-d3). Cependant, si l'on est conduit à parler du dieu, le plus sage est de le faire d'une manière qui cherche à être pour lui « amie » (*tô theô philon*, mais sans que l'on sache s'il faut entendre qu'elle aime le dieu ou qu'elle aimée de lui, ou les deux), et dans cette mesure le langage de la *theophilia* ne pose pas de problème.

Mais ce ne peut être qu'une manière imagée et populaire de parler, parce qu'il n'est pas dit que, si l'on prend la Divinité au sérieux, si l'on essaie de penser vraiment (à) Dieu, on puisse dire qu'il *aime* réellement. Car l'objet véritable de l'amour est l'immortalité (*Banquet*, 207a-208e); aimer est ce par quoi le mortel s'efforce de participer à l'immortalité; aimer n'est pas fait pour ce qui immortel. Dieu est savoir (*Banquet*, 204a-b); il contemple sans cesse ce qui est réellement (l'Être, les Idées), c'est à cela même qu'un Dieu doit sa divinité (*Phèdre*, 249c 6-7); il ne peut donc désirer le savoir, il ne peut être philosophe, ce qui est réservé à ceux qui sont entre ignorance et savoir. Il est omniscient. C'est ce qui fait que le plus bel amour n'est pas dieu mais nécessairement (*anagkaion*) philosophe. L'amour donne des ailes à la pensée du philosophe et la conduit au ressouvenir de la vérité et de la Réalité : cette manière de penser l'amour ne peut pas être appliquée rigoureusement à la Divinité, dont la pensée se nourrit d'intellection et de savoir sans mélange (*Phèdre*, 247d1-2) : elle voit tout le Réel sans ce différé propre à l'amour, sans qu'il y ait de place pour l'amour. Elle *sait* et voit sans voile ce qui bon et juste (si l'on ne parle pas de ces dieux multiples, rivaux et querelleurs de la mythologie, qui se disputent sur ce qui est juste et aiment leurs élus), elle n'a pas, en toute rigueur, à l'aimer. Si l'on veut cependant parler des dieux (et pourquoi pas? quelquefois ils peuvent sembler le désirer) et de leur amour, il faut se représenter les choses ainsi : « ce qu'ils pensent être bon et juste, c'est cela même qu'ils aiment aussi » (*Euthyphron*, 7e6-7); « aimer » n'ajoute rien ici à « penser et juger bon ». Dans ces conditions, si l'on adopte cette manière anthropomorphique de parler, qui est aussi celle de l'homme soucieux précisément de ce qui, à l'égard de la divinité, est *philon* (amical ou aimé), on pourra dire que Dieu connaissant le juste, l'aime nécessairement (il vaudrait mieux dire : de ce fait, par cela même, du même geste); et le pieux étant juste, peut bien se sentir (*pathos*) et se croire (*doxa*) aimé par Dieu. Mais ce n'est qu'une manière de parler, convenable et bien-pensante, qui n'a de sens que dans la mesure où l'on fait alors comme si l'experience ou le raisonnement étaient capables de nous faire savoir suffisamment et certainement que les dieux existent et, s'ils existent, qu'ils sont capables d'aimer, et, dans cette dernière hypothèse, comment leur action nous atteint. Et rien n'empêche, même si l'on est philosophe, quand on est en situation d'avoir à s'exprimer populairement, de parler de ce qui est « aimé-des-dieux », pourvu qu'on entende par là, à vrai dire, « ce qui devrait être aimé des dieux, ce qui est digne de l'être », si on se fait de leur divinité une idée suffisamment digne et cohérente (toute de bonté et de science). C'est ce que l'on trouve dans les très rares occurrences de tout le reste de son œuvre, où Platon utilise le terme de *theophilès*[1].

Socrate accepte de parler le langage de l'amour des dieux, qui est le *logos* propre d'Euthyphron, en sorte de lui montrer que, même à l'intérieur de ce mode d'expression, l'*hosion* se révèle comme inassimilable à un simple *pathos*, *gignomenon* et *paskhon*, un *fait* advenant par la causalité du devenir et du pâtir ; il veut lui montrer qu'il faut le traiter comme une Essence ; il lui fait voir qu'il en parle lui-même déjà, en le sachant et sans le savoir, comme d'une Valeur. *Le pieux n'est pas aimé des dieux, il est digne d'être aimé.*

Signification de l'ambiguïté apparente des propos de Socrate

Mais, pour certains commentateurs, la position exprimée par Socrate paraît incroyable ou mal formulée. Dorion (1997, p. 309) juge son propos « à première vue étonnant [...] si on le prend au pied de la lettre ». Burnet (1924, p. 129), trouve incompréhensible que Socrate dise que « l'aimé-des-dieux n'est pas pieux et le pieux n'est pas aimé-des-dieux » : selon lui, Platon aurait dû plutôt écrire que le pieux n'est pas *l'*aimé-des-dieux, n'est pas *ce qui* est aimé-des-dieux (*oude to hosion* to *theophiles*). Weiss (1986, p. 445), pour rendre compte de ce qui lui semble un paradoxe apparent, répond que le pieux est évidemment aimé par les dieux bien qu'il ne soit pas aimé-des-dieux, dans la mesure où l'exclusion réciproque formulée par Socrate n'a de sens que dans la mesure où l'aimé-des-dieux a été défini comme un *pathos*, et qu'il n'a, au même titre que tout ce qui est *aimé*, d'autre cause que le fait d'être en train d'être *aimé*, à la différence du pieux. Cette compréhension de l'affirmation de Socrate paraît plus rigoureuse, en un sens, mais elle semble trop formelle pour suffire à résoudre toute la difficulté, car ce dernier a explicitement réaffirmé en cours de démonstration (en 10d9-10) l'équivalence, pour ce qui nous préoccupe ici, entre « être aimé par les dieux », « être *aimé* », et « être aimé-par-les dieux » : pour faire apparaître que la proposition « le pieux est aimé parce qu'il est pieux » est contradictoire, il dit que « du simple fait (*dioti ge*) qu'il soit aimé par des dieux (*phileitai hupo theôn*), il est *aimé* (*philoumenon*) et aimé-des-dieux (*theophiles*) ». Il ne semble pas possible de faire une différence entre « être aimé par les dieux » et être « aimé-des-dieux », du point de vue du pieux : ce

1. Sur les principaux emplois de *theophilès*, dans les autres Dialogues que l'*Euthyphron*, voir l'annexe en fin de cet appendice.

dernier est « tout autre chose » que l'un ou l'autre, quelle que soit la formulation utilisée[1]. Il s'agit bien de réfuter, sans jouer sur les mots, que le pieux puisse être assimilé à ce qui est aimé par les dieux. Et dans les derniers mots de conclusion du passage, pour récuser toute référence à une propriété accidentelle, Socrate redit qu'il importe peu de savoir si le pieux est aimé par des dieux, ou n'importe quoi de semblable (11b2-3). C'est la notion d'amour qui est source de contradiction : être aimé (ou aimer) correspond certes à un jugement de valeur (7e6) ; que ce soit parce qu'il est pieux que le pieux est aimé, semble bien *vouloir* dire qu'il a une valeur par soi-même ; mais le fait d'être aimé, comme *fait*, ne peut pas être *valeur* ; c'est donc non pas d'être aimé, qui peut correspondre à une valeur, mais de *mériter* de l'être. Socrate fait fond sur une certaine ambiguïté et tension intérieure de l'amour, sentiment factuel et empirique mais qui semble en même temps témoigner d'autre chose : d'un côté, il emploie le langage de l'amour, auquel il n'a pas réussi à arracher Euthyphron, pour faire voir que l'amour fait signe vers la Valeur ; mais, d'un autre côté, il a montré que l'amour, comme tel, relève du *fait* et que son langage conduit à y ramener la Valeur entrevue seulement comme en dormant. Tel est bien le sens et le rôle de la dernière phrase qu'il prononce sur l'aimé-des-dieux et le pieux du point de vue de l'amour (11a4-6), introduisant une formulation qui permet de distinguer dans le langage de l'amour ce que c'est qu'être et ne pas être une Valeur : « le premier, c'est parce qu'il est aimé, qu'il est en état d'être aimé ; l'autre, c'est bien parce qu'il est digne d'être aimé, qu'il l'est ». On ne peut pas opposer « être aimé-des-dieux » et « être aimé par les dieux », ces deux expressions sont équivalentes, mais c'est à « être digne d'être aimé »[2] qu'elles s'opposent l'une et l'autre du tout au tout.

Cette phrase n'est pas facile à traduire en français, si l'on veut être fidèle à tout en elle, mais on semble, en général, à peu près d'accord sur ce qu'elle veut dire. Elle est destinée à montrer que, lors même que l'on emploie une dernière fois « être aimé » pour parler du pieux aussi bien que de l'aimé-des-dieux, cette fois-ci de façon lucide et après la critique qui a montré leur hétérogénéité radicale, on ne peut précisément pas en dire la même chose : l'aimé-des-dieux, de même que tout ce qui est *aimé*, comme tel, tout son être est d'être aimé, d'être en train d'être aimé (*gignomenon*, *paskhon*,

1. Et imagine-t-on, dans le cas contraire, les critiques que l'on pourrait opposer au texte, cette fois-ci de façon justifiée, s'il jouait sur un tel formalisme, proche de la logomachie, en distinguant « être aimé par les dieux » et « être aimé-des-dieux » ?

2. On est en droit de noter, si on considère que Platon écrit d'ordinaire avec une grande précision, qu'il est dit que si le pieux est aimé, « c'est parce qu'il est digne d'être aimé », sans qu'il soit mentionné « par les dieux » ; c'est donc *par tous ceux qui sont capables d'aimer ce qui en est digne* (ce qui est bon et juste), sans autre précision, faut-il donc comprendre, nous semble-t-il.

pathos) et il se confond avec ce devenir et ce pâtir, que rien ne fixe et ne peut définir : s'il peut être aimé, c'est qu'il est de fait en train de l'être. Tandis que pour ce qui est du pieux, son *être* est distingué du *fait* qu'il peut lui arriver d'être aimé. Ce sont deux *modes d'être* que distinguent le *pathos* et l'*ousia*. Tout repose, en grec, sur l'expression « *hoion phileisthai* », qui présente une certaine tension interne dans sa signification. « *Hoion* », neutre de « *hoios* », signifie d'abord simplement « tel », c'est-à-dire renvoie à ce qu'est précisément la chose qualifiée (son être propre). Employé comme attribut du verbe *être* et construit avec un verbe à l'infinitif comme complément, comme c'est le cas ici, il signifie : « tel qu'il puisse », « susceptible de », « capable de », « de nature à », « en état de », « digne de ». Les dictionnaires et les grammaires disent qu'une subtile nuance aurait tendance à exister, bien que ce ne soit pas toujours le cas ou qu'elle ne soit pas très facile à identifier, entre *hoios* et *hoios te*, le premier indiquant davantage une possibilité simple, une susceptibilité, le second, une capacité positive, un pouvoir. Mais dans les deux cas, simple possibilité ou capacité effective, l'une ou l'autre correspondent à une propriété du sujet en question (une puissance fondée sur une nature). Or, ce qui est notable ici, est que la même formule dans chacune des deux parties de la phrase produit un effet de sens contrasté selon qu'elle concerne l'aimé-des-dieux ou le pieux (et il n'est pas facile, en français, de transposer à la fois l'identité de la formule et la divergence des nuances de signification qu'elle revêt). En effet, dans la première partie, du *theophiles*, il est dit que « c'est parce qu'il est aimé (*hoti phileitai*), qu'il est en état d'être aimé (*estin hoion phileisthai*) ». On pourrait traduire encore : « qu'il est dans l'état d'être aimé » ; ou : « qu'il est tel qu'il peut être aimé ». La possibilité qui est exprimée par *hoion* est rabattue sur la facticité qu'exprime la proposition causale[1] : la possibilité d'être aimé, dans ce cas, n'excède pas le fait de l'être effectivement. Sa nature et sa puissance se confondent avec l'événement et l'accident de ce qui lui arrive. Alors que, pour ce qui est du pieux, « s'il est aimé, c'est bien parce qu'il est en état d'être aimé » ; ou : « qu'il est tel qu'il peut être aimé » ; ou : « qu'il est de nature à être aimé » ; ou encore : « qu'il est digne de l'être ». Cette fois-ci le sens de la phrase (renforcé par l'insistance « *hoti ... dioti* », ce que nous tentons de rendre par « bien ») fait voir dans le même « *hoion* » l'expression du fait que le pieux a un être (« tel »), et qui se

1. Cette phrase présente un parallélisme manifeste avec celle qu'on trouve en 10c10-11, et où la proposition causale est la même (« c'est parce qu'il est aimé »), et où la principale conclut : « qu'il est *aimé* (*philoumenon*) », terme dont Socrate a montré qu'il se caractérisait comme *gignomenon* et *paskhon*, et à quoi correspond maintenant « *hoion phileisthai* ». Si l'on est sensible à ce parallélisme grammatical et stylistique, *hoion phileisthai* et *philoumenon* paraîtront de la sorte mis en situation d'équivalence quand il s'agit du *theophiles*.

manifeste lui-même comme une potentialité ou une puissance d'être aimé, et comme susceptible, donc, de constituer une Valeur propre.

Cette mise au point finale, lors même que le langage de l'amour n'est pas propre à dire sans approximation ce qu'est le pieux, était indispensable, car on peut reconnaître que Socrate s'exprime d'une manière qui peut paraître ambiguë (ce dont il faudrait pouvoir rendre raison) : en effet, Socrate a certes réussi, à partir d'une proposition qu'approuve Euthyphron, à faire apparaître que le pieux est tout autre chose que l'aimé-des-dieux ; mais s'il a réussi, c'est parce qu'il a accepté de parler du pieux dans le langage de l'amour, comme si cela ne faisait pas difficulté. Or, la différence du tout au tout, qui fait que le pieux n'est pas aimé-des-dieux, pas plus que l'aimé-des-dieux n'est pieux, est conclue d'une « contrariété de comportement » (*enantiôs echeton*) entre les deux, du point de vue de ce qui est cause *qu'ils sont aimés* (l'un aussi bien que l'autre) ; si bien qu'on peut se demander s'il n'y a pas une contradiction, dans la mesure où l'on semble devoir supposer que le pieux puisse être aimé par les dieux, pour pouvoir démontrer qu'il n'est pas aimé-des-dieux[1]. Le risque de contradiction semble disparaître dès que l'on suppose que ce n'est qu'en certaines circonstances que le pieux pourrait être aimé-des-dieux et réciproquement. C'est l'interprétation de ceux qui disent que les deux termes ne sont pas « coextensifs »[2]. Mais, en disant qu'ils sont « différents l'un de l'autre du tout au tout » (*pantapasin heterô onte allèlôn*), Socrate paraît être plus radical : la différence entre eux semble bien affirmée dans tous les cas. Il faut donc que cette différence soit une différence de nature, qui subsiste dans sa radicalité même quand tel ou tel objet peut se trouver être à la fois pieux et aimé par les dieux (cas envisagé explicitement par Socrate, cette fois-ci, en 11a5). La distinction entre *ousia* et *pathos* est ce qui permet de penser cette différence (leur mode d'être n'est pas le même). Mais la phrase qui dit le dernier mot de la différence entre le pieux et l'aimé-des-dieux en s'exprimant dans le langage de l'amour est nécessaire pour lever l'équivocité de cette manière de s'exprimer et justifier l'introduction de la distinction conceptuelle (*ousia/pathos*) pour penser leur rapport.

Cette dernière phrase sur l'amour des dieux semble ainsi soigneusement calculée en sorte de pouvoir être entendue, si on la considère isolément, de deux manières légèrement différentes, mais qui conduisent à des interprétations apparemment incompatibles. Cependant, sauf à rectifier

1. La phrase semble finir par restaurer ce qu'à l'évidence elle vise à éliminer. C'est sans doute cela qui conduit certains à supposer que « être aimé-des-dieux » et « être aimé par les dieux » ne sont pas la même chose – ce que malheureusement le texte contredit explicitement, et ce qui, à mes yeux, n'apporterait aucune clarté véritable.

2. Dorion, 1997, p. 311.

Platon lui-même, le contexte impose de dire que « le pieux n'est pas aimé des dieux » et que « aimé » et « digne d'être aimé » sont opposés ici. Mon sentiment est que Platon a précisément cherché à obtenir cet effet, qui permet de ne pas choquer inutilement ceux dont la piété dévote (*eusebeia*), confondant *hosiotès* et *eusebeia*, empêche d'imaginer que l'on puisse mettre entre parenthèses, même provisoirement, l'existence des dieux et de leur bonté (qu'ils appellent « amour »). On peut y voir une marque de prudence sociale, mais surtout cela eût été inutile. Car ce qu'il veut établir n'est pas l'impossibilité de toute piété mais l'insuffisance de la piété conçue comme désir dévot (*eusebeia*) d'être aimé des dieux (*theophilès*). Quant à l'*hosiotès* (la vraie piété), elle n'exclut pas plus qu'elle ne suppose les sentiments (*pathos*) que l'on peut avoir à l'égard des dieux, mais elle se fonde sur autre chose : elle est une manière de se soucier de la divinité (*therapeia*), qui n'a pas besoin de s'assurer comme d'un fait de l'existence des dieux (de tel ou de tel dieu) et de leurs histoires, ni de la manière dont la conduite des hommes peut toucher les dieux et leur plaire. Elle se confond avec la pensée (*phronèsis*) cherchant le vrai et le juste en tout. Il n'est pas nécessaire d'avoir renoncé à tout sentiment religieux (*eusebeia*) et à toute manière de parler populaire (« amour des dieux »), en principe, pour comprendre ce que Socrate essaie d'indiquer ici comme direction pour la pensée. Cependant, comme nous l'avons noté précédemment, il est remarquable que, tout en s'efforçant que cette mise entre parenthèses de la référence aux dieux pour penser l'*hosion* ne donne pas l'impression d'être impie (*asebès*) et de constituer un refus de l'idée de l'amour des dieux (de leur bonté), Socrate n'énonce pas, même à titre d'hypothèse, que le pieux soit aimé *des dieux* ni digne d'être aimé *par eux* : c'est en général qu'il dit que le pieux est aimé parce qu'il est digne d'être aimé ; il ne précise pas *par qui* (pas de complément d'agent) : par ceux, donc, qui sont capables d'aimer le juste, les hommes aussi bien que les dieux, s'il peut se trouver que ces derniers aiment. Si l'on s'en tient à la lettre du texte, on ne peut donc même pas dire strictement que Socrate emploie ici l'expression « aimé par les dieux », qu'il est en train de rejeter. Socrate, philanthrope, s'efforce de se faire comprendre de l'homme aux opinions religieuses populaires en parlant son langage, mais sans cesser pour autant de contrôler la rigueur de ce qu'il dit, encore plus qu'il n'y paraît peut-être, tel est l'art admirable de Platon.

LA DIFFÉRENCE DE L'*OUSIA* ET DU *PATHOS*

Malgré une manière de s'exprimer assez souple pour pouvoir être entendue de l'homme de la piété la plus ordinaire (*eusebès*), Socrate ne laisse aucun doute sur ce qu'il veut dire : « pieux » et « aimé-des-dieux » ne sont pas seulement « différents l'un de l'autre » (*heteron touto toutou*, 10d13-14), « ils se comportent de façon contraire l'un par rapport à l'autre comme deux choses différentes l'une de l'autre du tout au tout » (*enantiôs echeton hôs pantapasin heterô onte allèlôn*, 11a3-4). L'insistance sur cette différence est précieuse pour s'assurer du sens de ce texte, en général écrit de façon fluide et légère. Notons, pour terminer, les leçons que nous pouvons tirer de cette insistance, notamment en ce qui concerne le statut de l'*ousia* et du *pathos* dans notre Dialogue, c'est-à-dire la nature de ce qu'on appelle parfois « la théorie » des Idées (ou des Formes) dans l'*Euthyphron*. Elle permet d'échapper à un certain nombre de difficultés, nous l'avons vu, que certains opposent à l'intelligibilité du texte.

Une différence de nature ontologique

D'abord, elle devrait supprimer le doute à l'égard de la question de savoir s'il n'est pas étonnant que l'aimé-des-dieux ne puisse être « prédiqué » du pieux, et si Platon a bien voulu dire ce qu'il a écrit. Le Pieux et l'aimé-des-dieux sont totalement différents l'un de l'autre, ils n'ont pas la même nature, l'un est *ousia*, l'autre *pathos* : que *le* Pieux ne soit pas *l'*aimé-des-dieux (comme aurait voulu Burnet), cela semble évident, mais *a fortiori*, parce que (dans ce Dialogue au moins [1]) le *theophiles* ne peut être traité comme une essence mais seulement comme un *pathos* (comme *philoumenon*, il relève d'une causalité exclusive, qui s'oppose à la causalité exclusive dont relève le Pieux lui-même). La différence entre *hosion* et *theophiles* ne tient pas à ce qu'ils n'auraient pas (tout à fait) la même définition ni la même extension. C'est autre chose que dit Platon : « le Pieux n'est pas aimé-des-dieux ». On ne risque pas de pouvoir indiquer une différence conceptuelle entre ces deux termes, puisqu'on ne possède pas, en tout cas en ce point du Dialogue, de définition du Pieux. Ce qui est montré, c'est qu'on ne peut pas dire qu'ils soient identiques, et même qu'ils n'ont rien de commun l'un avec l'autre, parce que l'un se comporte comme un *pathos*, l'autre comme une essence. Cela n'exclut pas dans le principe qu'une même réalité (une action, un homme) puisse être à la fois pieuse et aimée-des-dieux, mais cela ne signifie rien à soi seul sur les relations entre ces deux termes ; que cela puisse arriver à telle chose pieuse (*touto to hosion*, 11a9) d'être affectée par l'amour fût-ce de tous les dieux, « ou n'importe quoi de semblable », ce n'est pas cela l'objet de la discussion (11b2-5) : c'est un accident, une qualité accidentelle, adventice ; au mieux, si cela arrive, c'est seulement l'indication que cela pouvait arriver (les deux

1. Dans la note annexe, j'ai tâché de faire apparaître la cohérence de l'ensemble de l'œuvre de Platon sur ce point.

termes ne sont pas des contraires directs, comme le chaud et le froid) : ce qui est pieux est susceptible d'être aimé, voire, si on réfléchit bien, même à partir de l'opinion commune, digne d'être aimé[1]. Mais cela n'est pas l'essence du pieux, parce que cela ne le définit pas : on ne définit pas quelque chose en disant qu'il est *en train de lui arriver* quelque chose du fait d'un autre. On voit l'importance décisive de l'analyse, jugée superflue par certains, de ce qu'est être *philoumenon* (participe passif *présent*) : être *aimé*, c'est être aimé actuellement, être en train d'être aimé par un autre. Être aimé, fût-ce par les dieux voire par tous les dieux, c'est une qualité qui ne dit rien de propre sur la chose en question, et qui est indiscernable de l'événement qui la constitue et la fait être. Être « aimé-des-dieux » est un indéfini qui ne peut rien définir. Ce n'est pas par une comparaison analytique du pieux et de l'aimé-des-dieux, que Socrate réfute la possibilité de les identifier (ce qui laisserait la possibilité qu'ils ne soient pas si éloignés que cela l'un de l'autre[2]), mais en faisant apparaître leur différence du tout au tout, qui est une différence de nature, de statut ontologique. C'est la nature générale de l'aimé-des-dieux, qui est d'être un *aimé* (ce qui ne peut correspondre qu'à un pur *pathos*), qui rend impossible par principe, sans que l'on ait à entrer dans les détails, d'affirmer que le Pieux puisse être aimé-des-dieux – autant que l'inverse, précise Socrate[3].

Il me semble que se demander si le *theophiles* ne pourrait pas être prédiqué de l'*hosion* ou s'étonner que Socrate dise qu'il ne peut l'être, c'est méconnaître la question que pose Platon et à laquelle il répond (c'est même sembler refuser son droit propre) : c'est, en effet, reconduire obstinément une interrogation dont Socrate dit précisément que « ce n'est pas cela la

1. Et, si l'on accepte d'entendre, ce qui est tout à fait raisonnable, par « l'amour des dieux », leur justice et leur bonté, alors on peut même concevoir que celui qui est pieux, c'est-à-dire qui se rend juste par l'exercice de la réflexion (*meta phronèseôs*), c'est-à-dire, aussi semblable que possible à Dieu (*Théétète*, 176b1-3), puisse être dit aimé par la Divinité, sur le mode de ce qu'on pourrait appeler un « accident nécessaire », notion qui existe chez Aristote, nous l'avons rappelé au début du présent article, dans le cadre des relations entre *sumbebèkos* (accident) et *ousia* (substance ou essence) – qu'il ne faut cependant pas assimiler entièrement à ce que l'on trouve chez Platon.

2. Car, comme dit Socrate dans le *Protagoras* (331d3-4), on peut toujours trouver un point de vue duquel n'importe quoi peut avoir une ressemblance avec n'importe quoi, même le blanc avec le noir, le dur avec le mou.

3. On aperçoit le bénéfice d'une telle démarche, si l'on suppose à Platon le souci d'affirmer cela en cherchant à éviter de donner l'impression qu'il fait du mal au sentiment religieux populaire (effectivement si utile pour assurer le salut des familles et des Cités, dans la mesure où elles ne sont pas composées seulement de vrais philosophes) : c'est ce qui rend inutile, quand il a à parler du pieux comme aimé ou digne d'être aimé, d'avoir à préciser si c'est ou non par les dieux, ce qui n'est pas négligeable ; de même que c'est en analysant le *theophiles* comme *philoumenon* (sous le nom de *philoumenon*), qu'il établit les caractères (*gignomenon* et *paskhon*) qui font de lui un *pathos*.

question dont on discutera » (11b2-5). Il y a des énoncés qui ne sont peut-être pas faux dans certaines circonstances (ils ne sont vrais que si le cas échoit), mais qui n'ont pas de valeur universelle et ne peuvent rien définir. Platon évite une discussion incertaine sur les dieux (qui le mettrait sur le même pied que ceux qui, comme Euthyphron, croient posséder des connaissances positives sur eux) en montrant que *theophiles* ne *peut* être un terme définissant. « Le pieux est aimé des dieux » est un énoncé qui est invalide si on veut le prendre pour une définition ou pour une proposition à valeur générale. Cependant, si l'on tient à prédiquer *theophiles* du pieux, on forme alors un énoncé qui ne peut être, en tout état de cause, que descriptif d'un fait (événement), puisqu'il signifierait strictement : « le pieux est en train d'être aimé par les dieux. » On ne peut être certain de ce que signifie un tel énoncé : imaginez le moyen de le vérifier, si on le prend à la lettre[1] ! *Theophiles* ne peut rien définir, parce que c'est un terme événementiel. C'est pourquoi, même en supposant l'unanimité des dieux sur ce qu'ils aiment, on n'obtiendrait à partir de son usage qu'une universalité descriptive et événementielle. Cet énoncé ne pourrait donc être justifié, et même n'avoir un sens effectif, que si, au lieu de le prendre à la lettre, on entendait en lui « aimé » comme une approximation de « digne d'être aimé » (11a5-6) ou de « jugé bon et juste » (7e6-7), comme le montre l'*Euthyphron*, aussi bien que les rares emplois de *theophilès* dans les autres Dialogues. On peut être étonné que certaines critiques formulées contre ce texte avec une allure technique semblent méconnaître des distinctions logiques fondamentales, qui apparaissent ici sans doute de façon inaugurale dans l'histoire de la pensée, et qui sont au cœur du platonisme. Car, si nous ne faisons pas erreur, ce qui s'indique ici est un point très important concernant la « théorie des Formes » dans notre Dialogue : les Formes (ou les Idées) ne sont pas des concepts généraux établis empiriquement par une induction à partir de cas particuliers. Tel est le sens le plus général de la réfutation de ce second essai de définition de la piété par l'amour des dieux : faire apparaître que, même si l'on supposait l'accord unanime des dieux, l'universalité ainsi formulée dans la proposition n'aurait de fondement et de valeur qu'empiriques ; c'est d'une telle tentative de formulation, que Socrate montre l'impossibilité et l'insuffisance radicale, dès lors qu'il s'agit de définir, c'est-à-dire de traiter le Pieux comme une Essence.

Cette « différence du tout au tout », qui permet à Socrate d'éliminer la possibilité d'assimiler le Pieux et ce qui est aimé-des-dieux sans avoir à entrer dans une analyse trop détaillée du *theophiles* et avant que le Dialogue

1. On ferait des dieux l'objet de ce qu'on appelle une *histoire naturelle* (*Peri phuseôs historian*, *Phédon*, 96a7), enquêtant sur eux comme sur ce qui est dans le devenir, advient, change et disparaît.

ne nous ait mis en situation d'envisager le Pieux dans son essence, est fondée sur la comparaison des deux termes du point de vue de ce qu'est être aimé et précisément de *ce pourquoi* chacun d'eux peut être aimé. C'est la réponse à cette question sur leurs causes respectives, qui permet de poser cette différence entre eux. Nous disons que cette différence a une portée ontologique dans la mesure où elle nous semble indiquer une différence de *mode d'être* – ce qui fait qu'il nous paraît heureux de traduire *enantiôs echeton* (11a3-4) en comprenant, comme Robin (La Pléiade), qu'il s'agit d'observer entre les deux une contrariété dans leur « comportement », leur manière d'être. En effet, la raison pour laquelle le *theophiles* ne peut être autre chose qu'un pur *pathos*, c'est que, comme *philoumenon*, il est ce qu'on peut caractériser généralement comme *gignomenon* et *paskhon*, c'est-à-dire *ce qui n'a d'autre cause que le devenir et la puissance de pâtir de ce qui arrive du fait d'un agent étranger, quel qu'il soit*. C'est à cela que s'oppose entièrement ce qu'il en est du pieux : si l'on cherche ce qui peut faire qu'il est aimé, quant à lui, c'est exclusivement ce qu'il est lui-même (pieux), c'est-à-dire précisément ce que nous cherchons, son essence, ce qui correspond à la question posée depuis le début par Socrate en termes, d'abord, d'*idea* et d'*eidos* : *ce qui est identique à soi-même dans toutes les choses pieuses, ce par quoi elles le sont, ce par quoi on peut les reconnaître si on s'en sert comme d'un paradigme*. On pourrait caractériser sans excès cette opposition entre *ousia* et *pathos*, telle qu'elle se présente dans notre texte, si l'on veut bien rassembler les éléments qui composent son « raisonnement » (*sullogismos*), par la formule du *Timée* (27d-28a), que l'on retrouve dans de nombreux Dialogues, distinguant « ce qui est toujours et n'a pas de devenir » et « ce qui devient toujours, mais n'est jamais », comme deux *espèces* de causes. C'est l'analyse de l'incompatibilité entre la nature de la cause exclusive de ce que c'est qu'être *aimé*, en général (et donc, aimé des dieux, en particulier), et celle, au moins entrevue, du Pieux, correspondant à ce qui a été présenté comme les exigences d'une définition véritable (*idea*, *eidos*), qui donne la première indication de la différence complète entre le Pieux et ce qui est aimé des dieux. On ne peut séparer l'analyse de la causalité (*hoti*, *dioti*) de son résultat concernant la différence radicale entre le pieux et l'aimé-des-dieux : cette complète différence entre eux est d'abord celle des deux sortes de causes, qui en est le fondement d'un point de vue logique et ontologique[1].

1. Dans ces conditions, la possibilité de contester la validité du raisonnement de Socrate au motif qu'il utiliserait *hoti* (parce que) dans deux sens différents sans le dire ou sans le remarquer, comme le soutiennent par exemple Dorion, 1997, p. 326 et 331-333, et Geach, 1966, p. 376-377, semble perdre tout fondement. Selon eux, quand Socrate dit que ce qui est pieux est aimé par les dieux parce qu'il est pieux, « parce que » indique « la raison pour

*Les Idées dans l'*Euthyphron

C'est dire mon désaccord avec une tradition ancienne de commentaire des Dialogues « socratiques », que semble suivre Dorion[1]. Pour lui, en effet, *eidos* et *idea* désignent ici une « forme distinctive », un « caractère général », que « possèdent en commun un groupe de choses qui reçoivent une même dénomination », mais « il ne semble cependant pas que cet *eidos* ait un statut ontologique superieur ou même différent de celui des réalités sensibles qui possèdent ce même *eidos* » (p. 210). Or, outre les arguments que je viens de donner, cette position néglige, semble-t-il, que le Pieux lui-même (*auto to hosion*), l'*eidos* du Pieux, ne se confond avec aucune chose pieuse (telle ou telle chose pieuse, *touto to hosion*), puisqu'il est identique à lui-même dans toutes les différentes choses pieuses. Il a ainsi une certaine différence et indépendance par rapport à toutes ces choses, et, ne serait-ce qu'à ce titre, même si on le considère comme une simple définition ou un concept empiriques, il est étonnant de soutenir qu'il puisse avoir le même statut ontologique que les choses qu'il définit : la définition du chien n'est pas un chien, ce n'est pas non plus un autre animal, qui devrait sinon à ce

laquelle les dieux aiment le pieux », alors que, quand il dit que l'aimé-des-dieux est aimé-des-dieux parce qu'il est aimé par les dieux, « parce que » indique « plutôt le rapport agent-patient ou, si l'on préfère, le rapport de causalité et d'antériorité entre, d'une part, l'adjectif (*theophiles*), qui équivaut à un participe présent passif, et, d'autre part, un verbe (*phileitai*) conjugué à l'indicatif présent passif » (Dorion, 1997, p. 333). Je ne conteste pas l'analyse et la compréhension de la différence entre ces deux sens de *hoti*, mais il me semble que seule une reconstruction artificielle du raisonnement peut conduire à reprocher à Socrate (ou à Platon) ce que précisément il s'efforce de faire apparaître dans tout notre passage. Il n'emploie pas *subrepticement* le même terme (« parce que ») dans deux sens différents ; c'est le but même de toute son analyse que de faire apparaître qu'il y a deux sortes de causalité, correspondant à la différence du tout au tout entre les deux modes d'être de l'*ousia* et du *pathos*. C'est l'intelligibilité du texte qui disparaîtrait, si l'on ne comprenait pas qu'il cherche à établir cette différence de deux ordres de causalité, qui correspond assez bien, au demeurant, à ce Platon explique de façon plus développée dans le *Timée* (27d-28a) ou encore dans le *Phédon* : il y a, d'un côté, la causalité naturelle, qui concerne ce qui est dans le devenir, la cause de la génération et de la corruption, les causes de chaque chose, par quoi chacune advient, existe et disparaît, et qui font l'objet d'une histoire naturelle (l'*aitia peri geneseôs kai phtoras*, les *aitiai hekastou dia ti gignetai hekaston kai dia ti apollutai kai dia ti estin*, du *Phédon* 95e8-96a9). À cela s'oppose une autre *espèce de causalité* (*tès aitias to eidos*, *Phédon* 100b3), qui est celle de la Chose même (*auto to*...), l'*eidos* (102a11), la Forme, qui est ce qui produit (et rien d'autre, *ouk allo ti*, 100d4) la qualité de la chose sensible particulière, par sa présence en elle ou par participation (*eite parousia eite koinônia*, 100d5).

1. Cette tradition trouve vraisemblablement sa source dans les affirmations d'Aristote, en *Métaphysique* M, 4, 1078b25-30, sur le sens des Idées pour Socrate, ainsi que dans une tendance à confondre le Socrate de Platon et le Socrate historique (tel du moins qu'en parle Aristote). Dorion, 1997, p. 208-213, se réfère lui-même à des affirmations de M. Canto dans les notes 27-29, p. 219-221 de sa traduction du *Ménon*, Paris, GF-Flammarion, 1993, et dans sa présentation, p. 58.

titre pouvoir être compté dans une classe comportant non seulement les chiens mais aussi le concept de chien; c'est quelque chose d'une autre nature. Mais on ne peut pas non plus dire que ce soit une réalité de type simplement « logique », une simple notion générale et commune, obtenue par induction à partir des réalités sensibles individuelles. Par rapport à ces dernières, on ne peut pas dire qu'elle leur soit purement immanente, mais on ne peut dire non plus qu'elle soit transcendante en un sens tranché, spatial, matériel : le Pieux est *dans* les choses pieuses et non pas « ailleurs », dans un « autre monde », réellement et entièrement « séparé » [1]. Cependant il n'est aucune d'elles non plus, puisqu'il est identique à lui-même dans toutes ces différentes choses qui sont pieuses; et il n'est pas non plus une qualité (ou une collection de qualités) qu'on retrouverait même en toutes (le rejet de l'hypothèse du *theophiles* en témoigne). Même si, en un sens, il n'est pas séparé des choses pieuses, le Pieux a bien une certaine transcendance et indépendance par rapport à elles : précisément quand on le considère comme *ousia*, on le considère bien comme ayant une existence, une individualité, un mode d'être, propres, indépendamment des choses pieuses [2]. De même, notons-le, quand on le considère comme paradigme, dont on peut se servir pour identifier les choses qui sont pieuses : si l'on doit pouvoir regarder l'Idée comme un paradigme pour distinguer ce qui est pieux et ce qui ne l'est pas, cela semble bien indiquer que l'Idée est quelque chose qui est différent et indépendant des réalités auxquelles on veut la comparer, qui doit pouvoir être contemplé indépendamment de celles-ci et avant l'acte de comparaison dont elle est le moyen [3].

Disons quelques mots de ce point, car certains commentateurs pensent trouver, au contraire, dans ce qui est dit du *paradigme* (6e), une confirmation de l'opinion que l'*eidos* et l'*idea* ne correspondraient pas au statut qui serait le leur dans des Dialogues ultérieurs, mais à celui d'une simple

1. Comme dit Aristote des Idées selon Platon, à tort ou de façon simplifiée, par exemple en *Métaphysique* Z, 1039a25 (*tas ideas ousias chôristas*); ou encore en M, 1078b30-32.

2. Voir les analyses très éclairantes de M. Dixsaut, 2001 p. 28-33 et 2003, p. 100-101 et 104-106.

3. Ceux qui soutiennent le contraire doivent supposer que l'Idée a été obtenue auparavant et par voie inductive. Mais une Valeur n'est pas une qualité objective, qu'on pourrait découvrir empiriquement dans des réalités sensibles diverses comme un fait observable et généralisable. Il faut que la pensée qui y correspond existe suffisamment auparavant pour que l'observateur puisse la reconnaître dans des réalités particulières différentes, existantes ou à réaliser. La situation intellectuelle de l'usage paradigmatique de l'Idée du Pieux décrit dans ce passage correspond, à vrai dire, à toute considération des réalités empiriques pieuses; elle ne peut donc être précédée par une constitution empirique de l'idée. Elle implique, en général, que l'Idée puisse être considérée elle-même, en elle-même, comme quelque chose qui a une forme d'existence propre qui l'autorise, tout en ayant un statut ontologique différent de celui des réalités empiriques (sinon le modèle ne serait qu'un exemple).

idée générale, dégagée par induction à partir de cas particuliers. En effet, le paradigme étant présenté ici comme ce qui permet de distinguer ce qui est pieux et ce qui ne l'est pas, cela s'opposerait à ce qu'on puisse le considérer comme un « modèle » possédant la puissance causale de rendre les choses semblables à lui, tel qu'on peut le trouver dans des Dialogues postérieurs (comme le *Timée*), et l'on tente d'en faire un argument contre le statut ontologique de la Forme et de l'Essence dans l'*Euthyphron*[1] : le paradigme servirait ici à l'homme pour reconnaître les choses qui sont pieuses, et non pas à un Démiurge pour les faire être telles. Mais, sans revenir sur les analyses précédentes, notons que dire cela semble supposer qu'il serait possible d'opposer le point de vue de la *reconnaissance* du Pieux et le point de vue de *ce qui fait* qu'une réalité est pieuse. Or, quand l'Idée dont il s'agit correspond à une Valeur, une vertu, une excellence éthique, on ne peut distinguer la connaissance et l'action (voir le bien et se conduire bien), car nul n'agit mal en connaissant le bien, c'est du moins un point fondamental du platonisme. Aucun des propos ultérieurs de Platon sur ce qu'il en est de la Forme, de la participation, de l'imitation, du paradigme, n'est incohérent avec ce qui est dit ici, ils pourraient en être plutôt éclairés, si l'on songe que ce que l'on examine est de l'ordre de la Valeur, de l'action, de la conduite. Quand il s'agit de savoir comment une action particulière est pieuse (ou juste), il n'est pas besoin de recourir au récit, raconté dans le *Timée* et qui peut paraître mystérieux (ou, au contraire, pas assez mystérieux), d'un Démiurge qui prend les Formes comme paradigmes et impose leur *idea* aux réalités sensibles; ou plutôt, ce qu'on peut raconter ainsi correspond alors à quelque chose de très clair et de compréhensible sans image, parce que, dans ce cas, l'homme « donne la main » au dieu, en quelque sorte, pour réaliser son œuvre : une action est pieuse et juste, participe au Pieux et au Juste, « imite » le Pieux et le Juste, tout simplement quand l'homme qui la réalise agit pieusement et justement, quand il est pieux et juste, et il l'est au moyen de la pensée (*meta phronèseôs*), par laquelle l'Idée du Pieux est en lui – comment contester qu'on puisse dire les choses ainsi, voire que ce soit peut-être la manière la plus simple de les dire, même et surtout si l'on se veut « réaliste » ? Quand il s'agit du domaine de l'action et des Valeurs, la parousie de l'*eidos* dans la réalité qu'il informe se comprend sans mystère, sans image, et de façon fort rationnelle, comme se réalisant au moyen de la pensée : c'est en pensant, que l'on est juste et pieux; c'est en pensant le Juste et le Pieux, que l'on est juste et pieux; c'est en pensant ainsi, que l'on

1. Par exemple, Dorion, 1997, p. 211 : « Il ne s'agit pas du modèle que tendent à imiter les choses sensibles, et par rapport auquel celles-ci sont d'ailleurs façonnées, mais tout simplement du modèle qui, à la façon d'un critère, permet de juger de la conformité, ou non, du sensible à l'essence déterminée d'après cette norme. »

fait ce qui est juste et pieux, c'est-à-dire que la causalité paradigmatique de la Forme du Pieux s'effectue dans cette chose particulière qu'est une action. La vertu (*aretè*) n'est rien d'autre que ce que procure la *phronèsis* (voir *Phédon*, 69a-b). Aucune réalité particulière n'est juste ou pieuse par un autre moyen et du fait d'une autre cause. C'est par le moyen de la pensée qui la considère que la Forme peut être cause exclusive de la piété d'un homme et de ses actions. Il suffit qu'en pensant nous apparaisse ce qui est le meilleur, pour que nous pensions à le faire. Être capable de considérer l'*idea* du Pieux et de s'en servir comme d'un modèle pour distinguer ce qui est pieux et ce qui ne l'est pas « dans toute action » (*en pasèi praxei*, 5d1), pour « dire ce qui est pieux et ce qui ne l'est pas, que ce soit toi ou n'importe qui d'autre qui agisse » (6e6-7), c'est aussi bien *savoir* ce qui est pieux qu'*être* pieux et qu'*agir* pieusement. N'est-ce pas une des manières de formuler la leçon générale que Socrate voudrait faire entendre à Euthyphron : si l'homme peut servir d'aide (*huperèsia*, 13d-14d) aux dieux dans la réalisation de leurs œuvres[1], c'est en pensant, en pensant le Pieux et le Juste, en méditant leur quasi-identité[2]. Si l'homme peut « donner la main » aux dieux dans la réalisation de leurs œuvres, ce n'est pas particulièrement à propos de telle ou telle, c'est dans tout ce qu'il fait, chaque fois qu'il agit de façon juste grâce à l'exercice de la *phronèsis*, car, ce faisant, il imite la Divinité, il fait comme ferait un dieu, autant qu'il est possible à un homme[3].

Le domaine de l'action et des Valeurs est celui où la philosophie des Formes est la plus claire et s'impose le plus évidemment. Il est à peine besoin de « théorie » pour qu'elle s'impose – voyez notre Dialogue[4]. C'est

1. C'est l'une des manières de dire ce qu'est la piété, évoquée dans la dernière partie du Dialogue, pieuse certes, mais encore approximative et imagée et qui, prise à la lettre, maintient dans l'embarras (elle fait l'économie du rapport essentiel au Juste).

2. Cf. *Protagoras* 331b1-7 : « Pour moi, si je parlais en mon nom, je dirais que la justice est pieuse et que la piété est juste ; et, en ton nom, si tu permets, je dirais de même que la justice est la même chose que la piété ou une chose extrêmement semblable, et qu'elles se ressemblent l'une l'autre plus que tout. »

3. Sur ce point, la belle formule de Vlastos (1991, 1994, p. 244) ne me semble pas juste, dans la mesure où elle est un peu ambigüe : « La piété consiste à faire l'œuvre d'un dieu au profit des êtres humains ». C'est qu'on peut, en effet, entendre de façon restrictive « au profit des humains » et qu'il n'est pas dit que, si la piété véritable est justice sans partage, on puisse précisément, d'une part, limiter aisément, de ce point de vue, un domaine des hommes de celui des dieux, ni, d'autre part, dispenser tout ce qui est âme d'avoir à prendre soin de tout, y compris de tout ce qui n'a pas d'âme, comme dit Socrate dans le *Phèdre* (*psuchè pasa pantos epimeleitai tou apsuchou*, 246b7). Ensuite, il me paraîtrait plus précis de dire que la piété consiste à faire tout ce que l'on fait dans tous les cas (son œuvre d'homme, donc, si l'on veut) comme ferait un dieu, autant qu'il est possible, c'est-à-dire en étant juste grâce à l'exercice de la *phronèsis*.

4. C'est ce qui fait que, dans notre Dialogue, comme dans d'autres du début de l'œuvre de Platon, où Socrate enquête sur les Valeurs, on peut dire qu'il n'y a presque pas de « théorie des

là que l'appel de la Forme s'y fait naturellement le mieux entendre. C'est dans ce cas que la présence de l'*eidos* dans la réalité particulière qu'elle informe est la plus évidente et que les difficultés soulevées traditionnellement contre les Idées platoniciennes depuis Aristote semblent le moins pertinentes[1]. Il est parfois utile de songer à des Dialogues tardifs pour

Formes» (pour utiliser cette formule traditionnelle du commentaire platonicien) : rien ne permet de penser, me semble-t-il, que ce soit parce que Platon en manquerait « encore », mais parce que, dans cet ordre de réalités, il est à peine besoin de théoriser pour dire ce que Platon dit des Formes en général. Sans s'y référer comme à un *logos* constitué, bien connu, voire ressassé (comme par exemple dans le *Phédon* 72e ou 100b), il montre ici que le simple fait de prendre au sérieux le projet de définir le pieux conduit à parler en termes d'*idea*, *eidos*, *paradeigma*, *ousia*. Il me semble que tout son art consiste précisément à dire cela sans paraître employer un vocabulaire technique, sans fournir de définitions doctrinales de ce vocabulaire, en donnant, en revanche, le sentiment que c'est la langue commune qui dit, qui fait dire, qui fait entendre tout cela, pourvu, bien sûr, qu'on sache interroger et qu'on ait du répondant. Ainsi, *idea*, *eidos*, *paradeigma*, *ousia*, sont introduits sans qu'il soit besoin de les comprendre, d'abord, autrement que la langue ordinaire et leur contexte y conduisent. Il en va de même pour *pathos* et *hoion*, qui sont importants pour contribuer à fixer le sens ontologique des précédents, en même temps que leur sens se fixe par rapport à eux. *Pathos*, on l'a noté, fait apparaître de façon subtile, à la fois insistante mais comme en passant, la liaison et la complémentarité de *gignomenon* et de *paskhon*, et il correspond, au moins autant qu'à l'introduction d'un terme technique nouveau, à la compréhension philosophique et métaphysique de cette liaison qui s'entend dans la langue grecque courante. *Hoion* (11a5) est un exemple encore plus frappant : son emploi est absolument conforme au parler commun, seulement doublé d'un effet de style qui produit le sentiment, d'abord, d'une nuance, au bout du compte d'un contraste et d'une opposition symétrique entre l'*hosion* et le *theophiles*. Platon fait apparaître de la sorte l'idée de ce que c'est que valoir et être par soi-même, avoir une nature qui fonde une puissance.

1. Lorsque, pour montrer ces difficultés (par exemple, en *Métaphysique* M, 1079b12-1080a11), Aristote demande comment les Idées pourraient avoir une influence sur les réalités individuelles sensibles et qu'il nie qu'elles puissent être cause en elles d'aucun mouvement et d'aucun changement, qu'elles puissent contribuer ni à les connaître ni à les faire être (*eis to einai*), son argument est qu'*elles ne sont pas présentes dans ces réalités qui sont précisément sensées participer d'elles* (*mè enuparchonta ge tois metechousin*), si bien que, selon lui, « dire que les Idées sont des paradigmes et que les réalités sensibles y participent, c'est parler à vide et prononcer des métaphores poétiques. Car qu'est-ce que c'est, qu'œuvrer en ayant le regard fixé sur les Idées ? » Tout l'argument repose de façon décisive sur l'affirmation que les Idées seraient entièrement séparées des réalités sensibles individuelles. Sans juger la position d'Aristote sur les Idées platoniciennes en général et les difficultés qu'il y trouve, ne peut-on remarquer que la réponse à sa question finale, dans le cas de la conduite réfléchie de la vie et de l'action droite, n'est pas si compliquée que cela et que les difficultés qu'il a évoquées ne sont pas si grandes qu'il le dit, pour un platonicien ? Les actions justes ou pieuses sont l'œuvre de l'homme juste et pieux. Sans doute (songeons au *Phédon* et au *Timée*), elles n'adviennent pas dans le devenir sans des mouvements et des changements, dont la causalité est naturelle ; mais tout cela n'est effectué que par un homme qui pense que cela est juste et pieux, qui a les yeux fixés sur le Juste et le Pieux (qui pense, par exemple, qu'il vaut mieux attendre en prison sans fuir la mort, même injuste, plutôt que de faire du tort aux lois de la Cité). Dans le cas de l'homme juste, la justice n'est pas seulement une qualité qu'on peut lui reconnaître et qui permet de le décrire (comme être grec ou barbare, petit ou grand, jeune ou vieux) ; c'est,

s'assurer que l'on comprend bien les premiers sans contresens ou sans hypothèse gratuite; mais il est sans doute utile également, pour éviter d'y voir une doctrine figée, de comprendre ce que disent les plus tardifs à la lumière de ceux, comme le nôtre, où la « théorie des Formes » est en train de s'inventer au fil de l'effort de réflexion et d'argumentation, se dessine peu à peu dans sa mise en œuvre, se confond avec les moments d'une pensée qui questionne et répond avec rigueur et réfléchit méthodiquement sur les exigences qui s'imposent à elle. On pourrait soutenir que, précisément parce qu'il ne contient pas un discours développé sur les Formes, à la différence de Dialogues postérieurs, qui s'y réfèrent comme à une manière de raisonner bien connue, résultat de réflexions menées ailleurs et qu'il ne s'agit pas de reprendre entièrement à chaque fois en vue de l'établir[1],

d'abord et de façon décisive, ce que produit *en lui* le fait de penser et de prendre en vue la justice. Ainsi, à la lettre, pas de justice sans présence en lui de l'Idée de justice, la pensée étant le mode de participation à l'Idée, le mode de présence de l'Idée en lui. La justice dans les actions particulières n'existe que si l'Idée du Juste est autre que toute pensée particulière et subjective et qu'elle est prise en vue par celui qui la pense comme une norme transcendante et indépendante (ce qui le fait penser), et que si, en même temps, elle est présente dans la pensée de l'homme, car on ne peut se rapporter à elle autrement que par la pensée (ce n'est pas une qualité que l'on puisse découvrir par simple observation). Ainsi, dans le cas de la Justice ou des Valeurs en général (*ta megista*), semble disparaître la difficulté radicale qu'Aristote oppose à la théorie des Idées (ou bien les Idées sont séparées et alors les réalités sensibles n'y participent pas, ou bien elles sont dans ces réalités, et alors elles n'en sont pas séparées) : le mode de présence d'un objet dans la pensée n'abolit pas son existence effective et autonome hors d'elle (à la différence de la présence matérielle dans une réalité matérielle); et lorsque cet objet est comme le Juste ou les Valeurs, en faisant penser, il fait être, agir, se comporter d'une manière déterminée. Dans le cas de l'action réfléchie, la nature de la Forme est ce qui pose le moins de problème, dans la mesure où l'on voit alors manifestement que, comme dit Goldschmidt (1970, p. 102), les Formes sont des « devoir-être », ou plus justement, « selon l'esprit du platonisme, que les Formes sont l'Être auquel le Devenir aspire à s'égaler ».

1. *Phédon*, 100b : « je ne dis rien de nouveau en parlant de cette façon ! Ce langage, jamais je n'ai cessé de le tenir mainte fois ailleurs... », dit Socrate en renvoyant Cébès à ces « formules cent fois ressassées » affirmant l'existence d'un beau, d'un bien ou d'un grand en soi. Mais, en sorte d'éviter de se méprendre sur ce qu'on peut attribuer à cette « doctrine », on notera que, même dans un tel Dialogue, le discours sur les Formes ne contient aucun contenu dogmatique positif (ou presque) sur les Formes en général (sur ce que serait une Forme des Formes, un genre des Formes) : il les détermine essentiellement négativement en les différenciant des choses sensibles et il engage surtout à les *poser* et même à les *supposer* (c'est cela qu'il répète et c'est cela le contenu le plus sûr de cette « doctrine »). Comme commente Dixsaut, 1991, p. 141, « si l'on peut considérer ce passage comme l'exposé d'une méthode, encore faut-il préciser que cette méthode consiste en la découverte d'un *point de vue*. » Dans ces conditions, plutôt que de se demander si l'on rencontre ici les premiers rudiments d'une « théorie des Formes » qui anticiperait sur ce que l'on trouverait dans les œuvres ultérieures, on peut se demander si l'on rencontre jamais ultérieurement chez Platon. Ne faut-il pas lire ce qui concerne les Formes dans les œuvres ultérieures à la lumière de ce qui en est dit et surtout de la manière dont elles sont posées dans les œuvres les plus précoces portant sur les Valeurs ?

l'*Euthyphron* nous permet de penser cette théorie de façon peut-être plus vive parce que plus native : les Formes n'y sont pas présentées comme une hypothèse qu'il y a tout intérêt à poser (comme dans le *Phédon*), mais comme ce que l'on est conduit à poser du simple fait que l'on veut *définir* vraiment ce dont on parle.

C'est l'occasion, une dernière fois, à propos du rôle de la recherche de la définition, de dire mon désaccord avec une tradition de commentaire ressassée, dont la source se trouve dans Aristote. On ne peut opposer les Idées platoniciennes des Dialogues de la maturité aux idées générales socratiques que l'on trouverait dans les premiers Dialogues, en présentant ces dernières comme des définitions dégagées par induction à partir de la considération des réalités sensibles particulières : la manière dont l'*ousia* est introduite comme renvoyant aux réquisits d'une réponse à la question de la définition, d'abord formulés comme ceux de l'*idea*, de l'*eidos*, et de leur usage paradigmatique, montre au contraire que la pratique de la définition du Socrate de l'*Euthyphron*, avec sa réflexion sur ce qui, dans l'expérience de l'effort pour définir vraiment, se découvre progressivement et s'impose comme des exigences incontournables, est bien la situation intellectuelle authentique qui, à elle seule, conduit à poser la Forme de ce qu'on prétend définir et à le traiter comme une Essence. On ne peut opposer, comme si cela avait une valeur universelle, ce qui aurait le statut logique d'une simple définition et ce qui aurait le statut ontologique d'une Forme : on voit ici que c'est la logique de la définition, la logique du *logos* qui questionne et répond avec exigence dans la recherche d'une définition, qui conduit à l'ontologie, à des affirmations susceptibles de poser un problème ontologique[1].

On a beaucoup discuté de la question de savoir si l'on pouvait trouver dans l'*Euthyphron* (comme si c'était une détermination entièrement claire du platonisme) la « théorie des Idées » ou des « Formes ». « Il est indifférent d'employer l'un ou l'autre de ces termes : les "choses" dont il s'agit sont en effet la représentation que la *pensée* se fait d'autres réalités qu'elle a réduites à leurs traits essentiels et à l'unité d'un schème tout intelligible. À quel moment cette conception se fait-elle jour dans les écrits de Platon ? Elle n'est pas, quoi qu'on en ait dit, absente des premiers dialogues : il y en a des indices çà et là, et l'*Euthyphron* [...] se sert déjà du vocabulaire que Platon emploiera toujours dans la suite pour caractériser les "choses" vraies, par opposition à celles qui n'en sont que le reflet changeant. »[2]. Et Robin conclut que « Platon semble du moins, à l'époque de l'*Euthyphron*,

1. Problème de statut ontologique, auquel ne se réduisent pas la « théorie » des Formes et moins encore leur usage chez Platon.

2. Robin, 1935, p. 74-75.

avoir déjà pris position pour une certaine interprétation de la doctrine du Maître : pour lui les essences sont des réalités ». Cette thèse lui semble si indiscutable qu'il préfère envisager que notre Dialogue soit plus tardif que l'on ne s'accorde en général à le penser (aussi tardif que possible parmi les premiers). Dorion soutient nettement le contraire[1], en se référant aux distinctions que fait M. Canto-Sperber, dans son commentaire du *Ménon*, entre les Formes des Dialogues de la maturité et les idées générales des Dialogues de la jeunesse, et en discutant la position de R. E. Allen, qui pense que les éléments fondamentaux d'une première théorie des Formes existent bien dans notre Dialogue[2]. Dorion n'est pas convaincu de l'existence d'une telle théorie, parce qu'elle n'aurait pas toute « l'ampleur » et qu'elle n'aurait pas « atteint le niveau de développement de la théorie des formes intelligibles exposée dans les dialogues de la maturité » (p. 213). Dorion reconnaît qu'Allen a mis en lumière le rôle de régulateur de l'entretien dialectique que l'*eidos* joue dans l'*Euthyphron*[3] : « Socrate érige l'*eidos* au rang de norme qui détermine les exigences auxquelles doit satisfaire la réponse d'Euthyphron. Le rôle régulateur imparti à l'*eidos* consiste en fait à déterminer quels sont les types de réponses acceptables ou inacceptables dans le cadre d'une recherche de définition adéquate »[4]. Mais tout cela ne lui paraît pas décisif, parce que, pour lui, là où il ne s'agit que de donner une définition, il y a au mieux les conditions pour la manifestation d'une exigence logique, visant la construction d'un énoncé général formé et formulé avec rigueur. Mais il ne semble jamais prendre au sérieux la possibilité qu'il y ait une portée ontologique effective de l'Idée, de la Forme, de l'Essence, dans notre Dialogue. Notre commentaire s'efforce, au contraire, de faire apparaître le caractère indiscutable de la portée ontologique de ce qui est dit au moyen d'une utilisation très étendue du vocabulaire eidétique, qui sera celui des Dialogues ultérieurs, de façon tout à fait cohérente avec eux, bien que de façon fluide et comme en passant.

Tels sont les faits apparemment : il n'y a pas, dans l'*Euthyphron*, de théorisation explicite du statut des Formes, mais on ne comprend pas le sens de ce texte (pas tout le sens, ou pas sans contresens), si on ne voit pas qu'elle est impliquée dans ce qui est écrit. Il faut voir dans l'étendue du vocabulaire eidétique utilisé, le signe de l'intention de Platon de rendre indispensable cette référence aux Formes sans qu'aucune discordance importante ne paraisse exister avec ce que semblent indiquer les développements ultérieurs de la « théorie » (qui, en tout état de cause, semble-t-il,

1. Dorion, 1997, p. 210.
2. Allen, 1971, p. 333.
3. *Ibid.*, p. 322-323, 328, 334
4. Dorion, 1997, p. 211-212.

ne prend jamais la forme d'un exposé dogmatique complet mais plutôt de l'examen de tel ou tel problème déterminé qui s'y rapporte, voire de sa simple position). Il faut l'avoir en tête pour comprendre vraiment ce qui est dit, malgré la discrétion de sa présence. Pourquoi alors ce mode de présence ? C'est un fait que, sans le caractère « léger », allusif, sans lourdeur ni longueur théoriques, de cette présence, l'*Euthyphron* ne serait pas cette œuvre dramatique, qui « se tient » parfaitement d'un point de vue littéraire. Mais on peut aussi donner à ce mode de présence un sens théorétique et philosophique : Platon ne procède pas ici comme dans le *Ménon* ou le *Phédon*, où il se réfère explicitement à une conception, qu'il présente lui-même comme déjà constituée et connue, ce qui le met en situation d'en faire un exposé, dont la justification tient à la présentation de ses éléments, de leur liaison et de leur intelligibilité propre (cohérence interne), et, d'autre part, à son application à des réalités sensibles, qu'il s'agit d'expliquer et de penser. Dans ces cas, c'est la conception déjà élaborée qui est l'objet de l'examen et Platon la présente comme tenant sa justification de sa puissance supérieure pour comprendre les réalités sensibles et en répondre avec sécurité (voir *Phédon*, 99d-100e), mais il est conduit à reconnaître aussi que son exposé n'est sans doute pas particulièrement facile à comprendre (100a7-8). Dans notre Dialogue, en revanche, il ne se réfère pas à une telle doctrine, il la met plutôt en œuvre ; et il ne la met pas en œuvre de façon dogmatique comme une doctrine qu'il y aurait à présupposer (au point qu'il n'est pas dit qu'Euthyphron se rende compte de sa présence, et qu'il peut y avoir débat entre les commentateurs sur ce point) ; c'est en traitant proprement du problème distinct (apparemment) de la définition de la piété, qu'il fait apparaître, sans trop insister d'abord, que l'on ne peut décidément y répondre sans finir par traiter le pieux et ce que l'on cherche à définir, en général, d'une manière bien déterminée : comme une *idea*, un *eidos*, un *paradeigma*, une *ousia* ; et, même à ce moment-là, ce qui est conclu demeure exprimé de façon aussi discrète que précise. Mais, alors que ce contraste conduit sans doute beaucoup à considérer qu'il n'y a pas de « théorie des Formes » dans l'*Euthyphron*, ou une théorie encore frustre et pas encore « ontologique », on peut considérer que ce qui caractérise le point de vue de notre Dialogue n'est pas que cette théorie y serait rudimentaire et non encore déployée, mais qu'il consiste en une justification d'une telle doctrine, non pas par son application aux réalités sensibles et la démonstration de l'intérêt éminent de cette application, mais à partir d'une tentative pour penser une réalité sensible particulière, qui ne présuppose pas l'existence et l'intérêt de cette doctrine. Cette justification peut paraître en quelque sorte populaire et exotérique, indirecte, si l'on considère son point de départ, mais plus directe, au bout du compte, que celles qui supposent la théorie déjà constituée ; et, à vrai dire, si elle ne démontre pas une indémontrable existence des Formes, elle justifie que l'on ait à traiter le pieux comme une *ousia*. Dans ces conditions, la brièveté de ce qui est dit des Formes est commandée par la rhétorique propre de la justification recherchée, elle ne signifie pas que Platon ne disposerait pas encore de sa « théorie » (cela paraît vraiment invraisemblable à la lecture de l'*Euthyphron*). Il est difficile d'établir avec certitude ce que serait le développement de l'œuvre de Platon, considérée comme une succession d'ouvrages distincts ; mais le risque est constant (et pas seulement pour Platon) de confondre, sans y prendre garde, l'étude de ce développement et celle de la genèse historique et psychologique de sa pensée – mais avons-nous des moyens suffisants pour distinguer les deux ? Des commentateurs comme Schaerer ou Goldschmidt le rappelaient autrefois [1] : rien ne permet de supposer que Platon considère qu'il y ait en philosophie à dire à tout moment tout ce qu'on pense. Il est possible, sans supposer rien savoir de certain sur l'évolution de la personnalité et des pensées de Platon, de rendre compte de son œuvre et de la variété des pensées que l'on peut y trouver, comme du traitement de problèmes différents plutôt que comme de tâtonnements ou d'une évolution dogmatiques (sans rien exclure non plus).

Pathos *dans l'*Euthyphron

Enfin, avant de conclure l'ensemble de ce commentaire, et en tenant compte de ces dernières remarques, rassemblons, pour terminer, nos conclusions sur le sens de *pathos* dans l'*Euthyphron*, en examinant son rapport avec le *sumbebèkos* aristotélicien et sa cohérence avec son emploi dans d'autres textes de Platon. L'*Euthyphron*, dans sa signification la plus générale, semble fondé sur une opposition, qui est dite « du tout au tout », entre *ousia* et *pathos*, ce qui conduit à comprendre « *pathos* » comme ce qui arrive de façon « accidentelle », disons de façon *seulement adventice*, du simple fait de la causalité du devenir, selon une opposition frontale avec ce qui peut être considéré comme Essence, c'est-à-dire ce qui est toujours semblable à soi-même et ne le doit à rien d'autre que soi-même. Or, cette opposition du tout au tout entre *ousia* et *pathos* est le résultat d'une élaboration complexe à partir de la langue grecque commune, qui, quant à elle, autorise un usage extrêment souple et étendu de *pathos*, et l'on trouve des emplois qui peuvent sembler ne pas être entièrement cohérents avec les analyses de l'*Euthyphron*, dans d'autres textes platoniciens, où il est utilisé pour exprimer la participation d'une chose sensible particulière à une

1. Schaerer, 1944, p. 177 ; Goldschmidt, 1949, 1970, p. 13.

Forme[1] : on peut dire que la chose, dans la mesure où elle participe d'une Forme, en « pâtit » (*paskhein*), on pourrait être conduit à dire qu'on a affaire à un *pathos* qui est « essentiel », dans ce cas, ce qui ne semble pas compatible avec l'usage argumentatif qui est en fait dans l'*Euthyprhron*. Même la participation des Formes les unes aux autres (la communauté des Formes) est exprimée parfois au moyen du verbe *paskhein* (dans le *Phédon* ou le *Parménide*). La question qui peut se poser est alors de savoir s'il y aurait en cela une évolution du discours platonicien, qui correspondrait à un changement dans la conception du *pathos*, de l'*ousia* et de leurs relations, ou bien seulement à des emplois différents, correspondant au traitement de problèmes différents (sans qu'il y ait de raison de supposer une évolution de cette conception). En effet, même si la langue grecque est susceptible d'autoriser l'emploi de ce vocabulaire dans des situations suffisamment larges et variées pour qu'aucun problème de compréhension ne se pose jamais, on peut se demander comment rendre compte de ce qui peut paraître comme une variation ou une évolution de l'emploi de *pathos* par rapport au sens que l'on a cru devoir lui donner dans l'*Euthyphron*. Car, si cette évolution existe, la force de la démonstration de notre texte, qui semble reposer sur une opposition entre *pathos* et *ousia*, qui est présentée comme « du tout au tout », ne risque-t-elle pas de paraître sérieusement entamée ?

Certains commentateurs de l'*Euthyphron*, nous l'avons vu, en attribuant directement à *pathos* un sens général et relativement indéterminé, qui est conforme au caractère très étendu des emplois possibles de ce terme dans la langue courante, qui correspond à ce que l'on peut retenir d'autres Dialogues, et qui le rapproche beaucoup du *sumbebèkos* aristotélicien, déforment, à notre avis, le sens exact de notre texte : pour eux, que le *theophiles* ne soit pas l'Essence du Pieux mais un *pathos*, cela voudrait dire que c'est cependant une *qualité*, dérivée certes, ne permettant peut-être pas de le définir à elle seule, mais qui leur paraît si évidemment liée à l'idée de piété qu'on pourrait en faire une qualité ressemblant à ce qu'Aristote appellera un « accident par soi », un « accident essentiel », c'est-à-dire une propriété (*sumbebèkos*) qui appartient nécessairement au sujet, même si elle ne suffit pas à le définir. Or, Platon dit explicitement le contraire de cela : il ne dit pas que « le pieux n'est pas *l'*aimé-des-dieux » (to *theophiles*, comme aurait voulu Burnet), mais « qu'il n'est pas aimé-des-dieux ». Ce qu'il réfute n'est pas que ce soient deux idées qui auraient strictement la même signification (même si cela va de soi *a fortiori*) ; il ne dit pas non plus que ce sont deux Essences différentes, que l'on ne pourrait prédiquer l'une de l'autre qu'à condition que l'on précise que, quand on dit que l'une *est*

1. Comme le rappelle, par exemple, M. Dixsaut dans son article déjà cité sur la *dunamis* platonicienne, après A. Diès (1932).

l'autre (par exemple, « le pieux est aimé-des-dieux »), on énonce une identité non universelle mais seulement *par accident*, au sens d'Aristote (*tauta legetai ta men kata sumbebèkos*, *Métaphysique* V, 9,1017b27). Ce qu'il cherche à montrer, en revanche, c'est que *to hosion* et *to theophiles* n'ont pas la même *nature* : tandis que *to hosion*, ce qui est pieux (une réalité pieuse quelconque), s'il s'agit de dire ce que c'est vraiment, exige d'être traité comme une *ousia*, comme la Forme dont il est homonyme[1], comme « le Pieux », qui est ce qu'il est toujours identiquement à soi-même, par soi-même; en revanche, *to theophiles*, ce qui est aimé-par-les dieux, ne tolère pas d'être traité comme ce qui est toujours semblable à soi-même (une Essence) : c'est fondamentalement, comme tout ce qui est aimé comme tel (*philoumenon*), un *gignomenon* et un *paskhon*, ce qui signifie un mode d'être et de causalité de son avènement, de son devenir, de son passage, qui est différent du tout au tout de celui de l'*ousia*, ce que Platon finit, dans notre texte, par nommer *pathos*; c'est, en son fond, non pas une *Idée* (une Forme) mais un *fait*, un *événement*. C'est un « accident » en ce sens que c'est quelque chose de *purement et seulement adventice*, qui n'a ni consistance, ni stabilité, ni détermination, ni nécessité véritables, à peine une « qualité » donc, dans la mesure où sa nature est de l'ordre du devenir, de ce qui advient, change et passe. *Pathos* indique ici une *nature*[2], un statut ontologique : ce qui s'oppose du tout au tout à ce qui est Essence.

1. Poser le Pieux comme une essence, c'est considérer que toutes les diverses choses particulières qui apparaissent « pieuses » sont nommées ainsi par homonymie avec une Forme « éponyme », qui est ce par quoi elles sont telles (*Phédon*, 78e, 102b-103b).

2. Au sens aristotélicien, « accident » (*sumbebèkos*) n'indique pas une *nature* générale mais une *relation* déterminée d'un terme à un autre : un même terme peut être, par rapport à autre terme, accident « nécessaire », par rapport à un autre, accident contingent et rare (c'est le sens général d'accident), par rapport à un autre encore, il peut se trouver impossible qu'il soit accident en aucun sens. Ainsi, *theophiles*, pas davantage qu'un autre terme, ne peut être par lui-même et en général « accident » en ce sens : pour un *eusebès* comme Euthyphron, *theophiles* semble bien être davantage qu'un accident même « nécessaire » à l'égard de certains actes (pour lui, c'est une qualification définitionnelle de ce qu'il juge pieux), tandis qu'à l'égard de certains autres, il ne peut pas être du tout un accident (il ne pense évidemment pas que tout soit ou puisse être aimé-des-dieux, même de façon rare : il y a des actes qui ne peuvent être que haïs par eux). Si Platon avait voulu dire que *theophiles* était « accident » de l'*hosion* en ce sens, il aurait dû établir l'existence d'une relation positive entre les deux (que cette relation soit universelle et nécessaire ou bien qu'elle soit rare). Or, ce n'est pas en considération de la découverte d'une relation de ressemblance, de proximité ou de concomitance, plus ou moins grande, avec l'*hosion* (comme si c'était des idées ou des réalités comparables), que le *theophiles* est déclaré *pathos*, mais en considération de l'analyse de sa *nature* propre, qui se fait d'abord sans référence à l'*hosion*; c'est, à l'inverse, à partir de cette analyse, qui fait apparaître que « *theophiles* » (comme *philoumenon*, *gignomenon* et *paskhon*) ne se comporte pas comme une *ousia*, qu'est déduite sa relation à l'*hosion*, qui est de totale étrangeté voire contrariété. Dans les propos de Socrate, *theophiles* n'est pas un terme qui se rapporte (*sumbainein*) particulièrement à l'*hosion* (que ce soit la plupart du temps ou non); il peut « arriver » à

Comment comprendre, dans ces conditions, les emplois de *pathos* qui ne semblent pas correspondre aux analyses de l'*Euthyphron*? Doit-on dire que Platon a changé sa conception des relations du *pathos* et de l'*ousia*, ou bien qu'il en fait apparaître des aspects différents d'un Dialogue à l'autre, selon les problèmes différents qu'il traite (au demeurant, il n'y a nulle part d'exposé doctrinal, scolaire et complet, d'une « théorie des Idées »)? *Pathos* peut désigner, en dehors de l'*Euthyphron*, notamment toute qualité d'une

n'importe quoi, puisque, note Socrate, « l'amour des dieux » semble pouvoir porter même sur ce qui serait haï des dieux; c'est un terme très indéterminé, peu qualifiant, à peine une « qualité » (on ne sait pas vraiment ce qu'on affirme de déterminé quand on dit que quelque chose est aimé-des-dieux). Si *theophiles* est « accident » au sens de *pathos*, ce n'est pas fondamentalement à cause de sa relation à l'*hosion* (une relation positive, parce qu'il l'accompagnerait, même si ce n'est pas toujours, ni régulièrement ni nécessairement), mais d'abord parce qu'il est de sa nature d'être adventice, d'être de l'ordre de ce qui arrive, change, passe. Cependant, il est vrai que, pour cette raison (parce qu'il peut toujours arriver, et donc à n'importe qui, à n'importe quoi, n'importe quand), on ne risque pas de pouvoir l'attribuer toujours et nécessairement que ce soit à l'*hosion* ou à quelque autre chose : ainsi, même si le sens propre de *pathos* ne se confond pas entièrement avec celui de *sumbebèkos*, il le rejoint, dans une certaine mesure, du point de vue de ses conséquences, et c'est ce qui fait la difficulté de reconnaître et de faire reconnaître son sens exact ici. L'entendre comme équivalent de *sumbebèkos* (si l'on met de côté le fait que ce terme est lui-même ambigu) ne conduit pas à donner à notre passage un sens manifestement absurde ni même éloigné *au bout du compte* de ce qu'il signifie (d'autant plus qu'en français « accident » peut avoir les deux significations, logique et événementielle). Mais c'est la rigueur et la force de la démonstration dans notre texte, qui se trouvent affaiblies par cette légère inexactitude.

Si l'on souhaite cependant s'aider des analyses d'Aristote, ce n'est peut-être pas de *sumbebèkos* qu'il est le plus opportun de rapprocher ce que Platon entend ici par *pathos*, mais de ce que le Stagirite dit précisément de ce terme lui-même (même s'il y a là aussi, bien sûr, des différences) dans la *Métaphysique* V, 21, 1022b15 *sq.*, et les *Catégories* 8, 9a28 *sq.* et surtout 9b28-10a10. Le *pathos* peut être considéré comme une espèce de qualité (*poiotès*), mais qui se caractérise par le fait que sa cause est tellement fuyante et fugace (par différence avec les autres sortes de qualité que sont l'*hexis*, état habituel, et même la *diathesis*, disposition passagère), que c'est à peine si c'est une qualité, quelque chose capable de qualifier véritablement (*Catégories*, 9b28-33). Cette difficulté à donner une véritable consistance qualitative et qualifiante au *pathos*, qu'Aristote présente cependant comme une sorte de qualité, le conduit à n'introduire cette notion qu'en complément de celle de *poiotètes pathètikai*, « qualités affectives » (traduit Tricot) ou affections qui qualifient, comme pour indiquer l'idée d'un *pathos* qui serait tout de même susceptible de qualifier un peu ce qu'il affecte. Mais, quand il en vient à caractériser *pathos* proprement dit, après avoir donné des exemples, il conclut en disant que ce sont des *pathè* et non des *qualités* (la rougeur qui nous vient aux joues du fait de la honte ne permet pas de nous qualifier de « rouges », comme si c'était notre qualité : c'est un *pathos*, à la fois subi, visible et instable). Comme qualité, le *pathos* est lié d'abord à la possibilité pour un sujet d'être affecté par altération (*alloiôsis*), mais note Aristote, conformément à une ambivalence du grec, *pathos* peut indiquer aussi bien l'acte par lequel la qualité affecte que le résultat de l'altération; cependant le genre d'altération qui caractérise le « pâtir » est si essentiellement passager et fugace que le *pathos* a du mal à qualifier vraiment.

chose en tant que, d'une part, elle nous affecte (c'est-à-dire qu'elle est « sensible », c'est un *phainesthai*, un phénomène), d'autre part, elle affecte la chose (c'est-à-dire qu'elle lui advient) : toute qualité en général, donc, y compris quand elle est considérée comme ce dont la cause est l'Essence (ou la Forme homonyme) à laquelle elle participe. Sa caractérisation ne se serait-elle pas alors sensiblement neutralisée et affaiblie par rapport à celle qu'on trouve dans l'*Euthyphron*? En dehors de l'*Euthyphron*, Platon aurait employé le mot *pathos*, d'une manière conforme à un usage grec ordinaire, dans un sens plus étendu et plus indéterminé, qui permet de désigner à la limite toute relation asymétrique en général entre deux termes quelconques, dont l'un est déterminé et affecté par l'autre de quelque façon que ce soit[1]. Mais, si l'emploi qui est fait de *pathos* dans l'*Euthyphron* peut être considéré comme compris dans cette signification générale, ce sens large du terme ne retirerait-il pas de sa force à l'usage argumentatif décisif qui en est fait dans notre Dialogue[2]? Or il n'en est rien; il n'est pas nécessaire de penser que le sens propre de *pathos* ait changé et il nous semble que l'extension de son usage (non de sa signification) peut, en tout cas, se comprendre en continuité et de manière entièrement homogène avec la façon dont sa nature est caractérisée fondamentalement dans l'*Euthyphron* : *pathos* est la *qualité* (parfois très fugitive et fortuite) en tant qu'elle se saisit dans l'expérience de la chose particulière, dans le monde en tant qu'il est soumis au devenir sensible et naturel, à cette causalité du devenir où tout paraît sans cesse être irrégulier (*genesis allote allôs*, *Sophiste*, 248a12-13); telle est la détermination du *pathos*, qui se retrouve également dans les textes qui exposent l'hypothèse de la causalité eidétique et paradigmatique sur lui, comme le *Phédon* (95e *sq.*). C'est qu'il n'y a pas deux mondes mais un seul et, si l'on peut dire qu'il y a deux sortes de causalité, cela veut dire deux conceptions de la causalité pour expliquer la même et unique réalité. Ce qui apparaît dans l'expérience sensible, c'est toujours un *pathos*, qualité dont l'apparence est que tout ce qui en est cause est le cours naturel du simple devenir; mais quand Socrate fait l'expérience du caractère insuffisant et décevant pour l'esprit de cette causalité, il cherche dans le *logos* et l'*eidos* la vraie cause de ce même *pathos*. C'est, en quelque sorte, de la considération de l'expérience sensible ordinaire (à laquelle nul n'échappe d'abord) de la

1. *Cf.* A. Diès, 1932, p. 29, concluant une revue des Dialogues où il est question de la puissance d'agir et de pâtir : « Action et passion sont prises en un sens qui peut indéfiniment s'élargir, jusqu'à ne plus désigner qu'une relation ou que ce que Platon appelle, d'autres fois une participation. ».

2. Si *hosios* (adjectif susceptible de qualifier une chose particulière) peut être ainsi considéré lui aussi comme un *pathos*, qualité de la chose qui manifeste la mainmise sur elle de la Forme du Pieux, la clarté de sa différence avec *theophiles*, de ce point de vue, ne paraît-elle pas brouillée et la force du raisonnement qui se fonde sur elle, affaiblie ?

causalité du devenir, que vient la possibilité de nommer toute qualité sensible « *pathos* » ; et les analyses comme celles du *Phédon*[1] font apparaître le problème (l'insuffisance) que constitue cette expérience (ainsi que la possibilité de le résoudre en considérant la Forme comme cause véritable de ce *pathos*), mais ne cherchent pas à nier le devenir : elles cherchent à en

1. Dans le *Phédon*, les termes *paskhein* et *pathos* sont utilisés, en 83b-e, pour désigner cette « passion » de l'âme dans laquelle celle-ci est tenue enchaînée par le corps, clouée au corps par le plaisir, et forcée de croire vrai tout ce que lui corps lui fait sentir : *pathos* signifie l'affection, comme sentiment à la fois plaisant et mauvais, passivité, impuissance devant ce qui arrive, et ce qui affecte. Ce qui est notable ici, c'est non pas la signification mais le sens du « pâtir » : c'est l'âme (« apparentée » par nature aux Idées), qui pâtit du corps et de ses *pathè*, du devenir et de ses tribulations. Or, ce sont les mêmes termes de *paskhein* et *pathos*, qui servent, à partir de 95e, dans le passage sur les deux causalités, pour désigner cette fois-ci la participation de la chose particulière à la Forme. Mais *pathos*, *pathèma*, *paskhein*, dans ce passage, servent d'abord à poser le problème et à désigner ce qui advient à la chose du fait du devenir (conformément à la proximité de sens de *gignesthai* et de *paskhein*, que nous avons déjà notée) : le problème général qui se pose à Socrate, dans le récit exemplaire de son autobiographie intellectuelle, est de rendre compte de « la cause (*aitia*) de la génération (*genesis*) et de la corruption (*phtora*) » (95e-96a), des causes par lesquelles chaque chose advient, se défait, existe (*gignetai*, *apollutai*, *estin*, 96b8-9), ce qui est l'objet de ce qu'on appelle une « histoire naturelle » (*kalousin peri phuseôs historian*), l'étude, par exemple, des *évènements qui affectent* (*pathè*, 96b8-c1, *pathèmata*, 98a2) le ciel et la terre. Une telle étude cherche à montrer comment les choses adviennent naturellement à partir d'autres choses de même nature, ou deviennent à partir d'un état antécédent, comme l'absorption de nourriture ou de boisson fait grandir et grossir la masse du corps, par adjonction – *prosgignesthai* – de chair aux chairs, 96c-d). Plus loin, dans l'expression de l'idée que « chercher la cause par laquelle chaque chose advient (*gignetai*), passe, existe », c'est chercher, à vrai dire, « ce pourquoi il est meilleur pour elle d'être, de subir (*paskhein*) ou de faire » (en 97c5-8, formule reprise en 98a6), on aperçoit l'extrême proximité de *gignesthai* et de *paskhein* pour exprimer ce qui advient, devient, passe, se passe, arrive et vous arrive. *Pathos* et *pathèma* indiquent l'événement, aussi bien considéré objectivement que reçu par le sujet, la qualité en tant qu'elle advient, du fait du cours du devenir et de la causalité naturelle. Et, même à partir du moment où est introduite l'idée que c'est la Forme qui est la vraie cause du *pathos*, celui-ci ne change pas de sens et demeure désigné ainsi par référence à sa saisie phénoménale dans le devenir; même quand il est reconnu que c'est la Forme qui en est la seule vraie cause (ultime et décisive), cela ne supprime pas le devenir et l'insertion nécessaire du *pathos* comme événement dans le devenir. La causalité vraie de l'Essence ou de la Forme sur le *pathos* ne se substitue pas (comme une causalité mécanique, directe, statique, insensible au devenir) à celle (conditionnelle et instrumentale) du devenir, elle s'y insère, « d'une manière ou d'une autre », dans la mesure où elle en est l'ultime *pourquoi*. Par exemple, le Beau lui-même est ce qui fait belle la chose belle, quelle que soit la manière (présence ou participation) dont il *survient* ou dont *surviennent* présence ou participation (*prosgignomenou* ou *prosgenomenè*, selon la leçon retenue), ce par quoi toutes les choses belles *deviennent* (*gignetai*) belles (100d). Et, dans la formulation générale de l'hypothèse de la causalité de la Forme sur la qualité de la chose, en 101c, c'est la référence à la notion de devenir qui demeure seule : pour expliquer vraiment comment chaque chose advient et devient ce qu'elle est (*pôs ekaston gignomenon*), il n'y a pas d'autre moyen que de considérer que c'est par la participation à l'Essence propre (*tès idias ousias*) dont elle participe.

rendre compte de façon intelligible, à comprendre son existence dans ce qu'elle comporte de nécessité (*tèn tès geneseôs anagkaian ousian*)[1]. Supposer qu'il soit nécessaire que le sens de *pathos* (notamment son rapport au devenir sensible) change lorsque l'on montre que l'Essence en est la vraie cause, ce serait supprimer le problème dont on donne la solution plutôt que le résoudre[2]. La causalité de la Forme sur la chose sensible et son

1. Dans le « combat de géants » qui concerne la compréhension de ce qu'est l'*ousia* (*Sophiste*, 246a), Platon ne fait pas partie des extrémistes « amis des Formes », qui séparent définitivement le monde de l'*ousia* et celui de la *genesis*, où tout est mouvement et changement incessant (*Sophiste*, 248a7). Il faut affirmer, sous peine de nier la possibilité même de l'esprit (*nous*), qu'il y a et du mouvement et de l'immuable dans le tout de l'Être, et de la communication entre eux (*Sophiste*, 249b). Il faut comprendre la possibilité d'une *genesis eis ousian*, une « genèse vers l'Essence » (*Philèbe*, 26d), il faut tenir compte de « l'essence nécessaire de la genèse » (*tèn tès geneseôs anagkaian ousian*, *Politique*, 283d).

L'hypothèse de la causalité de la Forme sur la chose particulière ne supprime pas l'existence du devenir et, ainsi, la possibilité de comprendre le *pathos* comme effet de cette causalité eidétique n'abolit pas la liaison intime de ce même *pathos* avec le devenir et sa forme propre de causalité (même si la vraie raison de la présence de Socrate dans sa prison est ce qu'il a dans la tête, il n'en demeure pas moins que, sans ses jambes et ses muscles, il n'y serait pas assis). La considération du *pathos* comme quelque chose d'orignairement génétique, dans l'expérience première que nous en avons, n'est pas supprimée par l'hypothèse de la causalité eidétique, dont rien n'oblige à penser que le caractère paradigmatique corresponde à une causalité efficiente directe sur le *pathos*, qui le déterminerait mécaniquement de façon statique et indépendante de tout devenir (même si cela correspond à une compréhension fréquente qui tendrait à ranger Platon au nombre des « amis des Formes »).

2. Dans le *Phédon* il est difficile que l'hypothèse de la vraie cause que constitue la Forme pour le *pathos* fasse oublier que celui-ci apparaît originairement comme phénomène du devenir et lié comme tel à la forme de causalité que constitue le devenir, parce que c'est cette liaison qui constitue l'élément fondamental de la position même du problème que résoud cette hypothèse. Mais dans un Dialogue comme l'*Hippias majeur*, le problème posé d'emblée par Socrate est de définir de façon suffisante et précise ce qu'est le Beau lui-même (286d810), caractérisé comme ce par quoi toutes les diverses choses belles sont belles, l'idée de causalité eidétique étant présentée comme une évidence (comme bien connue déjà) susceptible de s'appliquer aussi bien à la justice, à la science, au bien, qu'à la beauté : on ne demande pas ce qui est beau, mais ce qu'est le Beau lui-même (286d-287e), le terme d'*eidos* étant employé, en 289d4, pour nommer l'objet de la recherche. Or, entre 300a et 302c, (après une première formulation à l'actif, en 300a9-10, comme un *poiein*, une action sur les choses, « qui les fait belles »), c'est dans le vocabulaire du *pâtir* (*pathos*, *pathèma*, *pathein*), qu'est exprimée de façon répétée l'idée de la participation de la chose particulière à l'*eidos*, jusqu'en des lignes où *pathos* et *ousia* sont mis en relation (301b8). N'est-on pas en présence, ici, d'un cas où l'*eidos* semble déterminer directement le *pathos*, la chose particulière et sensible, indépendamment de la situation de celle-ci dans le devenir ? Il ne nous semble pas vraiment.

Car ce passage, où Socrate et Hippias se répondent en employant soigneusement le même vocabulaire (dont *pathos* et *ousia*), semble écrit cependant en sorte qu'existe un quiproquo entre eux : les termes et la manière choisis par Socrate pour poser la question le sont à l'évidence de sorte qu'ils puissent avoir du sens par rapport à l'ordre du devenir naturel ou matériel. Pour indiquer l'action de la Forme du Beau sur la chose belle, sont employés, par exemple le verbe *prosgignesthai* (plusieurs fois à partir de 289d3), qui comprend l'idée de genèse qui

pathos ne dissout pas, comme si ce n'était qu'illusion, le devenir et le caractère sensible de la chose particulière; elle l'explique par une causalité tout autre que la causalité naturelle, factuelle, évènementielle, qui n'explique pas vraiment parce qu'elle ne dit pas le *pourquoi* ultime. Par exemple, l'hypothèse de la causalité de la Forme du Pieux sur ce qui est pieux, c'est-à-dire un homme ou un acte pieux, ne signifie pas (ce serait inintelligible) l'idée d'une production du pieux réalisée en eux de l'extérieur, sur le mode d'une causalité efficiente, d'une façon mécanique, technique et artisanale (si ce n'est par métaphore), directement, instantanément et dans une sorte d'éternité; elle ne supprime en rien le fait que l'homme ou l'acte, pour être pieux à un moment donné, *doivent* le *devenir* (cela a une signification particulière pour tout ce qui concerne les valeurs, les vertus, les excellences), puisque c'est cela, au contraire, le problème même qu'elle se donne pour tâche d'expliquer; elle permet de ne pas se contenter d'une explication purement génétique et physiologique, par le simple récit objectif du cours des choses, du changement des états naturels et des affects, de l'enchaînement des faits et des évènements (qui peut «expliquer» aussi bien tout

apporte un élément nouveau, de la même manière que s'il s'agissait d'éléments matériels qui s'ajoutent les uns aux autres (c'est le même verbe que dans le *Phédon*, 96d), et le verbe *kosmein*, qui veut dire «rendre beau» ou «embellir». Or, si Hippias semble comprendre la demande de Socrate, c'est bien parce que les termes employés peuvent aussi bien décrire, en effet, une genèse au sens ordinaire, naturelle ou matérielle (c'est pourquoi il répond, par exemple, avec assurance, que ce par quoi sont rendues belles ou embellies toutes choses, c'est la dorure). On n'a pas de vraie raison de se moquer de lui : c'est bien parce que ce qu'il répond relève d'une des deux grandes sortes de réponse possible, que la question de Socrate constitue un vrai problème et non pas une question scolaire, qui appellerait récitation et soumission.

Le but de Platon n'est certainement pas de faire apparaître Hippias comme un sot (même s'il est sûr de lui, précipité et arrogant) mais de montrer au moins la correspondance de l'hypothèse de la causalité eidétique et de celle de la causalité génétique, ou, pour le dire autrement, de faire apparaître de façon elliptique ce que le *Phédon* développe de façon très analytique : les deux répondent au même problème, la première répond au problème que se posent les généticiens dans les termes de leur question, en se fondant sur les insuffisances de leur réponse à atteindre l'objet qu'ils se proposent. Les lignes 301b-e font précisément apparaître les principes des deux positions dans les termes des relations entre *pathos* et *ousia* : Hippias ne fait pas de différence entre *pathos* et *ousia*, parce que tout est homogène dans l'Être ; c'est le processus de la nature qui fait advenir tout ce qui est sous forme de grands corps homogènes, dont les qualifications valent pour tout l'ensemble et pour chaque partie de l'ensemble (301b) ; tandis que Socrate va montrer, au moyen d'un contre-exemple (le cardinal d'un ensemble par rapport aux éléments pris distributivement), que ce n'est pas toujours vrai : on ne peut donc pas confondre l'*ousia*, cause de telle ou telle qualité (302c), avec n'importe quelle qualité qui advient. Mais c'est au plus près de la position naturaliste et généticienne que Platon fait apparaître son hypothèse contre elle. Il n'ignore pas la manière de rendre compte de la beauté des choses particulières comme issues d'une genèse naturelle ou matérielle, il la rectifie en faisant apparaîtrer l'insuffisance de la causalité naturelle qui appelle l'hypothèse de la causalité eidétique.

et son contraire, du moment que « cela arrive »), mais de comprendre comment il peut y avoir une orientation du devenir par et vers l'*ousia*, par quoi les choses apparaissent intelligibles et réalisables conformément à leur dignité : en posant que la vraie cause de la piété de l'homme pieux (et de ses actes), c'est l'*eidos* dont il participe, on comprend (rien n'est plus simple et évident, en un sens) que l'homme devient pieux quand l'*eidos* du Pieux devient présent en lui (*parousia*), c'est-à-dire, est pensé ; on devient juste et pieux par l'exercice de la pensée (*dikaion kai hosion meta phronèseôs genesthai*), ce qui est devenir divin autant qu'il est possible, comme dit le *Théétète* (176a). Si éminente, ultime et décisive soit la causalité de l'essence par rapport à celle du devenir naturel, c'est dans le devenir et ses *pathè* que l'essence a à advenir.

Le *pathos* demeure ainsi partout[1], même dans les cas où il est rapporté à une Essence ou à une Forme comme à sa vraie cause, la qualité (la qualification, l'affection, l'état, parfois très fugaces) en tant qu'elle advient et qu'elle apparaît dans le devenir[2]. Il n'est pas nécessaire de supposer une évolution de la conception de Platon sur ce point. En revanche, dans la mesure où l'on peut donc bien dire que les choses qui paraissent pieuses (*ta hosia*) sont celles qui paraissent avoir ce *pathos* (cette qualité), ce terme pourrait sembler, après ces considérations, ne plus caractériser particulièrement et différentiellement ce qui est *theophiles* ; il faut, dans ces conditions, pour terminer là-dessus, reformuler une dernière fois explicitement

1. Je n'envisage ici pas la possibilité, qui apparaît dans le *Phédon* ou le *Parménide*, de parler de la relation entre les Formes au moyen du verbe *paskhein*, surtout au parfait (davantage que du mot *pathos*). Mais ce n'est en tout cas pas « une métaphore morte », comme le souligne Monique Dixsaut dans son article déjà cité sur la *dunamis* platonicienne, une manière de désigner une relation simplement logique entre des termes abstraits définis, car parler de la sorte de la participation entre les Formes, c'est en parler en termes de *puissance* d'agir et de pâtir. Sans entrer dans ce problème, notons cependant que cette manière de parler de la participation des Formes entre elles comme d'une puissance de pâtir n'est, en un sens, pas indépendante de l'hypothèse de la causalité des Formes dont pâtissent les choses particulières, dans la mesure où elle est la solution à l'un des problèmes les plus importants que pose cette hypothèse : la même chose particulière peut participer de plusieurs Formes et pour cela, il faut que celles-ci « se supportent » et « s'acceptent » *dans* la même chose (qui ne peut être chaude et froide à la fois, par exemple), c'est-à-dire, si l'on traduit en termes logiques, qu'elles ne soient pas contraires. L'intelligibilité véritable du devenir des choses particulières appelle l'hypothèse de la causalité des Formes dont pâtissent ces choses, et cette causalité, en sorte que la possibilité pour une chose de pâtir de plusieurs Formes soit intelligible, appelle, à son tour, la participation entre les Formes ; cependant aucune raison n'oblige à hypostasier et à séparer comme matériellement ces niveaux d'explication, dont le sens est de rendre intelligible le devenir des choses dont nous faisons l'expérience d'abord sensible. Car c'est toujours cela qu'il s'agit de comprendre.

2. C'est aussi ce qui caractérise principalement le *pathos* comme forme de *poiotès*, dans sa petite différence avec le *sumbebèkos*, selon Aristote.

ce que soutient et démontre précisément l'*Euthyphron*, en sorte de vérifier encore que son caractère démonstratif n'en souffre aucunement. Il n'y a, en effet, aucune difficulté à dire que *hosion* peut être considéré comme la *qualité* de chacune des diverses choses pieuses (*ta hosia*) par laquelle elle paraît être telle (c'est cette qualité qui nous pousse à rechercher l'*eidos* et l'*idea* qui y correspondent), c'est à dire comme un *pathos*. Seulement, on ne peut rendre compte de ce qu'est « être pieux » en en restant à l'ordre du fait et de l'événement : c'est un terme qui semble bien exiger d'être traité comme un « pouvoir-être » (*hoion*) plutôt que comme un être (une chose), d'être traité comme une puissance, une Valeur, une *ousia* (même si la chose n'est pas menée à bien dans notre Dialogue). Si *hosion* n'était pas un *pathos* possible, il ne serait rien pour nous, pas même problème, cette qualité sensible qui nous pose un problème de définition; mais il supporte, en même temps qu'il exige, d'être traité comme homonyme d'une Forme, d'être posé et examiné comme une Essence. La différence du tout au tout de « *hosion* » avec « *theophiles* », en revanche, ne tient donc pas à ce que ce dernier pourrait être qualifié de *pathos*, mais, redisons-le, à ce qu'*il ne peut être que cela* : il ne peut être traité comme une Idée; il indique au mieux seulement un événement, un fait; et même si le fait d'être aimé peut être mérité, ce n'est qu'un fait, ce qui est décisif est que l'événement en arrive. *Theophiles* n'est qu'à peine « qualité » (comme dit Aristote du *pathos*), car c'est à peine s'il peut qualifier quoi que ce soit, tant il est par nature passager et évènementiel (ce n'est pas particulièrement une « qualité » de l'*hosion*, pas davantage que de n'importe quoi d'autre, même s'il peut lui arriver comme à n'importe quoi d'autre). C'est ainsi *par nature* que *theophiles* est *pathos*, parce qu'il ne peut être rien d'autre : il ne peut avoir d'autre cause que le *gignesthai* et le *paskhein*; on ne peut poser une Forme éponyme qui serait sa cause. C'est bien cela très précisément que cherche à montrer l'*Euthyphron* et rien de plus, si l'on suit la forme et le détail de sa démonstration : *theophiles* n'est pas *une* qualité, il n'est pas un *pathos* particulier, il est *pathos* pur, il n'est que *pathos*, c'est *sa nature*. Dans ces conditions, c'est bien une différence du tout au tout qui s'indique entre *pathos* et *ousia* du fait de la manière opposée dont les deux termes se comportent quand on essaie de caractériser le régime de causalité dont ils relèvent et de définir ce qui apparaît et peut être reçu à travers eux.

CONCLUSION

Les difficultés principales que l'on rencontre, quand on souhaite rendre compte précisément de ce que dit Platon dans ce texte (et cela semble bien arriver ailleurs également), paraissent avoir deux sources : d'abord, la tentation de juger de la validité d'un raisonnement ou d'une démonstration avant de lui avoir trouvé un sens défendable et indépendamment, parfois, du sens que son auteur lui accorde selon toute vraisemblance. Or le risque de soumettre à un examen de « validité logique » séparé un texte avant que son sens ne soit suffisamment établi est d'autant plus grand qu'il traite, c'est l'autre source de difficultés, de questions aussi délicates que la piété, la religion, les rapports au divin, aux dieux, au dieu, à Dieu (comme écrivent certains commentateurs). Platon emploie lui-même ces diverses manières de parler et il n'est pas facile de les traduire chaque fois correctement en évitant d'introduire en même temps des significations parasites et parfois anachroniques. Ces questions ne sont pas seulement difficiles et délicates en elles-mêmes; l'éloignement historique, qui peut, d'un côté, favoriser l'esprit d'analyse et d'objectivité à leur égard, peut aussi conduire à des incompréhensions subtiles, dues notamment à un sentiment de trop grande proximité ou de trop grande distance, difficile à contrôler.

Le risque est sans cesse, pour celui qui cherche à rendre compte de la pensée de Platon avec fidélité, de surévaluer ou de sous-évaluer l'importance et le sens du religieux, du divin, des dieux, du dieu, de Dieu. « Tout est plein de dieux » (*Lois* 899b9 et *Epinomis* 991d4), tout est dieu et divin, chez Platon, en des sens qu'il n'est sans doute pas opportun d'unifier entièrement. « Qu'est-ce qui n'est pas Dieu chez Platon ? » se demandait A. Diès[1]; « tout est divin pour lui ». Ce qui veut dire, d'abord, qu'entre ce qui est divin et ce qui ne l'est pas, on ne fera pas aisément un partage, même si tout n'est pas également « divin », ni « dieu » au même sens.

Il y a parfois, chez Platon, une réflexion portant distinctement sur le religieux et le divin, et parfois une manière religieuse de parler quel que soit le sujet; à son tour, cette manière religieuse de parler relève parfois de la religion civile et du rituel social (comme dans les *Lois*, où dominent le point de vue et le vocabulaire de l'*eusebeia*), parfois de la religiosité spirituelle voire philosophique, qui rend tout divin. On parle, dit Schaerer, 1944, p. 173, partout de « Dieu », avec Platon, même quand ce n'est pas explicite, dans la mesure où, « le platonicien répond à l'appel de Dieu en se tournant vers l'Idée, qui est la face objective de Dieu ». Le discours rationnel qui porte sur les Formes (ce qu'il y a de plus réel) peut être compris comme un discours *incognito* sur Dieu. Dans cette perspective, Dieu n'est pas un objet de pensée distinct, à part de tous les autres. Mais il est en jeu chaque fois que l'on pense vraiment, dans la mesure où, « selon le dire antique, le dieu est le commencement, la fin et le milieu de tous les êtres »[2]. L'idée de Dieu est celle qui est la plus éclatante et la plus aveuglante, comme le soleil, à la fois

1. A. Diès, 1926, p. 575.
2. *Lois*, 715e-716a.

la plus évidente et la plus cachée. C'est pourquoi, il y a de quoi être irrité quand quelqu'un demande qu'on démontre son existence – c'est qu'on n'a pas fait pour lui ce qu'il fallait assez tôt dans son éducation (*Lois*, 887c-d). Cette démonstration devrait être facile (885e), car les œuvres de Dieu sont visibles comme tout ce que nous lui devons : c'est, par principe, tout ce qui nous entoure et qui est produit dans la lumière du soleil[1]. Mais on ne peut démontrer l'existence de Dieu sans son aide : il faut le prier et implorer son secours à cette fin (*Lois*, 893b), situation qui sera jugée au moins *paradoxale* par un philosophe moderne, en général. Même dans les *Lois*, on ne peut sans doute pas dire qu'il y ait une « démonstration » de l'existence de Dieu, au sens moderne. En revanche, nous sommes en situation, avec Platon, de comprendre que, si nous parlons de Dieu (ou du dieu), il faut faire attention à ne rien dire qui contredise sa grandeur, sa science, sa bonté. Il n'y a qu'à considérer qu'il est plus grand que tout (*megiston*) et veiller à éviter « le plus grand mensonge sur ce qu'il y a de plus grand » (*République*, 377e). Mais, au bout du compte, on l'a vu, le plus sage serait de ne rien dire de Dieu (« *Deus qui melius scitur nesciendo* », comme dit la formule de saint Augustin, que cite Schaerer), et, plus précisément, de reconnaître « que nous ne savons rien des dieux, ni d'eux-mêmes ni des noms qu'ils peuvent se donner – car cela est clair, en tout cas, que leurs vrais noms, ce sont eux-mêmes qui se les donnent » (*Cratyle*, 400d) ; « car que pourrions-nous dire, nous qui reconnaissons que nous n'avons aucun savoir sur ces matières ? » (*Euthyphron*, 6b) ; position, pour ainsi dire, non pas simplement d'aphasie agnostique, mais comparable, en un sens, à l'apophatisme moderne (tel que celui de Bultmann).

Quand Diès dit que « tout est dieu ou divin chez ce trop divin Platon : les Idées ou Formes intelligibles – l'Idée du Bien – l'Idée du beau – l'Intellect – l'Âme – le Monde – les Astres – notre intellect à nous – sans parler de ces dieux de la mythologie, que le *Timée* mentionne après les astres avec une ironie non déguisée »[2], il poursuit en notant qu'on peut se demander : « quel est donc, dans tout cela, le Dieu de Platon ? » On ne peut que soupçonner que tout cela n'est pas dieu ou divin au même sens. C'est ce que se sont efforcés de montrer précisément, dans une étude sur le sens de *theios* (divin) chez Platon, publiée en 1956, Van Camp et Canart (qui se présentent eux-mêmes, dans l'introduction, comme des abbés, rédigeant une thèse sous la direction de Monseigneur Mansion de l'Université de Louvain) : ils reconnaissent, en écho à Diès, que « la tradition la plus ancienne nous parle en effet du "divin" Platon » (p. 10) et que cela peut se justifier par la fréquence de l'emploi de cet adjectif dans son œuvre, mais ils refusent que

1. *Euthyphron*, 14e-15a ; *République*, 509a-b, 516b-c
2. A. Diès, 1926, 1972, p. 555.

cela constitue par soi-même un enseignement clair et univoque sur l'idée de divin et, plus encore, sur l'idée de Dieu, chez lui. Ils critiquent Mugnier (1930), parce qu'il « estime a priori que le sens de *theios* est en corrélation étroite avec celui de *theos* » (p. 12) ; ils contestent qu'on puisse s'instruire de ce qui est « dieu » ou de ce qu'est « Dieu » chez Platon à partir de l'idée de divin qu'on trouve chez lui ; ils reconnaissent certes que « les dieux et le divin interviennent à chaque instant dans l'œuvre de Platon, c'est incontestable. Mais est-ce un motif suffisant pour penser que le philosophe avait de ce divin une idée susceptible d'entrer dans nos catégories d'un Dieu unique transcendant et personnel ? » (p. 14). « On simplifie trop souvent le problème de Dieu chez Platon », et leur intention, quant à eux, est d'établir qu'on ne trouve pas chez Platon « une doctrine philosophique de Dieu, principe superieur, personnel ou créateur » (p. 421), c'est-à-dire chrétien – ce qu'on ne peut évidemment qu'accorder (sans que cela n'exclue la puissance de « Platon pour disposer au Christianisme », selon le mot de Pascal). Chez Platon, « *theios* » est employé souvent de façon populaire et désigne tout ce qui a rapport aux dieux (p. 413), mais aussi de façon « philosophique ». Or « le champ d'application du *theios* philosophique est très vaste » (p. 415) : le terme peut s'appliquer, en effet, à tout ce qui est important chez Platon (comme le dit Diès), se liant étroitement au problème et à la marche de la pensée dans chaque Dialogue d'une manière plastique (au point qu'il n'est pas aisé de caractériser sa signification générale mais seulement son rôle) ; mais l'intention de Van Camp et Canart est de montrer que tout cela est « divin » mais non pas nécessairement « dieu » : les Idées sont divines mais non pas des dieux (p. 416-421), le Bien n'est pas Dieu (l'assimilation du Bien à Dieu relève sans doute d'une lecture néoplatonicienne, mais ne se trouve pas textuellement dans Platon), et, si les dieux sont évidemment divins, « divin » ne représente pas l'ensemble des caractères qui réunissent les dieux, leur genre (p. 114) ; ils doivent leur divinité à la contemplation des Idées (*Phèdre*), à leur contact périodique avec le Divin, commentent-ils, qui est originairement non dans les dieux mais dans les Idées, les Formes, la Réalité suprême : « il y a quelque chose de plus divin que les dieux ». On peut ainsi être conduit à concevoir la « théorie des Formes » comme « la religion de Platon » (comme Jaeger, dans *Paideia*, et Goldschmidt, dans *La Religion de Platon*), reconnaissent Van Camp et Canart (p. 416-417), car « si *theios* ne met pas les Formes au rang des dieux, il tend à transposer sur elles une part de la ferveur religieuse que ceux-ci suscitaient ou étaient censés susciter ». – *Religion*, ainsi, non pas sans dieu mais dont l'objet suprême est le divin plus que Dieu ou les dieux ; *religiosité philosophique* (même dans le *Timée* et les *Lois*, où « l'intelligible fait l'objet de sentiments plus explicitement religieux », il n'en reste pas moins que « l'ideal platonicien n'a rien perdu de son intellectualité », p. 417), plus « intellectuelle » (comme ils disent) que proche des « religions traditionnelles », et qu'ils refusent pour cela d'appeler « religion », parce qu'ils n'ont pas d'autre modèle de la religion; *philosophie religieuse*, dont le caractère très prolixe et foisonnant à l'égard du divin et très réservé (en tous les sens du terme) sur l'idée de Dieu indique un souci exigeant de l'Absolu : « dire qu'il y a quelque chose de plus divin que les dieux, confond l'esprit et lui fait sentir son indigence devant l'Ineffable » de la Réalité suprême et absolue (p. 422)[1].

Tout est divin et tout est dieu chez Platon,mais pas au même degré ni tout à fait au même sens, et il n'est pas facile d'établir une séparation nette entre ce qui est divin et ce qui ne l'est pas, entre ce qui est religieux et ce qui ne l'est pas; pas davantage qu'entre la religion sociale la plus pauvre, la plus conventionnelle, la plus superficielle, la plus soumise à des règles, des rites et des fables sans raison, et la religiosité la plus exigeante et la plus excellente, la plus pensante et la plus morale, la plus philosophique : entre l'*eusebeia* de celui qui a le désir impatient de se sentir et de se croire *theophilès* sans autre forme de procès, et l'*hosiotès*, qui tend à se confondre avec l'exercice de la pensée (*phronèsis*) et la philosophie elle-même[2], la

1. Cette notation finale achève de nous donner le sentiment que les conclusions générales auxquelles aboutit cet examen, qui se veut philologique, des sens de *theios* dans l'ensemble des Dialogues, est cohérent pour l'essentiel (indépendamment de certains points de formulation sur la « religion », sans doute liés au fait que les auteurs n'envisagent pas le genre de différence que nous avons chercher à marquer entre *eusebeia* et *hosiotès*, ni la posssibilité que représente une forme *apophatique* de religiosité) avec les hypothèses sur la religion de Platon, que nous présentons à partir du point de vue différent qui est le nôtre (l'étude, pour ce qui est des textes, avant tout de l'*Euthyphron*, et, pour ce qui est du vocabulaire religieux, des termes d'*hosion*, d'*eusebes* et de *theophiles*).

2. Il n'y a pas d'*hosiotès* en dehors de la pensée véritable et de la philosophie. La véritable piété est la justice elle-même, qui ne se partage pas et qui réunit tout en reconnaissant la place propre de chaque chose (*Euthyphron*, *Protagoras*). La justice, comme la vertu en général, ne se gagne que par la pensée (*Ménon*). C'est en devenant pieux et juste par l'exercice de la pensée, qu'on se rend aussi semblable qu'il est possible au dieu (*Théétete*) : c'est penser autant qu'il est possible comme un dieu, lui qui sait tout et connaît les Réalités (les Formes), c'est à cela même qu'il doit d'être divin (*Phèdre*), autant qu'il est possible, c'est-à-dire, quand on est un homme, comme un philosophe (*Phèdre*, *Banquet*). On peut dire ainsi, avec Goldschmidt, qu'il n'y a pas d'alternative ou d'antithèse véritables entre philosophie et religion dans la pensée platonicienne, que ce soit en affirmant, comme lui, que « c'est parce qu'il cherche à concilier et à unifier toutes choses en Dieu que la religion, pour Platon, ne peut se disjoindre de la philosophie » (1949,1970, p. 126), ou en reconnaissant, comme Van Camp et Canart, pourtant si prudents et défiants là-dessus, que l'étendue de l'usage de *theios* dans la pensée de Platon « évoque une atmosphère religieuse », « confère aux réalités philosophiques qu'il détermine le prestige qui entourait, pour un homme normal, la sphère du divin », et que son application aux Formes, qui n'en fait certes pas des dieux, transpose cependant sur elles

recherche du Juste en tout, qui s'occupe de tout rassembler et de tout diviser comme il faut, la piété de celui qui ne se soucie pas d'être aimé de la Divinité autrement qu'en se rendant digne d'être aimé de tout ce qui est susceptible de penser droitement et d'aimer ce qui est juste : des dieux (dans la mesure et au sens où l'on peut dire que les dieux aiment), de tout ce qui est vraiment dieu ou divin, et de tous ceux qui se rendent aussi semblables que possible à des dieux grâce à l'exercice de la pensée et de la dialectique. Tout ne se vaut pas et tout ne répond pas également à l'exigence de la Valeur et de l'Essence; mais aucune des formes de piété n'est entièrement mauvaise, même de celles qui sont les moins exigeantes. Seule se condamnerait une âme impie en tous les sens, c'est-à-dire qui se tiendrait en un état de surdité à tout appel de l'exigence. En revanche, le moindre élan peut conduire dans la bonne direction celui qui s'en soucie.

Tout cela est bien connu, mais il n'est peut-être pas inutile de se rappeler cette générosité, qui rend impossible de séparer jamais entièrement philosophie et religiosité, lors même que cette philosophie réalise une des critiques les plus radicales de la religion. Pour nous autres modernes[1], qui avons tendance à distinguer nettement l'une de l'autre, il n'est pas toujours facile de suivre sans étonnement une pensée où une telle critique *sert* du même geste et uniment la philosophie et la religiosité[2]. La radicalité de cette critique, dans un texte comme l'*Euthyphron*, peut paraître peu cohérente avec le style « religieux » de tout le reste de l'œuvre et surtout avec la politique des *Lois*; et certains peuvent être conduits à considérer que notre Dialogue contient une contestation excessive et sans lendemain chez Platon (il n'en est rien en fait); d'autres, à considérer qu'il n'a pas pu ou pas voulu dire exactement ce qu'il a dit (que le pieux ne soit pas aimé des dieux et que ce qui est aimé des dieux ne soit pas pieux, par exemple); des problèmes d'interprétation peuvent alors être soulevés de façon plus ou moins justifiée, la lettre du texte ou la qualité de l'expression, critiquées, la validité de la pensée et sa rigueur « logique », mises en cause. Mais la nature

une ferveur religieuse censée être suscitée par des dieux et fait de l'Intelligible « l'objet de sentiments plus explicitement religieux » (p. 416-417).

1. Voir, par exemple, les remarques polémiques de Vlastos, 1994, p. 220 *sq.* : « Il nous faut d'abord affronter un fait concernant Socrate, tellement embarassant pour les lecteurs modernes qu'il a fait se succéder de nombreux travaux de spécialistes qui cherchaient des explications pour évacuer le problème, témoin encore l'ouvrage le plus récent sur l'*Euthyphron* (écrit par le regretté Lazslo Versenyi, 1982) : il s'agit du fait que Socrate accepte le surnaturel. Je n'irai pas perdre un instant à discuter contre ces travaux. Le fait qu'ils veulent nier est si solidement attesté dans nos sources principales -les écrits socratiques de Platon et de Xénophon- que leur ablation du corps des textes constituerait une amputation mortelle [...]. »

2. C'est bien ce qui est rendu possible notamment par la distinction et la différence entre l'*eusebeia*, qui désire le *theophiles*, et l'*hosiotès*, qui cherche l'*hosion* et l'*hoion phileistai*.

de la pensée et de l'expression religieuses chez Platon, leur omniprésence polymorphe et polysémique, leur liaison étroite avec la philosophie elle-même, devraient, au contraire, à propos de chaque texte, rendre plus prudent que jamais au moment où l'on se décide à suspendre l'effort pour comprendre au profit de l'examen de la « validité logique ».

Or on a précisément le sentiment que, dans bien des cas, ce n'est pas le texte de Platon dont la validité des enchaînements est examinée, mais ce qu'il aurait écrit s'il avait pensé différemment et s'il avait partagé ce que tel ou tel commentateur aurait pu penser et dire à sa place. Notons qu'une autre manière de déformer le texte, plus insidieuse parce qu'elle a l'apparence de l'étude de détail, est de l'émietter, de l'abstraire de son mouvement et de chercher à donner du sens à chaque atome littéral indépendamment de son contexte. Or, parfois c'est l'attention portée au détail qui éclaire; mais nous avons vu que parfois, si on y reste, elle peut aussi rendre le sens inaccessible. À cet égard, c'est avec satisfaction que j'ai lu sous la plume de L.A. Dorion[1], qui avait d'abord « conclu à l'invalidité de l'ensemble de l'argumentation déployée dans ce passage » et reconnu le mérite des philosophes « analytiques », qui est « de procéder à une étude rigoureuse et sans concession des arguments, parfois douteux, dont se sert Socrate pour réfuter ses interlocuteurs », une reconnaissance « des limites de la philosophie analytique » : « l'un des principaux torts des études qui s'en réclament, ou s'en inspirent, est d'isoler, plus ou moins artificiellement, certains passages de leur contexte immédiat et de perdre ainsi de vue l'ensemble de l'argumentation. Dans le cas de 10a-11b, qui forme pourtant un tout, on s'étonne de constater que la plupart des études s'intéressent, non pas à tout ce passage, mais uniquement à telle ou telle étape du raisonnement de Socrate » (p. 333-334). Cette déclaration finale me semble très justifiée, elle devrait même être généralisée et étendue : on ne peut juger définitivement de la validité, même seulement « logique », des énoncés et de leur enchaînement à l'intérieur d'un passage sans s'assurer que le passage est bien découpé et sans caractériser avec suffisamment de précision sa situation par rapport à la structure du Dialogue, sa place dans l'ordre des questions et des réponses de l'ensemble.

1. Je me suis beaucoup référé à l'annexe que Dorion a consacrée à notre passage, parce qu'il a recueilli un joli florilège de critiques qui s'y rapportent, et qu'il les présente souvent, m'a-t-il semblé, comme s'il les partageait lui-même, ce qui n'est pas toujours mon cas. Mais j'ai eu le sentiment que sa présentation en tête de la traduction rendait souvent mieux justice à la pensée de Platon que l'annexe et je me suis demandé parfois s'il adhérait entièrement aux critiques qu'il semblait reprendre à son compte.

ANNEXE

LES AUTRES EMPLOIS DE *THEOPHILÈS* DANS L'ŒUVRE DE PLATON

Dans aucune des rares occurrences où Platon emploie *theophilès*[1], en dehors de l'*Euthyphron*, il n'en fait un usage incompatible avec la leçon de ce Dialogue, telle que j'ai cru pouvoir la dégager; mais, plus signficativement encore, on n'y trouve pas non plus une analyse, ni reprise ni modifiée, de sa nature. Il n'est pas possible d'éclairer l'analyse philosophiquement radicale de l'*Euthyphron* au moyen d'autres : aucun autre emploi du terme est liée à son analyse. Platon l'utilise comme un terme dont le sens irait de soi dans la conversation, qui est suffisamment entendu communément pour l'usage qu'il en fait, et qui n'appelle aucune justification ou discussion. Son emploi correspond à une manière commune et commode de s'exprimer, sur laquelle nul ne demande des comptes. Socrate se contente au mieux de vérifier que son interlocuteur est d'accord (ce qui est bien sûr le cas, puisqu'il ne dit alors rien qui heurte le sens commun ou la bienséance), selon sa manière de faire habituelle dans beaucoup de Dialogues, lorsqu'il utilise une affirmation ou une manière de parler qui n'est pas ce sur quoi porte la discussion mais qui est destinée à formuler une question ou un argument sur l'objet de la discussion – et, comme nous avons pu le vérifier dans le cas de l'*Euthyphron*, cela ne donne pas d'indication décisive sur ce qu'il pense au juste. En tout cas, *theophilès* ne fait jamais l'objet d'un examen, et il me semble impossible de trouver aucun élément doctrinal nouveau ou qui serait susceptible d'être présenté comme modifiant ce qui a été établi dans l'*Euthyphron*. Dans les principales occurrences, *theophilès* n'est jamais le

1. *Cratyle* (394e), *Gorgias* (507e5), *Ménexène* (237c), *République* (382e, 383c, 560b, 612e), *Banquet* (212a), *Timée* (60e), *Philèbe* (39e), *Lois* (716c, 822c). Occurrences très rares (j'y ai ajouté quelques approximations comme *prosphilès tois théois* ou *tôi théôi*), rapportées à l'ampleur de l'œuvre de Platon et si l'on considère combien, en un sens, comme dit A. Diès, « tout est est dieu et divin chez le divin Platon ».

sujet d'une assertion qui, sans avoir une valeur de définition, pourrait prédiquer au moins une de ses qualités, mais il est employé comme une qualité (*pathos*) attribuée à ce dont il s'agit à chaque fois, qui est précisément le bon, le juste, le pieux. Dans ces conditions et dans la mesure où il est employé comme adjectif (sans article) souvent au masculin (*theophilès*), il ne devrait pas être facile en toute rigueur, même si on ne songe pas à l'enseignement de l'*Euthyphron*, de tirer de ces emplois une leçon générale sur ce qu'est « le *theophilès* » (avec un article défini, « *celui* qui est aimé des dieux »), encore moins « le *theophiles* » (« l'aimé-des-dieux », au neutre, qui présenterait l'adjectif comme un substantif[1], sur le modèle de « *to hosion* », comme l'*Euthyphron* l'a fait en sorte d'assurer la possibilité d'une comparaison serrée des deux termes). Par exemple, dans les deux occurrences qui peuvent sembler donner une certaine consistance doctrinale au terme : « l'homme juste est *theophilès* »[2] ; « l'homme juste, pieux (*eusebès*, dévot) et bon est *theophilès* »[3]. Il est remarquable que, même au moment[4] où le fait d'être *theophilès* est ce qui est présenté comme une cause de la vérité du plaisir espéré (*dia to theophileis einai*), ce qui aurait pu conduire à le substantifier, il est encore employé comme un adjectif qui qualifie les bons (*hoi agathoi*). Il ne semble jamais traité comme un terme considéré et déterminé pour lui-même, mais il est toujours employé dans le cadre d'un échange qui ne conduira pas à une discussion sur sa pertinence ou sa justification, précisément parce qu'il s'agit par son emploi, soit de dispenser d'explications longues, qui n'importent pas à la logique de la démonstration entreprise (c'est le cas du *Philèbe*, mais aussi bien de la plupart des occurrences), soit (c'est le cas de la *République* 612a *sq.*) de

1. Rappelons que *theophilia* ne se trouve pas chez Platon, ni d'ailleurs en grec classique. Le Bailly ne le mentionne pas et le Lidell-Scott le donne seulement comme un terme employé de façon tardive (chez des commentateurs et des éditeurs).

2. *République*, 612e5-6.

3. *Philèbe*, 39e11-12. Et non pas l'inverse, contrairement à ce qu'écrit un commentateur de ce passage, F. Teisserenc, « L'empire du faux ou le plaisir de l'image » dans *La Fêlure du plaisir, études sur le* Philèbe *de Platon*, M. Dixsaut (dir.), Paris, Vrin, 1999, p. 292. Mais il est à noter que c'est précisément parce qu'il considère qu'il s'agit d'expliquer « l'action de l'amitié divine », manifestant ainsi, apparemment, dans un premier temps, qu'il forme une représentation positive et objectivement agissante de cette amitié, ce qui ne serait pas cohérent au moins avec la leçon de l'*Euthyphron*, telle que je l'ai analysée. En revanche, la conclusion de son paragraphe sur « le sens d'une amitié » me paraît juste, dans la mesure où elle ramène le fait d'être *theophilès* à une qualité de l'homme juste, pieux et bon, qui « ne se trompe pas en jugeant » de ce qui est bon : « le fait d'être ami du dieu ne doit être rien d'autre qu'avoir son âme au diapason de l'univers, et espérer précisément ce que l'intelligence cosmique dispose », p. 293. Ainsi, serait dit *theophilès*, de la même manière que dans les autres occurrences, celui qui deviendrait juste et pieux grâce à l'exercice de la pensée, comme dit le *Théétète* de celui qui s'assimile au dieu (176b1-3).

4. *Philèbe* 40b4-5.

donner une traduction populaire et s'adressant sans façon à l'intérêt le plus simple et le plus direct, de ce qui a été très longuement développé auparavant de manière philosophique (c'est-à-dire précisément en examinant les bienfaits de la justice par elle-même indépendamment de bénéfices secondaires qu'elle peut attirer pour des raisons purement sociales). L'utilisation de *theophilès* se situe, en général, dans un contexte de souci de l'utilité sociale, politique, morale et éducative. Elle correspond aux manières communes de parler, aux lieux convenus de la rhétorique des discours de célébration [1], ou bien encore, elle est liée à un contexte ouvertement mythologisant (comme en *République* X 612a *sq.*, passage reliant directement la fable de Gygès et le mythe d'Er). Tout ce qu'on peut tirer de ces occurrences relève donc d'une analyse de vocabulaire, de l'usage de la langue, de manières de parler, d'opinions et de légendes communes [2], mais non pas de l'établissement d'une doctrine philosophique, comme dans l'*Euthyphron*.

Examinons de plus près les deux occurrences qui paraissent les plus consistantes.

Dans la *République* (X, 612a *sq.*), Socrate note que l'on a montré jusque là que « la justice est en elle-même le bien suprême de l'âme » (612b3) ; elle seule, en effet, donne le plaisir le plus vrai, le plus réel et le plus convenable à chacune des parties de l'âme et, selon l'ordre qui existe entre elles, à la totalité qu'elle forme (IX, 586e). Mais, en sorte de connaître la justice en elle-même et pour tenir compte des réflexions que la fable de Gygès suggère, on a réalisé cela sans faire entrer en ligne de compte les avantages

1. C'est le cas du *Ménexène* (237c-d), qui présente, dans le discours d'Aspasie, « d'un bout à l'autre, une parodie des procédés de composition et de style en usage chez les professionnels de la Rhétorique », Robin, 1950, p. 1313. C'est la terre d'Attique (*chôra*), ici, qui est dite *theophilès* (seul emploi au féminin dans l'œuvre de Platon), mais envisagée comme modèle pour les hommes, et plus précisément pour les femmes (*gè*, terre qui enfante et nourrit), et en tant que précisément « elle mérite (*axia*) d'être louée par tous les hommes » – ce qui, pris à la lettre, serait conforme à la leçon que nous avons dégagée de l'*Euthyphron*. Il est à noter, cependant, que ce passage parodique de rhétorique lourdement conventionnelle et anesthésiante est le seul lieu de l'œuvre de Platon où un tel mérite est fondé sur le témoignage d'un récit mythologique présenté comme une preuve. Mais l'affirmation que cette contrée est *theophilès* parce qu'elle mérite l'éloge de tous, fait suite à la critique caustique de Socrate (234c-235c) contre la rhétorique de ces discours épitaphes, qui, dit-il, ensorcellent et envoûtent au moins pour quatre ou cinq jours, qui nous font confondre tout et tous dans l'unité fantasmée de la Cité, objet véritable de la célébration, prendre les morts pour des vivants et nous-mêmes pour des héros, et où, précisément, on fait des éloges et on distribue des louanges sans se soucier de savoir vraiment si leurs destinataires les méritent.

2. C'est ce à quoi se réduit elle-même, par son contenu, la seule phrase du *Timée* (60e) où soit utilisé *theophiles* : « le sel, un corps qui, suivant ce que pensent par convention les êtres humains (*kata nomon anthrôpôn*, ou *kata logon nomou*), est aimé des dieux » (trad. L. Brisson).

et bénéfices extérieurs (*misthous*), qui peuvent venir du fait que cette vie juste est connue et reconnue des dieux et des hommes, et sans lesquels, selon les craintes de Glaucon et d'Adimante, ceux que l'injustice peut procurer tant qu'elle est inaperçue seraient bien superieurs (357a-368e). Socrate propose maintenant de supprimer cette mise entre parenthèses, pour dire, en terminant, les récompenses que rapporte la justice en plus du bienfait qu'elle constitue par elle-même (613e-614a) : les dieux et les hommes reconnaissent sans se tromper la différence entre le juste et l'injuste, le premier est aimable et l'autre haïssable, le premier est récompensé et l'autre puni, dès cette vie en général, en tout cas après la mort. C'est pour exprimer cela que Socrate emploie (612e-613a) deux fois le terme « *theophilès* » : « le premier est aimé des dieux, et l'autre haï des dieux, ils ne s'y trompent pas » ; « à celui qui est aimé des dieux, tout ce qu'il peut y avoir de meilleur, voilà ce qui lui advient de la part des dieux. »

Peut-on dire que Socrate donne ici à « *theophilès* » un sens, une consistance et un statut, qui ne seraient pas conformes à la leçon de l'*Euthyphron* ? Il ne semble pas, dans la mesure où il n'analyse, ne justifie, ni ne discute le terme mais l'emploie comme allant de soi, et où il ne fonde pas non plus sur lui, comme s'il avait un sens déterminé et solide, une justification véritable de son propos. D'abord, il est remarquable que Socrate, dans un premier temps, semble ne pas faire de différence entre les hommes et les dieux dans la manière dont il parle du juste et de l'injuste, associant de façon insistante et répétée les uns et les autres dans ce qu'il dit jusqu'en 612e, (« les récompenses de toute nature que l'âme en retire de la part des hommes et des dieux », 612c1-2 ; « impossible de tromper les hommes et les dieux sur ce sujet », 612c9 ; « l'opinion des hommes et des dieux sur le sujet », 612d4-5). Au demeurant, après avoir parlé des dieux particulièrement, quand on en vient au monde des hommes distinctement (à partir de 613b11), on découvre que la justice est en général récompensée et l'injustice punie, dans leur société également[1]. On peut comprendre que ce qui est affirmé ne tient pas

1. Cf. *Gorgias* 507e5 : « le méchant ne peut être aimé (*prosphilès*) ni de l'homme ni du dieu » ; pas de différence entre eux de ce point de vue. La raison générale de cette impossibilité est qu'il ne peut y avoir de *philia* entre des êtres qui ne forment pas une communauté et que le méchant est incapable de faire communauté avec personne : c'est sa solitude qui fait qu'il ne peut être aimé, punition immanente s'il en est, qui tient à un ordre des choses si nécessaire et fondamental (impossibilité d'être et n'être pas à la fois), qu'on voit bien qu'il ne tient en rien à la nature ou à la volonte d'une catégorie particulière d'êtres comme les dieux. Cette nécessité est de celles à quoi est uniformément soumis tout ce qui précisément forme ce qu'on peut appeler l'univers (*kosmos*), comme communauté et du ciel et de la terre et des dieux et des hommes, où se partagent amitié (*philia*), esprit d'arrangement, de modération, de justice. Cette nécessité est de l'ordre de la géométrie et des mathématiques, celle qui tient tout *également* dans l'univers (*hè isotès hè geométrikè*). »

tant aux dieux qu'à l'Idée du juste et de l'injuste. D'autre part, alors que, si le propos devait avoir une valeur vraiment démonstrative et si l'affirmation que le juste est *theophilès* devait posséder une portée doctrinale, on pourrait attendre une certaine détermination de l'action aimante et bienfaisante des dieux à l'égard des hommes (ce qui constituerait certes une différence notable par rapport à l'analyse de l'*Euthyphron*), il faut noter au contraire l'imprécision extrême de la formulation (« tout ce qu'il peut y avoir de meilleur, voilà ce qui advient de la part des dieux à celui qui est aimé par eux », 612e8-613a1 [1]), l'indétermination de l'action prêtée aux dieux étant renforcée encore par l'indication que l'on ne peut prévoir le moindre délai de réalisation (« dans cette vie ou après la mort »). Enfin, au moment où le propos prend la forme d'un argument (*gar*, 613a7), il est dit qu'il n'est pas vraisemblable (ou convenable, *eikos*, 613b2) que celui qui se rend aussi semblable aux dieux qu'il est possible pour un homme soit négligé par eux, parce que le semblable aime le semblable (ou ne peut y être indifférent). À suivre avec précision l'argument, on peut donc à peine dire, si ce n'est comme une formulation passagère ou une approximation populaire, que ce soit parce qu'il est aimé-des-dieux, que le juste est récompensé par eux, puisqu'il est aimé par eux dans la mesure où il s'est rendu aussi semblable à eux que possible et que c'est en « devenant juste et en pratiquant la vertu » qu'on devient semblable à eux [2]. « *Theophilès* » est donc une manière de qualifier le juste, qui peut aider le non-philosophe à accepter l'opinion de Socrate, mais ce n'est pas son attribution au juste qui peut fonder un argument, dont la valeur philosophique, au contraire, suppose que *theophilès* renvoie de façon pour ainsi dire transparente à la notion de juste. Il n'ajoute rien. Il correspond seulement à une manière de parler, qui permet d'expri-

1. C'est une imprécision, en un sens, du même ordre que celle de la réponse que fait Euthyphron, quand il lui est demandé quelles sont les belles œuvres que les dieux produisent avec notre aide : « des *œuvres* nombreuses et bien belles » (13e-14).

2. Comme dit le *Théétète*, 176b. Voir aussi les *Lois* IV, 716c : « Quelle est la conduite (*praxis*) qui est chère (*philè*) et obéit à la Divinité ? Il n'y en a qu'une et qui ne tient qu'en une antique formule unique : le semblable est cher (*philon*) à son semblable, s'il l'est avec mesure… Ainsi la Divinité est éminemment pour nous mesure de toute chose, bien plus que tout homme ; et deviendra donc ami (*prosphilè*) de cette divinité, nécessairement, celui qui se rendra tel que lui autant qu'il le pourra ; selon ce principe le sage (*sôphrôn*) est ami (*philon*) de la Divinité » (on peut bien sûr, dans tout ce passage, comme toujours, préférer remplacer « Divinité » par « Dieu » ou « dieu » voire « divinité », sans que l'indication puisse venir du grec lui-même). Voir aussi le *Banquet*, 212a : « Celui qui enfante et nourrit la vraie vertu, cela ne doit-il pas le conduire à devenir *theophilès*, et, si c'est possible pour un homme, immortel ? » Propos dont on doit noter à vrai dire qu'il est interrogatif, conditionnel, au bout du compte assez mesuré et modéré dans sa rhétorique conventionnelle, mais dont on peut tirer tout de même qu'il est possible d'appeler communément *theophilès* l'homme qui est bon, vertueux, et s'efforce, par l'exercice de la pensée, de le devenir et de le demeurer.

mer de façon populaire une opinion droite, qui ne pose aucun problème du point de vue de la vérité, si on ne la surcharge pas d'une signification réaliste et dogmatique.

Rien d'étonnant à cela, au demeurant, si l'on prend au sérieux ce que Socrate dit, en revanche, avoir cherché à *montrer* vraiment depuis le livre II de la *République* : « la justice est en elle-même le bien suprême de l'âme » (612b3) ; elle seule en effet donne le plaisir le plus vrai, le plus réel, le plus complet et le plus convenable pour une âme humaine. *Il ne peut précisément y avoir de plaisirs ou d'avantages supplémentaires* (qui ne soient pas illusions passagères) en dehors de cette totalité de plaisir qu'on peut appeler aussi le bonheur. Il s'agit de tenter ultimement de persuader les non-philosophes, et plus particulièrement ceux qui restent tracassés par les séductions de l'injustice et qui n'ont pas saisi que tout bien véritable est compris dans la justice elle-même (les autres ne sont rien en comparaison, 614a). Ce sont Glaucon et Adimante qui ont demandé à Socrate de distinguer la valeur propre de la justice et les avantages qui peuvent en suivre, qui leur semblaient inférieurs à ceux qui peuvent venir de la pratique de l'injustice. Le propos de Socrate n'a de sens que par rapport à une interrogation qui s'est exprimée dans la *fable* de Gygès et il se développera en prenant la forme du *mythe* d'Er. Socrate traduit en une formulation populaire et simple ce qui a été longuement pensé auparavant : ceux qui sont justes sont aimés et récompensés par les dieux, de la même manière, précisément, que par les hommes ; les injustes, punis et haïs. Mais, pourrait-on se demander, pourquoi procéder à une telle traduction ? Parce qu'il ne suffit pas, si l'on veut rendre justice à la justice, de n'avoir égard qu'aux philosophes ; il faut chercher à convaincre ceux qui ne le sont pas ou ne veulent pas faire d'effort, et savoir, quand il faut, parler comme tout le monde ; il faut redescendre dans la Caverne. « Pourquoi alors chercher à les convaincre ? Pour faire échapper la philosophie au discrédit dont, selon le livre VI, elle est "à présent entourée". Pour cela elle doit communiquer elle-même une opinion vraie, ou au moins une bonne image, car la plus grande injustice commise dans les cités existantes est celle qu'elles commettent envers les philosophes, c'est-à-dire envers les plus justes[1]. »

On voit qu'il n'y a rien dans ce passage qui permette de penser que ce qu'a établi l'*Euthyphron* soit oublié ou transformé : être « aimé-des-dieux » veut manifestement dire ici, si l'on ne veut pas enlever au propos sa valeur rationnelle et réellement démonstrative, être « digne d'être aimé » par tous, hommes et dieux, c'est-à-dire se rendre juste par l'exercice de la pensée[2].

1. Dixsaut, *Platon*, Paris, Vrin, 2003, p. 232.

2. De même, en *République* VIII, 560b, le fait d'être *theophilès* n'est pas déterminé comme une qualité positive définie, ayant une vertu propre, mais comme ce qui, sous peine

Dans le *Philèbe* (39e *sq.*), l'usage de *theophilès* est lié à la même thématique et tout ce qui vient d'être dit à propos de la *République* peut être repris ici. Mais l'importance qu'il pourrait y avoir à ce que le sentiment, l'espoir, ou le simple désir d'être *theophilès*, correspondent à une réalité effective, est encore moins grande pour ce qui est de la démonstrativité du propos. En effet, ce qu'il s'agit de démontrer n'est pas qu'il y a une influence effective de l'amour des dieux sur les hommes, mais, au premier chef, que l'on peut parler d'un plaisir vrai et d'un plaisir faux, et, à cette fin, entre autres arguments, que le plaisir que procure l'espérance (39d5) de plaisir futurs, plaisir qui est en tout cas réel, peut aussi être dit soit vrai soit faux, selon que cette attente se réalisera ou non un jour (40d7-10). Or, si l'on admet que « les hommes justes, dévots et totalement bons sont aimés par les dieux, tandis que c'est le contraire en ce qui concerne les hommes injustes et mauvais en tout », l'affaire est démontrée, selon le texte : les attentes des uns seront exaussées, celles des autres non. L'argument peut se comprendre de deux manières, mais la démonstration recherchée est réalisée dans les deux cas : elle l'est, en effet, si l'on adhère de façon réaliste à l'idée populaire que les dieux aiment celui qui est juste, pieux et bon, en sont satisfaits et le récompensent en exaussant ses vœux, tandis que c'est le contraire

d'être perdu, doit être protégé par l'acquisition du savoir, l'exercice de l'excellence, la connaissance des discours vrais ; non pas comme une qualité qui irait de pair avec la pensée, mais comme ce qui ne tient que si la pensée l'habite et le sauvegarde. Si on le prend à la lettre et si on le situe dans son contexte de description de la décadence, ce passage indique, de manière discrète, que ce qu'on appelle un « *theophilès* » n'est pas garanti dans sa valeur et sa bonté par le fait qu'il est (ou se sent) aimé, fût-ce des dieux, mais seulement (ou « mieux que tout ») par « l'acquisition du savoir, de l'étude du bien et les discours vrais : ce sont eux les meilleures sentinelles et les meilleurs gardiens dans les pensées des hommes aimés-des-dieux », mais « quand la citadelle de leur âme en est vide », les désirs prolifèrent et la prennent d'assaut. Cette phrase réussit, à la fois, à utiliser le terme dans une perspective conventionnelle valorisante et à indiquer qu'être *theophilès* n'est pas une valeur et une garantie en soi, mais que ce qui fait la vertu de l'homme que l'on appelle *theophilès*, en revanche, c'est la force et l'activité de sa pensée. Quant à la seule occurrence de *theophilès* dans les *Lois* (822b-c), elle permet de relier l'idée d'amour des dieux au savoir, mais négativement et sur une question particulière : celui qui n'énoncerait pas la bonne opinion (*to dogma orthon*, 822a5-6) concernant la régularité et la vitesse de la course de la lune et du soleil, qui sont traités comme des dieux par Platon, ne serait pas juste (*orthon*) ni aimé des dieux (*theophilès*), de la même manière que si, à la course à pied ou à cheval aux Jeux olympiques, il proclamait vainqueur le moins rapide, ce ne serait pas juste (*orthôs*) ni amical (*prosphilôs*) pour les coureurs. Ce serait déjà risible (*geloion*) s'agissant des hommes ; alors ce serait bien pire s'agissant des dieux : on peut comprendre, de la même manière que partout ailleurs, que le souci d'être aimé des dieux, comme bonne volonte dans le respect (*eusebeia*) et la glorification des dieux (*hèmôn kata theôn humnountôn*), n'est pas suffisant, s'il s'accompagne d'opinion erronée. Chanter des cantiques et des hymnes aux dieux ne sert à rien, si on ne sait qui ils sont et si on se trompe sur ce qu'il faut louer en eux, c'est-à-dire si on juge mal de la valeur. Ici encore, ce qui seul compte, c'est penser et savoir le vrai.

qui arrive à celui qui est injuste et mauvais. Mais, seconde interprétation, ce n'est plus l'opinion qui est populaire mais son expression : « aimé des dieux » est une expression approximative qui peut désigner ce qui *mériterait* d'être aimé des dieux, c'est-à-dire ce qui est pieux, juste et bon : si l'on remplace *theophilès* par *hoios te phileistai*, l'énoncé ne pose pas de problème en lui-même, il a exactement la même force argumentative à l'égard de la différence entre le plaisir des espérances des justes et celui des injustes en ce qui concerne leur vérité.

On peut donc seulement dire que Socrate s'exprime ici, comme dans la *République*, d'une manière populaire et un peu approximative par rapport aux analyses exigeantes de l'*Euthyphron*; mais faut-il sans cesse tout démontrer et surtout re-démontrer, et l'excès de précision n'est-il pas la marque d'un manque de culture et de sociabilité (*philanthrôpia*), lorsqu'il n'est pas utile à la pensée ? Poser des questions embarrassantes sur le mot *theophilès* n'avait pas d'utilité ici ; en revanche, la manière de s'exprimer choisie permet de ne pas détourner de l'objet principal de la discussion et de la démonstration : celui qui partage les opinions de l'*eusebeia* commune voit sans détour, du simple fait qu'il y adhère, qu'il suppose que le plaisir anticipé et espéré n'adviendra pas effectivement de manière égale selon qu'on est bon ou méchant. Celui qui, en revanche, est plus philosophe et garde en mémoire les significations, se souvenant que c'est de l'homme juste, pieux et bon, qu'on dit qu'il est « aimé-des-dieux », entendra que, si ses espoirs correspondent à des plaisirs vrais, c'est-à-dire doivent être un jour réalisés, ce n'est pas en comptant sur un favoritisme de la part des dieux ou parce qu'il les aurait amadoués par une technique commerciale (*emporikè technè*), mais parce qu'il est homme de justice, de sagesse (*sôphrosunè*), de pensée (*phronèsis*). Car « le sage a aussi du plaisir dans l'exercice même de la sagesse » et « l'homme de pensée, dans celui de la pensée » (*Philèbe* 12d) ; il n'a d'opinions, de désirs et d'espérances, que conformes à la pensée, à la justice et à la sagesse, et qui ne peuvent donc être déçus, ou du moins il n'est pas raisonnable, par principe, de penser qu'ils puissent l'être – de la même manière qu'à l'égard de tout ce qui concerne l'avenir y compris après la mort, quand on a « tout fait pour participer à la vertu et à la pensée en cette vie », « la récompense est belle, l'espoir est grand », « le risque vaut la peine d'être couru » (*Phédon* 114c7-d8).

On peut noter, pour terminer, deux points supplémentaires de cohérence de ce passage du *Philèbe* avec l'*Euthyphron* : d'abord, sans vouloir surévaluer ce point de vocabulaire, on peut tout de même remarquer que l'homme qui est dit *theophilès*, ici, est celui qui est juste et bon, mais aussi « pieux », comme disent beaucoup de traductions ; or c'est *eusebès* (dévot) et non pas *hosios*, qui est employé, ce qui serait conforme aux hypothèses avancées sur la différence qui peut être établie entre ces deux termes et la liaison, en revanche, entre *eusebès* et *theophilès*[1]. Ensuite, plus important sur le fond, il est remarquable que Platon, avec son art de ne rien laisser passer, même quand il est utile de s'exprimer de façon rapide, métaphorique voire mythologisante, et de tout contrôler avec la plus extrême rigueur même si c'est avec discrétion, a prévenu, dès 33b8-11, qu'il était invraisemblable et inconvenant de penser que les dieux éprouvent de la satisfaction (*chairein*) ou son contraire. On ne peut donc pas tirer argument de ce passage du *Philèbe* (39e) pour soutenir que Platon accorderait à *theophilès* une signification et une valeur positives et réalistes; il nous paraît hautement instructif qu'il ait songé, au contraire, à signaler, comme en passant mais nettement et fermement (accord de Protarque et de Socrate), que, prise au sérieux, l'idée d'une affectivité des dieux aurait quelque chose d'impossible ou d'inconvenant à envisager (*ouk eikos*), c'est-à-dire, en somme, d'impie (*ouk hosion*).

1. *Theophilès* est ce que désire être l'*eusebès*, l'homme de la religion sociale, qui vit le rapport aux dieux comme une relation réaliste à des êtres comparables à lui-même (anthropomorphisme), sur le mode affectif de la crainte respectueuse. De même, c'est de l'*eusebès* et du *theosebès*, que le *theophilos* est rapproché dans le *Cratyle* (394e), peu avant le moment où précisément le personnage d'Euthyphron est évoqué pour ses leçons d'étymologie un peu enthousiastes (396d-407d) et où Socrate va prévenir que le plus sage serait de reconnaître que l'on ne sait rien des dieux ni de leurs noms (400d-401a). De même, encore, en *République* II, après une notation seulement négative (les insensés et les déments ne sont pas *theophileis*, 382e), il est dit que les gardiens doivent être *theosebeis* et divins (383c).

BIBLIOGRAPHIE

ADAM J., *Platonis Euthyphro*, introduction, texte et notes, Cambridge, 1890.

ALLEN R.E., *Plato's* Euthyphro *and the earlier theory of forms*, London-New York, Routledge & Kegan Paul-Humanities Press, 1970.

– « Plato's earlier theory of forms », dans G. Vlastos (éd.), *The Philosophy of Socrates*, Garden City (N.Y.), Doubleday &Anchor, 1971, p. 319-334.

BONITZ H., *Platonische Studien*, Berlin, 2e édition 1875, notamment p. 227-242, « Zur Erklärung des Dialogs Euthyphron », réimpression Georg Holms, Hildesheim, 1968.

BRÈS Y., *La Psychologie de Platon*, Paris, PUF, 1973.

BLITS J.H., « The holy and the human. An Interpretation of Plato's *Euthyphro* », *Apeiron* 14, 1980, 19-40.

BROWN J.H., « The logic of the *Euthyphro* 10a-11b », *The Philosophical Quarterly* 14, 1964, 1-14.

BURNET J., *Euthyphro*, dans *Platonis Opera*, recogn. brevique adnotatione critica instruxit I. B., C. I., Oxford, Clarendon Press, 1900.

CHAMOUX F., *La Civilisation grecque*, Arthaud, 1965.

COHEN S.M., « Socrates on the definition of the piety : *Euthyphro* 10a-11b », *Journal of history of philosophyi* 9, 1971, 1-13, reimpression dans G. Vlastos (éd.), *The Philosophy of Socrates*, Garden City (N.Y.), 1971, p. 158-176.

COUSIN V., *Platon, Œuvres*, vol. I, introduction, traduction, notes, Paris, 1823.

CROISET M., *Platon, Œuvres complètes*, t. 1, *Hippias mineur, Alcibiade, Apologie de Socrate, Euthyphron, Criton*, texte grec, traduction, présentations, « C.U.F. », Paris, Les Belles Lettres, 1920.

DES PLACES E., *La Religion des Grecs : dieux, cultes, rites et sentiment religieux dans la Grèce antique*, Picard, 1969.

DIÈS A., *Autour de Platon*, Paris, Beauchesne, 1926, réédition Paris, Les Belles Lettres, 2e éd. corr., 1972.

DIXSAUT M., *Platon et la question de la pensée. Études platoniciennes I*, Paris, Vrin, 2000.

– *Métamorphoses de la dialectique dans les dialogues de Platon*, Paris, Vrin, 2001.

– *Platon. Le désir de comprendre*, Paris, Vrin, 2003.

DODDS E.R., *The Grecs and The Irrational*, Berkeley University of California Press, 1959; trad. fr. *Les Grecs et l'irrationnel*, Paris, Flammarion, 1972.

DORION L.A., *Platon, Lachès, Euthyphron*, introduction, traduction et notes, Paris, GF-Flammarion, 1997.

EMLYN-JONES C., *Plato: Euthyphro*, text, with introduction, commentary and vocabulary by C. E.-J., London, Bristoll Classical Press, 1991.

FESTUGIÈRE A.J., *Contemplation et vie contemplative selon Platon*, Paris, Vrin, 1936.

FLACELIÈRE R., *Devins et Oracles Grecs*, Paris, PUF, 1972.

FUSTEL DE COULANGES N.D., *La Cité antique*, Strasbourg, Silberman, 1864, Paris, GF-Flammarion, 1984.

GEACH P.T., « Plato's *Euthyphro*: an analysis and commentary », *The Monist* 50, 1966, 369-382; réimpression dans *Logic Matters*, Oxford, 1972, p. 31-44.

GOLDSCHMIDT V., *La Religion de Platon*, Paris, PUF, 1947, réimpression dans Goldschmidt, 1970.

– *Les Dialogues de Platon*, Paris, PUF, 1963.

– *Platonisme et pensée contemporaine*, Paris, Aubier, 1970.

HALL J.C., « Plato's *Euthyphro* 10a1-11a10 », *The Philosophical Quarterly* 18, 1968, 1-11.

JOLY H., *Le Renversement platonicien, Logos, Epistèmè, Polis*, Paris, Vrin, 1974.

LAURENT J. (éd.), *Les Dieux de Platon*, Caen, Presses universitaires de Caen, 2003.

– *La Mesure de l'humain selon Platon*, Paris, Vrin, 2002.

LEWIS M. Jr., « An Interpretation of the *Euthyphro* », *Interprétation* 12, 1984, 225-259, et 13, 1985, 33-65.

MUGNIER R., *Le Sens du mot* theios *chez Platon*, Paris, Vrin, 1930.

NILSON W. P., *Geschichte der griechischen Religion*, Münich, Beck, 1955.

PAXSON T.D., « Plato's *Euthyphro* 10a to 11b », *Phronesis* 17, 1972, 171-190.

ROSE L.E., « A note on *Euthyphro*, 10-11 », *Phronesis* 10, 1965, 149-150.

ROSSETTI L., « Encore une inconséquence dans *Euthyphron* 10 », *Apeiron* 18, 1984, 26-30.

SCHAERER R., *Dieu, l'Homme et la Vie, d'après Platon*, Neuchâtel, La Baconnière, 1944.

SCHUHL P. M., *Essai sur la formation de la pensée grecque*, Paris, Alcan, 1934, réédition Paris, PUF, 1949.

STRAUSS L., *La Renaissance du rationalisme politique classique*, Paris, Gallimard, 1993, notamment « Chapitre 8 : Sur l'*Euthyphron* », p. 259-281.

VAN CAMP J. et P. CANART, *Le Sens du mot* theios *chez Platon*, Louvain, 1956.

VERNANT J.-P., *Les Origines de la pensée grecque*, Paris, PUF, 1962.

– et VIDAL-NAQUET P., *Mythe et Tragédie en la Grèce ancienne*, Éditions Maspéro, 1972.

VLASTOS G., *Socrate, Ironie et philosophie morale*, Paris, Aubier, 1994, notamment « La piété socratique », p. 219-247.

WEISS R., « Euthyphro' s failure », *Journal of History of philosophy* 24, 1986, p. 437-452.

WOLZ H.G., « The paradox of piety in Plato's *Euthyphro* in the light of Heidegger's conception of authenticity », *The Southern Journal of Philosophy* 12, 1974, 493-511.

ZEIGLER G., « Plato's *Euthyphro* revisited », *Pacific Philosophical Quarterly* 61, 1980, 291-300.

INDEX NOMINUM

AUTEURS ANCIENS

AUTEURS MODERNES

INDEX LOCORUM

Références à des Dialogues de Platon autres que l'*Euthyphron*

TABLE DES MATIÈRES

ACHEVÉ D'IMPRIMER
EN NOVEMBRE 2005
PAR L'IMPRIMERIE
DE LA MANUTENTION
A MAYENNE
FRANCE
N° 286-05

Dépôt légal : 4e trimestre 2005